中国社会科学院文库
经济研究系列
The Selected Works of CASS
Economics

中国社会科学院文库 · **经济研究系列**
The Selected Works of CASS · **Economics**

中国管理学发展研究报告

The Researching Report on the Development of China's Management

黄速建 黄群慧 等著

经济管理出版社
ECONOMY & MANAGEMENT PUBLISHING HOUSE

图书在版编目（CIP）数据

中国管理学发展研究报告/黄速建等著. —北京：经济管理出版社，2007.9

ISBN 978-7-5096-0142-6

Ⅰ. 中…　Ⅱ. 黄…　Ⅲ. 管理学—研究报告—中国　Ⅳ. C93

中国版本图书馆 CIP 数据核字（2007）第 145624 号

出版发行：经济管理出版社
北京市海淀区北蜂窝 8 号中雅大厦 11 层
电话：(010)51915602　　　邮编：100038

印刷：北京银祥印刷厂　　　　经销：新华书店

责任编辑：陈　力
技术编辑：蒋　方
责任校对：龙　萧

720mm×1040mm/16　　　23.25 印张　　379 千字
2007 年 9 月第 1 版　　　2007 年 9 月第 1 次印刷

定价：48.00 元

书号：ISBN 978-7-5096-0142-6/F·142

《中国社会科学院文库》出版说明

《中国社会科学院文库》（全称为《中国社会科学院重点研究课题成果文库》）是中国社会科学院组织出版的系列学术丛书。组织出版《中国社会科学院文库》，是我院进一步加强课题成果管理和学术成果出版的规范化、制度化建设的重要举措。

建院以来，我院广大科研人员坚持以马克思主义为指导，在中国特色社会主义理论和实践的双重探索中做出了重要贡献，在推进马克思主义理论创新、为建设中国特色社会主义提供智力支持和各学科基础建设方面，推出了大量的研究成果，其中每年完成的专著类成果就有三四百种之多。从现在起，我们经过一定的鉴定、结项、评审程序，逐年从中选出一批通过各类别课题研究工作而完成的具有较高学术水平和一定代表性的著作，编入《中国社会科学院文库》集中出版。我们希望这能够从一个侧面展示我院整体科研状况和学术成就，同时为优秀学术成果的面世创造更好的条件。

《中国社会科学院文库》分设马克思主义研究、文学语言研究、历史考古研究、哲学宗教研究、经济研究、法学社会学研究、国际问题研究七个系列，选收范围包括专著、研究报告集、学术资料、古籍整理、译著、工具书等。

中国社会科学院科研局

2006 年 11 月

目　录

期刊篇

教育篇

实践篇

引　言

一个国家或地区的工业化进程和经济发展，不仅是资金积累和技术进步的过程，同时还是一个管理现代化的过程。经济发展和现代化的进程是离不开企业管理发展和管理科学化、现代化进程的推进的。中国的经济发展和现代化进程同样也是伴随着企业管理科学化和现代化推进的。管理学作为一门实践性很强的学科，其发展是和中国经济发展及现代化进程直接相关的。

虽然中国最早的本科层次的管理学教育可以追溯到1929年上海交通大学铁道管理学院的成立，新中国成立后中国企业也探索出许多有中国特色的企业管理经验和模式，但中国管理学发展的真正的春天是在20世纪末期，是以中国改革开放、高速工业化进程为背景的。尤其是进入20世纪90年代以来，随着中国市场化、工业化和国际化进程的不断加快，无论是中国企业管理创新实践，还是以探索市场经济条件下企业管理活动规律为己任的中国管理学术研究，以及以培养大批管理人才为目标的管理学教育，都取得了很大发展，中国不仅产生了大量企业管理创新实践成果，而且管理学术研究、管理学教育也呈现出前所未有的繁荣状态。1996年，国家自然科学基金委员会管理科学部成立，管理科学取得了与数学、物理、化学等自然科学一样的学科地位；1998年，国务院学位委员会首次将管理学作为一级学科列入学科专业目录，1999年中国首次授予管理学学位；2005年，普通高等教育管理学专业本科招生371487人，毕业207991人，在所有11个一级学科中都分列第3位；① 现在有关管理学的研究文献、教材与普及读物可谓汗牛充栋。

---

① 国家统计局：《中国统计年鉴》(2006)，中国统计出版社，2006年，第805页。

进入21世纪，随着市场化改革和工业化进程的进一步推进，在管理学术研究和管理学教育的推动下，企业管理实践的科学化和现代化水平也得到了很大的提高：战略管理、营销管理受到越来越多企业的重视，基础管理日益规范，运用现代信息技术改进管理手段已经为许多企业所关注，许多企业注重学习、借鉴国际企业管理新思想和新方法，学习型组织、业务流程重组、战略联盟、企业资源计划、供应链管理、知识管理、客户关系管理、核心能力理论等现代管理知识在企业中得到广泛传播，许多现代管理理论与方法在企业中得到应用。

但是，中国管理学发展和企业管理创新实践还任重而道远，一方面，在企业管理实践中大量的新的管理实际问题不断出现，需要在管理学理论和方法指导下通过企业管理创新实践来解决；另一方面，丰富的企业管理实践经验还有待中国的管理学者进行系统总结、归纳与升华，以形成具有中国特色的管理学理论、方法和学科体系，促进中国管理学的进一步发展。也就是说，与国外现代管理学发展水平相比，中国管理学发展水平还有较大差距，不仅在主要管理学领域中学术研究成果还未达到国际水平，在国际高水平的学术刊物上发表文章的数量以及担任编委的人数很少，尤其是还没有形成符合中国国情的、科学指导中国企业管理实践的系统管理学理论、方法和学科体系。

总体而言，伴随着中国经济发展和现代化水平的提高，中国管理学也取得了前所未有的大发展，但是，迄今为止，中国还缺少对中国管理学发展状况的全面、客观的研究和评价。无论是从促进中国管理学学科建设和管理学发展角度看，还是从推进中国企业管理创新、提高中国企业管理科学化和现代化水平角度看，全面、客观地分析、评价中国管理学发展，都有十分重要的意义。

从现有的文献看，对中国管理学发展现状的研究和评价还很少，尤其是从定量、实证角度分析中国管理学发展现状的研究文献非常少。虽然国内外存在一些应用文献计量的方法及实证分析中国管理科学研究状况的文献，例如，Jiatao Li & Anne Tsui 等通过对在16年（1984~1999）内发表于20种处于领先地位的英文学术杂志的226篇组织和管理方面论文的引文的分析，探讨了对中国管理学最具影响力的52篇论文的引文的内容、观点及其作者。[1] Ming Ouyang & Dongsheng Zhou 对中国市场营销研究文献的分析,[2] 孙晓燕和席酉民对中国工商管理研究的热点和发展趋势进行分析和国际比较的文献;[3] 张伶以《中国学术期刊综合引证报告》统计数据为依据,分析、比较了国家自然科学基金委员会管理科学部认定的管理科学类重要学术期刊和 CNKI“中国期刊全文数据库”B 辑中“社会与管理/管理/综合”类收录的所有管理学期刊的被引频次、影响因子、即年指标等数据,重点评价了《南开管理评论》在管理学期刊中的学术影响和地位,[4] 等等。但这些研究都是从某个角度、某个学科或者某个专题对中国管理学研究的评述,全面性不够,虽然也存在试图全面分析、总结中国管理学研究和管理学教育的文献,如赵纯均等分析、总结中国工商管理科学研究和工商管理教育状况的文献,[5] 但这些文献较少地使用了实证和定量的研究方法,使其分析、评价缺少较强的说服力。

基于以上认识,本研究报告试图采用定量、实证的方法来全面分析中国管理学发展的现状。应该说,由于数据和研究方法的原因,这项研究的确十分困难并具有挑战性。本研究报告在研究方法、数据来源与内容体系等方面都进行了一些努力和创新尝试。

从研究方法上,本报告为了反映中国管理学的发展现状,采用了文献计量学的方法,对在中国管理学界重要的管理学学术期刊上发表的论文进行了文献计量分析。文献计量学这一术语最早是 1969 年由英国人 A.普里查德提出的,它是借助文献的各种特征的数量,采用数学和统计学方法来描述、评价和预测科学技术的现状与发展趋势的图书情报学分支学科。运用文献计量学方法研究学术期刊的学术论文和作者群,并在此基础上思考学科建设和发展问题,是文献计量学在学术期刊及学科评价方面的重要应

---

① Jiatao Li & Anne Tsui, “A Citation Analysis of Management and Organization Research in the Chinese Context: 1984-1999”, *Asia Pacific Journal of Management*, 19: 87-107 (2002).

② Ming Ouyang & Dongsheng Zhou, “Twenty Years of Research on Marketing in China: A Review and Assessment of Journal Publications”, *Journal of Global Marketing*, Vol. 14 Issue 1/2 (2000).

③ 孙晓燕、席酉民:《工商管理研究热点与发展趋势的国内外比较》,《科学学研究》,2002 年第 6 期。

④ 张伶:《基于文献计量学的管理学学术期刊定量分析与评价——以〈南开管理评论〉为例》,《南开管理评论》2005 年第 1 期。

⑤ 赵纯均等:《工商管理研究备要——现状、趋势和发展思路》,清华大学出版社,2004年;赵纯均、雷曜、杨斌著:《中国管理教育报告》,清华大学出版社,2003 年。

用。本研究报告利用文献计量的方法不仅分析了管理学的主要分支学科的主要进展，包括研究热点问题、引文分析、学术规范性、与国外相比的研究水平等方面内容，而且还利用文献计量对 7 种重要的学术期刊的影响力、期刊的学术规范性等进行了分析，同时利用对论文作者单位的分析，给出了中国高等院校管理学研究力的排行。除了文献计量以外，本报告还对中国国家级企业管理现代化创新成果进行了统计分析，试图反映中国企业管理创新实践的总体状况，这从一个角度说明了管理学发展对中国企业管理实践的影响，进而也从实践的角度反映了管理学的发展状况。

从数据来源上，本研究报告的实证分析主要基于两个数据库：一个是关于中国管理学术研究论文的数据库，另一个是关于中国国家级企业管理现代化创新成果的数据库。第一个数据库收录的是我们选定的《中国管理科学》、《管理工程学报》、《管理科学学报》、《管理世界》、《中国工业经济》、《经济管理·新管理》、《南开管理评论》这 7 种期刊 2000~2004 年的规范的学术论文，按照论文学术研究的领域、主题、方法、资料来源、发表时间、作者和引文等方面属性进行分类。所谓论文“规范”的含义是符合学术论文的规范，具有关键词、内容提要、参考文献和注释。相关研究领域的界定和划分是按照国家自然科学基金管理科学部的分类标准进行的。第二个数据库是关于国家级企业管理现代化创新成果数据库，其资料来自于全国企业管理现代化创新成果审定委员会和中国企业联合会管理现代化工作委员会自 1990 年以来每年公布的企业管理现代化创新成果。这是目前可以反映企业管理创新成果和中国企业管理现代化、科学化水平的唯一的连续性（已有连续 14 届）、权威性（一定政府背景）、大样本（创新成果数量约有 1000 项）资料，对其进行统计分析，无疑能够反映中国企业管理创新的特征。

从内容体系看，本研究报告围绕管理学发展问题共分 5 篇，分别是综合篇、学科篇、期刊篇、教育篇和实践篇。在综合篇中，主要讨论了管理学发展的方法论问题、近些年管理学发展的内容综述；在学科篇中，应用文献计量方法分别分析战略管理、人力资源管理、市场营销管理、组织管理、管理工程、企业成长管理等管理学分支学科的发展状况；在期刊篇中，对中国 7 种重要的管理学期刊进行了分析，分析了这些期刊 2000~2004 年所发表学术论文的总体状况，进一步对这些管理学期刊的发展状况进行了评价；在教育篇中，不仅对中国管理教育的发展历程、现状和问题进行了分析，还从文献计量角度对中国高等院校管理学研究能力进行了分析评价，给出了中国160余所高等学校研究力的排名；在实践篇中，对中国自1990年以来近千项国家级企业管理现代化创新成果进行了统计分析，分析中国企业管理创新的特征和趋势。这5篇的内容，分析了管理学发展的方法论基础和近些年的发展趋势、中国管理学主要分支学科发展情况、中国管理学学术期刊的发展状况、中国管理学教育发展状况和高等学校的管理学研究能力以及中国企业管理创新实践等，从而对中国管理学的发展进行一个全面的描述。

要从总体上给出中国管理学发展水平的准确的评价显然十分困难，但是通过对中国战略管理、人力资源管理、组织管理、市场营销管理、企业成长管理等管理学分支学科研究水平的文献计量分析，本研究报告总体上的一个判断是：无论从学术平台、研究主体影响力来看，还是从理论群、研究领域来分析，中国管理学发展还很难与国际上管理学主流研究同步，总体上还属于引进、介绍国外现代化理论的阶段，还很难独立提出有影响的管理理论，近些年虽然引进、消化、吸收国外现代化管理理论、方法和技术的步伐不断加快，但跟随主流研究的步伐仍要滞后10~20年。考虑到中国现代管理学发展真正起步只有不到30年的时间，而国外已经有了上百年的历史，中国管理学的发展现状仍是令人欣慰的。尤其是由于管理学的学科属性决定，国外最新的管理学理论未必是最适合中国企业实践的管理指导理论，从指导中国企业管理实践角度看，中国管理学发展对推进中国企业管理科学化和现代化进程发挥了巨大的作用，这无疑是值得肯定的。

应该说，无论是从管理学期刊选择的代表性、管理学研究文献的数量这些方面看，还是从管理分支学科选择、与国外管理学研究的比较等方面看，本研究报告都有一定的局限性。我们在许多章中都具体地指明了我们研究的局限性。但是，本研究报告利用文献计量学方法对管理学各分支学科发展、期刊发展和管理教育发展状况的研究，以及对中国国家级企业管理创新成果的统计分析，对于全面了解和评价中国管理学发展的现状，无疑具有十分重要的意义。

理 论 篇

第一章 管理学发展的“多元学科方法论”

在19世纪末期和20世纪初期，当美国人泰勒开始使用秒表研究如何提高工作效率、法国人法约尔思考组织管理活动的普遍性规律的时候，管理学开始了作为一门具有系统理论和方法的科学或者学科的科学化历程。然而，管理学并没有沿着泰勒所设想的方向发展成为一门真正的科学。经过整整一个世纪的发展，虽然管理学已经发展成为具有庞大知识体系和学科分支的复杂学科，管理学知识被广泛地用于指导管理实践，管理效率因此被大幅度地提高，但是，管理学仍很不成熟，管理学家们对于管理学的学科属性、基础理论、方法论体系和发展途径等问题仍在争论不休，还无法走出“管理理论丛林”。显然，管理学家们争论的是有关这门学科存在的根本问题，这对管理学未来的发展意义重大。本章也是有关管理学学科发展根本问题的研究，试图给出一些新的见解，从而有助于管理学的未来发展。[①]

一、管理学是一门科学吗

“管理是一门科学，也是一门艺术”，这是一个常常被提起的命题。一般认为，管理具有科学性和艺术性双重属性，瑞典学者斯文·艾里克·肖斯特兰曾将管理的两面性比喻为“雅努斯（Janus）因素”。[②] 然而，认真的管

① 本章是中国社会科学院重大课题成果《管理科学化与管理学方法论》（经济管理出版社，2005年版）的一部分内容，这里收录进本研究报告旨在让读者对管理学发展的理论和方法论基础有一个基本的理解。

② 雅努斯是一位长着面对两个相反方向面孔的罗马神，用雅努斯神来比喻管理的两面性，参见斯文·艾里克·肖斯特兰：《管理的两面性——雅努斯因素》，中译本，辽宁教育出版社，2000年，第2~3页。

理学家显然是不能满足于这种在管理学教科书中对管理学性质的折中的描述。一方面，一些管理学家坚持管理学是一门科学，虽然这门科学还不成熟，但管理学科学化的方向是毋庸置疑的；另一方面，一些极端反对管理科学理性、强调管理艺术性与非理性的学者则认为：与其称管理学是一门科学，不如说管理学是一门艺术，管理学自诞生之时就步入了“科学”的误区，管理科学化的发展方向使得管理理论与管理实践严重脱节。

实际上，从一般所认可的科学标准看，管理科学化和管理学的发展中的确存在许多重大问题亟待解决。其中，有两方面问题被认为是十分致命的，是影响到管理学作为一门科学存在的地位的。一是管理理论或者原则具有模糊性，缺乏对管理实践的针对性和指导性。“……管理原则总是成对出现。无论是对哪个原则来说，几乎都能够找到另一个看来同样可信、可接受的对立原则。虽然成对的管理原则会提出两种完全对立的组织建议，可是，管理理论里并没有指明，究竟哪个原则才适用。”[①] 二是管理学缺乏统一的研究方法、范式和有效的管理知识积累模式。早在20世纪60年代著名管理学家孔茨就提出“管理理论丛林”问题，现在“丛林”问题依然存在，而且呈现进一步分化和细化趋势。管理科学知识来源是复杂的而各不相关的，在管理学知识体系中，不仅包括依据严格的数学模型和科学逻辑得到科学管理知识（如数理学派对管理知识的贡献），也包括通过叙述故事而总结的管理知识（如经验学派采用案例研究方法提供的管理知识）。由于这两方面问题的存在，如果说管理学是一门科学，但也不是具有广泛性、有效性和精确性的科学。也就是说，管理学不是一门严格意义的科学，相对于自然科学而言，只是一门具有“弱科学属性”的学科。这一点可以借用比彻（Becher，1989）发展的学科属性分析框架来进一步描述。[②] 比彻提供的学科属性定位分析框架包括两个基本维度、四个基本衡量指标，第一个维度是学科认知维度，具体包括“硬”/“软”度指标和“纯”/“杂”度指标；第二个维度是学科规范维度，具体包括“趋同”/“分野”度指标和“城市”/“乡村”度指标。所谓“硬”/“软”度是衡量某一学科领域对特定研究范式或者理论体系的认同程度，“硬”度大意味着认同程度

① 赫伯特·A.西蒙：《管理行为》，中译本，机械工业出版社，2004年，第26页。

② 具体参阅高静美：《社会学分析框架下的管理学学科属性》，《经济管理·新管理》，2003年第22期。

大，学科研究范式相对单一；"纯"/"杂"度指标是衡量一门学科知识应用于实践的程度，如果学科越致力于解决"是什么"的问题，则"纯"度就越高，如果学科越致力于解决"如何做"的问题，则"纯"度就越低；"趋同"/"分野"度指标用于描述一学科内研究人员所具有的思维方式和价值观的差别程度，如果差别程度小，学术标准类似，则"趋同"度高，反之则"分野"度高；"城市"/"乡村"度指标则用于分析一个学科内研究人员相对于研究领域或者问题的相对集中程度，如果一门学科具有清晰的学术边界，具有严格界定的学术团体，相对多的研究人员抢占相对狭小的学术研究空间，研究人员具有充分的交流，则这门学科"城市"度高，相反，"乡村"度高。显然，基于上述对管理学的分析，管理学的"弱科学"学科属性具体表现为高"分野"度、低"城市"度、低"纯"度和高"软"度，也就是说管理学是一个地地道道的"纯"度不高的"软"科学。

那么，接下来的问题是，在从自然科学到社会科学、人文科学的学科定位频谱中，管理学这个"纯"度不高的"软"科学的"频位"在哪里呢？有的学者认为管理学应该是位于社会科学和人文学科之间的，管理学的科学性是要弱于社会科学的科学性，更接近人文学科。[①] 这意味着如果按照让·皮亚杰关于社会人文学科的分类，管理学科的整体科学性（研究普遍原理的属性）应该低于心理学、政治学、社会学、经济学、人口学、语言学等社会科学，但高于人类学、历史学、法学、哲学、美学和艺术学等人文学科。而坚持管理学是一门艺术的学者则认为管理学根本就属于人文

① 李怀祖：《管理科学研究方法论》，西安交通大学出版社，2004 年，第 14 页。

学科，具有历史科学的性质。[①] 这几乎将管理学完全推进了人文学科，认为管理学符合“艺术模式”，而非“科学模式”。但是，与这种将管理学在学科定位频谱中定位于社会科学和人文科学之间、或者完全定位于人文学科不同，另外一种观点是，管理学应该放到自然科学中。支持这种观点的是中国自然科学基金委员会，该委员会将管理学（包括管理科学与工程、工商管理、公共管理等）设在国家自然科学基金资助领域之内，而在哲学社会科学基金资助领域中则没有管理学这门分支。

实际上，即使将管理学归为人文社会科学，从现在的人文社会科学的发展趋势看，也需要寻求具有普遍性管理理论和原理。一般认为，对于人文社会科学而言，能否实现从前科学状态引向普遍原理科学状态的理想，主要受5方面因素影响。[②] 一是能否发展一种比较主义的研究方法，将研究者的主观倾向剔除，使研究者的研究从主观个人中心转向客观出发点，这被称为“比较主义去中心化”因素；二是是否存在足够的、合适的本学科研究对象的历史资料，从而能够利用历史资料排除主观倾向（“去中心化”）解释相关的各个发展的因果联系；三是自然科学的方法和模型能够

① 罗珉：《管理学范式理论的发展》，第24~30页，西南财经大学出版社，2005年。需要说明的是什么是所谓人文历史学科，“旨在重构和理解社会生活在时间过程中的一切表现展开的学科称为人文历史学科。……历史学家……不是去从实在抽象出适合建立规律的变量，而是从全部复杂性因而也从不可还原的独特性去把握每个具体过程。……历史学家感兴趣的是事件的个别内容，这内容难以估量，但可加以重构，而历史学家的使命正是在于进行这种重构”（引自让·皮亚杰：《人文科学在科学体系中的地位》，载联合国教科文组织编：《当代学术通观——社会科学与人文科学研究的主要趋势（社会科学卷）》，第34~35页，上海人民出版社，2004年）。基于上述对历史科学的理解，显然，将管理学归为历史科学，反对在管理中应用自然科学的概括性规律的方法，更多的是以德鲁克为代表的经验主义学派的观点。而这种极端观点漠视了包括管理科学学派在内的其他管理学派提供大量的、已经被实践证明了的十分有价值的管理思想、方法、技术和知识的存在。这种观点的另一个问题在于历史科学是否单独构成一个学科领域是可争议的，因为存在各种形式的历史学科，涉及各类学科（数学、各类自然科学、社会科学和人文科学等，甚至包括管理学自身）的所特有的“历时向度”。而且，由于计量方法在历史研究中的逐步应用，人们开始认识到“可以成为‘历史的’东西和可以成为‘科学的’东西之间没有明显的界限。科学的方法和技术将日益深入历史学的研究领域”（引自杰弗里·巴勒克拉夫：《历史学》，载联合国教科文组织编：《当代学术通观——社会科学与人文科学研究的主要趋势（人文科学卷上）》，上海人民出版社，2004年，第178页）。因此，将管理学归为历史科学同样也是定位不清的，也无法由此证明管理学只具有“艺术性”。更进一步，在我们看来，历史科学对于管理学的主要价值在于为管理学研究提供了历史学科方法或者范式，这基本上对应了经验主义学派的研究方法。

② 让·皮亚杰：《人文科学在科学体系中的地位》，载联合国教科文组织编：《当代学术通观——社会科学与人文科学研究的主要趋势（社会科学卷）》，上海人民出版社，2004年，第38~43页。

在多大程度上被成功移植应用到人文社会科学领域；[①] 四是是否可以通过界定所研究的问题，把不可能达成一致的问题撇在一边，而在可以达成共同判断和可证实的领域中发展该学科；[②] 五是能否逐渐发展出专门的、适合于其问题的研究方法，将那些可以证实的东西（通过实验证实或者数学形式化证实）与那些仅仅是依靠反思或者知觉得到的东西区分开来。虽然管理学离普遍原理科学的理想状态还相差很远，但是应该说，管理学的科学化进程和发展轨迹在很大程度上印证了上述5方面因素的影响，管理学家一直通过各种尝试在上述5方面推进管理学的科学化进程，例如，比较研究方法在管理学研究中的广泛应用（产生了比较管理学这门管理学分支），包括跨国界的管理方式的比较，德鲁克对组织进行比较研究等；又如，钱德勒应用历史文献方法从企业史角度的研究解释了技术条件与生产方式变革对企业组织的影响，并提出：“环境决定战略、战略决定结构”的结论；再如，孔茨曾指出，提高管理学科学性的首要任务是划定管理研究领域和知识体系，对分析和研究范围进行必要的限定，因为如果把整个文化世界和物质世界都叫做管理领域，那么管理学不可能取得很大进步；[③] 还如，西蒙在构建起管理理论时就提出要明确区分价值要素和事实要素，然后逐步排除价值要素，从而可以判断事实命题的真伪，从而构建科学的管理理论和真正的管理科学。[④] 但是，迄今为止，管理学家的这些努力还远远没有使管理学成为一门普遍原理的科学。综观整个管理学的知识体系，应该说，对管理学科学化进程和管理学发展最大影响的路径或者方法应该是对其他学科的概念、模型、方法和技术在管理学中的移植。这意味着第三种途径对管理学的科学化进程影响最大，也就是说，管理学对其他各门学科的典型研究方法（我们称之为学科方法）进行成功移植和使用，是管理学科学化进程和管理学科发展的最重要的方法论基础，这些学科不仅包括自然科学，还包括人文社会科学。

---

① 值得注意的是，自然科学的发展同样受到人文社会科学领域的影响，许多人文社会科学的概念和方法也被借用到生物甚至物理化学科学中。

② 诸如心理学、社会学的发展，并不是因为其研究对象先天具有科学性、高度精确性，而是因为较好地确定了研究边界。只有当一门科学能够对研究的问题充分界定，这门科学才能够成为一个独立的研究领域，思想的一致性才是可能的。

③ 哈罗德·孔茨：《管理理论丛林》，载迈克尔·T.麦特森等编：《管理与组织行为经典文选》，中译本，机械工业出版社，2001年，第81页。

④ 赫伯特·A.西蒙：《管理行为》，中译本，机械工业出版社，2004年，第331~334页。

二、管理研究范式与“管理理论丛林”存在的必然性

一门学科区别于另一门学科的关键在于研究对象和研究方法的不同。其中，研究对象决定学科属性的根本因素，而能否形成自己的科学研究方法则是一门学科发展的成熟与否的关键标志，科学的研究方法是一门学科能够成为科学的保证。经济学与其他社会科学相比，同样也没有形成放之四海而皆准的经济学理论，但却形成了一个一般性的科学研究方法，这使得经济学在科学的殿堂中占有一席之地。对于管理学而言，管理学不仅没有带有普遍性的理论，而且也没有形成公认的科学的研究方法。如果将研究方法分为科学研究和思辨研究两大类，有的学者将管理研究方法概括了三方面特征：[①] 其一，管理研究须兼用科学方法和思辨方法，然而，管理研究方法论仍垂青于科学方法。科学研究方法虽然将不断“蚕食”思辨的内容，不过管理领域中的思辨研究将永远存在，管理研究中总有科学研究无法替代的内容。其二，管理研究要分辨哪些管理学科的分支、内容和研究阶段适合应用科学方法，哪些适合思辨方法。其三，尽管管理研究方法论着重讨论科学方法在管理领域中的应用，但思辨研究的结果无疑应该属于管理研究的成果。这三个性质中的第三点并不独立，可以归为第一点。从方法论研究角度，真正有价值的是第二个性质。因为管理研究方法论的任务并不仅仅在于指出包括科学方法和思辨方法在内的各类研究方法都可以应用到管理研究中，关键在于回答“在管理研究中如何选择和使用各类性质差异巨大、种类众多的方法”这个问题。

从现有的管理研究方法看，各类具体研究方法都在被使用，包括科学研究通常使用的观察、调查、实验、假说演绎、公理化方法、模型方法、系统方法、归纳、比较分类、分析综合、抽象等方法，也包括因袭方法、权威方法、常识方法和直觉思辨方法等各类非科学方法，还有具体从各类自然科学、社会科学和人文科学借鉴、移植来的具体学科方法，等等。这些众多的研究方法，如何被有效地使用研究解决管理问题，是管理学方法

① 引自李怀祖：《管理研究方法论（第2版）》，西安交通大学出版社，2004年，第30~34页。

论的核心问题。实际上，管理学中在使用各类方法研究管理问题往往需要有一个“灵魂”，或者说研究者在选择、使用这些方法的过程中有一个指导框架或者模式。应该说，管理研究方法论的核心任务就是研究这个“灵魂”或者“模式”的形成和发展问题。

如果按照美国著名哲学家、科学史学家库恩（Thomas Kuhn）的观点，我们可以认为，这个所谓的“灵魂”或者“模式”就是“范式”(paradigm)，因而“范式”问题成为管理研究方法论的核心问题。[①] 虽然库恩没有给出有关什么是“范式”的统一的表述，但是一般认为，“范式”被理解为每一种科学在某一定时间内具有的一个固定的、自身不再被问题化，亦即不再受到质疑的基本看法。每个学科内的每一解释，甚至每一研究总是在一个范式指导下的解释与研究。更准确一点地说，“没有范式，就没有科学，因为范式是理论化的坐标或者罗盘。以此坐标为地基，才有可能将某一研究范围归类与规范化。”[②] 更进一步，范式的意义是，“范式决定了我们的着眼点，决定着哪些问题是允许被提出的，同时决定着如何回答所提出的具体问题以及解决这种问题的方法与手段”。[③] 虽然范式的概念是库恩基于自然科学为例得出的概念，但这个概念在人文社会科学中也是适用的。[④] 二者关键的区别在于自然科学范式变化往往意味着科学革命，科学的发展可以分为范式不变的“持续常规期”和范式转换的“转换危机期”，而后者正是科学突变大发展时期；人文社会科学则同时存在多种范式，这些范式往往既不相容，也不相融，而且无法判断谁优谁劣，哪种范式更代表学科的进步。

从这个意义上看，管理学研究范式与人文社会科学的范式的基本相同，同时存在各种不同的范式，虽然每种范式下的具体管理研究方法可以不同，但同一范式对管理研究的基本看法相同，遵循基本相同的研究规则

---

① 这一点，与有的管理学者所认为“管理学研究的研究方法”就是“范式”是相同的。参见罗珉：《管理理论的新发展》，西南财经大学出版社，2003 年，第 53 页。

② 转引自汉斯·波塞尔：《科学：科学是什么》，中译本，上海人民出版社，2004 年，第 118 页。

③ 转引自汉斯·波塞尔：《科学：科学是什么》，中译本，上海人民出版社，2004 年，第 119 页。

④ 例如，在文学研究中，既存在可以从纯语言学角度对文学作品进行解释的范式，也存在从作者生平遭遇出发解释作品的范式，还有从社会背景或者某个思想史观点出发解释作品的范式。历史研究也是如此，不同学者的历史观（即范式）是不同的，如马克思的历史观显然不同于汤因比（Toynbee）的历史观，因而对历史进程的解释也就不同。参见汉斯·波塞尔：《科学：科学是什么》，中译本，上海人民出版社，2004 年，第 117 页。

和方法论原则。管理研究者在这些不同的范式指导下选择使用各类具体的研究方法，或者说各类管理研究方法就集合在不同的“范式”旗帜下发挥着作用。这就形成了管理学中多种知识来源的现实。

基于上述范式的定义，实际上可以看出，管理学中的学派或者“理论丛林”是和“研究范式相对应的，不同的学派具有不同管理分析模式，也就是相应的研究范式。最初孔茨所谓的“管理理论丛林”包括六个学派，即管理过程学派、经验或案例学派、人类行为学派、社会系统学派、决策理论学派和数量学派。这些学派的根本差异就是分析模式或者研究方法的区别，其实也就是研究范式的不同。进入20世纪90年代，孔茨在其第10版《管理学》中又认为这些学派（school）应叫做方法（approach）更为合适，并将这6个学派已发展为12个方法，即经验法或案例法、人际行为法、群体行为法、协作社会系统法、社会技术系统法、决策理论法、系统法、数学或者管理科学法、权变方法、经理角色或者管理任务方法、麦肯锡7—S（策略、结构、系统、作风、人员、共有价值观、技能）方法、管理过程方法。[①] 实际上，与原来的6个学派相比，除了新增加的方法（经理角色方法、麦肯锡7—S法）外，这些方法只是在原来研究范式基础上的方法细化。

从研究范式角度看，管理学家在探索走出“管理理论丛林”过程中，不但不能解决这个问题，反而不断产生新的管理学派，问题的关键在于无法形成统一的研究范式。也就是说，由于现有的各个研究范式都不能被否定，新的旨在统一现有各个理论学派的努力最终又转化为新的研究范式。如果按照拉卡托斯的科学研究纲领理论，是由于管理学理论“硬核”的无法统一而难以走出“丛林”的。拉卡托斯认为，一个研究者或者一群科学家在其研究纲领中，总要抓住几个基本的设想，这几个基本设想构成了研究中的“硬核”。“硬核”带有约定俗成性质，具有先验性，即使出现了相反的例子，也无法动摇它。这“硬核”的特征本身与库恩的“范式”类似，因为科学家一般不会对“范式”提出怀疑的。拉卡托斯进一步指出，理论是由“硬核”与保护“硬核”的辅助假设组成的，虽然“硬核”代表了研究者群体的最基本的假设，本身无法被证伪，但辅助假设随时可能

① 哈罗德·孔茨、海因茨·韦里克：《管理学》，中译本，经济科学出版社，1998年，第27~33页。

亦可以被推翻。[①]

由于管理学的各个学派的管理理论"硬核"("研究范式")不同，而且不能够被推翻，于是"管理理论从林"状态也就难以打破。这一点通过管理过程学派的研究"范式"可以进一步说明。如图 1–1 所示，管理过程学派认为，存在一个为管理工作所独有的基本的科学理论核心，这些核心是管理学普遍原则。围绕这些管理普遍原则，各类具体的管理技术和方法同时被使用。这包括基于系统理论的协作社会系统法、社会技术系统法和系统法，基于实际经验的经验法或案例法，基于心理学的人际行为法、群体行为法，基于决策理论的决策理论法，基于数学方法的管理科学法，等等。显然这种通过一个"硬核"或者"范式"为核心，并把各类管理方法

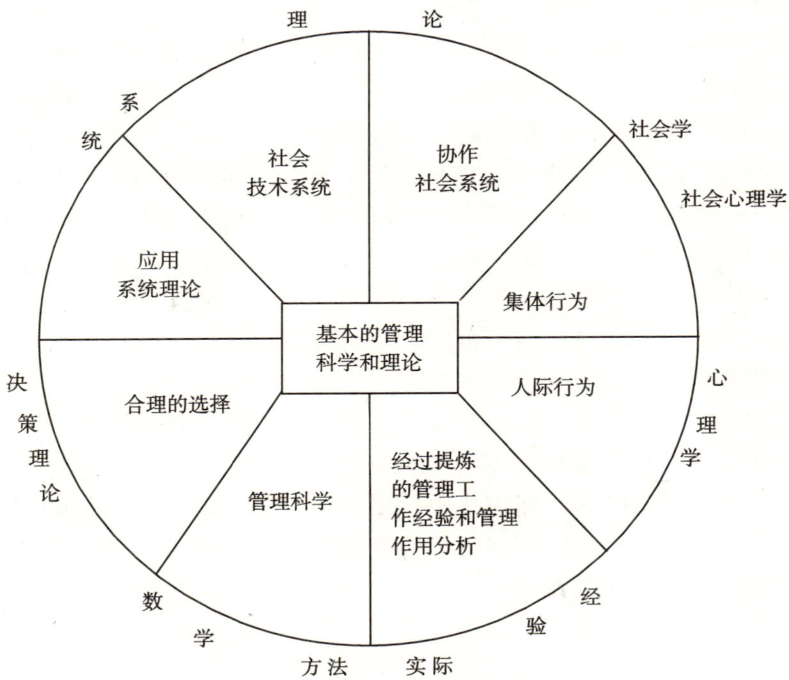

图 1–1 管理过程学派研究范式

资料来源：哈罗德·孔茨、海因茨·韦里克:《管理学》，中译本，经济科学出版社，1997 年，第 33 页。

① 转引自汉斯·波塞尔:《科学：科学是什么》，中译本，上海人民出版社，2004 年，第 130 页。

和技术组合起来的常识无疑是有价值的，但是，在其他学派（例如经验学派）看来，根本就不存在所谓普遍的管理学原则。也就是说，经验学派是不接受管理过程学派的理论“硬核”或者“研究范式”的。因此，管理理论“硬核”和“研究范式”多元化，管理学理论“丛林”现象也就成为必然。

三、管理学发展的“多元学科方法论”

归结上述两方面的分析，多学科研究方法的移植和研究范式的多元化成为管理学发展的典型方法论特征。我们将其概括为管理学发展的“多元学科方法论”（multisubjects methodology），或者说是“多元学科研究范式”（multisubjects paradigm）。虽然影响管理学科学化进程与管理学发展的学科较多，但从学科方法论或者研究范式角度看，能够独立构成管理学发展的学科方法论基础，或者说能够成为管理学的一个独立的学科研究范式、形成独立学派的基础方法论的学科主要包括经典物理学、数学、心理学、经济学、历史学、社会学、系统科学等。[①] 对于整体管理学而言，也许还存在上述 7 个学科范式以外的研究范式，但总体上以这 7 个学科范式为主。这些学科范式在现在的管理学中是同时存在的，而且一个学派可以按照一种研究范式为主进行研究，但同时也可能使用其他研究范式下的研究方法和思想。显然，这与常规科学不同，对于常规科学而言，在一定时期存在单一的至少是主导的范式、新范式取代旧范式（范式转换）是学科进步的前提，而对于管理学而言，虽然管理学发展需要新的范式，但新的范式的出现并不意味着旧范式被抛弃，管理学是多元学科范式并存的。

---

① 有的学者指出，现代管理科学的基础学科包括三个学科：数学、经济学和行为科学（参见成思危:《探索中国的管理科学的发展道路》,《管理评论》，2004 年第 5 期）；有的学者则认为管理科学的基础学科包括数学、经济学、行为科学和哲学等四个学科（参见吴价宝：《21 世纪管理实践与管理科学发展的基本特征》,《经济管理·新管理》，2001 年第 6 期）。所谓管理学的基础学科更多的是从知识体系和管理教育角度对管理学和其他学科的关系的描述，与这里从管理学的学科方法论视角对管理学与其他学科关系分析有所不同。

1. 经典物理学学科范式

经典物理学学科范式是最为典型的自然科学研究范式——“分析范式”，由笛卡尔和培根开创并由于经典物理学的巨大成功而被很多其他学科借鉴。该范式的基本假定是：所有的事物都可以还原为要素，而要素之间存在着简单的线性关系，将所有要素的属性叠加就可以把握事物的整体属性。事物之间的关系是机械决定论的，是一系列的因果关系。[①] 依靠这个“分析范式”，泰勒建立了科学管理理论，同样，法约尔和韦伯的古典组织管理理论也是受这种范式支配的。可以说，古典管理学派的管理理论都是以机械论为主导的，旨在通过科学研究的方法对管理现象和管理过程进行分解，探求管理要素的因果关系，发现管理活动的普遍规律。经典物理学学科范式的基本研究方法是实验方法，培根提出“实验是科学之母”的名言。实验方法在自然科学的巨大成功使得社会科学在诸多领域也开始引入实验方法，实验心理学、实验经济学等学科发展迅速。泰勒最早采用实验方法研究如何提高管理效率，梅奥则通过“霍桑实验”创建了人际关系学派，现在管理实验研究方法已经成为管理科学化进程的重要推动力量，形成了实验管理学分支。管理实验方法可以划分为人群实验和人机组合实验两类，而人机组合实验具体包括以机为主的模拟和以人为主的实验，而计算机模拟实验又分为数值型模拟和分析型模拟两类方法。[②] 管理实验研究方法由假设检验、建模分析、实验模拟、分析结论等科学过程构成，使管理学研究更加科学和规范。

2. 数学学科范式

数学学科范式以数学（主要是运筹学）为基本手段，努力把管理学推向精确性科学。

数学学科研究范式构成了管理科学学派或者管理数量学派的基本方法论。借助数学方法，管理科学学派从量的角度深化了管理理论。通过数学模型、符号和公式，管理科学学派寻找管理问题的“最优解”。由于数学模型超越了经验管理者的直观思维，能够帮助管理者清晰和系统地考虑各

---

① 高文武、丁耀：《试论西方管理学理论的演变》，《湖北社会科学》，2002 年第 10 期。

② 万迪昉、谢刚、侨志林：《管理新视角：实验管理学》，《科学学研究》，2003 年第 4 期。

个变量之间的关系，具有可重复性和预测性，从而在精确度要求上使管理学呈现出科学的特征。从严格的科学要求看，如果问题不能够用数学表达，就没有研究价值。因此，数学学科范式是管理学科学化的最高要求。迄今为止，决策理论模型、库存模型、排队模型、线性规划和非线性规划模型、网络模型（计划评审技术）、博弈论模型等，都已经在管理学中广泛地应用，极大地推进了管理学的科学化进程。

3. 心理学学科范式

由于具有“人”这个共同的研究对象，心理学与管理学具有天然的联系。在19世纪后半叶，受科学主义方法论的影响，科学心理学在德国诞生并获得初步发展，心理学从哲学中逐步分离出来。现在心理学已经发展为具有构造主义（structuralism）、机能主义（functionalism）、行为主义（behaviorism）和格式塔心理学（Gestalt psychology）等诸多学派的重要科学。科学心理学采用真正的实验方法，强调客观观察、行为测量和正式实验。这种实证主义的方法论使得心理学研究范式成为关于人的行为研究的真正的科学研究范式。管理学在其科学化进程中自然需要这种研究人的行为的科学研究范式。在泰勒科学管理时代，莉莲·吉尔布雷斯就写出了《管理心理学》（1916），而心理学家梅奥等人采用控制组实验法研究人的行为则把管理学带进了现代管理科学阶段，西蒙采用认知心理学方法（人机系统）对决策行为的研究使管理学对管理的本质有了更深入的认识。管理学中的一个重要学派——行为科学学派，就致力于运用科学方法对企业组织中的人的、可见的与可证实的行为进行研究，而这种科学研究方法就是建立在科学心理学的研究方法论基础之上的。不仅如此，由于现代心理学发展，心理学中的现象学方法论逐渐形成，这又成为人本主义管理的心理学方法论基础。

4. 经济学学科范式

经济学学科的魅力也许不在于经济学的理论，而在于其分析框架和方法。经济学的研究方法十分独特，“最大化行为、市场均衡和偏好稳定的综合假定及其不折不扣的运用便构成了经济分析的核心……经济分析是一种统一的方法，适用于解释全部人类行为。”① 现代经济学的分析范式是由视角（perspective）、参照系（reference）和分析工具（tools）三部分组成的。视角是经济学家分析问题的出发点或者基本前提，一般包括经济人的偏好、生产技术和制度约束、可供使用的资源禀赋；参照系也就是所谓基准点，是理解现实问题的标尺，比如一般均衡理论中的阿罗—德布鲁定理、科斯定理和莫迪格里安尼—米勒定理等；在经济学家的工具库中，有利的分析工具多是各种图像和数学模型，如成本—收益分析、供求曲线模型、所有权—控制权模型、非对称信息模型、博弈论模型等。② 从方法论角度说，经济学分析范式对管理学的影响至少有以下几方面。一是关于人性的基本假设，泰勒科学管理理论基本遵循了经济学学科分析范式中的“经济人”假设，这成为管理科学化进程的起点。二是经济科学学科范式提供的成本—收益技术给企业管理行为提供了一个最基本的科学度量工具。没有精确的测量，也就没有科学。企业管理行为的效率，最终体现为企业的成本和利润数量关系。三是经济科学的各类分析模型为企业管理理论和实践奠定了方法论基础，如现代企业理论（涵盖科斯定理、莫迪格里安尼—米勒定理等基准点，以及所有权—控制权模型、非对称信息模型等工具）对企业组织结构设计、公司治理结构设计和激励制度设计提供了指导框架，而博弈论模型为企业战略管理提供了有力的分析工具。由于经济学是社会科学中最具科学性（研究普遍规律的科学）的学科之一，应用经济学学科范式研究管理学问题，对管理学科学化进程具有重要的价值。

5. 历史学学科范式

历史学是旨在重构和理解社会生活在时间过程中的一切表现展开的学科。历史学科范式是与以经典物理学为代表的自然科学研究范式相对应的。与自然科学所关心的普遍的、一般的自然原则不同，历史学所关心的是独特的、精神的和变化的领域。自然科学是“研究普遍规律”的，而历史学是“研究个别事实”的，历史学家感兴趣的是事件的个别内容。以德鲁克和戴尔为代表的经验主义学派（或者案例学派）将历史学学科范式引入到管理学问题，认为管理学是说明组织及其管理中的个别具体事物的联

① 加里·S.贝克尔：《人类行为的经济分析》，中译本，上海三联书店，1995年，第8、11页。
② 钱颖一：《理解现代经济学》，《经济社会体制比较》，2002年第2期。

系，它具有不可重复性，也没有一般规律。因此，经验管理学派确立了以“问题为导向、以案例为基础”的新的管理研究定位。[①] 在具体应用历史学学科范式进行研究时，主要采用的是比较研究方法。在戴尔看来，比较研究方法就是认识和描述不同组织结构中的基本相同之处，对这些相同点进行收集和分析，从中得出一些能够更好预测和应用于类似情景的一般结论。比较研究方法的方法论原则有四点：一是要有一个概念框架，用于指导具体的比较研究；二是研究对象之间要具有可比性；三是研究者必须明确表达自己研究的基本目标和价值观；四是比较和结论必须恰当。[②] 由于上述比较研究方法的使用，经验管理学派在最终理论形式上还达到了“一般原则”的要求，虽然这些原则具有一定的适用地域范围和适用时间范围。这意味着经验管理学派同样也在追求管理科学化的目标。实际上，在历史学中，存在一个“比较史学”的分支，同样，比较史学最关心的不是历史事件“如何发生”的，而是通过比较方法解释历史事件“为什么发生”，侧重于一般历史规律的研究。如同我们曾指出的，比较研究方法可以理解为是人文社会科学领域中的“实验方法”。因此，经验管理学派的贡献同样是促进了管理学科学化进程（不是“艺术化进程”），只是使用的是历史学学科研究范式，而不是自然科学的研究范式。

6. 社会学学科范式

总体上说，社会学是从社会整体出发，综合研究社会关系及其变化发展规律的一门科学。法国哲学家、社会学家奥古斯特·孔德在提出社会学这门学科时，强调的是要建立一门研究社会的实证科学，即以实证的方法来研究社会现象的独立的学科。虽然现在社会学已经出现了大量流派，但用实证的方法研究社会现实情况和问题，从社会现实出发，形成理论再回到社会现实中去，已经成为社会学的一个重要的特征。迄今为止，社会学已经形成一套完整的可以操作的实证研究方法：研究理论的模式化、研究过程的程序化及测量工具的精确化。尤其是社会学的基本研究方法和技

① 张远凤：《再论经验学派的方法论》，《经济管理·新管理》，2003 年第 22 期。

② 张远凤：《经验学派方法论研究》，《经济管理·新管理》，2002 年第 18 期。应该说明的是，比较研究方法可以在不同方面、不同层次进行对比比较，从而使得结论更加科学。参见袁治平：《多重比较管理研究方法论及其应用》，《西安交通大学学报》，1997 年 6 月增刊。

术，包括调查方法、社会实验方法和社会统计方法，以及研究组织的技术和社会测量技术等，对管理学研究具有重要的借鉴意义。我们在上一节论述管理学范式分类时，就是根据社会学的范式分类进行论述的，而社会学范式就是根据对组织的各类认识划分的。在对组织的理解上，管理学所理解的组织非常强调组织的社会属性，或者说管理学中的组织就是社会组织。因此，社会学研究范式分类可以直接引进管理学研究中。和经济学相比较，社会学最具特色的一面就是强调社会的相互作用，强调社会结构对个人行为的影响，经济学假定了理性的个人，社会学则假定了嵌入性。社会学学科范式从对管理学的影响，从最初的人际关系学派的"社会人"假设，到后来的组织行为学派和社会协作学派等，这些学派都尝试运用社会学的方法分析人的行为和组织的行为。而社会学的一些新发展，如强调结构对行动的影响、用以描述结构的网络分析法，这被认为是社会学方法的最典型的实现形式，在战略管理研究得到应用，形成了不同于原子式研究方法的嵌入性方法。社会学方法从嵌入性的角度分析个人行为和组织的运作，为管理学提供了新的视角，其应用前景也日益广阔。

7. 系统科学学科范式

系统科学可以理解为从系统论的角度出发研究系统的有关学科的总称，从传统上认为包括系统论、控制论、信息论、耗散结构论、协同学、突变论、模糊数学、超循环理论等系统理论和工具的学科，以及具体把研究对象作为系统应用上述理论和工具解决具体问题的系统工程学科。系统科学学科范式的核心是系统论，系统论的基本观点是：世界任何事物都可以看作由要素构成的系统，系统的要素之间存在复杂的非线性关系，系统的特性和规律只能从系统整体角度来理解，要素之间的联系也必须立足于系统整体来认识；在价值观取向上，系统论是以系统的整体功能最优为目标的。显然，系统科学的"整体论"是与经典物理学的"还原论"完全不同的。由于系统科学强调"整体大于部分之和"的基本观点，而这正是管理的本质要求，因此，在20世纪40年代贝塔朗菲创立系统论后，他的理论很快就被应用到管理学中。巴纳德最早应用系统方法研究管理问题，第一次把企业组织看作一个由物质、生物和社会等方面的要素组成的"协作系统"，创建了社会系统学派。之后，在现代管理理论阶段的许多管理理论都是以系统科学的学科范式为方法论基础的，组织就是一个系统的观点被广泛接受。现在，系统科学发展迅速，对现代管理学发展影响十分深远。中国学者认为系统科学的最重要的发展主要是研究复杂性和复杂系统的复杂性理论方法，这已经逐渐发展为一门独立的学科，即所谓的复杂科学。现在复杂科学主要包括系统动力学、适应性系统、混沌学、结构基础理论、暧昧理论等5个流派。[①] 目前复杂科学的理论工具主要有微分方程和形式逻辑，除此之外还有不确定性条件下的决策技术、综合集成技术、整体优化技术、计算智能、非线性科学、数理逻辑和计算机模拟等。复杂科学的方法论原则是定性判断与定量计算相结合、微观分析与宏观综合相结合、还原论与整体论相结合、科学推理与哲学思辨相结合。现在，复杂科学学科范式对管理学影响比较大的是系统动力学，学习型组织理论的提出可以认为是这方面的一个应用。混沌学在管理中的研究也日益成为一个热点。现在，复杂科学学科范式作为一个刚刚发展起来的管理科学化方法论，日益被管理学家重视。

归结上述管理学科学化的各个学科方法论，可以将这7个学科范式进一步归类为自然科学范式（经典物理学和数学）、社会科学范式（社会学、心理学和经济学）、人文科学范式（历史学）和哲学范式（系统科学和复杂科学）四种类型，或者按照把人文社会科学分为“研究普遍原理”的科学、历史科学、法学和哲学学科的分类，这7个学科范式归类为自然科学范式（经典物理学和数学）、研究普遍原理的社会科学范式（社会学、心理学和经济学）、历史学范式和哲学范式（系统科学和复杂科学）四种类型。

四、管理学“元方法论”与管理学的未来发展

管理学发展的“多元主义”以及“多元方法论（multimethodology）”问题，最早出现在决策和系统科学研究领域中，现在仍集中于系统科学方法（包括运筹学和管理科学方法）的应用中。1984年，林斯通（Linsone）在其

① 这5个流派的具体内容参见成思危：《探索中国的管理科学的发展道路》，《管理评论》，2004年第5期。

著作《多视角决策》中研究了如何对一个复杂问题从不同视角分析和综合决策问题，[①]而杰克逊（Jackson）和凯斯（Keys）在其"系统方法论体系"中提出不同系统方法可以视为互相补充而不是相互竞争。[②]1996年，明格斯（Mingers）和布罗克莱斯比（Brocklesby）正式提出管理科学的"多元方法论"，[③]1997年明格斯（Mingers）和基尔（Gill）主编了关于管理科学的多元方法论的权威论文集。[④]2002年的一份对运筹学、管理科学和系统实践者的调查报告表明，多元方法运用已经很广泛，而且不同方法的结合使用会带来成功。[⑤]但是，多元主义方法面临一个必须解决的问题，为了解决哲学上的范式的不可通约性（paradigm incommensurability），就是要寻求一个能够接受和保护多重研究方法并处理不同研究范式之间关系的元方法论（metamethodology）。在这方面，一种被称为"批判系统思考"的系统理论（critical systems thinking，CST）进行了有效的尝试，提出了所谓的"全面系统干预（total system intervention，TSI）"的系统方法的元方法论。"全面系统干预"的核心思想是，把问题情形视为单单依靠一种视角不能得到解决和分析的"乱题"(messes)，因此必须从多元视角观察问题情形。[⑥]

显然，我们提出的管理学发展的"多元学科方法论"或者说"多元学科研究范式"与系统科学的系统方法的"多元方法论"是一致的，但我们强调的是对于整个管理学发展而言，其方法论是"学科方法"的多元化，而后者强调的是系统科学的"系统方法"的多元化。同样，如果说"乱题"是系统科学中多元方法论的存在合理性基础，那么管理学的"多元学科方法论"的合理性基础在于管理问题的复杂性。由于管理问题是复杂性问题，管理系统是复杂性系统，独立的单一学科方法无法解决这些问题，

---

① Linstone，H. A. *Mulitipe Perspectives for Decision Making*，North-Holland，New York，1984.

② Jackson，M.C. and Keys，P. Towards a system of systems methodologies，*Journal of the Operational Research Society*，35，1984. pp.473-486.

③ Mingers，J.C. and Brocklesby，J. Multimethodology：Towards a framework for mixing methodologies. *Omega*，25，1996. pp.489-509.

④ Mingers，J.C. and Gill，A. *Multimethodology-Theory and Practice of Combining Management Science Methodologies*. John Wiley & Sons，Chichester，UK，1997.

⑤ Munro，I. and Mingers，J.C. The use of Multimethodology in practice：Results of a survey of practitioners. *Journal of the Operational Research Society*，53，2002. pp.369-378.

⑥"乱题（messes）是指相互依存的复杂的问题系统。有关CST的具体内容可参阅 迈克尔·杰克逊：《系统思考——适于管理者的创造性整体论》，中译本，中国人民大学出版社，2005年，第275~278页。

多学科的研究范式也就成为必需。从这个意义上说，没有自己独立的科学研究范式的管理学能够成为一门独立学科的“合法性”基础也在于管理问题复杂性。[①] 更进一步说，为了解决管理学作为一门科学同样面临的范式的不可通约性问题，同样也需要寻找管理学研究的“元方法论”，如果接受系统科学中基于“乱题”发展起来的“全面系统干预（TSI）”为系统科学的“元方法论”，那么，也可以围绕管理复杂性问题发展一套管理学的“元方法论”。现今的管理学研究中还不存在这样一个基于管理复杂性的“元方法论”，但这可能是管理学走出“管理理论丛林”的一个重要方向。

管理学发展的“多元学科方法论”表明，在未来管理学发展中，一方面，要接受管理学这种多学科研究方法的方法论原则，在深入研究各个自然和人文社会科学的各个学科研究范式对管理学发展影响的基础上，鼓励将自然和人文社会科学的各种研究方法移植到管理学中。另一方面，要鼓励对管理学发展的“元方法论”问题进行研究，这应该成为管理学术界，尤其是从事管理纯理论研究的学者重要研究方向，从这一点说，关注复杂性科学，无疑是一个正确的选择，但这已经不是本章所能够涵盖的内容了。从方法论角度说，管理科学化进程的推进和管理学的发展，有赖于管理学者对管理学“多元学科方法论”的理解应用和“元方法论”研究的深入。

最后需要强调表明的是本章关于管理学发展问题的态度。根据杰克逊（Jackson）对管理系统方法论的划分，[②] 我们认为，在管理学发展问题上，可以划分四种价值观，第一种是“孤立主义”(isolationism) 价值观，这是一种严格信奉一种研究方法或者理论的管理学发展观念，对其他理论或者方法视而不见或者完全排斥；第二种是“帝国主义”(imperialism) 价值观，试图将所有的研究方法或理论都纳入自己偏爱的理论或者方法中，如果不能够纳入就不承认这些理论或者方法的存在（这非常类似于主流经济学的价值观）；第三种是“实用主义”(pragmatism) 价值观，是从实用角度出发接受任何“可行的”方法和理论；第四种是“多元主义”(multiplism)，在对管理学发展规律充分认识和把握的基础上，尊重各种方法和理论的自由发

① 一门学科的“合法性”，不只是法理上的“合法”意义，主要指的是一门学科能够独立的存在基础。

② Jackson, M. C. Present Positions and future prospects in management. *Omega.*, 1987. 15, pp.455-466.

展，并寻找到这些理论和方法与管理问题有效的匹配方式。比较这四种管理学发展观，可以认为"帝国主义"是修正的或者发展的"孤立主义"，而"多元主义"则是理性设计的"实用主义"。显然，从未来管理学发展看，管理学的发展道路应该是"多元主义"的，或者说理性"实用主义"的，在一定的最基础的管理学理论或者原则指导下，针对现实管理问题的解决，科学方法和非科学方法都会在管理研究中得到应用。而且，随着管理科学化进程的推进，科学方法在管理研究的应用领域将越来越大，越来越多的管理问题将可以用科学方法进行解决。然而，管理学研究对象的复杂性决定管理领域中总会有科学方法无法解决的问题，科学方法将无法完全取代非科学方法。这意味着，总体上管理学的科学性会逐渐提高，虽然永远也不会成为一门像自然科学一样的、十足的科学，但管理科学化的进程却是不断推进的，管理科学化的发展方向是必然的。

参考文献

1. 成思危：《探索中国的管理科学的发展道路》，《管理评论》，2004年第5期。

2. 高静美：《社会学分析框架下的管理学学科属性》，《经济管理·新管理》，2003年第22期。

3. 高文武、丁耀：《试论西方管理学理论的演变》，《湖北社会科学》，2002年第10期。

4. 哈罗德·孔茨、海因茨·韦里克：《管理学》，中译本，经济科学出版社，1998年。

5. 汉斯·波塞尔：《科学：科学是什么》，中译本，上海人民出版社，2004年。

6. 赫伯特·A.西蒙：《管理行为》，中译本，机械工业出版社，2004年，第26页。

7. 加里·S.贝克尔：《人类行为的经济分析》，中译本，上海三联书店，1995年。

8. 李怀祖：《管理科学研究方法论》，西安交通大学出版社，2004年。

9. 联合国教科文组织编：《当代学术通观——社会科学与人文科学研究的主要趋势(社会科学卷)》，上海人民出版社，2004年。

10. 罗珉：《管理学范式理论的发展》，西南财经大学出版社，2005年。

11. 罗珉：《管理理论的新发展》，西南财经大学出版社，2003年。

12. 迈克尔·杰克逊：《系统思考——适于管理者的创造性整体论》，中译本，中国人民大学出版社，2005年。

13. 钱颖一：《理解现代经济学》，《经济社会体制比较》，2002年第2期。

14. 斯文·艾里克·肖斯特兰：《管理的两面性——雅努斯因素》，中译本，辽宁教育出版社，2000年。

15. 万迪昉、谢刚、侨志林：《管理新视角：实验管理学》，《科学学研究》，2003年第

4 期。

16. 吴价宝:《21 世纪管理实践与管理科学发展的基本特征》,《经济管理·新管理》,2001 年第 6 期。

17. 袁治平:《多重比较管理研究方法论及其应用》,《西安交通大学学报》,1997 年 6 月增刊。

18. 张远凤:《再论经验学派的方法论》,《经济管理·新管理》,2003年第 22 期。

19. 张远凤:《经验学派方法论研究》,《经济管理·新管理》,2002 年第 18 期。

20. Linstone, H. A. *Mulitipe Perspectives for Decision Making*, North-Holland, New York, 1984.

21. Jackson, M.C. and Keys, P. Towards a system of systems methodologies, *Journal of the Operational Research Society*, 35, 1984. pp.473-486.

22. Jackson, M. C. Present Positions and future prospects in management. *Omega.*, 1987. 15, pp.455-466.

23. Mingers, J.C. and Brocklesby, J. Multimethodology: Towards a frame work for mixing methodologies. *Omega*, 25, 1996. pp.489-509.

24. Mingers, J.C. and Gill, A. *Multimethodology-Theory and Practice of Combining Management Science Methodologies*. John Wiley & Sons, Chichester, UK, 1997.

25. Munro, I. and Mingers, J.C.The use of Multimethodology in pratice: Results of a survey of practitioners. *Journal of the Operational Research Society*, 53, 2002. pp.369-378.

第二章 管理学若干新发展综述

虽然最早的管理实践可以追溯到遥远的古代人类文明，但真正管理学的形成却源于20世纪初弗雷德里克·泰勒的开创性的贡献。在一个世纪的时间里，企业管理理论经历了古典管理理论阶段、行为科学阶段和现代管理理论阶段，出现了社会系统学派、决策理论学派、管理过程学派、系统管理学派、经验主义学派、管理科学学派、经理角色学派、权变理论学派等诸多流派，形成了庞大的管理学知识体系。管理学不同于其他学科，它是一门实践导向很强的科学，是一门科学，也是一门艺术，实际上，面对百年形成的庞大的知识体系和众多的流派，我们很难归纳出一条管理学发展的逻辑主线。如果我们研究百年来企业管理经典著作所关心的主题，可以归结为管理与管理者、领导、组织与人事、效率、市场与顾客、竞争与战略、创新与变革、现代公司的组织逻辑和管理的国际化等诸多方面。从管理学的学科分类角度而言，战略管理、人力资源管理、生产管理、营销管理、组织管理、质量管理等构成管理学的经典内容，而且这些学科还在不断地丰富、细化、交叉和发展，管理学的新学科、新分支还在不断地产生。

进入20世纪90年代以后，由于世界经济环境的发展变化，科学技术尤其是信息技术的突破性的进展和广范围的应用，市场竞争的日趋激烈和国际化，这使得管理学在管理思想、方法、手段和组织等诸多方面都有新的进展。其中具有相当影响的主要包括核心能力理论、动态能力理论、战略联盟、企业知识理论与知识管理、企业资源理论、嵌入理论学习型组织、危机管理、流程再造、虚拟企业、心理契约、社会资本理论、EVA法、平衡计分卡、实物期权、职业生涯设计、人本管理、团队管理、员工持股计划、股票期权计划、供应链管理、企业资源计划、6—西格玛管理、敏捷制造、精益生产、计算机集成制造、大规模定制、界面管理、标杆管理、清洁生产、顾客价值管理、客户关系管理、网络营销、绿色营销关系营销、整合营销、服务营销、直复营销、渠道管理、顾客忠诚管理、顾客满意度管理、连锁经营、跨文化管理、企业形象设计等等。应该说，这些理论、方法或者思想有些是可以具体对应到分支学科，属于这些分支学科的新进展，但有些则难以仅仅归结为一个学科分支中，有的则可以认为属于创建了一个新的管理学学科分支。实际上，这些创新和发展正逐渐改变传统的管理学教科书内容，管理学正悄悄地进行着一场革命。但是，可能与管理学学科本身发展的特征有关，这些新进展是非常凌乱的、不系统的，这些新进展之间存在互相交叉、包含现象。要想全面评述这些新进展，对这些新进展进行全面系统的梳理、归类和评价，是非常困难的。这里试图从管理学重要的分支学科角度出发，有选择地述评每个分支学科的若干重要新进展。当然，这种述评会存在两方面问题：一是对每个管理分支学科的新进展的描述并不全面；二是在分类方面，有些新进展并不完全属于单一管理分支学科。

一、战略管理的新理论

从具体的战略管理理论和思想演变看，一般可以把企业战略理论基本上分为早期战略思想、传统战略理论和竞争战略理论等三个阶段。其中竞争战略理论阶段始于20世纪80年代中期，被开拓于波特的竞争战略、竞争优势的分析，波特提出了五种竞争力量的产业结构分析模型，建立了“产业结构分析—制定竞争战略—实施战略—取得竞争优势—企业业绩”的战略分析逻辑。进入20世纪90年代以后，随着企业生存与发展的环境日益复杂，如何在复杂环境中培育和保持自己的竞争优势，复杂理论、核心能力理论、战略资源理论、企业知识理论的提出和发展，成为在复杂环境中以企业竞争优势为核心的战略管理理论创新的主流。

1. 复杂理论

从企业战略管理研究的发展看，环境—战略—绩效的框架一直是研究的焦点。[①] 以环境和战略因素对绩效的影响为中心，展开了一系列的研究，围绕是以环境的选择性为主导，还是以战略的主动适应性为主导的争论始终没有停止，并延伸出众多的战略管理流派。例如，种群生态观（Population Ecology）和战略选择观（Strategic Choice）就成为这一争论的两个极端。前者强调环境对企业战略的选择决定作用，后者强调企业战略的主导作用，即在承认战略适应性的同时，更加强调战略的自发性和对环境的影响。[②] 在理论争鸣的背后是企业面对的战略环境越来越复杂，不确定性越来越高，环境的影响和变化因素越来越活跃。因此，企业如何应对环境中的不确定性、复杂性、动态性和突发性等因素，就成为战略管理必须回答的问题。

复杂理论（Complexity Theory）引入战略管理领域，不仅是在种群生态观点和战略选择观点两个极端之间导入了一种新的选择，而且成为战略管理研究的重要思想，为在复杂环境条件下，认识企业战略与环境之间的关系提供了新视角。复杂理论认为构成组织的行为主体既相对独立又相互联系和依赖，能够根据各自所处的环境条件进行内部变革和相互关系调整，以适应复杂变化的环境和条件。[③]

对于复杂理论的研究最早可以追溯到普里高津的耗散结构研究，20 世纪 70 年代的非线性研究，混沌理论研究，以及 80 年代的人工神经网络研究，这一阶段的研究已经提出了复杂系统行为的非线性特征和自组织特性。但是，真正将复杂系统作为专门的研究对象，则始于 20 世纪 80 年代中后期的 Santafe 研究所。它们的研究发现，有很多复杂系统，在特定的外部条件下，可以通过自组织形成特定时空结构的有序状态，在环境的影响下能够自组织、自学习、自适应，不断演化形态而生存、繁衍和发展。如果适应能力赶不上环境的变化，就会衰亡下去。[④] 对于复杂系统的研究还得出了一些共性特征：一是所有复杂系统的共性是涌现（ emergence）；二

① Lewin, Y., Volbera, W., "Prolegomena on Coevolution: A Framework for Research on Strategy and New Organizational Forms", Organization Science, 1999, (5): pp.519–534.

② 何铮:《从主流战略管理研究折射中国国有企业战略管理实践的演变》,《南开管理评论》, 2006 年第 2 期。

③ Tan, J., Tan, D., "Enviroment–strategy Co–evolution and Co–alignment: A Staged Model of Chinese SOEs under Transition", Strategic Management Journal, 2005, (26): pp.141–157.

④ 温兴琦:《复杂适应系统视角下企业战略与环境的适应性》,《武汉理工大学学报》(社会科学版), 2005 年第 4 期。

是这些涌现现象是由混沌边缘（edge of chaos）来完成；三是复杂系统一般具有非均匀性、非线性性、自适应性和网络性的特征。[①]

复杂理论在战略管理中的应用，最主要的体现在“共生的商业生态系统”和“共同演进”这两个概念的导入上。该理论应用的核心思想是，企业战略在动态非线性的复杂环境下，要以创建一个共生的商业生态系统为重点，关注嵌入系统的不同参与者和过程的动态张力，以及它们之间的相互关系，同时，在自适应机制的作用下，这种“共同演进”不仅体现在系统内各企业组织之间的共同演进，还体现在环境和企业战略的共同演进。实际上，基于复杂理论的战略思维逻辑就是：基于对环境“机会”和内部条件分析—制定旨在创造和完善商业生态系统的企业战略—提升对商业生态网络关系管理和自适应的能力—实现基于复杂环境背景下企业业绩的提升—商业生态系统进化和企业的发展。实际上，就是企业在共生商业生态系统的战略思维引导下，强化企业网络组织结构背景下的关系管理能力和自适应能力，最终实现企业战略与环境，以及商业生态系统中各个网络组织的共同演进，达到企业业绩提升和商业生态系统进化的目标。同其他战略理论的比较见表 2-1 所示。

表 2-1　不同战略理论的比较

理论类别	核心能力理论	动态能力理论	复杂理论
竞争环境	相对稳定、线性可测	无序、突变、不可预测	复杂、不确定、非线性
竞争优势来源	难以模仿的、持久的核心能力	不断创新的能力	进化的商业生态；自适应能力；关系管理能力
分析单元	企业内部	企业与企业经营环境	商业生态系统
战略重点	培育和发展可持续的核心能力，发挥其杠杆作用	快速、敏捷地打破均衡，创造不连续的创新	推进商业生态系统进化；提升关系管理和自适应能力
合作的态度	短期倾向	短期倾向	共同演进
战略的特性	长期性、稳定性	短期性、不定性	互动性

资料来源：作者根据林健等：《企业战略管理理论核心逻辑分析》，《经济管理》，2002 年第 22 期整理。

① 刘曾荣、李挺：《复杂系统理论剖析》，《自然杂志》，2004 年第 3 期。

2. 企业资源理论

资源理论关注企业资源、持久竞争优势和企业绩效之间的关系。资源理论在假定资源要素市场是不完全的、企业是异质的和资源有限流动性的前提下，认为企业是资源的特殊集合体，那些与竞争对手相比具有资源的独特性和优越性，并能够与外部环境匹配得当的企业会具有竞争优势，这些竞争优势会由于要素市场不完全和资源有限流动而具有持久性。在资源理论中，所谓企业资源是企业控制的所有资产、能力、组织过程、企业特质、信息、知识等，是企业为了提升自身的效益和效率而用来创造并实施战略的基础。[①] 巴尼（Barney）认为这些资源可以被分成三类，即物质资本资源、人力资本资源和组织资本资源。这些资源中对企业持久竞争优势、进而对竞争力起到促进作用的部分被定义为战略性资源。战略性资源首先是有价值的，有助于企业通过战略提高企业效率和效益；其次有价值的资源还必须是稀缺的，一个企业具有的有价值的资源只有是稀缺的，才可能形成相对于其他企业的竞争优势；最后这些有价值的、稀缺的资源还必须是不完全模仿、不完全替代的，否则企业所具有的竞争优势不可能长期保持，会由于竞争对手的模仿、复制和寻找其他替代因素而消失。也就是说，只有战略性资源才是持久竞争优势的来源。

从战略管理角度分析，如果说产业组织理论给战略管理提供了一个“市场—结构—绩效”的分析范式，那么可以认为企业资源理论为战略管理提供了一个“资源—战略—绩效”的分析范式。基于上述对战略性资源的认识，柯林斯（D.Collis）、福克纳（Foukner）和鲍曼（Bowman）等人认为，企业战略的主要内容是如何培育企业在特定行业中独特的战略资源，以及最大限度地优化配置这种战略资源的能力。在企业竞争实践中，每个企业的资源和能力是各不相同的，同一行业中的企业也不一定拥有相同的资源和能力。这样，企业战略资源和运用这种资源的能力方面的差异，就成为企业持久竞争优势的源泉。

3. 企业能力理论

能力理论认为，企业能力是企业拥有的为实现组织目标所需的技能和知

① 马昀：《资源基础理论的回顾与思考》，《经济管理》，2001 年第 12 期。

识。虽然广义的资源包括企业能力，但能力理论认为能力与资源不同，能力是以人为载体的，是配置、开发、保护、使用和整合资源的主体能力。具有相似资源的企业通常在使用资源的效率方面有差异，这种差异就是企业能力的差异，是产生竞争优势的深层次因素。在核心能力理论看来，能力是决定企业异质性的根本，企业是一个能力系统或能力的特殊集合。更进一步说，企业所有能力中最核心、最根本的部分，可以通过向外辐射，作用于其他各种能力，影响着其他能力的发挥和效果，这部分被界定为核心能力。在普拉哈拉德与哈默看来，核心能力是组织中积累性学识，特别是关于如何协调不同的生产技能和有机结合多种技术流的学识。核心能力来自于企业组织能的集体学习，来自于经验规范和价值观的传递。核心能力的形成要经历企业内部独特资源、知识和技术的积累与整合的过程。通过这一系列有效积累与整合，使企业具备了独特的、持久的竞争力。一般说来，核心能力具有如下特征：①稀缺性：是企业所特有的。②可延展性：核心能力可以使企业进入各种相关市场参与竞争。③价值性：核心能力能够使企业为客户创造价值。④难以模仿性：核心能力应当不会轻易地被竞争对手所模仿。企业要获得和保持持久的竞争优势，就必须在核心能力、核心产品和最终产品三个层面上参与竞争。核心能力是企业竞争优势的源泉，最终产品是核心能力的市场表现，核心产品是核心能力的物质载体。基于上述对核心能力的认识，从战略管理角度看，企业战略的目标就在于识别和开发竞争对手难以模仿的核心能力。只有具备了这种核心能力，企业才能很快适应迅速变化的市场环境，不断满足顾客的需求，才能在顾客心目中将企业与竞争对手区别开来。只有在核心能力达到一定水平后，企业才能通过一系列组合和整合形成自己不易被人模仿、替代和占有的独特战略资源，才能获得和保持持久的竞争优势。

4. 企业知识理论

企业资源理论和能力理论从各自的角度对企业竞争优势的根源做出了解释。但是，它们并没有解释为什么一些企业在拥有了战略性资源和核心能力的同时，在非连续变化的环境下，战略资源丧失了效用，核心能力囿于“核心刚性”（Core Rigidities）反而丧失了竞争优势。[①] 企业竞争优势的

① Barton, D., Core Capabilities and Core Rigidities: A Paradox in Managing New Product Development, Strategic Management Journal, 1992, (13): pp.111-125.

“黑箱”仍然没有打开，对竞争优势的探讨也并未就此结束。

知识管理理论跳出企业的物理形态，将企业视为知识的集合体，针对组织的适应性、组织的生存和竞争能力等方面进行了广泛研究，对企业竞争优势的根源做出了有益探索。Zack（1999）认为组织的竞争优势来源于对组织知识的创造、配置和分享。[①] Bertel 和 Savage（1999）也认为，随着知识经济的到来，竞争优势将会来源于知识的有效管理。[②] 经济正在进入一个新的商业时代，信息和知识已经成为组织中最重要的资源和可持续竞争优势的源泉。有关知识管理的定义很多，我们大致可以从组织、行为和技术三个维度去理解。就组织价值维度而言，主要是强调组织知识资源的利用和组织价值的提升，即组织在知识配置过程中创造价值的艺术。更有学者直接将知识管理视为一种组织管理职能。就组织活动维度而言，主要是强调知识管理是一组发现、生产、获得、存储、转移、转换、开发、转播、使用、保护的综合性活动，同时也包括组织环境和文化氛围的营造活动。就技术维度而言，主要是强调知识管理以信息技术为基础系统，用来支持和加强由知识生产、转化与转移的过程。

目前，知识管理的研究内容主要涉及知识管理与企业战略、组织内和组织间知识管理活动研究、知识管理活动的阶段性研究、管理对知识管理活动的影响研究、知识型组织的运作规律与管理模式研究、组织内显性知识与隐性知识的创造与转化、知识资源的量化等方面。[③]

可以说，有关知识管理的研究才刚刚起步，下一步研究具有广阔的空间。例如，对于组织知识的构成、量化和测评指标体系的研究，对于知识管理与企业竞争优势内在作用机制研究，对于组织知识管理活动内容以及相互关系的研究，对于知识转移和转化的研究，对于知识管理同组织结构、环境的互动的研究，对于知识管理同技术之间关系的研究，对于知识管理影响因素的定性和定量研究，对于知识管理同传统职能管理之间关系的研究等方面的研究都还几近空白。

---

① Zack，H.，Management Codified Knowledge，Sloan Management Review，November，1999.

② Bertel，T. and Savage，C.，1999，A Research Agenda for the Knowledge Era：The Touch Questions，Knowledge and Process Management，6（4）：pp.205–212.

③ 戚永红、宝贵敏：《知识管理：概念、框架与问题》，《经济管理》，2003 年第 12 期。

二、组织管理的新发展

很多管理学的新发展都可以归为组织管理领域，这里主要描述业务流程重组、学习型组织和组织学、社会资本理论几个方面的新发展。

1. 业务流程重组

业务流程重组，是美国麻省理工学院的电脑教授迈克尔·哈默（M. Hammer）提出来的。长期以来，人们对生产经营系统、管理组织结构的变革都持一种比较慎重的态度，主张用改良、完善的办法来改善和加强企业管理，对管理组织结构也是要求保持稳定性和灵活性的统一，避免出现大的震动，造成工作秩序的混乱。而哈默对传统的思想提出了挑战，提出了业务流程重组的理论。他将企业业务流程重组定义为：将组织的作业流程，作根本的重新思考与彻底翻新，以便在成本、品质、服务与速度上获得戏剧化的改善。其中心思想是美国企业必须采取激烈的手段，彻底改变工作方法。因此，他强调企业流程要“一切重新开始”，摆脱以往陈旧的流程框架。迈克尔·哈默认为，企业再造工程必须组成团队来进行，要使信息在各个部门得到充分运用。再造工程一旦推行，就会带来以下一些根本性的变化：①工作单位划分的基础，从职能变成以流程为基础。②工作内容从单一变成丰富。③人员的角色，从被控制转变为有决策权。④获得工作能力的方法，从没有系统的训练，变成有全盘计划的教育。⑤绩效评核与奖励方面，从观察单一活动，转变为观察其整体活动的结果。⑥决定晋升的因素，由以绩效为主转变为兼顾绩效与技能。⑦在价值观方面，将为主管而工作变成为顾客而工作。⑧生产线上的管理人员由监督者变为教练。⑨组织结构由层级式变为扁平式。⑩高层主管由事后评分变为对员工主动引导。

2. 学习型组织

学习型组织的提出源于对管理的整体性、系统性的重视。所谓学习型组织，就是通过不断的学习来改革组织本身的组织。善于不断地学习是它的本质特征。学习型组织的真谛就是全体成员全身心投入并有能力不断学习的组织；能让成员在工作中体验到生命意义的组织；能通过学习创造自我、扩展未来能量的组织。学习性组织最早是由麻省理工学院教授彼得·圣吉（Peter M. Senge）在其著作《第五项修炼》中提出来的。他认为企业的领导者和全体职工都要进行五项修炼：

（1）锻炼系统思考能力。

彼得·圣吉认为系统思考是一种“见树又见林的艺术”，因此，强调要把企业看成一个系统，并把它融入社会这个大系统中，考虑问题既要看到局部又要看到整体，既要看到当前又要看到长远。

（2）追求自我超越。

就是鼓励人们做事要精益求精，努力实现心灵深处的热望。

（3）改善心智模式。

这项修炼要求企业的领导者和职工要用新的眼光看世界。

（4）建立共同远景目标。

进行这一项修炼的目的是建立生命共同体。它包括远景（企业将来要实现的蓝图）、价值观（实现蓝图应该遵循的一些基本原则）、目的和使命（组织存在的理由）、目标（在短期内达到的里程碑）等内容。

（5）开展团队学习。

其目的是为了激发群体的智慧。彼得·圣吉认为，形成“整体配合”是开展团队学习的精髓，也就是说，开展团队学习后，由于团队成员理解彼此的感觉和想法，因此能凭借完善的协调和一体的感觉，发挥出综合效率。要进行这五项修炼，必须建立学习型组织。学习型组织是更适合人性的组织模式。这种组织由一些学习团队形成社群，它有崇高的而正确的核心价值、信心和使命，具有强韧的生命力与实现共同目标的动力，不断创新，持续蜕变。在这种学习型组织中，人们胸怀大志，心手相连，相互反省求真，脚踏实地，勇于挑战极限及过去的成功模式，不为眼前近利所诱惑，同时以令成员振奋的远大共同愿望，以及与整体动态搭配的政策与行动，充分发挥生命的潜能，创造超乎寻常的成果，从而由真正的学习中体悟工作的真义，追求心灵的满足与自我实现，并与周围的世界产生一体感。彼得·圣吉认为，判断一个组织是否是学习型的组织，有以下四条基本标准：

（1）人们能不能不断检验自己的经验。

（2）人们有没有生产知识。

（3）大家能否分享组织中的知识。

（4）组织中的学习是否和组织的目标息息相关。

3. 组织学习理论

自 1958 年 March 和 Simon 提出组织学习的概念以来，1965 年 Cangelosi 和 Dill 则开创了组织学习实证研究的先河，到 1978 年 Argris 和 Schon《组织学习》一书的出版，则标志着国外学者对组织学习系统化研究的开始。国外对组织学习理论的研究大体上可以分为四个方面：一是关于组织学习的类型；二是组织学习的过程；三是组织学习的度量；四是组织学习的工具。①

就组织学习的类型而言，大致可以分为三类。第一类是"适应性学习"，即遵守组织既定的假设，通常也被称为单回路学习、维持学习、日常学习和线性学习等。第二类是"创造性学习"或者称为"双回路学习"，是组织对既有假设进行质疑，进而进行修正，最终达到应对环境变化的目的。第三类是"再学习"或者称为"三回路学习"，主要是通过组织学习，不仅发现阻碍和促进组织提高效率的因素，同时提出有效的组织策略，并通过建立新的心智模式，提高组织学习的效率，提升组织的绩效成果。②

就组织学习的过程而言，对组织学习过程的探索和研究从来没有停止。从 Huber 提出的获取、分配、理解和记忆四阶段划分，③ 到 Nevis 等获得、分享和使用的三阶段划分，④ 以及关于知识产生、精练、促进和扩散的四阶段划分，等等。还有关于特定情景下组织学习模型方面的研究，例如，Macharzina 等提出的跨国公司知识产生和利用的反馈模型，⑤ Hanssen-

① 杨智等：《国外组织学习研究综述》，《外国经济与管理》，2004 年第 12 期。

② Snell，R.，Chak A.A.-K.，"The learning organization：learning and empowerment for whom?" Management Learning. 1998，29（3）：pp.337-364.

③ Huber，George P.，"Organizational Learning：the Contributing Processes and the Literatures" Organization Science，1991，2（1）：pp.88-115.

④ Nevis E.，DiBella A.，Gould J.，"Understanding Organizations as Learning Systems"，Sloan Management Review，1995，36：pp.73-85.

⑤ Macharzina，K.，et al.，"Learning in multinationals"，in Dierkes，M.，Antal，A.，Child，J.，Nonaka，I.（Eds），Handbook of Organizational Learning and Knowledge，Oxford University Press，London，2000，pp.631-656.

Bauer 和 Snow（1996）提出的区域性企业集群学习循环的 5 个阶段，[①] Holmqvist（1999）提出的虚拟组织学习与知识转化过程模型，[②] Karthik（2002）提出的战略联盟学习的 5 个维度以及战略联盟演变不同阶段的不同学习形式等。[③] 所有的研究都在回答一个问题，就是如何在既有心智模式下获得有效的知识，并分配和运用知识，同时通过组织成员的分享，形成共同认可的新知识，以适应环境变化，使新知识不仅成为组织的新记忆，而且成为应对环境变化的新的心智模式。

对于组织学习度量的研究，主要集中地体现在研究成果中"量表"的信度和效度上，测量的目的就是评价组织的学习程度。根据实证样本的不同，不同研究者得出了不同的量表。例如，Hult 从团队导向、系统导向、学习导向和记忆导向四个构面的测量，等等。[④]

对于组织学习工具的研究，主要目标是真正能够使组织学习理论应用于企业实践，Fulmer 等人经过研究将学习工具总结为维持工具、交叉工具、应用工具和预测工具四类。[⑤]

近年来，中国学者在组织学习的理论研究和实践应用方面也做了许多工作，并取得了一些重要的研究成果。但是，就目前的研究成果而言，还是主要集中在概念模型构建和解释性研究方面，相关的实证研究还较为薄弱，针对中国企业组织学习过程和组织学习度量方面的研究较少。张毅等从企业网络和组织间学习的共性出发，提出了企业网络与组织间学习的关系链模型。[⑥] 谢洪明对市场导向、组织学习与组织绩效的关系进行了实证研究，表明组织学习起到了市场导向和组织绩效中介变量的作用，市场导向通过组织学习对组织绩效产生显著的影响。[⑦] 芮明杰等分析指出组织学习

---

① Hanssen-Bauer, J., and Snow, C.,"Responding to hypercompetition: the structure and processes of a regional learning network organization", Organization Science, 1996, 7 (4): pp.413-427.

② Holmqvist, M., "Learning in Imaginary Organizations: Creating Interorganizational. Knowledge", Journal of Organizational Change Management, 1999, 12 (5): pp.419-438.

③ Karthik, N., "Learning in Strategic Alliances: An Evolutionary Perspective", Academy of Marketing Science Review, 2002, (10): pp.1-16.

④ Hult, M., and Ferrell, C., "Global Organizational Learning Capacity in Purchasing: Construct and Measurement", Journal of Business Research, 1997, 40, pp.97-111.

⑤ Fulmer R., and Keys B., "A Conversation with Peter Senge: New Developments in Organizational Learning", Organizational, Dynamics, Autumn 1998.

⑥ 张毅等：《企业网络与组织间学习的关系链模型》，《科研管理》，2005 年第 2 期。

⑦ 谢洪明：《市场导向、组织学习与组织绩效的关系研究》，《科学学研究》，2005 年第 4 期。

对企业战略转型成功发挥了关键性作用。[①] 阎海峰等从组织学习的视角对跨国公司行为进行了解释。[②] 贾建锋等提出了一种整合的组织学习模型，并以IT企业的实地调研，总结了其在组织学习方面的成功经验。[③] 罗伟良等认为组织学习这种组织变革方式与组织的现有政治权力是密切联系在一起的；无论是理论还是实践，都需要建立综合组织学习机制模型。[④]

总体上看，随着研究和应用的深入，对于组织学习的研究越来越表现出跨领域相互交叉的特点。组织学习通常与知识管理、创新、信息化等研究共同出现。就组织学习理论研究未来的发展而言，这种跨领域交叉渗透的趋势也是非常明显的，同时可以预见，针对国内企业实际情况和组织特征的实证研究和案例研究将进一步深入展开。例如，基于社会资本视角的组织学习模型构建；对国内企业组织学习程度的度量；权力分配、组织内部冲突对组织学习的影响；情感、价值观、企业文化对组织学习的影响；全球化背景下的组织学习问题，等等。

4. 企业社会资本理论

自20世纪90年代后半期社会资本理论步入管理学领域以来，运用该理论的观点和研究方法所进行的管理学研究取得了丰硕的成果。国外学者正将社会资本这一概念应用于工作绩效、资源转换、组织创新、组织间合作等管理问题的研究。[⑤]

Nahapiet 和 Ghoshal 把社会资本定义为“嵌入在个人和社会个体占有的关系网络中、通过关系网络可获得的、来自于关系网络的实际或潜在资源的总和”，并区分了社会资本的三个基本维度。[⑥] 一是结构维度，又称为结构性嵌入，是指行动者之间联系的整体模式。该维度强调社会关系网络的非人格化一面，分析的重点在于网络联系和网络结构的特点，即网络联系存在与否、联系的强度、网络的密度、中心与边缘、连接性等。二是关系维度，又称为关系性嵌入，是指通过创造关系或由关系手段获得的资

① 芮明杰等：《企业战略转型中组织学习的效用分析》，《研究与发展管理》，2005年第2期。
② 阎海峰等：《基于组织学习视角的跨国公司行为新解》，《外国经济与管理》，2006年第10期。
③ 贾建锋、赵希男：《组织学习模型及其应用研究》，《中国软科学》，2006年第3期。
④ 罗伟良等：《组织学习研究的争议》，《心理科学进展》，2006年第5期。
⑤ 郭毅、朱熹：《国外社会资本与管理学新进展》，《外国经济与管理》，2003年第7期。
⑥ 转引自郭毅、朱熹：《国外社会资本与管理学新进展》，《外国经济与管理》，2003年第7期。

产，包括信任与可信度、规范与惩罚、义务和期望以及可辨识的身份。该维度强调社会关系网络人格化的一面，即与社会联系的行动者有关，表现为具体的、进行中的人际关系，是行动者在互动过程中建立的具体关系。三是认知维度，是指提供不同主体间共同理解表达、解释与意义系统的那些资源，如语言、符号和文化习惯，在组织内还包括默会知识等。

社会资本理论本身在分析组织内和组织间两个层面的问题上具有特有的优势，能够较全面地解释主体行为（人或企业）与结构间的互动关系。因此，下一步可以从社会资本理论的视角，研究组织内部默会知识的转移和转化，组织内部冲突，网络环境下组织间的关系，网络治理，战略网络管理等方面的问题。

三、人力资源管理的新视角

20 世纪 90 年代以来，人力资源管理领域中“人本管理”和“心理契约”成为两个非常热的研究方向。

1. 人本管理

“人本管理”是与“以物为中心”的管理相对应的概念，它要求理解人、尊重人、充分发挥人的主动性和积极性。一般认为，“人本管理”可分为五个层次：情感管理、民主管理、自主管理、人才管理和文化管理。具体包括这样一些主要内容：运用行为科学，重新塑造人际关系；增加人力资本，提高劳动力质量；改善劳动管理，充分利于劳动力资源；推行民主管理，提高劳动者的参与意识；建设企业文化，培育企业精神，等等。

在国外具体管理实践中，企业文化建设和股权激励最能够体现人本管理的思想。一般认为，企业文化是人本管理的最高层次，指企业在长期的生产经营活动中所形成的共同的价值观念、行为准则、道德规范以及体现这些企业精神的人际关系、规章制度、厂房、产品和服务等制度和物质因素的集合。企业文化可以划分为精神层、制度层和物质层三个层次。企业文化对于企业的发展至关重要，它对于企业的管理体制、决策指导思想、经营战略、管理方式等都有重要影响，从而对企业的兴衰成败起到决定性的作用。关于股权激励，主要包括员工持股计划和管理者的股票期权、虚拟股票、股票溢价权、股票购买、股票奖励、业绩股份等诸多形式。由于这些股权激励计划的实施，使得“以人为本”的思想转化为实实在在的报酬制度。在企业中，员工拥有的人力资本（大致包括生产者的体力、技能等，一般管理者的管理知识、监督能力等，以及企业家的对付不确定性的经营决策能力）与企业的非人力资本（即物质资本）具有了同样的地位，都具有分享利润的权力。企业成为众多独立要素所有者所拥有的人力资本与非人力资本的特别合约。

2. 心理契约

在复杂多变的竞争环境下，人力资源作为一种集中体现企业核心能力的稀缺资源，为企业获得和保持持续的竞争优势起到了决定性的作用。一方面企业可以从外部市场获得所需的人力资源；另一方面可以巩固和培育现有的人力资源，从而获得并保持竞争优势。但是，在人力资源高速流动、人力资源专有资本特征更加显著的条件下，单纯依靠市场交易手段已很难承担起这项使命。因此，对从心理、情感、关系层面切入，发展组织和员工承诺，培育组织和员工忠诚就有着特殊的理论和现实意义。心理契约概念的引入恰恰为此提供了一个全新的视角。

心理契约一般定义为在组织中每个成员和不同的管理者以及其他人之间，在任何时候都存在的没有明文规定的一整套期望。虽然心理契约并没有写明，但却是组织中行为的强有力决定因素。Rousseau 进一步强调心理契约除了期望的性质以外，还有对义务的承诺和互惠，将心理契约定义为“个人对自己与组织间承诺的回报或相互义务的信念”。[①] 从构成上看，心理契约本身是一个综合体，包括交易型和关系型两个维度，不同的组合就形成了不同的心理契约。交易型维度关注经济的、货币化的关系，个人投入水平有限，契约内容明确，责任公开、可观察，交易的经济条件（已有的技能、竞争性的工资率和绩效导向的报酬）是主要诱因。相比而言，关系型维度关注情感化、非货币化的关系，个人投入水平深入，契约内容隐含、主观性强，并具有动态灵活性，长期性的、情感化的因素（培训和发

① Rousseau，D.，1995，Psychological Contracts in Organizations：Understanding Written and Unwritten Agreements，Sage，London and New York.

展机会、长期职业生涯、长期承诺）是主要诱因。[①] 从作用机制上看，心理契约是以承诺为基础的责任观，违反契约对个人和组织都会产生相当大的影响，会影响到员工工作的绩效、工作满意度、对组织情感的投入以及员工的流动率，甚至会产生愤怒情绪，并重新评价个人与组织的关系。[②]

心理契约作为维系组织和成员关系的心理纽带，是维持和发展成员和组织间关系的内在力量。培育员工忠诚是企业人力资源管理所追求的一个重要目标，心理契约本身贯穿于人力资源管理全过程（招聘、培训、考评、激励等），是人力资源管理与员工忠诚之间的连接。因此，具体的人力资源管理活动、高组织支持的提供以及员工对于组织（而非组织中的某些个体）的忠诚，都应从心理契约的建立、履行、更新的角度加以思考，培育出高组织忠诚度的员工。[③]

目前，心理契约在人力资源管理中的应用研究是初步的，可以说仅仅处于概念的发展阶段。因此，下一步的研究重点将是概念的实证研究，以及相关具体方法的发展。例如，承诺的影响因素、测量方法研究，员工承诺与行为的关联研究，员工忠诚度的决定因素、测量方法研究，不同行业的心理契约管理研究，网络组织的心理契约问题研究等。同时，值得强调的是，心理契约概念具有良好的兼容性，营销领域已经出现相关的探索性研究。[④]

四、生产管理的新模式

20 世纪 90 年代以来，从世界范围的现代生产管理模式发展看，生产管理模式大致可以归为三类：一是美国企业模式；二是日本企业模式；三是其他模式。

美国企业模式最初可以追溯到一种被称为订货点法的生产管理方法。

① 引自秦仪、刘新华：《心理契约与日本企业人力资源管理的变革》，《经济管理》，2003 年第 4 期。

② Robinson，S. & Rousseau，D.，Violating the Psychological Contract：Not the Exception but the Norm，Journal of Organization Behavior，15，1994；李源、郭德俊：《组织中的心理契约》，《心理科学进展》，2003 年第 1 期。

③ 许小东、孟晓斌：《基于心理契约的组织成员忠诚度培育》，《经济管理》，2003 年第 14 期。

④ 罗海成：《基于信任的关系营销：心理契约的视角》，《经济管理》，2003 年第 16 期。

订货点法是一种库存量不低于安全库存的库存补充方法。依靠计算机技术的发展，订货点法进一步发展成为物料需求计划（Material Requirements Planning，MRP），在此基础上，考虑到企业外部市场需求和企业内部生产能力、各种资源的变化，在 MRP 的基础上增加了能力计划和执行计划的功能，就发展成为闭环的 MRP。闭环的 MRP 就成为一个完整的生产计划与控制系统。进入 20 世纪 80 年代，在闭环 MRP 的基础上制造资源计划（MRPⅡ）产生了，MRPⅡ不仅涉及物料而且将生产、财务、销售、技术、采购等各个子系统结合成一个一体化的系统，成为一个广泛的物料协调系统。到了 20 世纪 90 年代，市场竞争日益激烈，消费者需求特征发生了巨大的变化，仅仅依靠一个企业的资源已经无法实现快速响应市场需求的目的，随着网络技术的发展，涵盖企业内外所有资源的供应链管理（SCM）、企业资源计划（ERP）、灵捷制造（AM）、大规模定制生产（MC）等管理模式相继产生。

日本企业模式是以准时生产制（JIT）为代表的。准时生产制是日本丰田汽车公司 20 世纪 60 年代创造的采用看板系统和倒流水拉动方式的追求零库存的生产管理模式，保证成品在销售时能准时生产出来并发送、组件能准时送入总装、部件能准时进入组装、零件准时进入部装、原材料准时转为零件。这种模式旨在消除超过生产所绝对必要最少量的设备、材料、零件和工作时间部分。针对准时生产制的特点，美国麻省理工学院研究者柯瑞福赛克（John Krafcik）更广泛地给日本汽车工业生产管理模式命名为精益生产（LP）。精益生产可以表述通过系统结构、人员组织、运作方式和市场营销等各方面的改革，使生产系统对市场变化作出快速适应，并消除冗余无用的损耗浪费，以求企业获得更好的效益。进入 20 世纪 90 年代以后，日本制造业的大公司在探索制造生产自动化技术的基础上，针对大型自动化生产系统过于复杂、对上下游协作厂商（供货商和销售商）要求高、需要巨额投资等问题，又创新出一种更依存于人、富有灵活性的制造模式——作业单元生产（cell production 或 cellular production）模式或细胞生产方式。所谓“作业单元”是指生产上能独立完成整个产品的全部生产作业的一个组织单位，一个作业站配备有生产一类产品的全套设备和若干全能作业者。该模式采用率较高的行业是一般机械和电气机械，被认为具有缩短提前期、提高品种适应性、减少库存和节省人力等优点。

其他模式是指除上述日本、美国企业模式以外的其他在 MRP 和 JIT 基础上发展起来的生产管理模式和技术，主要包括最优生产技术（Optimized Production Technology，OPT）、约束理论（Theory of Constraints，TOC）和世界级制造（World Class Manufacturing，WCM）等。最优生产技术是以色列科学家古德特（Eli Goldratt）博士在20世纪70年代发展的一种生产组织方式。它吸收MRP和JIT的长处，是以相应的管理原理和软件系统为支柱，以增加产销率、减少库存和运行为目标的优化生产管理技术。约束理论是在最优生产技术基础上进一步发展的理论。世界级制造是对现有优秀跨国企业生产管理经验的总结，这些经验被概括为一系列交互作用的原则，这些原则被认为将是下一个十年制造业的活动安排程序。

总体上说，20世纪90年代以来，世界制造业企业管理模式创新和发展的趋势是：在满足高质量、低成本的目标前提下最大限度地提高企业的灵活性和速度，也就是生产管理模式应该能够在尽可能保持大规模生产管理模式的高质量、高可靠性和低成本优势的同时，最大可能地提高企业生产制造的品种适应性、市场快速响应性，即“柔性”，实现成本更低、质量更高、品种更多、适应性更强的目的。这种发展趋势一方面是适应市场对制造业企业的交货期、适应性提出了更高要求的需要，另一方面也依赖自动化技术的发展，特别是信息技术、计算机技术、系统技术的进步，这具体包括计算机通信、数据管理技术、传感器技术、专家系统及其开发工具、仿真技术等等。同时，包括学习型组织理论、作业流程重组理论等组织管理理论的创新，也为生产进行生产管理模式创新奠定了组织基础。

五、营销管理的新范式

进入20世纪90年代以后，市场营销理论则被认为进入了分化和扩展时期，出现了大量的营销新概念，营销方法随着营销领域的深化和拓展，趋向多元化发展。现代科学技术发展，尤其是现代电子信息技术，为现代市场营销方法创新和发展提供了技术手段和基础，而且，许多新的营销方法就是现代科学技术直接创造的，出现了诸多与电子技术、信息技术密切相关的市场营销方法，如网络营销、电子销售、客户关系管理、营销决策支持系统和虚拟市场等。随着现代电子技术、信息技术的进一步发展和社会的进步，这些营销方法必然会逐渐取代传统的营销方法。

1. 网络营销

网络营销就是利用计算机网络所进行的营销，尤其是专指在国际互联网（Internet）进行的营销活动。国际互联网超越了时空限制，兼备多媒体声光功能，既可以用于展示商品，链接资料库，提供商品信息查询，又可以收集市场信息、进行市场试销和消费者满意度的调查。这种和顾客互动双向沟通的特性使得国际互联网成为一个十分有效的营销工具。加之国际互联网的发展迅速，网络使用者数量激增并遍及全球，因此是一条极具开发潜力的营销工具。与一般的营销方式相比，网络营销具有诸多特性，这包括：24 小时随时随地地提供全球性营销服务；为消费者提供全面、准确、形象的信息；可以及时、准确了解市场需求，开发生产符合消费者要求的产品，制订消费者满意的价格；节省流通费用，营销成本低；由于可以长期与消费者进行双向沟通，易形成与消费者的长久信任关系，符合关系营销的要求；具备一对一营销的条件，符合直接营销的未来发展趋势；消费者在整个营销过程中具有主动权，满足消费者导向的营销理念要求；基于国际网络，直接进入国际市场，进行跨国营销，等等。对于网络营销，其营销策略 4P 组合也有特殊性。从网络营销的上述特点可以看出，它具有传统营销方式所不可比拟的优势。仅以商品目录为例，Internet 商品目录具有传统纸商品目录所不具有的优势：电子商品目录的信息量，使顾客可以查询到大量的商品信息；传统纸目录的改变费用很高，改变时间周期长，而电子目录则可以很快地、很低费用地变化；大规模地散发纸质目录费用很大；电子目录可以根据具体顾客和地区的需要方便地进行改变；网络目录允许对网络上众多具有特殊爱好的顾客群进行微观市场营销；电子目录可以有动画、音乐图像；电子目录是交互的、双向交流的；最为重要的是网络目录是面向全世界的。总之，网络营销与传统营销相比，其优势在于向消费者许诺了一个可以找到最佳价格的世界范围的市场，向销售商许诺了一个以最低费用接近特定顾客或预先确定的顾客的世界市场的进入权。网络营销真正实现了从大规模无差异营销模式向个性化集中营销模式的转变。

2. 顾客价值管理

营销学中关系范式的出现，掀起了市场营销学界一场革命，被称为

“营销学研究范式的转变”。交易营销范式同关系营销范式的本质区别在于，前者强调以产品为中心，采用4Ps营销组合为手段，将交易视为一个离散的状态，关注单次交易活动收益的最大化；而后者以同顾客保持长期关系为导向，注重新价值的创造和交易关系双方的互动作用，将交易视为一个连续的状态，最终目标是通过维持与顾客的长期关系来获得顾客的终身价值。从上面简单的对比可以看出，营销学研究范式的变化，直接带来研究中心的转移，“顾客价值”成为关系范式下营销研究的中心。

顾客价值作为一个动态的概念，具有抽象性、主观性以及构成与驱动因素的多维性、评价的情景差异性等特点。[①] 对顾客价值的理解包括两个维度：[②] ①经济维度，也称关系价值维度，以顾客盈利率（Customer Profitability）为中心，关注顾客终身价值（Customer Lifetime Value，CLV），RMF（Recency：最近购买期；Frequency：购买频率；Monetary Amount：货币价值），交叉销售（Cross-Selling），增量销售等。②情感维度，也称关系质量维度，以顾客忠诚度（Customer Loyalty）为中心，关注顾客满意度（Customer Satisfaction），顾客保留率（Customer Retention），顾客推荐（Customer Referral）等。在关系营销范式下，以顾客价值为中心，营销学的研究取得了一系列研究成果。主要涉及顾客终身价值的管理、顾客的细分、品牌忠诚度的测量、顾客资产质量的分析、企业战略的研究等方面。

在关系范式下，对顾客的认识不是停留在一个个分散的点上，而是一个具有时间序列特征的顾客网络，并且顾客本身已经成为企业生产和发展的关键性要素——顾客资产。对顾客资产质量的分析是顾客价值取向定量化研究的探索。如果综合考虑顾客价值的经济特征和情感特征，再从顾客的盈利性和忠诚度两个维度来探讨顾客资产的质量，就可以建立顾客资产质量的矩阵模型，将顾客资产划分为优质、时尚、低质和问题四类。[③]

新范式下，企业从产品导向到顾客价值导向的转变，直接引发了企业战略的演进，并形成了新的战略逻辑。从企业形象战略、顾客满意战略到顾客忠诚战略的演进，反映出企业在不断提高满意度基础上，进一步引导和创造顾客的未来需求，把握未来市场的全新竞争机会，从而在企业和顾

---

① 蔡翔、陶学禹：《顾客价值及其分析模型》，《经济管理》，2003年第6期。
② 楼天阳、何佳讯：《关系范式下营销目标的基础指标》，《经济管理》，2003年第6期。
③ 汪涛、李真贞：《顾客资产的质量分析》，《经济管理》，2003年第10期。

客之间建立起一种相互信任、相互依赖、长期共存的“忠诚价值链”，创造企业持续的竞争优势。在这一战略演进的背后，顾客价值创新就形成了企业战略选择的新逻辑，为企业战略的制定和实施提供了新思路。[①]

顾客价值管理主要有两条研究路径，一是研究的纵向延伸，即在沿着顾客价值经济维度研究和情感维度研究纵深化的同时，进行两个维度的综合研究，进而在经营哲学（企业战略逻辑）层面得到全面体现；二是研究的横向扩展，即与服务营销、体验营销等领域联结。反观目前的研究进展，我们就不难发现下一步的研究问题。例如，顾客满意度和顾客忠诚度的决定因素及测量评价方法的研究、不同市场领域顾客管理方式的研究、顾客价值管理与体验营销的研究、顾客感知服务质量与顾客满意、顾客忠诚关系的研究以及顾客价值管理与企业其他职能管理间的关系的研究等。

3. 顾客满意理论

在复杂的竞争环境中，企业成败的关键是赢得顾客。那么，究竟是什么因素决定了顾客满意与否呢？顾客满意程度究竟给企业产生什么影响呢，如何计算顾客满意给顾客带来的价值呢？这些都是顾客满意理论和实证研究试图回答的问题。[②] 近年来，顾客满意理论和实践的一个突出趋向就是，基于顾客满意的市场竞争策略的提出和发展。概括地讲就是，第一，顾客满意不是权宜之计，顾客满意程度的提高必须基于长期和战略的视野；第二，满意顾客需要的过程就是企业的战略过程，只有在战略的层面才能从根本上提高顾客满意的水平；第三，顾客满意策略是企业战略的重要组成部分，必须与其他策略相融合。[③] 纵观顾客满意理论的研究，基本上可以划分为理念研究、行为研究和战略研究三个学派。

第一，理念研究学派。该学派源于市场营销领域，出现在 20 世纪 50 年代，其主要特点是从营销理念层面研究顾客满意问题。该学派的代表人物有 Drucker、Mckitterck、Felton 等。该学派在讨论顾客满意时十分强调企业的持续发展取决于顾客导向这种“营销理念”。在该学派的作用下，顾

---

① 李梅、金照林：《顾客价值创新：动态环境下的企业战略新逻辑》，《经济管理》，2003 年第 12 期。

② 郑石桥：《管理控制实证研究》，经济科学出版社，2006 年。

③ Anderson，Eugene W.，Claes Fornell，and Ronaid T. Rust，“Customer Satisfaction，Productivity，and Profitability：Differences between Goods and Services，” Marketing Science，1997，16（2），139.

客满意已经成为现代营销的思想基础，它对于树立现代营销观念发挥了突出作用，对营销学本身的发展影响深远，例如，美国营销协会（AMA）在定义营销概念时把以顾客为中心的理念放到了十分显著的位置。但是，由于只强调顾客满意的信念层面，缺乏具体的研究，该学派对企业的顾客满意活动没有产生直接的影响。

第二，行为研究学派。该学派起始于 Cardozo 将 20 世纪 50 年代的社会心理学研究应用到市场营销领域，并一直延续到现在。该学派的主要特征是把着眼点放在消费者满意的形成过程上，他们认为顾客满意是消费者在购买产品和服务后的心理状态，它取决于购买前的预期、品质知觉、知觉行为等先天因素，可以对再购买意向、口碑意向、投诉行为等结果因素产生影响。

第三，战略研究学派。该学派尝试将顾客满意引导到管理学研究的框架之中，试图将行为学派的研究成果进行延伸，研究的目的是通过制定有效的顾客满意战略，提高企业顾客满意的水平。由于该学派将顾客满意视作一个战略过程，吸收了战略管理学的研究方法，因此被称为“顾客满意战略研究”。[①] 该学派出现于 20 世纪 90 年代初，虽然在强调顾客满意可以创造利润这一点与第一种学派具有相似性，但是，它积极地吸收了消费者行为领域的研究成果，提出了顾客满意战略的概念。顾客满意战略的意义在于提高顾客满意水平，培育和巩固忠诚的固定客户。换言之，该学派所讲的顾客满意是企业持续的竞争优势的源泉，顾客满意战略的妥当性可以对照选择性、竞争优势、投资性等进行判断。该学派的出现使得为有效实现顾客满意而探索最佳资源配置模式的实证研究开始流行，在顾客选择、品质改善、投诉处理等方面提出了具体的战略提示。相关的研究主要是以哈佛商学院和密歇根大学为中心展开的。哈佛商学院在顾客满足战略研究中把重点放在如何提高顾客满足水平、顾客忠诚与经济效益的关系等企业活动上。他们以实施顾客满足战略为前提，研究顾客满意度与收益性之间的关系，为企业实施有效的顾客满足战略提供明确的建议和对策。这些建议和对策落实到售后服务和顾客抱怨处置等工作中，并在员工录用和培训

---

① 久保田进彦：《顾客满足战略研究的概观》，《商学研究科纪要》，1999 年第 48 号。

等早期工作中得以充分体现。[①] 以密歇根大学为中心的研究视野主要放在市场特性、产品特性、顾客特性对收益性的影响上。因此，一系列研究都否定了顾客满足战略的万能论，认为只有制定与企业实际状况相吻合的战略才是有意义的。[②] 除此之外，该学派的研究基础是由密执安大学和斯德哥尔摩大学奠定的，他们在瑞典开展了大规模的顾客调研，并以此为基础开发了数据库。

总体上讲，这三个学派代表了对顾客满意问题研究的三个取向。同时，从时间维度来看，又代表着研究的不断深入，这一点尤其体现在顾客满意行为研究与战略研究的融合上，这也就显示出顾客满意研究“融合化”和“内部化”的色彩越来越浓厚。实际上，这也就反映了顾客满意度研究的未来发展趋势。

另外，值得强调的是，要对顾客满意度进行衡量就必须建立模型，将顾客满意度与一些相关变量（如价值、质量、投诉行为、忠诚度等）联系起来。顾客满意度指数（Customer Satisfaction Index，CSI）是目前许多国家使用的一种新经济指标，主要用于对经济产出质量进行评价。20 世纪 90 年代以来，许多国家都开展了全国性的顾客满意度指数测评工作，以此来提高本国企业的竞争力。瑞典率先于 1989 年建立了全国性的顾客满意度指数，即瑞典顾客满意度晴雨表指数（SCSB），此后，美国和欧盟相继建立了各自的顾客满意度指数——美国顾客满意度指数（ACSI，1994）和欧洲顾客满意度指数（ECSI，1999）。另外，新西兰、加拿大等国家和中国台湾地区也在几个重要的行业建立了顾客满意度指数。还有，中国内地目前也正在进行顾客满意度指数构建工作的讨论和探索。[③]

---

① Heskett，James L.，W. Earl Sasser，Jr.，and Leonard A. Schlesinger，*The Service Profit Chain*，New York：Free Press，1997，p.85；Oliver，Richard L.，Satisfaction，Boston：Irwin McGraw-Hill，1997，pp.98-131.

② Fornell，C.，“A National Customer Satisfaction Barometer：The Swedish Experience，” *Journal of Marketing*，1992，56（January），p.8；Anderson，Eugene W.，Claes Fornell，and Ronaid T. Rust，“Customer Satisfaction，Productivity，and Profitability：Differences between Goods and Services，” *Marketing Science*，1997，16（2），p.139.

③ 张新安：《顾客满意度指数述评》，《系统工程理论方法应用》，2004 年第 4 期；金勇进：《中国顾客满意度指数体系构建》，《统计与信息论坛》，2005 年第 2 期。

六、管理学发展的新领域

有很多新的管理学新发展很难归结为上述传统管理学分析学科，这里罗列两个新的研究领域。

1. 企业成长管理

企业成长理论试图揭示企业成长过程中各种规律性的东西，探讨企业规模、企业寿命和企业竞争力的各种影响因素及其作用机制。企业成长理论一直是西方经济理论研究的重要内容，但其研究重点随着时代背景的不同而有所差异。一般认为，可以将繁多的西方企业成长理论大致划分为前现代企业成长理论和现代企业成长理论两大理论板块。前现代企业成长理论主要包括斯密的分工理论、马歇尔理论、新古典经济学的厂商理论、熊彼特的“创造性毁灭”理论，这些理论只能零星地从经济学著作中提炼，与其说是理论还不如说是思想。真正意义的企业成长理论是由英国管理学教授彭罗斯（Penrose）1959 年出版的《企业成长理论》一书奠定了基础，后来对于企业成长的研究成为企业理论、战略经济学关注的核心问题。现代企业成长理论包括：彭罗斯（Penrose）的企业成长论、钱德勒（Chandler）的现代工商企业成长理论、玛瑞斯（Marris）的企业成长模型、科斯（Coase）开创的现代企业理论、纳尔森和温特（Nelson & winter）开创的演化理论、汉南和弗瑞曼（Hannan & Freeman）开创的现代组织生态学。

纵观中国企业二十多年的成长，有相当一部分企业已经逐步走过了萌芽期、成长期和成熟期，目前正在面临着新的成长瓶颈，要么是进行“创新”，完成企业的“蜕变”，再写辉煌；要么是步入“衰退”阶段，淡出市场。从当前的竞争环境看，中国企业之间的竞争逐步从低端竞争转向高端竞争，从价格竞争转向技术竞争，从劳动力资源的竞争转向知识产权的竞争。中国企业正面临着产品生命周期大幅缩短、市场需求快速变化、市场供给迅速饱和、价格竞争日趋白热化、原材料价格大幅上涨等一系列新的挑战。面对日趋激烈的市场竞争环境，可以说，当前中国许多企业都正处在从数量型增长向质量型增长模式转变，从粗放式经营向集约式经营转变，从低端制造向高端制造转变的关键阶段。因此，在这一特定阶段，如何提升企业自主创新能力成为理论界和实业界研究不容回避的问题。围绕这个问题，存在两方面的研究：一方面是直接应用层次的研究，就是关于中国企业自主创新的问题对策研究；另一方面是企业管理理论层次的研究，就是关于企业创业的理论和实证研究。

目前，关于第一方面对于企业自主创新问题的研究大致可以分为三类：第一类是从宏观层面出发，重点讨论宏观因素、管理体制和产业结构对企业自主创新能力的影响，例如，国家创新系统、技术创新环境和国家科技政策等方面的研究；[①] 第二类是对当前中国企业自主创新能力评价的研究，例如，企业自主创新能力的历史分析，从技术创新投入、活动和产出层面对企业自主创新能力做出评价等；第三类是对企业提升自主创新能力、途径和对策的研究，即探索企业提升自主创新能力的有效途径。[②]

关于第二方面创业问题的研究，现在已形成一股强劲的热潮，正在不断深化，逐渐融入管理学科的主流范畴。目前，中国从事创业研究和教育的专业研究机构、专家和学者不断增加；国家自然科学基金委已在工商管理学科“十一五”发展战略中明确将中小企业与创业管理作为重点研究方向；全国 95 所 MBA 培养院校中有 80%以上的院校开设了创业及相关课程。企业创业理论的研究主要包括三个方面：一是研究创业者行动的结果，这可以认为是一种创业分类研究；二是研究创业者本身，例如创业者的背景、价值、动机等，以及创业行动的原因，这实质上是有关创业者的“特质”研究；三是创业者如何创业，也就是创业过程的研究，包括创业过程的要素和影响创业过程的因素分析，例如，研究企业创业与企业绩效的关系，企业创业的诱致因素及其企业创业成功之间的关系，企业创业过程与组织特性（如企业文化）的互动等。[③] 更为具体的企业创业研究内容包括以下几个方面，企业创业的范畴研究；企业创业在提高企业竞争力中的作用；企业创业与战略、结构、过程的关系；影响企业创业的因素，如环

---

① 路甬祥：《提高创新能力，推动自主创新》，《求是》，2005 年第 13 期；刘新民：《提高我国自主创新能力的对策建议》，《宏观经济研究》，2005 年第 7 期。

② 毛蕴诗等：《基于产品升级的自主创新路径研究》，《管理世界》，2006 年第 5 期；唐任伍：《自主创新主体地位的实现与“企业生态系统”构建》，《改革》，2006 年第 4 期。

③ 张映红：《公司战略的创业导向与绩效关系的实证研究》，中国人民大学博士论文，2005 年，第 27 页。

境、结构、文化、领导力和治理结构对企业创业的影响；企业创业与企业绩效的相关研究；企业创业的国际化；企业创业的管理；企业创业对转型经济下国有企业的影响。①

企业创新和创业问题的研究，在某种角度可以归结为企业成长管理研究的一项内容。企业成长管理涉及面甚广，大体可以划分为企业成长的一般规律、企业成长宏观机制、企业成长的微观机制三大板块。企业成长的一般规律关注企业的整体，可能涉及企业成长的动因、企业成长的过程（企业成长的可持续性、阶段、模式和界限等）、企业成长的边界、成长的度量指标等问题。企业成长的宏观机制关注企业外部，可能涉及宏观政策与企业成长、宏观技术与企业成长、社会文化与企业成长、产业发展与企业成长等问题。企业成长的微观机制关注企业的内部，可能涉及企业创新与企业成长、人力资本与企业成长、知识管理与企业成长、治理结构与企业成长等与管理职能相关的各个方面的问题。目前，国内外学者共同关注两个问题：①家族企业（民营企业、中小企业）的成长。②人力资源（企业家、社会资本）与企业成长的关系。国外学者认为，大型家族企业正由“家族控制和管理”向“专业化管理的家族控制”转变，家族企业发展的关键在于管理者的继任。国内的学者认为，家族企业成长瓶颈的实质是信任资源约束，企业制度转型和管理模式创新对中国现阶段民营企业成长具有决定性意义。在企业成长一般规律的研究方面，国外学者的研究涉及企业边界的演化、理论验证、企业内部资源的演化、提升资源观的理论含义、潘罗斯对资源观的贡献等领域中的问题。而国内学者的研究则涉及企业的生命周期、企业的持续成长、企业生命体的健康等领域中的问题。在企业成长的宏观机制的研究方面，国内学者的研究涉及经济制度、社会文化、社会信任、社会关系网络等领域，国外学者的研究涉及国家的影响、过渡公共政策环境、宏观经济波动等领域。在企业成长微观机制方面，国内学者的研究涉及人力资源管理、经营者选用、外源融资、企业战略管理、管理文化、治理结构等领域，国外学者的研究涉及企业家战略、人力资本投资战略、管理决策、资金、人力资源、继任管理等领域。②

① 卢山：《转型期中国企业创业管理研究》，中国人民大学博士论文，2005 年，第 41 页。

② 钟宏武、徐全军：《现代企业成长的理论发展与研究现状》，《经济管理》2006 年第 4 期。

2. 企业社会责任

“企业社会责任”运动源于欧美国家，与国际劳工运动、消费者运动、环保运动、女权运动有着密切的联系，是在一系列社会问题日趋严重背景下发展起来的。世界银行定义企业社会责任为：企业与关键利益相关者的关系、价值观、遵纪守法以及尊重人、社区和环境有关的政策和实践的集合。它是企业为改善利益相关者的生活质量而贡献于可持续发展的一种承诺。

在国外，有关企业社会责任问题并不是一个新的研究论题，企业的社会责任问题已经从单纯的学术探讨转向实践操作，但是在中国，无论是有关企业社会责任的理论研究，还是关注中国企业社会责任实践问题，都是新的课题。客观地说，经过了20余年的快速工业化进程和市场化经济体制改革，我国经济取得了巨大的成功，但在中国出现“经济奇迹”同时，也伴随着许多社会问题的产生，如环境污染、能源浪费、安全生产和员工劳动保护等问题突出。在这种背景下，作为市场经济中最活跃的主体——企业，已经不能够仅仅局限于关注自己的经济目标，同时必须重视自己的社会责任。因此，企业的社会责任，在我国虽然是一个新的问题，但已经不是一个单纯的理论问题，而是对我国具有重要的现实价值的论题。

有关企业社会责任的理论研究，大多都围绕着以下三方面相互关联的内容展开：[①]

一是如何理解和界定企业社会责任这个概念，企业社会责任的内涵是什么。一些学者认为，企业社会责任是在经济全球化背景下企业对其自身经济行为的道德约束，它既是企业的宗旨和经营理念，又是企业用来约束企业内部包括供应商生产经营行为的一套管理和评估体系。企业社会责任守则不同于其他的技术标准，它超越了以往企业只是强调技术性指标，只是把赚取利润作为唯一目标这样的传统理念，而更强调在生产过程中对人的价值的关注，注重生产过程中人的健康、安全和应该享有的权益。[②] 更进一步说，学者们把企业的社会责任分为两大类：第一类是企业应承担的法律义务，对社会所造成影响的责任，称之为消极责任。第二类是企业对社

① 黄群慧：《中国企业社会责任：理论基础、实践分析与相关研究》，载陈佳贵主编：《中国企业社会责任报告》，中国财政经济出版社，2006年，第1~15页。

② 陈贵民等：《企业社会责任的界定》，载陈佳贵主编：《中国企业社会责任报告》，中国财政经济出版社，2006年，第16页。

会自身问题的责任。这一类是出于道德良知而自觉承担的积极责任，比如做一个“企业公民”。一个企业是否承担积极责任，完全是企业的自由选择，而消极责任是不可推卸的义务。①

二是企业是否应该承担社会责任，企业为什么要承担社会责任，企业承担社会责任的动机是什么。一些研究者分析表明，要解释企业为什么承担社会责任，需要将企业社会责任的本质观由“企业本位主义”、“利润中心主义”拓展为“社会本位主义”和“资源配置效率主义”。②也就是说，仅仅基于企业自身的成本—收益的比较分析是无法说明企业是否应该承担社会责任的，只有上升到社会层面，通过比较企业、政府和第三方组织谁承担某一社会责任更有利于社会资源配置效率的提高，我们才能够说明企业承担社会责任的本质问题。当企业承担某一社会责任的资源配置效率在三种组织中是最高的，即使企业承担该社会责任的成本大于收益，企业也应该承担该社会责任；而有的学者则认为，③企业承担社会责任的动因是企业承担社会责任的动因和机制在于企业受到习俗、惯例等非正式制度以及由此逐渐演化为以标准、法律等为形式的正式制度的约束，并通过激励机制的传递使个体利益与集体利益趋于一致从而使企业在实现自身利益时自发考虑非股东利益的内生行为。个体理性与集体理性的冲突与平衡即企业利润目标和社会利益目标的冲突与平衡，作为企业社会责任理论提出和构建的出发点和归宿要求企业应该按照自身的情况承担相应层次的社会责任。

三是什么影响企业承担社会责任以及企业承担社会责任对企业有何影响，这包括制度、企业生命周期等因素。例如，一些研究认为，④一个企业能够确实履行起社会责任一定有其需求，同时必须具有履行社会责任的能力，二者应该匹配。他们认为，当企业履行社会责任的能力和动力在一定范围内达到平衡时，将导致企业履行社会责任行为的产生。即当企业成长

---

① 吴照云：《理性地看待企业社会责任》，载陈佳贵主编：《中国企业社会责任报告》，中国财政经济出版社，2006年，第40页。

② 卢昌崇、郑文全：《企业社会责任的本质：基于资源配置效率的解说》，载陈佳贵主编：《中国企业社会责任报告》，中国财政经济出版社，2006年，第83页。

③ 白永秀、赵勇：《理性、激励机制与企业社会责任构建》，载陈佳贵主编：《中国企业社会责任报告》，中国财政经济出版社，2006年，第138页。

④ 许晓明、陈啸：《企业需求、企业能力与企业社会责任的匹配探讨——一种新的企业履行社会责任的理论分析框架》，载陈佳贵主编：《中国企业社会责任报告》，中国财政经济出版社，2006年，第117页。

进入到某一阶段时，表明企业具有了履行一定社会责任的能力；当企业同时具有相应需求之时，企业履行社会责任的行为即会产生。

另外，从研究角度分析中国企业在社会责任实践，存在多重维度，具体包括中国企业社会责任实践的现状描述与评价，以及未来中国企业承担社会责任的建议等。企业社会责任无疑是一个包容度很大的论题，与其相关的论题十分丰富。甚至从企业社会责任入手，我们可以重新对现有的企业管理知识体系进行梳理。迄今为止，研究者们围绕企业社会责任问题的相关研究包括，国有企业社会责任，跨国公司社会责任，社会责任与企业品牌、社会责任与企业可持续发展、社会责任与公司治理、社会责任与商学院教育、社会责任与环境保护、社会责任与供应链管理，等等。这使我们从多重视角对企业社会责任进行全方位透视，从而有助于深化我们对企业社会责任问题的理解。

参考文献

1. 白永秀、赵勇：《理性、激励机制与企业社会责任构建》，载陈佳贵主编：《中国企业社会责任报告》，中国财政经济出版社，2006 年，第 138 页。

2. ［美］彼得·圣吉：《第五项修炼》，上海三联书店，1996 年。

3. 蔡翔、陶学禹：《顾客价值及其分析模型》，《经济管理》，2003年第 6 期。

4. 陈贵民等：《企业社会责任的界定》，载陈佳贵主编：《中国企业社会责任报告》，中国财政经济出版社，2006 年，第 16 页。

5. 陈佳贵：《现代企业管理理论与实践的新发展》，经济管理出版社，1998 年。

6. 成思危：《探索中国的管理科学的发展道路》，《管理评论》，2004年第 5 期。

7. 郭毅、朱熹：《国外社会资本与管理学新进展》，《外国经济与管理》，2003 年第 7 期。

8. 何铮：《从主流战略管理研究折射中国国有企业战略管理实践的演变》，《南开管理评论》，2006 年第 2 期。

9. 黄群慧：《中国企业社会责任：理论基础、实践分析与相关研究》，载陈佳贵主编：《中国企业社会责任报告》，中国财政经济出版社，2006 年，第 1~15 页。

10. 贾建锋，赵希男：《组织学习模型及其应用研究》，《中国软科学》，2006 年第 3 期。

11. 金勇进：《中国顾客满意度指数体系构建》，《统计与信息论坛》，2005 年第 2 期。

12. 久保田进彦：《顾客满足战略研究的概观》，《商学研究科纪要》，1999 年第 48 号。

13. 李梅、金照林：《顾客价值创新：动态环境下的企业战略新逻辑》，《经济管理》，2003 年第 12 期。

14. 李东红：《企业核心能力理论述评》，《经济学动态》，1999 年第 1 期。

15. 李源、郭德俊：《组织中的心理契约》，《心理科学进展》，2003 年第 1 期。

16. 林健等：《企业战略管理理论核心逻辑分析》，《经济管理》，2002 年第 22 期。

17. 刘新民：《提高我国自主创新能力的对策建议》，《宏观经济研究》，2005 年第 7 期。

18. 刘曾荣、李挺：《复杂系统理论剖析》，《自然杂志》，2004 年第 3 期。

19. 刘智强等：《技术创新全球化趋势及其对国家创新系统边界的影响》，《研究与发展管理》，2006 年第 1 期。

20. 楼天阳、何佳讯：《关系范式下营销目标的基础指标》，《经济管理》，2003 年第 6 期。

21. 卢昌崇、郑文全：《企业社会责任的本质：基于资源配置效率的解说》，载陈佳贵主编：《中国企业社会责任报告》，中国财政经济出版社，2006 年，第 83 页。

22. 卢山：《转型期中国企业创业管理研究》，中国人民大学博士论文，2005 年 11月。

23. 路甬祥：《提高创新能力，推动自主创新》，《求是》，2005年第 13 期。

24. 罗海成：《基于信任的关系营销：心理契约的视角》，《经济管理》，2003 年第 16 期。

25. 罗伟良等：《组织学习研究的争议》，《心理科学进展》，2006 年第 5 期。

26. 马昀：《资源基础理论的回顾与思考》，《经济管理》，2001年第 12 期。

27. 毛蕴诗等：《基于产品升级的自主创新路径研究》，《管理世界》，2006 年第 5 期。

28. 戚永红、宝贵敏：《知识管理：概念、框架与问题》，《经济管理》，2003 年第 12 期。

29. 秦仪、刘新华：《心理契约与日本企业人力资源管理的变革》，《经济管理》，2003 年第 4 期。

30. 芮明杰等：《企业战略转型中组织学习的效用分析》，《研究与发展管理》，2005 年第 2 期。

31. 唐任伍：《自主创新主体地位的实现与“企业生态系统”构建》，《改革》，2006 年第 4 期。

32. 汪涛、李真贞：《顾客资产的质量分析》，《经济管理》，2003 年第 10 期。

33. 王科、姚志坚：《企业能力理论述评》，《经济学动态》，1999年第 12 期。

34. 温兴琦：《复杂适应系统视角下企业战略与环境的适应性》，《武汉理工大学学报》（社会科学版）2005 年第 4 期。

35. 吴照云：《理性地看待企业社会责任》，载陈佳贵主编：《中国企业社会责任报告》，中国财政经济出版社，2006 年，第 40 页。

36. 谢洪明：《市场导向、组织学习与组织绩效的关系研究》，《科学学研究》，2005 年第 4 期。

37. 项保华、李庆华：《企业战略理论综述》，《经济学动态》，2000 年第 7 期。

38. 许小东、孟晓斌：《基于心理契约的组织成员忠诚度培育》，《经济管理》，2003 年第 14 期。

39. 许晓明、陈啸：《企业需求、企业能力与企业社会责任的匹配探讨——一种新的企业履行社会责任的理论分析框架》，载陈佳贵主编：《中国企业社会责任报告》，第 117 页，中国财政经济出版社，2006 年。

40. 阎海峰等：《基于组织学习视角的跨国公司行为新解》，《外国经济与管理》，2006 年第 10 期。

41. 杨智等：《国外组织学习研究综述》，《外国经济与管理》，2004 年第 12 期。

42. 张新安：《顾客满意度指数述评》，《系统工程理论方法应用》，2004 年第 4 期。

43. 张毅等：《企业网络与组织间学习的关系链模型》，《科研管理》，2005 年第 2 期。

44. 张映红：《公司战略的创业导向与绩效关系的实证研究》，中国人民大学博士论文，2005 年 4 月。

45. 郑石桥：《管理控制实证研究》，经济科学出版社，2006 年。

46. 钟宏武、徐全军：《现代企业成长的理论发展与研究现状》，《经济管理》，2006 年第 4 期。

47. Anderson, Eugene W., Claes Fornell, and Ronaid T. Rust, "Customer Satisfaction, Productivity, and Profitability: Differences between Goods and Services," *Marketing Science*, 1997, 16 (2), 139.

48. Barton, D., 1992, Core Capabilities and Core Rigidities: A Paradox in Managing New Product Development, *Strategic Management Journal*, (13): pp.111-125.

49. Bertel, T. and Savage, C., 1999, A Research Agenda for the Knowledge Era: The Touch Questions, *Knowledge and Process Management*, 6(4): pp.205-212.

50. Fornell, C., "A National Customer Satisfaction Barometer: The Swedish Experience," *Journal of Marketing*, 1992, 56 (January), p.8.

51. Fulmer R., and Keys B., "A Conversation with Peter Senge: New Developments in Organizational Learning", *Organizational Dynamics*, Autumn 1998.

52. Hanssen-Bauer, J., and Snow, C., "Responding to hypercompetition: the structure and processes of a regional learning network organization", *Organization Science*, 1996, 7 (4): pp.413-427.

53. Heskett, James L., W. Earl Sasser, Jr., and Leonard A. Schlesinger, *The Service Profit Chain*, New York: Free Press, 1997, p.85.

54. Holmqvist, M., "Learning in Imaginary Organizations: Creating Interorganizational. Knowledge", *Journal of Organizational Change Management*, 1999, 12 (5): pp.419-438.

55. Huber, George P., "Organizational Learning: the Contributing Processes and the

Literatures" *Organization Science*, 1991, 2 (1): pp.88–115.

56. Hult G.T.M., David J. (eds). "Organizational learning as a strategic resource in supply management", *Journal of Operations Management*, 2003, 21: pp.541–556.

57. Hult, M., and Ferrell, C., "Global Organizational Learning Capacity in Purchasing: Construct and Measurement", *Journal of Business Research*, 1997, 40, pp.97–111.

58. Karthik, N., "Learning in Strategic Alliances: An Evolutionary Perspective", *Academy of Marketing Science Review*, 2002, (10): pp.1–16.

59. Lewin, Y., Volbera, W., "Prolegomena on Coevolution: A Framework for Research on Strategy and New Organizational Forms", *Organization Science*, 1999, (5): pp.519–534.

60. Macharzina, K., et al., "Learning in multinationals", in Dierkes, M., Antal, A., Child, J., Nonaka, I. (Eds), *Handbook of Organizational Learning and Knowledge*, Oxford University Press, London, 2000, pp.631–656.

61. Nevis E., DiBella A., Gould J., "Understanding Organizations as Learning Systems", *Sloan Management Review*, 1995, 36: pp.73–85.

62. Oliver, Richard L., *Satisfaction*, Boston: Irwin McGraw–Hill, 1997, pp.98–131.

63. Robinson, S. & Rousseau, D., 1994, Violating the Psychological Contract: Not the Exception but the Norm, *Journal of Organization Behavior*, p.15.

64. Rousseau, D., 1995, Psychological Contracts in Organizations: Understanding Written and Unwritten Agreements, Sage, London and New York.

65. Snell R., Chak A.A.–K., "The learning organization: learning and empowerment for whom?" *Management Learning*. 1998, 29 (3): pp.337–364.

66. Tan, J., Tan, D., "Enviroment–strategy Co–evolution and Co–alignment: A Staged Model of Chinese SOEs under Transition", *Strategic Management Journal*, 2005, (26): pp.141–157.

67. Zack, H., 1999, "Management Codified Knowledge", *Sloan Management Review*, November.

学 科 篇

第三章　中国战略管理学研究现状

中国的企业战略管理从无到有，经过了20年左右的发展。计划经济时代，企业是一个生产单位，没有也不需要实行战略管理。改革开放以后，经营环境发生了剧烈变化，战略管理的概念、理论和方法由西方引入，在我国逐步普及。现在，很多大中型企业都很重视企业发展战略的制定和实施。几乎所有的中国大学的商学院都设立了战略管理专业，开展战略管理咨询业务的各种咨询公司如雨后春笋般出现，各种战略管理的教学培训业务也很繁荣。但是，中国战略管理学发展总体水平还不高，这不仅表现在理论界，极少对战略管理学科体系的讨论，战略管理总体研究水平不高，还表现在战略管理的制定和实施的专业性不强，经济学学者一再被请去为企业战略“把脉”，各种研究机构和咨询机构滥用“战略咨询”的旗号，中国企业在战略制定和实施过程中随意性很强，受高层领导个人偏好影响很大，科学性不够。

本章试图基于对中国战略管理学文献的分析，探讨中国战略管理学研究的平台、主体、理论、领域等方面的状况，从而对中国战略管理学科的发展情况给出一个大致描述。

一、问题背景

1970年之前，国外战略管理学科基本处于经验阶段，战略管理学与基础学科基本没有什么联系。1969年《商业高等教育》（R.A.Cordon and J. E.Howcll）、《美国商人教育》（F. C. Pierson）出版，强调工商管理教育应该具有一定的理论基础。受此冲击，美国学者开始把经济学、社会学、心理学、政治学等基础学科的理论和方法引入到战略管理等学科领域，开发研究工具、创建专门的战略管理协会和学术期刊。随着战略管理研究的推进，学者们不再满足于把战略管理作为其他学科的附庸，开始思考战略管理作为一个学科存在的必要性和存在理由。之后，战略管理学与基础学科形成了互动成长的关系。20 世纪 70 年代末以后，随着产业经济学的理论和工具被引入，以及大量严谨的实证性研究的出现，战略管理学开始成为一个真正的学科领域。此后，战略管理学在国外迅速的发展，在整个工商管理学学科体系中取得了重要的地位，形成了独立的研究平台、明确的研究主体、系统的理论群和研究领域。

在国外，基于文献计量的方法对管理学研究状况进行分析的文献较多，这些文献主要研究了学科的理论群、研究的主体（作者、机构）、研究的平台（期刊）。例如，Culnan 通过对代表性作者的引文的分析，探讨了管理信息系统领域的理论群的分布状况；① Hoffman and Holbrook 通过对《Journal of Consumer Research》进行文献计量分析，探讨了该杂志的理论群的分布状况；② Andrew C. Inkpen 通过对《Journal of International Business Studies》25 年的文献的分析，探讨了作者、机构、理论结构等方面的分布状况；③ Leonard J. Ponzi 通过对 1994~1998 年相关文献引文的共被引率的分析，探讨了知识管理的理论群和学科范围；④ Philip M. Poksakoff 通过对 28 种杂志的引文的分析，探讨了国外 20 年内管理学杂志影响力状况，⑤ 等等。相对而言，基于文献计量方法对战略管理学科研究状况进行分析的文献较少，这些文献主要研究了学科的研究平台（期刊）、理论群和研究方法。例如，Tahai and Meyer 通过对《Strategic Management Journal》的引文的分析，

---

① Culnan MJ., 'Mapping the intellectual structure of MIS, 1980-1985: a co-citation analysis'. *Management of Information System Quarterly* 11 (3): 341-353 (1987).

② Hoffman DL., Holbrook MB., 'The intellectual structure of consumer research: a bibliometric study of author co-citations in the first 15 years of the Journal of Consumer Research', *Journal of Consumer Research* 19: 505-517 (1993).

③ Inkpen, A.C. and Beamish, P.W., 'An Analysis of Twenty-Five Years of Research in the Journal of International Business Studies', *Journal of International Business Studies*, 25: 703-713 (1994).

④ Ponzi LJ., The Intellectual Structure and Interdisciplinary Breadth of Knowledge Management: a Bibliometrics Study of Its Early Stage of Development', *Scientometrics* 55: 259-272 (2002).

⑤ Philip M. Podsakoff, Scottb. Mackenzie, Danielg. Bachrach and Nathanp. Podsakoff, 'The Influence of Management Journals in the 1980s and 1990s', *Strategic Management Journal*, 26: 473-488 (2005).

探讨了国外战略管理学领域最具影响力的杂志分布状况；Ramos-Rodr Iguez and Ruz-Navarro 通过对相关作者、作品、共被引的分析，探讨了国外30年内战略管理学理论群的变化状况；Steven E. Phelan 通过对《Strategic Management Journal》20年内的文献的分析，探讨了该期刊的作者数量、发表周期、引文情况、页数等方面的变化状况。[①] Ramos-Rodr Iguez 通过对《Strategic Management Journal》引文的共被引分析，探讨了20年（1980~2000）内战略管理理论群的变化状况。[②] 而有关分析中国战略管理学研究状况的文献，代表性的作品应该是许德音和周长辉的《中国战略管理学研究现状评估》。[③] 该文献，以国际一流期刊上的论文为标准，从审稿者的角度，检阅了中国作者在2003年度发表于《管理世界》与《南开管理评论》上的42篇与战略管理学相关的文章，侧重分析了这些文献的规范性、类型，写法、结构与问题的研究方法。

二、研究方法与过程

为使分析的结果更准确，使选取的论文更具代表性，本章第一步选取了比较有影响力的刊登管理学论文的中国学术期刊，第二步从这些期刊中选取战略管理学论文，第三步从这些战略管理学论文的引文中选取引文，第四步通过分析这些被选取的引文，探讨中国战略管理学研究状况。

1. 期刊的选取

在国外，有明确以推进管理学发展为宗旨的专业性期刊，而在中国情况就比较复杂。[④] 在国外，专业期刊的排名一般是通过在本领域内的问卷来

① Steven, E. Phelan, Manuel Ferreira and Rommel Salvador, ‘Research Notes and Commentaries the First Twenty Years of the Strategic’ *Strategic Management Journal*, 23: 1161-1168 (2002).

② Antonio-Rafael Ramos-Rodriguez and Jose Ruiz-Navarro, ‘Changes in the Intellectual Structure of Strategic Management Research: A Bibliometric Study of the Strategic Management Journal, 1980-2000’, *Strategic Management Journal*, 25: 981-1004 (2004).

③ 许德音、周长辉：《中国战略管理学研究现状评估》，《管理世界》，2004年第5期。

④ 在国外，《Strategic Management Journal》，《Academy of Management Journal》，《Administrative Science Quarterly》，《Academy of Management Review》被公认为一流的管理学刊物。在中国，许多管理学论文发表在经济学、社会科学综合性刊物上。

决定的，而在中国，对管理学期刊并无类似的公开评选。因此，我们通过以下几步来选择期刊。

第一步，我们查阅了几个研究机构学术委员会确认的经济与管理类核心期刊，这些期刊是职称评审过程中被用来作为判断学术成就的依据。第二步，我们把这些核心期刊的目录发给50位研究管理学的学者，请他们挑出三份他们认为质量比较高的期刊。经过统计，前三名是《管理世界》、《中国工业经济》、《南开管理评论》。第三步，我们请教了数位在中国有一定研究工作经验的研究员、教授，他们一致认为这三种期刊是中国目前发表管理学论文最有影响力的期刊。第四步，为了确定这三种期刊与其他核心期刊的相对质量，我们对它们进行了一些非正式的对比，结果发现这三种期刊上的管理学论文在理论、规范化等方面都具有一定的典型性。最后，我们决定选取《管理世界》、《中国工业经济》和《南开管理评论》作为研究中国战略管理学研究状况的期刊样本。

2. 论文样本的选取

鉴于中国战略管理学研究的历史较短以及近几年发展较快，我们决定以2000~2004年五年中发表在期刊样本的文献作为论文样本选样范围。

《管理世界》是内容丰富、学科涉及面比较广泛的期刊，其板块包括中国宏观经济论坛、中国金融·财政研究、中国农村经济论坛、中国产业发展论坛、上市公司、中国工商管理评论、工商管理论坛、短论、书评等。《中国工业经济》所载论文为产业经济和企业经济领域的文献，其栏目主要有经济热点、形势与展望、产业经济、区域经济、经济体制改革、对外经济、调查与建议、国民经济运行、企业家论坛、上市公司、公共管理、企业经营与管理、书评、会议综述等。《南开管理评论》所载的论文为管理学领域的文献，其栏目主要有主题文章、会议专稿、学者与企业家、国际企业管理、战略管理、营销研究、新探索、金融与财务、市场营销、会计研究、企业论坛、知识管理、人力资源管理、旅游管理等。

在选取这三种期刊的管理学论文样本时，按照“规范的学术论文”这一条基本原则，对缺少摘要、关键词和参考文献的论文均不纳入样本数据库，对书评、调查问卷和会议综述这种类型的非规范性学术论文的文章，也均不纳入分析的对象。

我们用Excel把所选的所有管理学论文建立了数据库。为了使数据库能为其他研究提供基础资料并且使本章的分析结果具有较好的参考价值，力求数据库内容充实、完整。其内容包括：论文的作者姓名和所在机构、题目、发表时间、刊载位置、关键词、论文类型、摘要以及每篇论文引文的作者、题目、发表时间、刊载期刊和刊载位置。

在阅读每篇论文的摘要的基础上，我们按照国家自然科学基金管理科学学科分类方法，[①] 划分了每篇论文的学科领域。然后，把属于战略管理学的论文挑出来并建立了数据库，这些论文及其引文总数如表 3–1 所示。

表 3–1 2000~2004 年战略管理学论文样本及其引文总数

时间（年）	原文数（篇）	引文（篇次）
2000	47	263
2001	52	333
2002	62	728
2003	53	631
2004	64	880
合计	278	2835

3. 对引文的筛选

由于本章讨论的是中国研究战略管理学的状况，有必要对引文进行分类和筛选。5 年中，278 篇战略管理学论文的引文共有 2835 篇（部）次。其中，引用外文论文和著作 1485 篇（部）次，引用外文译著译文 395 篇（部）次，共 578 篇次，引用中国专著 371 部次，引用研究报告和硕士、博士论文共 6 篇次。但是，被引用的中国公开发表的论文并不都是战略管理论文。经过分析，发现有 236 篇次被引论文分属于社会科学一般方法论、经济学原理、管理学的一般理论、区域经济学、会计学、证券市场、计算机理论、产业组织理论、工业经济、金融学、法律、教育、政治、文学等领域。而被引战略管理学的论文有 342 篇次。本章就基于对这些被引论文的分析，来探讨中国战略管理学研究状况。

① 国家自然科学基金管理科学学科分类目录（工商管理）：G0201 企业理论，G0202 企业战略管理，G0203 会计理论与方法，G0204 财务管理，G0205 市场营销，G0206 运作管理，G0207 项目管理，G0208 人力资源管理，G0209 技术经济与技术管理，G0210 企业文化，G0211 其他，G0212 组织管理。

为了进行动态对比分析，我们又把 2000 年和 2004 年战略管理论文的引文进行了分类。

2000 年，三种期刊的 47 篇战略管理论文共有引文 263 篇（部）次，其中外文 111 篇（部）次，外文译文 41 篇（部）次，中文专著 44 部次，研究报告 2 篇次，分属情报、保险、职能管理、会计、证券、银行、资本市场、教育、工程、工业、一般管理、区域经济、财务、产业经济、法律、国际关系、哲学等领域的论文 37 篇次，战略管理领域论文 28 篇次。

2004 年，三种期刊的 64 篇战略管理论文共有引文 880 篇（部）次，其中外文 498 篇（部）次，外文译文 86 篇（部）次，中国专著 85 部次，研究报告 2 篇次，分属职能管理、经济学方法、工业经济、产业经济、财务、哲学等领域的论文 91 篇次，战略管理领域论文 117 篇次。

4. 对引文的分析

通过对引文的分析，探讨中国战略管理学研究的学术平台的状况。本章统计了 342 篇被引战略管理学论文所在的期刊，按期刊被引次数对期刊进行了排序，前 8 名国内期刊如表 3-2 所示。为了清楚学术平台的动态发展状况，本章分别统计了 2000 年和 2004 年被引战略管理学论文所在期刊，被引次数最多的前几名期刊如表 3-3 所示。

表 3-2　国内被引战略管理论文所在期刊

杂志名称	被引次数 n=342	被引用率
管理世界	28	8.2%
经济研究	25	7.3%
南开管理评论	19	5.6%
中国工业经济	15	4.4%
外国经济与管理	12	3.5%
经济管理	11	3.2%
经济理论与经济管理	7	2.0%
中国社会科学	7	2.0%
其他	218	63.8%
合计	342	100%

表 3-3　2000 年和 2004 年被引战略管理学论文所在刊物

2000 年		2004 年	
刊物	被引次数 n = 28	刊物	被引次数 n = 117
经济研究	3	管理世界	13
管理现代化	2	中国工业经济	9
南开管理评论	2	南开管理评论	6
企业管理	2	经济管理	6
		经济研究	4
		经济理论与经济管理	4

三、研究发现与讨论

1. 中国战略管理学研究的学术平台

一门学科的发展一般是由几个一流的专业期刊所构成的学术平台来推动的。一种期刊所发论文被引用的多寡，直接反映该种期刊被科研工作者使用和重视的程度以及在科学发展中所起的作用。

2000~2004 年，被引次数最多的期刊是《管理世界》、《经济研究》、《南开管理评论》、《中国工业经济》，这四种期刊的被引率占了 25%以上。表 3-2 中所列的 8 种期刊的被引用率占 37.2%。我们发现，虽然这些期刊对战略管理学影响力较大，但是除了《南开管理评论》和《经济管理》外，均是非企业管理类期刊。《管理世界》和《中国工业经济》只有 1/4 的栏目涉及企业管理学，而《经济研究》主要刊登研究宏观经济问题的论文，《外国经济与管理》刊登经营与管理、国际贸易、税收、金融、风险投资等方面的论文，《经济理论与经济管理》刊登资本市场、产业分析、企业家论坛、理论评析、区域经济、调研报告等方面的论文，《中国社会科学》是社会科学综合性期刊，刊登的企业管理学论文极少。可以看出，中国战略管理学研究平台并不健全，还缺少自己的专业性期刊。

通过与国外战略管理学研究平台的比较，可以清楚中国战略管理学研究平台的建设情况。2004 年，Antonio-Rafael 等通过分析国外 22305 篇战略管理学的被引论文，对国外战略管理学研究的学术平台进行了排名，[①]结果如表 3-4 所示。国外对战略管理学研究影响力最大的前八种期刊的被引率是 50%，远高于中国前八种期刊的被引率（37.2%）。国外前四名期刊的被引率是 38.6%，比中国的前八种期刊的被引率还高。引人注目的是国外的战略管理学专业期刊《Strategic Management Journal》，它的被引率是 17.6%，是中国的《管理世界》的被引率的 2 倍多。再看期刊的特点，国外被引率第一名的期刊是战略管理学的专业研究平台，前五名的期刊都是管理学期刊，而中国被引率最高八种期刊中只有两种是管理学期刊。这些情况说明，国外的战略管理学有独立的学术平台和独立的学术体系，而中国却没有。

表 3-4　Antonio-Rafael 分析国外被引战略管理学论文所在期刊排名

杂志名称	被引次数 n=22305	被引用率
Strategic Management Journal	3930	17.6%
Academy of Management Journal	1717	7.7%
Administrarive Science Quarterly	1649	7.4%
Academy of Management Review	1311	5.9%
Management Science	836	3.7%
Harvard Business Review	783	3.5%
Journal of Financial Economics	474	2.1%
American Economic Review	461	2.1%
其他	11144	50%
合计	22305	100%

资料来源：Antonio-Rafael Ramos-Rodriguez and Jose Ruiz-Navarro，"Changes in the Intellectual Structure of Strategic Management Research：A Bibliometric Study of the Strategic Management Journal，1980-2000"，*Strategic Management Journal*，25：pp.981-1004（2004）.

从纵向的角度来看，中国近几年战略管理学学术平台的发展速度是很快的。①《管理世界》在 2000 年只被引用 1 次，而在 2004 年被引用 13次，这表明《管理世界》对战略管理学影响力逐步增大。②《中国工业经济》在 2000 年没有一篇论文被引用，但在 2004 年的被引用率排在第二名，并且

① Antonio-Rafael Ramos-Rodriguez and Jose Ruiz-Navarro，"Changes in the Intellectual Structure of Strategic Management Research：A Bibliometric Study of the Strategic Management Journal，1980-2000"，*Strategic Management Journal*，25：pp.981-1004（2004）.

是第三名的 1.5 倍。《中国工业经济》偏重于刊登经济理论性论文，战略管理学基础理论受微观经济学的影响很大，该期刊对战略管理学理论发展的影响力日益增大。③在 2000 年，被引次数最多的期刊是《经济研究》、《管理现代化》、《南开管理评论》、《企业管理》，与 5 年的总体状况差距甚远。在 2004 年，被引次数最多的期刊是《管理世界》、《中国工业经济》、《南开管理评论》、《经济管理》、《经济研究》、《经济理论与经济管理》，与 5 年的总体状况基本一致。表明战略管理学研究的学术平台建设有较大进步。

总之，学科的发展依赖于学术平台的推动，学术平台的建设状况是衡量学科研究水平的重要标志。中国还没有战略管理学的专业性期刊，中国战略管理学的研究还不成熟。

2. 中国战略管理学研究的主体

中国战略管理学研究主体呈现以下几个特点。

第一，中国战略管理学的研究主体群相对弱小。5 年中，三种期刊刊载的战略管理论文的引文 2835 篇（部）次中，只有 955 篇（部）次是国内作者的作品，其中只有 342 篇次是国内作者的战略管理学论文。对中国战略管理学的影响力，中国战略管理学的作者小于国外的作者。中国战略管理学的研究还处于借鉴国外战略管理学的阶段。

第二，中国战略管理学的研究主体群易受其他学科的研究主体群的影响。5 年中，引用中文文献在 955 篇（部）次中，有 617 篇（部）次不是战略管理学论文。

第三，中国还缺少战略管理学领域的“名家”。中国基本没有推动战略管理理论发展的“大作”，在被他引次数最多的 20 篇战略管理学论文中，只有 1 篇被他引 4 次。中国战略管理学论文的老化度很高，被他引的时间均在 2 年左右。我们翻阅了国外几种权威性的管理学期刊，发现中国没有在国际一流期刊上发表的战略管理学论文，国外战略管理学论文极少引用国内作者的文献。

从纵向的角度来看，中国近几年战略管理学研究主体的发展速度是很快的。2000 年被他引的战略管理学论文只有 28 篇次，2004 年被他引的战略管理学论文 117 篇次，中国研究战略管理的主体群显著增大。

3. 中国战略管理学研究的理论群

学科研究的理论群反映在引文群中。文献计量学家们认为，文献与其引用文献间的关系反映了一种学术传播的现象。Crane 认为由引文链接而成的网络是特定的学术社群（即具有共同信念的合作群体）中的学者形成的交流网络。①

战略管理学是一门独立的学科，它的边界如图 3-1 所示。在理论上，战略管理学受到包括经济学、政治学、社会学、心理学等学科，以及本领域案例研究传统在内的多方面影响，形成自己的理论体系。明茨伯格曾经把战略管理分为十大理论学派（如表 3-5 所示）。这十大学派分别从不同的角度或层次，反映战略形成的客观规律，对战略管理论作出了贡献，它们互相补充、共同构成了完整的战略管理理论体系。明茨伯格认为，战略管理学的理论基础有经济学、军事历史学、心理学、数学中的模糊理论、政治学、人类学、生物学、社会学、历史学，并与工程学、城市规划学、系统论、控制论、教育学有密切的关系。

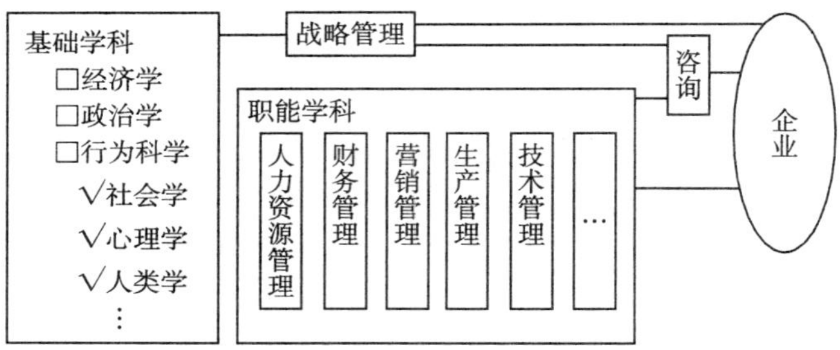

图 3-1 战略管理学边界

资料来源：中国工商管理课题组：《工商管理研究备要—现状、趋势和发展思路》，第 332 页，清华大学出版社，2003。

如果将上述战略管理学科基础与理论学派与中国战略管理学研究现状相比，可以发现中国战略管理的理论群有以下的特点。

① Small H. "Paradigms Citations and Maps of Science: A Personal History", *Journal of the American Society for Information Science*, 2003, 54 (4), pp.394–399.

表 3-5 明茨伯格划分的战略管理学派及其起源与学科基础

学 派	起 源	学科基础
设计学派	Sehnick 1957（并且可能是更早的著作，如 Newman）以及后来的 Andrew 1965	无（比喻为建筑）
计划学派	Ansoff 1965	（有一些与工程学、城市规划学、系统理论、控制论有一定联系）
定位学派	20 世纪 70 年代中期 Pardue 的著作（Schendel，Hatten），后来是著名的 Porder，1980，1985	经济学（产业组织学），军事历史学
企业家学派	Schampeter 1950，Cole 1959 及其他经济学学者	无（尽管早期著作出自于经济学家）
认识学派	Simom 1947，1957，March and Simom 1958	心理学（认识方面）
学习学派	lindblom 1959，1968; Cycert and March 1963；Weick 1969; Quinn 1980；Prahalad and hamel 90 年代早期	无（可能有一些表面上与心理学和教育学中的学习理论有关）;数学中的模糊理论
权力学派	Allison 1971（微观派）；Pfeffer and Salancik 1978；Arley 1984（宏观派）	政治学
文化学派	20 世纪 60 年代后期瑞典的 Rhenman and Normann；其他地方没有明显的起源	人类学
环境学派	Hannan and Freeman 1977;偶然性理论家(例如 60 年代后期的 Pugh 等)	生物学，政治社会学
结构学派	Chandler 1962，研究组（70 年代后期的 Mintzberg，Miller 等人；还有 Miles and Snow 1978）	历史学

资料来源：[美] 明茨伯格（Mintzberg，H.）等著，刘瑞红等译：《战略历程：纵览战略管理学派》，第 236 页，机械工业出版社，2002 年。

第一，中国战略管理理论的研究视角还要拓宽。

总体上看，中国的战略管理学论文，其学科基础主要涉及经济学和社会学，对军事历史学、心理学、模糊理论、政治学、生物学、历史学，工程学、城市规划学、教育学和其他一些理论范式，均没有涉及。说明国内战略管理学研究的视角不宽，理论上从属于某种学科，没有形成自己的理论体系。过多地运用经济学解释企业战略管理，容易导致一种错误认识，就是企业战略管理学隶属于经济学。如上所述，明茨伯格划分的十大理论学派，以经济学理论为学科基础的只占两个。经济学能揭示企业有形要素的属性，但战略管理学更加关注人、思想、洞察力、文化等无形要素，经济学对揭示企业战略中的这些本质的东西乏力。现代企业理论有力地揭示了企业的规制问题，但不能揭示企业发展的动力能力来源，对战略管理实践的指导性较差。

第二，中国战略管理学研究范式没有与国外同步，也还没有形成有一定影响力的研究范式。

美国著名的管理学杂志 AMJ 列入其理论索引的战略管理理论群（范式）大约 20 多种。Antonio-Rafael 等的研究发现，1994~2000 年西方研究战略管理理论群有多种，其中影响力较大的有资源基础论、现代企业理论、演化基础论、组织生态理论、钱德勒的企业理论等，如表 3-6 所示。资源基础论，一方面以演绎逻辑发展于经济学；另一方面以归纳逻辑发展于管理学，致力于解释企业竞争优势的来源，是 20 世纪 90 年代以来国外的战略管理学的主流理论，今后将继续发展。而中国学者运用该种理论的战略管理学论文还不多；演化理论，本质上是与资源基础一个体系，呈现良好的发展趋势，中国有关这方面的研究就更少。组织生态理论，与生物学有密切关系，对战略联盟、网络组织、价值链管理、虚拟企业这些盛行问题有较好的解释力，有较强的应用的空间，中国的战略管理学论文也较少应用该种理论。同时，迄今为止，中国几乎没有形成有一定影响力的理论范式，这表明中国战略管理理论体系还不成熟。

表 3-6 国外 1994~2000 年战略管理学主要理论群

理论群	n = 381	
	被引次数	相对率
资源基础观	465	121.90%
现代企业理论	91	23.90%
演化理论	74	19.40%
组织生态理论	48	12.60%
钱德勒企业理论	40	10.50%

注：n 表示被引文献总数。

资料来源：Antonio-Rafael Ramos-Rodriguez and Jose Ruiz-Navarro，'Changes in the Intellectual Structure of Strategic Management Research: A Bibliometric Study of the Strategic Management Journal, 1980-2000'，*Strategic Management Journal*，25：pp.981-1004（2004）.

第三，中国战略管理学研究对战略管理的主流问题关注不够。

战略管理学关注主要课题包括：战略规划与决策过程、战略制定与实施、战略控制与报酬制度、资源配置、多元化与组合战略、竞争战略、合作战略等方面具体问题，这至少可以划分为两个方面的问题：①战略管理的过程，包括战略规划与决策过程、战略制定与实施、战略控制。战略管理过程是对战略的全方位管理，包含着战略管理所有问题，倾向于研究战略的管理方法。正因为战略过程的提出，才使战略管理成为一门具有理论体系的学科。其中，对战略实施的研究将受到越来越多的重视。②战略管理的内容。主要解释企业竞争优势的来源、战略类型、企业异质原因等问题，目前的热点问题有核心能力、动态能力、动态竞争、知识产权保护与知识管理等。战略内容的研究分公司层和业务层两个层面，资源配置和多元化与组合战略关注的是公司层战略问题，竞争战略和合作战略关注的是业务层的战略问题。

战略管理内容包含在战略管理过程中，战略管理的每一个过程，均要思考资源配置、战略类型、高层团队等问题。由于从总经理的角度研究战略管理，最重要的问题是如何规划战略、决策战略、制定战略、实施战略、控制战略等，战略管理研究的核心领域是战略管理过程。

从中国战略管理研究的问题上看，中国战略管理的论文更关注战略管理的内容研究，而忽视战略管理的过程研究，较少涉及战略管理的规划、决策过程、制定、实施、控制等战略管理的核心问题，而且更多的是基于为公共政策服务的角度来研究企业战略问题，而较少从企业实际角度、为企业高层制定战略服务角度的研究。这表明中国战略管理学研究对战略管理的主流研究问题还关注的不够。

四、结论

经济体制转轨，使治理结构成为影响国有企业、私营企业生存的根本性问题。由于国情所限，加上对战略管理学科的边界的模糊认识，许多国内学者从宏观的角度研究企业战略，更多是用经济学对战略管理学进行解释。因此，现代企业理论被提到一个重要的位置，而资源基础论、波特的竞争理论被放到次要的位置，忽视了军事学、心理学、政治学、生物学等理论对战略管理理论的作用。由于不重视战略管理学为企业高层管理活动服务的立场，中国战略管理学缺少对战略过程的研究。由于过多地运用经济学来解释战略管理，给一些人一种错误的认识，就是企业战略管理学隶属于经济学。

与此相关，对中国战略管理学影响力较大的期刊，大部分是非企业管理类期刊，中国战略管理的专业性期刊尚未问世，战略管理学的研究平台并不健全。同时，中国战略管理的研究主体群还不大，中国还缺少推动战略管理理论发展的“大作”，尚没有具有国际影响的成果出现，极少有跨越时间距离的战略管理学作品被战略管理专业论文引用。

当然，也应该看到，中国战略管理学的发展历史简短，进步的速度并不令人沮丧。近几年战略管理学发展很快，并且预示着今后可能出现跳跃式的发展。

总之，无论从学术平台、研究主体来看，还是从理论群、研究领域来分析，中国的战略管理还未摆脱其他学科、尤其是经济学的影子，未能成为一门独立的学科。中国战略管理学科的研究水平还不高，大概相当于国际上 20 世纪六七十年代的水平，即从经验传统向研究传统的转型时期。当前，国外作者对中国战略管理学研究的影响力大于中国作者的影响力，中国学者还主要是借鉴国外的研究成果进行战略管理研究。

最后要强调的是，由于本章采用的论文样本，只限于在 2000~2004 年发表在三种期刊上的战略管理学论文以及这些论文所引用的战略学论文，用非科学方法抽取的较小文献样本进行分析，得出结论不能完全代表一个时期的研究状况。而且，选取学术期刊、从这些期刊中选取战略管理学论文、从这些战略管理学论文的引文中选取引文、分析这些被选取的引文，均受到作者已有的知识结构和认知结构的严重影响。

参考文献

1. Antonio–Rafael Ramos–Rodriguez and Jose Ruiz–Navarro, ‘Changes in the Intellectual Structure of Strategic Management Research: A Bibliometric Study of the Strategic Management Journal, 1980–2000’, *Strategic Management Journal*, 25: 981–1004 (2004).

2. Culnan MJ., ‘Mapping the intellectual structure of MIS, 1980–1985: a co–citation analysis’. *Management of Information System Quarterly* 11 (3): 341–353 (1987).

3. Ding Y., Chowdhury G., Foo S., ‘Mapping the intellectual structure of information retrieval studies: an author co–citation analysis, 1987–1997’. *Journal of Information Science* 25: 67–78 (1999).

4. Franke, R.H., Edlund, T.W., and Oster, F.III., ‘The Development of Strategic

Management: Journal Quality and Article Impact', *Strategic Management Journal*, ll: 243-253 (1990).

5. Hoffman DL, Holbrook MB., 'The intellectual structure of consumer research: a bibliometric study of author co-citations in the first 15 years of the Journal of Consumer Research', *Journal of Consumer Research* 19: 505-517(1993).

6. Inkpen, A.C. and Beamish, P.W., 'An Analysis of Twenty-Five Years of Research in the Journal of International Business Studies', *Journal of International Business Studies*, 25: 703-713 (1994).

7. Jiatao Li Anne S. Tsui, 'A Citation Analysis of Management and Organization Research in the Chinese Context: 1984-1999', *Asia Pacific Journal of Management*, 19: 87-107 (2002).

8. Li, J. and Tsui, A.S., 'A Citation Analysis of Management and Organization Research in the Chinese Context: 1984-1999', *Asia Pacific Journal of Management*, 19 (1): 87 (2002).

9. McCain KW., 'Mapping authors in intellectual space: a technical overview', *Journal of the American Society for Information Science* 41: 433-443 (1990).

10. Pasadeos Y., Phelps J., Kim B., 'Disciplinary impact of advertising scholars: temporal comparisons of influential authors, works and research networks', *Journal of Advertising* 27: 53-70 (1998).

11. Philip. M. Podsakoff, Scottb. Mackenzie, Danielg. Bachrach and Nathanp. Podsakoff, 'the influence of management journals in the 1980s and 1990s', *Strategic Management Journal*, 26: 473-488 (2005).

12. Ponzi LJ., The intellectual structure and interdisciplinary breadth of knowledge management: a bibliometrics study of its early stage of development', *Scientometrics* 55: 259-272 (2002).

13. Stevene. Phelan, Manuel Ferreira and Rommel Salvador, 'research notes and commentaries the first twenty years of the strategic' *Strategic Management Journal*, 23: 1161-1168 (2002).

14. 明茨伯格 (Mintzberg, H.):《战略历程:纵览战略管理学派》,刘瑞红等译,机械工业出版社,2002 年。

15. 许德音、周长辉:《中国战略管理学研究现状评估》,《管理世界》,2004 年第 5 期。

16. 张伶:《基于文献计量学的管理学学术期刊定量分析与评价——以〈南开管理评论〉为例》,《南开管理评论》,2005 年第 1 期。

17. 中国工商管理课题组:《工商管理研究备要——现状、趋势和发展思路》,清华大学出版社,2003 年。

第四章　中国人力资源管理研究现状

1954 年美国管理学大师彼得·德鲁克在《管理的实践》一书中第一次提出“人力资源”概念以来，许多学者和企业家从理论和实践上对人力资源及其管理进行了研究。在 20 世纪 80 年代，人力资源管理的研究进入了高速发展阶段，取得了丰硕成果。人力资源管理的概念、本质、范围、目标等问题逐步明确，人力资源管理的理论构架已经形成，知识体系也日趋丰富，并逐渐成为管理学领域内一门十分重要的新学科。①

20 世纪 80 年代后期，人力资源理论被引进到中国。20 世纪 90 年代以来，中国企业人力资源管理学研究成果的不断涌现，中国的人力资源管理的学科研究进入了快速发展阶段。现在，中国大学的商学院基本都开设了人力资源管理专业，企业也越来越重视人力资源管理，已经从传统的劳动人事管理职能向现代人力资源管理职能转变。

本章运用文献计量学的方法对中国人力资源管理学的研究水平进行分析，通过探讨中国人力资源管理学研究的方法、热点、引文规范性、平台等方面的状况以及在这些方面与国外的比较，得出中国人力资源管理学的研究状况，以及与国外研究的差距，并为中国人力资源管理学的后续研究提供有益的建议。

一、样本选取及文献计量库的建立

要运用文献计量学的方法对中国人力资源管理学的研究水平进行分

①中国工商管理学科发展战略研究课题组：《工商管理研究备要——现状、趋势和发展思路》，清华大学出版社，2003 年。

析，就必须找出在人力资源管理学研究方面的权威的学术期刊，以在这些权威期刊上发表的人力资源管理学论文作为本章分析的样本。基于上一章所提到的选择方法，我们这里选定了在国内管理学界影响较大的四种权威期刊，它们是《中国工业经济》、《管理世界》、《南开管理评论》和《经济管理·新管理》。这四种期刊所刊登的主题较广，因此，本章在进行研究时只从中选取与人力资源管理有关的论文作为研究样本。鉴于我们的研究目的是把握现状，了解该学科最新的研究水平，因此我们把 2000~2004 年为研究的时间区间。

在选取这四种期刊的管理学论文样本时，按照“规范的学术论文”这一条基本原则，对缺少摘要、关键词和参考文献的论文均不纳入样本数据库，对书评、调查问卷和会议综述这种类型的非规范性学术论文的文章，也均不纳入分析的对象。在阅读每篇论文的基础上，我们按照国家自然科学基金管理科学学科分类方法将期刊样本在 5 年来所刊登的企业管理学论文划分为 12 个学科领域。在学科领域划定的基础上，把属于人力资源管理学的论文挑出来作为本章的论文样本并建立数据库。

根据上述论文样本选取原则，本章选取了 2000~2004 年 5 年间发表在《中国工业经济》、《管理世界》、《南开管理评论》、《经济管理·新管理》四种期刊样本中的人力资源管理类论文共 181 篇作为分析样本，其中，发表于 2000 年的 14 篇，2001 年的 39 篇，2002 年的 48 篇，2003 年的 40 篇，2004 年的 40 篇，有关论文样本的情况详见表 4–1。在此基础上，我们用 Excel 把所选的所有人力资源管理学论文建立了数据库。为了使数据库能为其他研究提供基础资料并且使本章的分析结果具有较好的参考价值，因此对数据库内容力求充实、完整。其内容包括：论文的作者姓名和所在机构、题目、发表时间、刊载位置、关键词、论文类型、摘要以及每篇论文引文的作者、题目、发表时间、刊载期刊和刊载位置。其具体结构如表 4–2 所示。

二、人力资源管理论文研究方法的类型分析

依照主流管理学刊物的一般规范，我们把所有论文样本的研究方法划

表 4-1 样本期刊时间及其论文数量

	2000 年	2001 年	2002 年	2003 年	2004 年	合 计
中国工业经济	1	8	12	10	8	39
管理世界	3	5	9	9	3	29
南开管理评论	10	10	13	10	14	57
经济管理·新管理	0*	16	14	11	15	56
合 计	14	39	48	40	40	181

注：由于《经济管理·新管理》于 2001 年创刊，所以没有 2000 年的数据；《中国工业经济》创刊虽早，但直到 2002 年才开始按照提供内容摘要、关键词等学术规范性论文要求的格式进行行文。

表 4-2 样本论文的数据库结构

原文												引文					
作者	作者单位	题目	论文类型	时间	刊载期刊	刊载位置	研究领域	关键词	研究热点	摘要	研究对象	引文编号	引文作者	发表时间	题目	刊载期刊	刊载位置

分为以下几种类型：①规范型论文（normative），即表明立场或是政策性的文章。②描述型（descriptive），即以案例或数据描述现象，而不涉及实证分析。③文献型（review），对文献的回顾、总结、评论和延伸。④概念型（conceptual 或 theoretical），论述变量或概念之间的关系，但并不加以实证分析。⑤实证型（quantitative-empirical），以定量分析验证理论性假设。⑥定性经验型（qualitative-empirical），以案例、访谈等形式获得的定性数据构筑变量或概念之间的关系。⑦演绎数学模型，这是经济学常用的论文写作方法。值得注意的是，规范型论文在国际学术界并不被视为严格的学术性（academic 或 scholarly）论文，而是经常出现于实践型（practitioner-oriented）刊物，即面向企业管理者或政策制定者的刊物。而描述型论文虽然可以是学术性的，却一般只能出现于实践型或三流以下层次的学术刊物，原因是一、二流的学术性刊物均是以重大理论贡献为目标，描述型论

文无法直接推导理论或求证假设。[①]

我们在界定样本文章的研究类型时，采用了可重叠原则，即如果一篇文章的研究方法符合多种类型，则涉及的所有类型都将其纳入统计，即一篇文章不仅限于一种类型。对181篇论文样本研究方法的统计结果见表4-3。

表4-3 2000~2004年人力资源管理学论文研究方法类型统计

研究方法＼年份	2000	2001	2002	2003	2004	合 计	比例（%）
规范型	7	13	10	11	4	45	22.84
描述型	8	7	7	7	5	34	17.26
文献型	1	6	5	6	6	24	12.18
概念型	4	10	14	8	16	52	26.40
实证型	0	0	4	5	8	17	8.63
定性经验型	0	5	7	7	3	22	11.17
演绎数学型	0	1	2	0	0	3	1.52
合 计	20	42	49	44	42	197	100

注：由于在界定论文研究方法的类型时允许根据情况把一篇文章界定为两种或两种以上类型，所以该项统计5年的论文之和要大于实际总篇数181篇。

从表4-3中，我们可以发现，2000~2004年5年间，中国人力资源管理学的研究方法主要以概念型、规范型和描述型为主，采用这三种研究方法占全部样本数量的66.5%。其中：概念型论文占了全部论文的26.4%，这说明我国国内学者还比较注重对概念或变量间关系的论述，但是缺少实证来证实其观点，因此其结论的说服力和科学性有待进一步证明；而采用规范型研究方法的学术论文所占比例为22.84%，表明采用规范型研究方法的政策建议类论文所占比重较大，由于在以理论研究为宗旨的学术刊物中，采用规范型研究方法的论文所占比重较大，这往往被学术界视为研究水平低下的一个标志，因此，这从一个角度说明中国人力资源管理研究水平还有待提高；描述型论文占全部论文比例的17.26%，而在国外这类学

① 这里采用了以下文献的分类：许德音、周长辉:《中国战略管理学研究现状评估》,《管理世界》,2004年第5期。应该说明的是，这里的所谓“规范型论文”(normative）是指政策建议和表明观点立场的论文，与上文提到的“规范的学术论文”的概念不同。

术贡献有限的描述型论文在全部论文中所占比例不超过 1%。[①] 虽然描述型论文具有一定的贡献，但其对理论创新的影响较小，这一差距也说明了中国人力资源管理尚缺乏重大理论的创新契机。

与上述以概念型、规范型和描述型为主相对应，中国人力资源研究论文采用实证型研究方法和演绎数学型研究方法的较少，均低于全体样本的 10%。而且从表 4-3 还可以看到，在 2000 年和 2001 年的人力资源管理学论文中没有运用实证方法进行研究的论文。在国外人力资源管理的研究中，这两类研究所占比例都大于 20%。实证型论文的缺乏充分说明中国人力资源管理学研究方法和研究水平的落后。但值得欣慰的是，规范型和描述型的论文数量在不断减少，而实证型论文的数量在不断增加，这种现象在 2004 年表现得最为明显。这说明中国人力资源管理研究的方法在不断进步，越来越多的学者开始采用实证研究的方法，用事实来证明理论，用事实说明问题。

三、人力资源管理研究热点分析

我们通过对论文样本的关键词进行统计，整理出人力资源管理学的学科研究热点。统计 5 年内出现次数在 10 次以上（不含 10 次）的关键词，它们一共出现 98 次，其出现率约占总出现率的 20.81%（详见表 4-4）。

从统计结果来看，2000~2004 年间，中国人力资源管理学科的研究热点主要集中在激励制度、人力资本、企业家以及绩效管理等方面。

对激励制度的研究主要集中在对企业经营者激励制度的安排上，具体来说又主要研究经营者长期激励机制的选择，如股权激励、股票期权、绩效薪酬制度等。对人力资本的研究主要集中于介绍人力资本产权理论，研究人力资本收益、人力资本价值度量和定价，以及对人力资本进行管理等

① 本章在与国外人力资源管理学研究论文进行比较，我们主要考察了《Academy of Management Journal》、《Journal of Applied Psychology》和《Academy of Management Review》这三种期刊在 2002~2004 年所发表的人力资源管理学论文。这三个学术期刊的论文是中国人力资源管理研究论文引证最多的三本国外期刊（参见表 4—5）。

表 4–4 2000~2004 年人力资源管理学研究热点分类统计

热点问题	数 量	百分比（%）
激励	25	5.31
人力资本	25	5.31
企业家	20	4.25
企业绩效	14	2.97
股权结构	14	2.97
合计	98	20.81

注：由于同一研究主题每个作者所选定的关键词不尽相同，所以我们在统计时对研究热点均采取了模糊归类的方法。例如，归入“激励”这一主题的关键词就有股权激励 、股票期权、激励制度、长期激励、绩效薪酬制度等。

方面。对企业家的研究主要从企业家行为、企业家秉性、企业家精神和能力等方面进行。对企业绩效的研究主要集中于对企业业绩和绩效的度量、评价等方面。人力资源管理中的股权结构主要是从管理层持股和员工持股的角度对企业的股权结构进行论述。

从近几年国外对人力资源管理的研究来看，国外的研究热点主要集中人力资本、公司绩效、企业雇佣关系等方面的研究。虽然从总体范畴来看，国内外人力资源管理的研究热点是趋同的，但细分起来，其研究的深度却有较大差距。最近，国外人力资源管理的研究最多的是对人力资本的研究，他们主要研究了人员流动带来的人力资本流失问题，以及对公司绩效产生的影响，此外，还涉及人力资本对创新的影响等问题。对于公司绩效，国外研究较多的是员工行为、对管理者进行股权激励，以及管理团队等对公司绩效的影响。在对雇佣关系的研究上，国外学者主要研究了企业员工性格对心理契约的影响，并从心理契约方面解释企业雇佣关系的转变与企业的所有权的关系。此外，国外人力资源管理学的研究多建立在心理学和经济学理论基础之上，而国内研究忽视了这些学科在人力资源管理中的作用，鲜有学者从心理学领域展开研究。

从国内外对人力资源管理学的研究水平来看，虽然研究的热点从大的概念来说是基本相同的，但具体内容却相差较远。从总体来看，中国的研究尚停留在介绍和对基本问题的研究上，而国外学者则已经开始对问题进行更深入的探索，不断挖掘问题的内在因素和本质。对热点问题的研究深度的不同，体现了国内外在人力资源管理研究水平上的差异。

四、人力资源管理研究论文的引文规范性分析

这里引文规范性主要从引文数量和文献老化度两个角度进行衡量。

1. 平均引文数量

从引文数量来看，中国人力资源管理学论文在2000~2004年中的平均引文数为8.8篇，而国外人力资源管理学论文的平均引文数量为75.83篇。中外对比，差距十分巨大，这表明，中国学者在对人力资源管理学科的问题进行研究时较少地使用文献，应用现有研究结果的能力不强，不能充分地兼顾和吸收利用已有的研究结果，从而在研究的深度和广度上受到一定的局限。

当然，从总体来说，在这5年中，中国人力资源管理学论文的引文数量处于上升趋势，其动态变动情况见图4-1。这说明中国学者已经在这个方面有所改进，这必将推动中国人力资源管理学的更快发展。从图4-1中可以看出，5年来，人力资源管理学论文的引文数量在2001年达到最低点，但自此以后，引文数量始终处于不断上升状态，说明近几年来中国学者在学术研究方面的涉猎越来越广泛，越来越重视对现有研究结果的吸收和应用，也说明了中国人力资源管理学研究的引文规范性在不断提高。

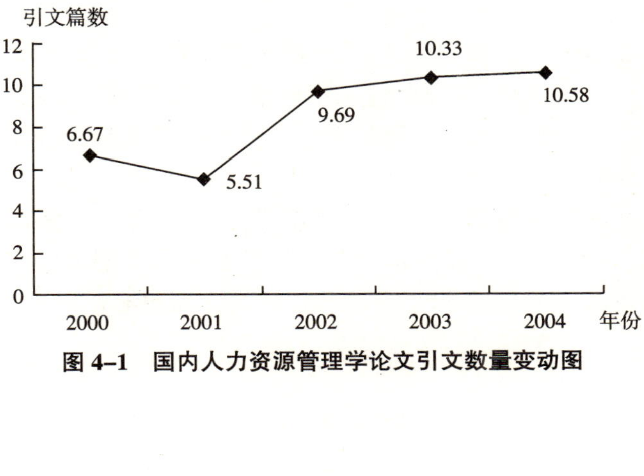

图4-1　国内人力资源管理学论文引文数量变动图

2. 文献老化度

文献老化度通常用普赖斯指数来衡量。普赖斯指数 P 是由美国科学家 D.普赖斯在 1971 年提出的。就是在某一知识领域内，把对年限不超过 5 年的文献的引文数量与引文总量之比当作指数，用以量度文献的老化速度和程度。其计算公式如下：

P =（近 5 年被引用的文献数量/被引用的文献总量）× 100%

一般来说，P 越大，文献老化越快，自然科学的普赖斯指数低于社会科学，成熟学科的普赖斯指数低于新兴学科。在 2001 年，计算机普赖斯指数值高于 50%，《化学学报》为 32%，《ISIS 国际科学史杂志》普赖斯指数值为 8%，《科学学研究》为 53%。[①] 从图 4-2 可以看出，人力资源管理学在 2000~2004 年间的普赖斯指数值均在 40%以上，文献老化度相对较高。这说明人力资源管理学是一个新兴的学科领域，发展速度较快。

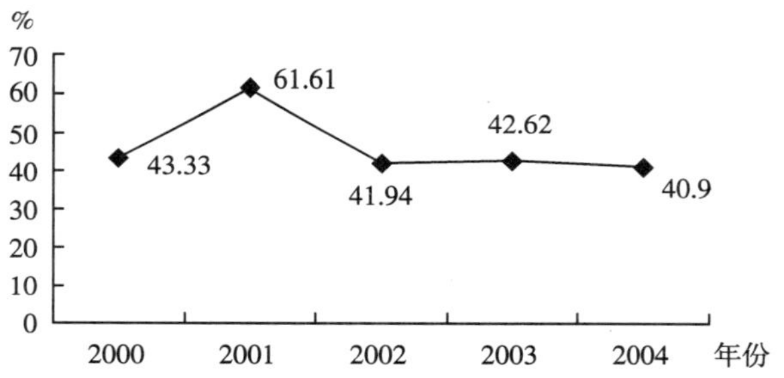

图 4-2　人力资源管理研究文献老化度变动图

从图 4-2 中还可以看出，人力资源管理学的普赖斯指数值在 2001 年达到最高点，而从 2002 年以后这一指标值在逐渐下降，而且均低于 2000 年的水平，这说明中国的人力资源管理学科经过了几年的发展已经开始进入相对成熟时期。

国外人力资源管理学的文献老化度较中国略低，其普赖斯指数约为 36%。出现这一状况，一方面是由于人力资源管理在国外的发展现状所导致的，即国外对该学科的研究较成熟；另一方面也有研究者方面的原因，

① 姜春林：《关于〈科学学研究〉的文献计量学研究》，《情报理论与实践》，2001 年第 2 期。

即国外学者在进行研究时比较注重从学科的基础理论开始研究，他们所引用的文献中年代较远的文献数量较多。

五、人力资源管理研究平台的影响力分析

一门学科的发展一般是由几个一流的专业期刊所构成的学术平台来推动的。一种期刊所发表论文被引用的多寡，直接反映了该种期刊被研究人员使用和重视的程度以及该期刊在科学发展中所起的作用。

我们在研究平台的影响力时，主要统计了中外期刊被引用的次数，并通过计算国内外期刊对中国学者研究的影响因子和国内外权威期刊对中国学者研究的影响因子这两个值来考察国内期刊对中国学者研究人力资源管理学起到的作用。其中，国内期刊对中国学者研究的影响因子的公式为：

$$K_c = \sum I_c / (\sum I_c + \sum I_f)$$

其中，K_c 代表中文期刊对中国学者的影响因子，I_c 代表中文期刊被引总数，I_f 代表外文期刊被引总数。而国外期刊的影响因子等于 1 减去国内期刊的影响因子。

而国内外权威期刊对中国学者研究的影响因子的计算公式可为：

$$P_i = I_i / \sum_{n=1}^{n} I_n$$

其中，P_i 为第 i 个期刊的影响因子，I_i 为第 i 个期刊的被引用频次，$\sum_{n=1}^{n} I_n$ 为前 n 个权威期刊的被引频次之和。

我们所选的论文样本所列出的引用期刊共 400 种，全部期刊的被引总数为 984 次，其中中文期刊仅有 149 种，被引总数共为 353 次，根据 K_c 计算公式，可以计算得出 2000~2004 年间，中国人力资源管理学的研究中，中文期刊对中国学者的影响因子 K_c 仅等于 0.36，而外文期刊对中国人力资源管理影响因子为 0.64。这说明从总体来看，中国学者研究时主要受到来自于外国期刊的影响，中文期刊对中国学者研究人力资源管理的影响力较小。

从动态来看，国内期刊对中国学者研究的影响在近 5 年来变化较大，其中 2001 年国内期刊对中国学者的影响最大，为 0.482，而 2003 年则最低，为 0.282。其余年份均在 0.36 以上。具体变动情况如图 4–3 所示。这一系列数据说明了无论从总体来看，还是从动态变动来看，中国学者研究人力资源管理时主要是受到了国外期刊的影响，中国人力资源管理学尚缺乏支柱性的研究平台。

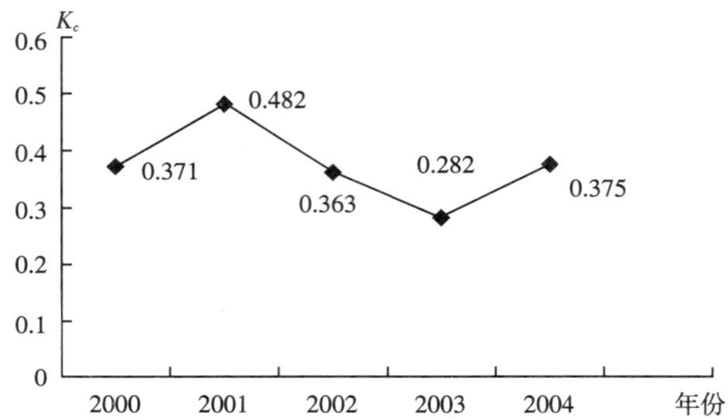

图 4–3　国内期刊对中国学者研究人力资源管理学的影响力变动图

而有关国内外权威期刊对中国学者人力资源管理学研究影响因子的计算，是基于对被引频次较高的国内外权威期刊进行统计的基础上进行的。经过统计，被引频次在 10 次以上的（含 10 次）国内外期刊约 19 种，具体如表 4–5 所示。在表 4–5 中，我们具体计算出了每种期刊对我国学者进行人力资源管理研究的影响因子。

表 4–5　国内外权威期刊排名及其影响因子

排 名	期 刊	被引次数	P_i
1	经济研究	66	0.173
2	Academy of Management Journal	35	0.092
2	Journal of Applied Psychology	35	0.092
3	Academy of Management Review	23	0.06
4	中国工业经济	20	0.052
5	Journal of Political Economy	19	0.049
6	American Economic Review	18	0.047
7	Journal of Financial Economics	16	0.042
7	Journal of Organizational Behavior	16	0.042

续表

排　名	期　刊	被引次数	P_i
7	Strategic Management Journal	16	0.042
7	会计研究	16	0.042
8	Harvard Business Review	15	0.039
8	管理世界	15	0.039
9	Human Resource Management Review	14	0.037
10	Journal of Management	13	0.034
11	Human Resource Management	12	0.031
11	Journal of intellectual capital	12	0.031
12	外国经济与管理	11	0.029
13	Personnel Psychology	10	0.026
合　计		382	1.000

注：本章采取并列排名的方式，故所刊论文被引次数在 10 次以上（含 10 次）的期刊为 19 种，但排名仅排到前 13 名。

从表 4–5 中可以看出，在这 19 种权威刊物中，只有《经济研究》、《中国工业经济》、《会计研究》、《管理世界》和《外国经济与管理》这 5 种刊物是国内期刊，其余 14 种均为国外期刊。这 5 种国内期刊对中国人力资源管理学研究的影响因子之和为 0.335，即国内权威期刊对国内学者的影响因子为 0.335，这说明国内学者研究人力资源管理学时同样主要受到国外期刊的影响，多依靠国外研究成果把握学科研究前沿。

此外，这 5 种国内期刊在近 5 年的被引率仅占全部期刊被引数量的 13%左右。笔者还发现，虽然这些期刊对人力资源管理学的影响力较大，但这 5 种期刊均是非企业管理类期刊。5 年内被引用率最高的《经济研究》主要刊登研究经济问题的论文；《中国工业经济》和《管理世界》只有 2/5 的栏目涉及管理学，其余栏目均刊登宏观经济和中观经济方面的论文；《会计研究》主要刊登的是会计学方面的论文；《外国经济与管理》开设的主要栏目包括了经济学、企业管理学、金融学以及会计学等，对管理学有所涉及，但并非专门刊登企业管理学甚至人力资源管理学论文。专业性的期刊中只有《中国人力资源开发》的被引用率最高，但在 5 年中被引次数仅为 8 次，影响力有限。国外的研究对国内学者的影响力要远高于国内研究，中国人力资源管理学的研究还不成熟。

通过对期刊影响力和权威作者影响力的分析，我们获知，国外期刊和国外学者对中国人力资源管理学研究的影响远超过国内期刊和国内学者。从影响因子看来，国内期刊对国内学者的人力资源研究的影响力尚不到40%。因此，我们得出结论认为，中国人力资源管理学的研究平台尚不健全，不仅没有专业性的期刊，而且其研究也从属于经济学。

六、结论与探讨

通过对中国人力资源管理学研究的方法、热点、引文规范性和研究平台等状况的分析可知，国内的人力资源管理学研究水平与国外相比差距较大，需要进一步提高。从研究方法分类来看，国内人力资源管理学论文中，有半数以上是概念型、规范型和描述型的论文，而实证型和演绎数学型论文数量较少，使得国内学者的理论严谨性和研究成果的科学性有待商榷；在研究热点方面，近几年国内的研究热点，即人力资本、企业绩效、激励机制等也都是国外近期的热点，但研究的侧重点不同，国内的研究在内容和理论深度上仍明显滞后于国外。例如，国外学者对人力资源管理学研究已经深入到个体，从经济学和心理学角度对“经济人”和“社会人”的行为进行分析，而中国较少有学者进行类似研究。在对人力资本的研究中，国外学者在近 3 年内最关注的是人员流动带来的人力资本流失问题，而国内的研究多集中在对人力资本的管理、度量和定价，以及人力资本产权理论等基本领域；从引文的规范性来看，国内研究的引文数量远低于国外是中外研究显著差距的主要表现，这说明国内学者吸收和运用现有研究成果的积极性不高，使国内研究的理论系统性和研究内容的全面性有待提高；从研究平台的影响力来看，国内期刊、国内权威期刊对国内人力资源管理学的影响力分别为 0.36、0.335 和 0.332，均远低于国外期刊的影响力。

综上所述，人力资源管理学在国内仍是一门新兴学科，国内人力资源管理学研究水平还不高，大概相当于国外 20 世纪 80 年代的水平。但在短短十年多的时间里发展到今天的水平，其速度还是令人欣喜的。从前文的分析可以看出，人力资源管理学的研究方法在逐步向着更科学的方向完善；研究热点从大的范畴来看已经和国外研究趋同；引文数量在不断增加，文献老化度在缓慢降低；国内研究平台影响力虽然较低，但也从另一方面说明了国内学者重视学习和借鉴国外研究成果。目前国内非常注重人力资源管理学的研究与开发，先后成立了一批人力资源研究和实践领域的社会团体和专门的网站，如国家级社会团体中国人力资源开发研究会、各省市人力资源开发研究会以及中国人力资源网等，各大高校也纷纷设立人力资源管理专业，并形成了人力资源管理学研究人员队伍。随着国内对人力资源管理学研究的重视和大量科研力量的储备，以及研究方法的不断完善，我国的人力资源管理学研究必将以更快的速度发展。

最后，需要说明的是，本章运用文献计量学的方法对国内人力资源管理学的研究现状进行了分析并得出相关结论，但由于以下几个原因使有些结论可能存在一定片面性：其一，《中国工业经济》在 2000 年和 2001 年刊登的文章大多数没有附加参考文献，因而没有被纳入统计范围，《经济管理·新管理》也是从 2001 年开始纳入统计，这在一定程度上影响了样本数量和分析结果的严谨程度；其二，在论文类型和研究热点界定上，虽然我们采取了由课题组成员交叉审定、疑难篇目转课题组外专家评议的办法，以期保证界定的科学性，但仍然带有一定的主观性；其三，在样本期刊的选取上仍带有一定的主观性，再加之研究时间跨度太短（只有 5 年）也会使一些结论带有一定的片面性。总之，由于迄今为止，国内外尚没有运用文献计量学对人力资源管理学进行研究的文献，本章这里作为一种尝试是从整体上进行的分析，涵盖了对样本期刊的载文和引文的某些方面的分析，难免有大而不深之嫌，因此，今后的研究可以分别对载文和引文的各个方面进行深入分析，得出一些有益的结论。

参考文献

1. Antonio-Rafael Ramos-Rodriguez and Jose Ruiz-Navarro, ‘Changes in the Intellectual Structure of Strategic Management Research: A Bibliometric Study of the Strategic Management Journal, 1980-2000’, *Strategic Management Journal*, 25: 981-1004 (2004).

2. 王崇德：《文献计量学引论》，广西师范大学出版社，1997 年。

3. 姜春林：《〈科研管理（1994~1998）〉载文的统计与分析》，《科研管理》，2000 年第 2期。

4. 朱献有：《中国科学计量指标：论文与引文统计（1998 年卷）》，中国科学文献情报中心，1999 年。

5. 邱均平：《文献计量学》，科学技术出版社，1998 年。

6. 许德音、周长辉：《中国战略管理学研究现状评估》，《管理世界》，2004 年第 5 期。

7. 中国工商管理课题组：《工商管理研究备要——现状、趋势和发展思路》，清华大学出版社，2003 年。

8. 姜春林:《关于〈科学学研究〉的文献计量学研究》,《情报理论与实践》，2001 年第 2 期。

9. 郭强华：《〈会计研究（1999~2001）载文的统计与分析〉，《现代管理科学》，2005 年第 3 期。

10. 张伶：《基于文献计量学的管理学学术期刊定量分析与评价——以〈南开管理评论〉为例》，《南开管理评论》，2005 年第 1 期。

第五章 中国市场营销管理研究现状

伴随着改革开放和市场经济的迅速发展，国内的大中企业都越发重视营销职能，中国的市场营销管理研究也在学习和吸收国外研究成果，跟进国内实践需要的基础上不断进步，并出现了一些高水平的专著和论文。但是我们仍能明显感觉到只经历了二十余年发展的中国市场营销管理的研究水平与国外有着较大的差距，而且关于国内研究状况尚未见任何正式的回顾或评估文献。为了把握国内市场营销管理的研究现状，本章以学术期刊为依托，以文献计量学为基本研究方法，从多个角度对进入 21 世纪后国内外营销管理研究的情况作了比较，从而找出了中国与国外营销管理研究水平的差距所在，以期在了解国内当前研究所处阶段、存在问题的基础上，为今后的研究方向提出有意义的建议。

一、问题背景

市场营销管理是一门较新兴的学科，在不到一百年的发展历程中伴随着商品社会经济实践的推进而不断发展。市场营销管理作为一门独立学科的出现则要追溯到 1912 年哈佛大学教授赫杰特齐（J.E.Hegertg）编写的以 Marketing 命名的教科书的出版。市场营销管理学科从最初对推销方法和技巧的研究，到对营销策略的密切关注，再到把营销职能贯穿到从研发、生产到售后服务的多个环节中，内容大大丰富，新营销理念不断涌现。营销管理理念的演进可分为六个阶段：[①] ①生产观念（production concept），认

① 菲利普·科特勒（Philip Kotler）等：《营销管理》（亚洲版·第 3 版），中国人民大学出版社，2005 年，第 23~34 页。

为消费者喜爱那些可以随处得到的、价格低廉的产品。②产品观念（product concept），认为消费者喜欢高质量、多功能和具有某些创新性的产品。③推销观念（selling concept），认为如果对消费者和企业顺其自然的话，他们不会足量购买某一组织的产品，因此组织必须主动推销和积极促销。④营销观念（marketing concept），认为实现组织目标的关键在于正确确定目标市场的需求和欲望，并创造比竞争对手更有效、更有利地传送目标市场所期望的东西。⑤顾客观念（customer concept），认为企业经营要以顾客为起点，以顾客需要和价值为重点，通过捕捉顾客份额、忠诚和生命周期价值获得可持续的利润。⑥社会营销观念（societal marketing concept），认为企业的任务是确定诸目标市场的需求、欲望和利益，并以保护或者提高消费者和社会福利的方式，比竞争者更有效、更有利地向目标市场提供所期待的满足。伴随着由实践推动的营销管理新理念的出现，新营销理论也不断更新完善。20 世纪 50、60 年代的“4Ps”理论、产品生命周期理论、品牌形象理论在今天仍然有着重要价值。从 20 世纪 60 年代到 20 世纪 90 年代，市场营销管理学与经济学、管理学、心理学、社会学等学科紧密结合，使之成为一门综合性的、前沿的应用学科。90 年代以来，将企业的社会责任纳入营销中的绿色营销，充分借助互联网与信息技术的网络营销、战略联盟营销，都成为了现代营销管理学中的重要一员。

20 世纪 90 年代以来，学者们对于采用文献计量学方法来分析学术交流和发展情况的兴趣大增。国外还有不少学者通过对多种营销类期刊的分析来探讨营销管理的研究情况。例如，Guidry，Julie Anna，Hollier 与 Brandi N. Guidry 使用引文分析的方法，对营销管理权威期刊的影响力进行了排名；[①] Ming Ouyang，Dongsheng Zhou（2000）以 1978~1998 年英文权威期刊上的文章为基础，探讨中国市场营销管理的发展；[②] Baumgartner 等人通过对营销类学术期刊的引文分析，指出了一个营销类学术期刊的影响力。[③] 国内近年来也有学者开始运用文献计量学对单个学术期刊做统计分析。但是，国内目前尚未有对市场营销类论文或期刊的文献计量学分析。

---

① Guidry，Julie Anna & Hollier，Brandi N. Guidry，“Surveying the Cites：a Ranking of Marketing Journals Using Citation Analysis”，*Marketing Education Review*，Spring2004，Vol. 14 Issue 1.

②③ Baumgartner，Hans Pieters，Rik，“The Structural Influence of Marketing Journals：A Citation Analysis of the Discipline and Its Subareas Over Time”，*Journal of Marketing*，Apr2003，Vol. 67 Issue 2.

二、样本选取及文献计量库的建立

我们采用与上一章所述同样的方法，确定市场营销管理研究论文库，结果如表 5-1、表 5-2 所示。由于方法相同，这里不再赘述，但值得说明的是有关国外影响管理样本期刊的选择问题。在建立了国内数据库的基础上，通过对引文的统计得出了国内学者参考最多的期刊的排名，也即对中国市场营销研究影响最大的期刊排名（见表 5-3）。排在前三名的期刊是：《Journal of Marketing》，《Journal of Marketing Research》和《Harvard Business Review》，可见其在中国市场营销的研究中的影响力。考虑到《Harvard Business Review》是面向企业管理者的实践指导型刊物，其中的文章大多不属于严格的学术性论文，因此不将其作为研究对象。由于第四位的被引次数与前三位差距过大，因此也不选为国外样本期刊。

表 5-1 市场营销管理现状研究样本期刊

国内期刊	年 份	国外期刊	年 份
管理世界	2000~2004	Journal of Marketing Research	2003~2004
南开管理评论	2000~2004	Journal of Marketing	2003~2004
中国工业经济	2002~2004		
经济管理·新管理	2001~2004		

表 5-2 市场营销管理国内文献计量库结构

原文												引文					
编号	作者	所在机构	题目	类型	刊载时间	刊载期刊	刊载位置	研究领域	关键词	摘要	研究对象	编号	作者	发表时间	题目	刊载期刊	刊载位置
																	…

表 5-3 市场营销管理国内论文引用次数最多的期刊排序(略表)

排 名	期刊（降序排列）	被引次数
1	Journal of Marketing	161
2	Journal of Marketing Research	76
3	Harvard Business Review	60
4	Journal of the Academy of Marketing Science	37
…	…	…

为考察《Journal of Marketing》和《Journal of Marketing Research》在国外的影响力，判断其能否反映国外市场营销管理研究水平，我们参考了国外学者对营销管理术期刊的评价。Guidry，Julie Anna 和 Hollier，Brandi N. Guidry 通过 1997~2001 年营销期刊的引文分析对期刊做出了影响力排名，位于前四位的期刊是《Journal of Marketing Research》，《Journal of Marketing》，《Journal of Consumer Research》，《Marketing Science》。[①] 在本章分析中作为国外参照样本的期刊是排名前两位的期刊，可见选择这两本国外期刊是具有代表性的。由于国外样本期刊中的文章均属市场营销领域，因此在剔除书评后，剩下的文章都可作为样本。为把握国外研究前沿，本章以 2003 年和 2004 年《Journal of Marketing Research》和《Journal of Marketing》（见表 5-1 所示）中的 145 篇学术论文作为样本，对各篇文章的关键词、研究热点、研究方法和引文数量进行了研究、统计，以便进行中外研究水平比较，库结构如表 5-4 所示。

表 5-4 市场营销管理国外文献计量库结构

编 号	题 目	关键词	研究热点	研究方法	刊载位置	引文数量	所载期刊

① Guidry，Julie Anna & Hollier，Brandi N. Guidry："Surveying the Cites：a Ranking of Marketing Journals Using Citation Analysis"，Marketing Education Review，Spring2004，Vol. 14 Issue 1，pp.50–53.

三、中外市场营销管理研究的比较分析

1. 研究方法

同样根据许德音、周长辉提出的对学术论文的分类，[①] 参照论文摘要和正文，我们对国内 196 篇文章进行了论文类型的鉴别，划分类型时，如果一篇文章的内容不止一个类型，我们将这些类型都列出进行统计，因此，各类领域的篇数加总大于样本章总数，统计结果见表 5-5。表 5-5 中数据反映，无论是各年情况还是合计总量，概念型论文在样本中所占比重都最大，文献型和演绎数学型占的比重较小。各年的数据相比，可知从 2003 年开始概念型和实证型论文大大增加，2004 年与其他年份相比规范型论文急剧减少，而定性经验型的论文大大增加，概念型与第三年持平。

表 5-5　市场营销管理国内论文类型统计

年份 研究方法	2000	2001	2002	2003	2004	合　计	百分比(%)
规范型	5	7	10	8	1	31	14.16
描述型	7	3	9	5	6	30	13.70
文献型	2	2	3	4	4	15	6.85
概念型	15	9	15	22	22	83	37.90
实证型	1	0	5	10	12	28	12.79
定性经验型	0	2	2	8	18	30	13.70
演绎数学型	0	0	1	0	1	2	0.91

国内当前营销研究的方法与国外还是有较大差距的（见表 5-6）。[②]

首先，规范型论文在国际学术界并不被视作严格的学术论文，而且明显带有政策建议目的的论文存在于本应以理论研究为宗旨的学术刊物中，

---

① 许德音、周长辉：《中国战略管理学研究现状评估》，《管理世界》，2004 年第 5 期。

② 由于以摘要作为国外论文类型划分的依据，判断中难免出现部分偏差，因此，国外各类型论文的比例在表示时数据精确度低于国内比例。

表 5-6　市场营销管理国内外研究方法比较

	研究方法	国内比例	国外比例
论文类型	规范型	14.16%	0%
	描述型	13.70%	1%
	文献型	6.85%	7%
	概念型	37.90%	30%
	实证型	12.79%	28%
	定性经验型	13.70%	24%
	演绎数学型	0.91%	10%
方法运用	模型	17.35%	30%
	实验	0.5%	15%

常被国际学术界视为国内管理学研究水平低下的一个标志，在《Journal of Marketing Research》和《Journal of Marketing》所载的 145 篇文章中，不存在规范型论文。国内 14.16%的规范型论文比重过大，不是高水平的研究平台应当出现的现象，但 2004 年规范型论文的急剧减少说明国内学者们正在逐渐认识这一问题并注意改进。

其次，学术论文在提出一个理论或阐明一种变量关系时，往往需要借助实验、数据或应用模型对其进行实证，以说明结论的有效性。国内概念型的论文占的比重很大，占 37.90%，可见国内学者较注重对概念间或变量间关系的论述，但是比较忽视对所提观点的求证。近几年实证型文章仅仅占到 12.79%，定性经验型也只有 13.70%。而且 2000~2003 年，运用过实证和定性检验的文章更是凤毛麟角，到 2004 年才有所增加。从国外来看，145 个样本中有约 28%的论文采用实证方法，同时还有 24%的论文采用定性经验方法，而仅仅描述现象的纯粹描述型文章在国外两本期刊中 2003~2004 年仅有两篇，可知国外论文的说服力和科学性明显高于国内。

再次，实验方法是国外学者在定性的研究中获取数据的常用方法，145 篇样本中有 20 余篇（约占 15%）论文的数据来自实验设计，而国内 196 篇论文中仅有一篇采用过实验方法。当然，是否能采用实验方法收集资料也取决于所研究的问题，国内外对消费者的心理和行为研究都较多（参见热点分析），实验方法应该大有用武之处。为说明变量、概念间的关系或对结论进行实证，国外学者在研究中常常运用模型、改进模型或者设计新的模型，因此，演绎数学型的论文也有约 10%的比例。经统计，国外样本中涉及模型的论文总数超过了40篇，占到大约30%，且对多元回归模型的设计和运用很广泛。国内样本中，涉及模型的论文有34篇，占样本总数的17.35%。虽然与国外还是有较大差距，但2003年和2004年运用模型的论文明显多于2000~2003年，国内的市场营销管理的研究方法正在不断改进之中。

最后，在国外学术期刊中会有这样的情况出现：当一篇见解新颖的论文完成后，其他学者会对这篇文章进行评价与延伸，原论文作者又会针对这些评价给予回复，在交流中对问题的理解得到深化和拓展，我们把此种论文划分为文献型，表中该类论文约7%的比重主要来自于此。2003~2004年的《Journal of Marketing Research》和《Journal of Marketing》中就两度出现这种情况，其一是关于妥协效应（compromise effect）的讨论，其二是关于结合分析（conjoint analysis）方法的探讨。国内四年内未有这样的情况出现。

2. 研究热点

为细致把握2000~2004年来中国市场营销的研究领域，并与国外进行比较，我们对国内外每篇样本论文所研究的热点进行了界定和统计。在界定过程中，仍然采取了先初步确定热点，再共同探讨并向专家咨询的方法，以保证热点判断的科学性。划分研究热点时，如果一篇文章涉及不止一个研究领域，我们将这些领域都列出进行统计，因此，各类领域出现的篇数加总大于样本文章总数。经过分类统计，国内期刊中排名前十位的研究热点结果见表5-7。

表5-7 市场营销管理国内论文研究热点分类统计

名次	研究领域	篇数					
		2000年	2001年	2002年	2003年	2004年	合计
1	品牌研究	13	5	5	10	9	42
	包括：品牌竞争力	3	1	1	0	1	6
	品牌权益	2	0	0	2	1	5
	品牌战略	5	0	0	0	0	5
	品牌忠诚	0	0	1	3	0	4
	品牌命名	0	0	1	1	1	3
	品牌关系	0	1	1	0	1	3
	品牌形象	1	0	0	0	2	3
	品牌建设	0	1	0	1	0	2

续表

名 次	研究领域	篇 数					
		2000 年	2001 年	2002 年	2003 年	2004 年	合 计
1	品牌信任	0	0	0	0	2	2
	其 他	2	2	1	3	1	9
2	消费者行为、心理研究	1	3	4	4	10	22
3	企业服务	1	3	5	8	4	21
4	客户关系	0	2	6	0	5	13
5	顾客忠诚	0	3	3	5	1	12
6	关系营销	0	0	1	2	7	10
6	营销理论发展	2	2	3	3	0	10
7	顾客价值	0	1	0	4	4	9
8	电子商务	2	1	2	2	1	8
8	国际营销	1	0	2	5	0	8
9	顾客满意	0	1	1	2	3	7
9	体验营销	0	1	2	3	1	7
9	信息（搜寻、披露）	2	0	1	2	2	7
10	渠道	1	0	0	2	3	6
合 计		23	22	35	52	50	181

从表 5-7 可以清楚地看出 2000~2004 年中国市场营销的研究重点（各研究热点所占比重见图 5-1），其中品牌研究以 42 篇的总量名列第一，占 24%，由于品牌研究的角度多种多样，因此我们又对品牌研究的具体方向进行了分类，以品牌竞争力、品牌权益和品牌战略的研究为最多。有关消费者和企业服务的研究分别以 22 篇、21 篇的总量列第二和第三位，所占比重均约为 12%。这里的消费者研究主要是指对消费行为和消费者心理的研究。此外，客户关系、顾客忠诚、关系营销以及营销理论在新环境下的发展也都是研究的热点所在，关于它们的文章篇数也都不少于十篇。为反映出各年研究热点的变化，表中还详细列举了每一年的热点，品牌研究在 2000 年的论文中占据着很大的比重，2002 年对客户关系研究较多，2003 年品牌、服务、顾客忠诚、国际营销又成为学者们关注的焦点，2004 年更多的目光投向了品牌、消费者研究、关系营销等。

表 5-8 是国外 2003~2004 年研究热点（篇数大于 5）排名情况，与国内研究相比较，相似之处在于：国内外学者对于消费者行为与心理研究、

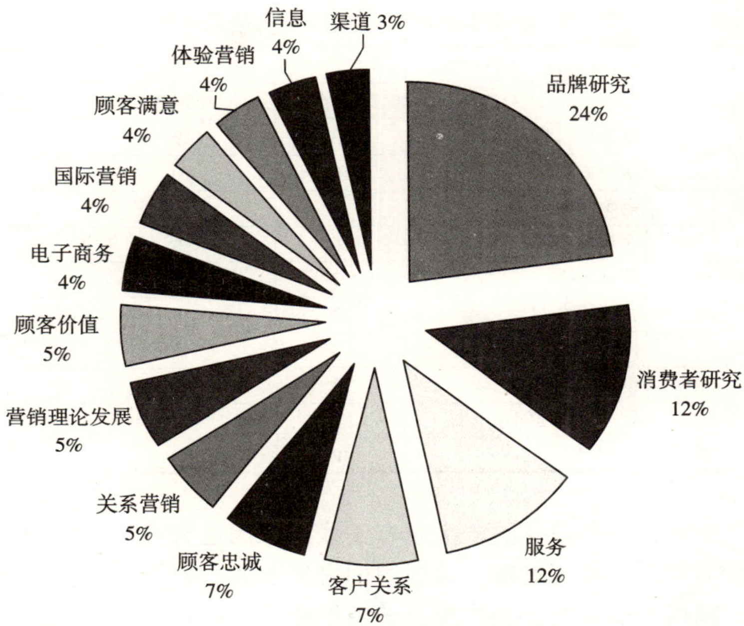

图 5-1 市场营销学国内研究热点分布图

品牌研究、客户关系研究都给予了相当的重视。主要的区别在于:①关于消费者行为、心理的研究，国外比国内更为关注，且研究的问题更为细致、多样，如涉及新婚家庭购买行为，网页浏览行为，对禁烟广告的反应心理，对各类定价策略的心理价格感知等。而国内在 2000~2003 年对消费者一直涉及较少，2004 年对此问题的研究才大幅度增加，在研究问题的多样化和细致程度上与国外有较大差距。②品牌研究是国内最受青睐的研究热点，该领域正处于发展之中，而 2003~2004 年品牌研究在国外只列于第三位，研究已较为成熟，且近年研究的某些问题是国内未曾涉及的，比如，商店品牌的影响和作用，及其与产品品牌的关系。③国外的某些热点是国内在 2000~2004 年中较少关注或根本不关注的，这些领域包括有营销研究方法的改进，价格策略优化与消费者对价格的感知，营销战略与公司绩效、股票价值间的关系，广告与受众心理，创新与市场结构、知识等的关系，新产品上市与销售中的问题等。其中，关于营销研究方法的探讨，国内就几乎没有涉及。反过来，国内正在聚焦的一些问题，国外早已研究成熟，不再是热点。

表 5-8 市场营销管理国外论文研究热点分类统计

名次	研究领域	篇数		
		2003 年	2004 年	合计
1	消费者行为、心理研究	13	19	32
2	研究方法	10	10	20
3	品牌研究	6	7	13
4	客户关系	6	6	12
5	价格策略	3	6	9
5	营销战略	3	6	9
6	广告研究	3	5	8
7	创新研究	3	4	7
8	新产品营销问题	2	4	6
合计		49	67	116

国内外研究热点差异的产生既有实践的原因也有理论的原因。市场营销管理的研究既要高瞻远瞩，为组织的发展服务，也要着眼当前，解决实际问题。国内企业在营销关注度、营销策略着眼点、营销战略设计等方面与国外企业的差距影响着国内的研究热点。此外，深厚理论基础和先进研究方法的欠缺，也制约了研究的领域。

3. 论文规范性

论文作者在研究中所参考的文献的数量和质量是衡量论文规范性的一个标准，表 5-9 列出了 2000~2004 年《南开管理评论》、《管理世界》、《经济管理·新管理》、《中国工业经济》引文数量分布情况。

表 5-9 市场营销管理国内论文引文数量概况

年份	论文（篇）	引文条数	平均引文	中文		英文		译文	
				条数	比例（%）	条数	比例（%）	条数	比例（%）
2000	24	196	8.17	56	28.6	129	65.8	11	5.61
2001	20	188	9.40	41	21.8	130	69.1	17	9.04
2002	39	324	8.31	70	21.6	227	70.1	27	8.33
2003	53	632	11.9	119	18.8	453	71.7	60	9.49
2004	60	728	12.1	157	21.6	502	69.0	69	9.48
合计	196	2068	10.6	443	21.4	1441	69.7	184	8.90

通过对国内营销论文5年引文条数的初步统计及对国外两年数据的统计可得以下结论：

从平均引文数上看，5年间中国市场营销管理论文的平均引文数是10.6条，且各年平均引文数除2002年有所下降之外，大体上仍呈逐年增加的趋势。特别是从2003年开始引文大幅度增加，2003年和2004年的平均引文都在10条以上，反映出市场营销类论文的规范性和治学严谨性的提升。但此种情况与国外相比差距仍然很大，2003~2004年《Journal of Marketing Research》和《Journal of Marketing》的刊载文章平均引文数是：2003年55.16条，2004年50条。可知，2003年国外市场营销管理术论文的引文条数是国内的4.6倍，2004年是国内论文的4.13倍。

从引文结构分析看，由表中数据可知，英文引文大大多于中文引文是中国市场营销管理研究的一大特点，从2000~2004年，中文引文所占比重最高的是2000年的28.6%，而英文引文的各年比重都在65%以上，2002年和2003年超过了70%。此外，译文引文所占的比重也不低，除2000年较少，其余各年都接近10%。这既反映出中国研究市场营销管理的学者关注国外研究进展，注重吸收国外研究成果，也表明了国内的市场营销管理研究既不前沿也不深入，可以借鉴的优秀成果不多。

4. 研究平台的影响力分析

（1）国内外期刊对中国学者研究的影响因子。

表5-10是剔除了专著后来自期刊的引文结构表，通过影响因子的计算能进一步反映国内外期刊对中国市场营销管理研究的影响力。影响因子的计算公式同样为：

$$K_c = \sum I_c / (\sum I_c + \sum I_f)$$

表5-10　市场营销管理国内期刊引文结构分布

年　份	中文	英文	合计	中文影响因子	英文影响因子
2000	23	86	109	0.21	0.79
2001	29	83	112	0.26	0.74
2002	43	162	205	0.21	0.79
2003	81	325	406	0.20	0.80
2004	124	373	497	0.25	0.75
合　计	300	1029	1329	0.23	0.77

其中，K_c 代表中文期刊对中国学者的影响因子，I_c 代表中文期刊，I_f 代表外文期刊。

国内期刊的影响因子为 0.23，国外期刊的影响因子为 0.77。可见国外期刊对中国市场营销管理研究的影响力远大于国内期刊，再次反映出国内研究当前缺乏权威性，国内学者依靠国外研究成果把握研究前沿。从各年的影响因子来看，影响因子在小范围内波动，国内波动的范围为 0.21~0.26，国外为 0.74~0.80，5 年来国内营销研究的影响力并没有明显提升。

（2）国内外权威期刊对中国学者研究的影响因子。

表 5-11 是 2000~2004 年《南开管理评论》、《管理世界》、《经济管理·新管理》、《中国工业经济》中引文所刊载期刊的排名，由此可从一个侧面反映出部分期刊的权威性，我们在此列举出排名前十位的 10 种期刊，它们在中国市场营销的研究中有着较高的权威性。表中所列的 10 种期刊中，国外期刊占据了统治地位，而国内学术期刊除《南开管理评论》名列第 7 外，其余期刊均未上榜，又反映出国内市场营销管理研究与国外具有较大的差距，学者们在寻求参考资料时多是借助国外成果。

表 5-11 市场营销管理国内论文引用次数最多的期刊排序

排 名	期刊（降序排列）	被引次数	影响因子
1	Journal of Marketing	161	0.327
2	Journal of Marketing Research	76	0.154
3	Harvard Business Review	60	0.122
4	Journal of the Academy of Marketing Science	37	0.075
5	Journal of Retailing	33	0.067
6	Journal of Consumer Research	32	0.065
7	南开管理评论	28	0.057
8	Journal of Business Research	27	0.055
9	European Journal of Marketing	22	0.045
10	Journal of Advertising Research	16	0.033
合 计	—	492	1

在被引次数的基础上可以计算各期刊的影响因子，同样根据计算公式 $P_i = I_i / \sum_{n=1}^{10} I_n$，来计算。其中，$P_i$ 为第 i 个期刊的影响因子，I_i 为第 i 个期刊

的被引用频次，$\sum_{n=1}^{10} I_n$ 为前 10 个权威期刊的被引频次之和。计算结果为：排名第一位的《Journal of Marketing》影响因子是 0.327，大大高于其他期刊，上榜的唯一一个中文期刊《南开管理评论》影响因子为 0.057，在国外受到很大重视的《Journal of Marketing Research》对中国研究的影响力只有 0.154，这与该期刊注重方法研究，而国内学者尚未把焦点转向市场营销研究方法的探讨有关。

5. 权威作者和权威论文

（1）权威作者。

通过对引文中被引用率最高的作者的排序（如是合著，各位作者都计 1 次），我们找出了国内 196 篇市场营销管理论文的期刊引文中被引用次数排名前十位的作者（见表 5-12），可知这些作者在管理学界有较高的地位，他们的研究成果得到普遍认同，或者他们研究的领域正是近年的热点。排名前十位的 11 位学者均是国外学者，其中市场营销管理之父 Philip Kotler 的学术成果因共被引用 62 次而排在第一位，影响因子为 0.201，紧随其后的是 Berry，Leonard L.和 Zeithaml，Valarie.A.，影响因子分别为 0.129 和 0.104。中国学者均未能进入前十位，可见国内市场营销领域的研

表 5-12　市场营销管理作者引用率排名

名　次	作　者	引用次数	影响因子
1	Philip Kotler（菲利普·科特勒）	62	0.201
2	Berry，Leonard L	40	0.129
3	Zeithaml，Valarie.A.	32	0.104
4	Parasuraman, A.	28	0.091
5	Aaker，D. A.（大卫·艾克）	24	0.078
5	Porter，Michael E.（迈克尔·波特）	24	0.078
6	Keller，Kevin. L	20	0.065
7	Reichheld Frederick F.	18	0.058
8	Gronroos，Christian	17	0.055
9	Fornell Claes	16	0.052
10	Morgan，Robert M.	14	0.045
10	Oliver Richard L.	14	0.045
合　计	—	309	1.000

究还有待进一步推进。以权威作者而论，中国学者在营销研究上的影响力可以说是微乎其微，国内还没有营销研究中的“名家”。

（2）权威论文。

对五年中《南开管理评论》、《管理世界》、《经济管理·新管理》、《中国工业经济》上所刊载的市场营销论文引文中作品引用率的排名反映的是进入 21 世纪以来最受学者们关注的专著和论文。表 5-13 列举的是引用次数多于 5 次的著作，并且进行了排名（原文的译著也被引用的，我们将作品的译名列在原名的下方）。Philip Kotler 的巨著《Marketing Management》及其译文以被引用 21 次排在第一位，影响因子为 0.191，此外他的《Marketing Management—analysis，Planning，Implementation and Control》以及《Principles of Marketing》因被引用次数较多分别排在第 3 位和第 6 位，Porter. M.E.和 Keller，Kevin Lane 也各有 2 篇名著列于排名中。表中所列的著作被引次数超过十次以上的只有两本专著，反映出在市场营销理论的研究中被引用的作品是比较分散的，市场营销研究内容的丰富、角度的多样、热点的不断变幻是造成这种现象的重要原因之一。表中的 11 篇研究成果均是来自国外学者，这种统计结果与我们之前对引文的权威期刊、权威作者的统计结果是一致的，再一次说明了国内研究与国外研究的差距，国内作品的影响因子几乎可忽略。

表 5-13 市场营销管理作品引用率排名

名 次	论 文	作 者	引用次数	影响因子
1	Marketing Management （市场营销管理）	Philip Kotler	21	0.191
2	The Commitment-trust Theory of Relationship Marketing	Morgan，R. M. and Hunt，S. D	11	0.100
3	Marketing Management—analysis，Planning，Implementation，and Control （营销管理：分析，计划，执行和控制）	Philip Kotler	10	0.091
4	Competitive Advantage （竞争优势）	Porter，M. E	8	0.073
4	Managing Brand Equity	Aaker，David	8	0.073
5	Competitive Strategy （竞争战略）	Porter，M. E	7	0.064
5	Conceptualizing Measuring and Managing Customer-based Equity.	Keller，Kevin Lane	7	0.064

续表

名 次	论 文	作 者	引用次数	影响因子
5	Strategic Brand Management（战略品牌管理）	Keller，Kevin Lane	7	0.064
5	The Experience Economy（体验经济）	B. Joseph Pine Ⅱ，James. H. Gilmore	7	0.064
6	Principles of Marketing（市场营销导论）	Philip Kotler	6	0.055
6	Service Management and Marketing（服务市场营销管理）	Gronroos，Christian	6	0.055
6	The Behavioral Consequence of Service Quality	Zeithaml，V. A.，Berry，L. L. and Parasuraman，A.	6	0.055
6	The Loyalty Effect：The Hidden Force behind Growth，Profits，and Lasting Value	Reichheld Frederick F.	6	0.055
合 计	—	—	110	1.000

从以上的分析可以看出，国内市场营销管理研究当前还未进入国际研究的主流，对国内学者尚没有较大的影响力，在国际上更不可能占有一席之地。

四、结论与探讨

通过多方面的分析（见表 5-14）可知，国内市场营销管理与国外有很大差距，研究水平有待提高。

在研究方法上，不属于严格学术论文的规范型论文占的比重还比较大；概念型所占比重最大，但缺少对所提观点的论证，实证或定型论证的运用都还很少，使得理论缺乏严谨性和科学性；在研究中不善于运用实验方式获取定型数据，也不善于设计模型、运用模型来阐明或论证变量之间的关系。在研究热点方面，国内对于品牌、消费者行为与心理以及客户关系的研究也是国外近年研究的热点，但是其研究内容与理论深度与国外还存在明显的滞后，如品牌研究在国外已经成熟，国内还在发展中。国外近两年所关注的营销研究方法，价格策略，营销战略与公司价值，广告与受众心理，创新与市场结构、知识等的关系，新产品营销问题，都不是国内的热点所在，特别是关于营销研究方法的探讨，国内没有学者进行过专门

表 5-14 市场营销管理国内外研究水平比较

比较角度	国内市场营销管理（2000~2004）	国外市场营销管理（2003~2004）
研究方法	规范型论文占 14.16%；实证型占 12.79%，定性经验型占 13.70%；较少采用实验方法，或运用模型	没有规范型论文；实证型占 28%，定性经验型占 24%；较多设计实验，或设计、运用模型
研究热点	品牌，消费者行为、心理，服务，客户关系，顾客忠诚，顾客价值，电子商务；研究深度欠缺	消费者行为、心理，营销研究方法，品牌，客户关系，价格策略，营销战略与公司价值；研究深入
论文规范性	平均引文数 10.6 条	平均引文数 52.58 条
研究平台影响力	国内期刊对国内研究影响因子为 0.23	国外期刊对国内研究的影响因子为 0.77
权威作者和权威论文	几乎不存在市场营销管理权威期刊；学者个人影响力与作品影响力甚微；影响力无明显提升	权威期刊、学者个人和佳作对中国营销研究有很大影响力

研究。在论文规范性上，国内 2000~2004 年各篇营销管理论文的平均引文数量为 10.6 条，国外 2003 年平均引文数为 55.16 条，2004 年为 50 条，是国内的 5 倍多。在研究平台的影响力上，无论是期刊影响力、学者影响力，还是作品影响力，国内成果都无法与国外相提并论。根据被引次数所作的权威期刊影响力排名中，国内期刊仅有《南开管理评论》上榜，影响因子仅为 0.057，而在学者影响力排名和作品影响力排名中，国内学者和专著均未上榜，影响力微乎其微，且近年来影响力并没有提升。

综上所述，我们认为国内市场营销管理的研究现状只相当于国外 20 世纪 60~70 年代的水平，距离进入国际研究主流还有一段很长的距离。差距产生的主要原因有：①国内市场营销管理起步晚。市场营销管理是一门注重实践的学科，强调实践对理论的需求、理论对实践的指导。改革开放以前排斥市场竞争的中国计划经济不需要市场营销管理，随着中国转入“买方市场”，市场竞争日益激烈，营销管理才得到重视。因此市场营销在中国的发展不过 20 余年，国外已经发展近百年，必然存在很大差距。②管理学、经济学、心理学、社会学等学科未进入到国际研究主流，限制了营销管理的发展。市场营销管理是与多门学科密切结合、研究方法较为多样的学科，营销理论的深入需要借助于其他学科的研究方法或研究成果。如国内心理学、社会学的不够发达是国内营销管理对消费者行为、心理研究不够多样、深入的一个原因。

虽然存在较大差距，但国内营销管理在短短 20 年中发展到今天的水平还是可喜的，近年来的进步也是不可否认的。研究方法上规范型论文的减少，实证型和定性经验型论文的增加；论文平均引文数量的增加；研究热点与国外部分接轨，都可从前面的分析中看到。研究平台影响力分析既反映差距，也说明国内学者很注意学习借鉴国外研究成果，高度关注国外权威学术期刊。国内目前现已成立了一些营销管理的学术组织，如中国市场学会、中国高校市场营销管理会、中国营销研究中心（CMC）等，部分高校的营销研究机构也已经拥有了现代化的实验室和较先进的研究仪器设备。国内市场营销管理必定会在继续吸收和引进国外研究成果的基础上，改进研究方法，提升研究水平，快速推进理论发展，为企业营销管理实务提供有意义的指导。

通过文献计量学，本章把握了国内营销管理研究现状，但在对中国研究水平的判断上，仍存在一些主观的因素。由于《经济管理·新管理》2001年创刊，《中国工业经济》因早期论文缺乏规范性从2002年才纳入样本，导致2000年的研究样本只有两种期刊，2001年有三种期刊，而国外样本期刊《Journal of Marketing Research》和《Journal of Marketing》则是以2003年和2004年为研究的时间跨度，在一定程度上影响了统计和判断的严谨性。此外，在对文章的研究方法、热点进行划分时，虽然经过了严格的鉴别和多次商讨、审定、专家咨询，力求科学准确，但这其中仍有一些存在争议的划分，影响了结论的精确性，特别是对国外论文研究方法、热点的分类主要依靠摘要，使得统计结果存在偏差。

期望着在今后的研究中改进方法，以更加科学、完善的研究为基础来把握国外营销管理百年来的发展过程，更准确地评价中国营销管理研究状况。我们也期待着《管理世界》、《南开管理评论》、《经济管理·新管理》和《中国工业经济》等在中国管理类学术期刊中有着一定地位的刊物能够给国内营销管理的发展提供更加良好的创作与交流平台，更期待着中国能够创办出与世界市场营销管理前沿研究接轨的权威期刊，中国学者能够创作出在国内外有较高影响力的营销管理著作，加速推进中国市场营销管理的发展。

参考文献

1. Ming Ouyang, Dongsheng Zhou, "Twenty Years of Research on Marketing in China: A Review and Assessment of Journal Publications", *Journal of Global Marketing*, 2000,

Vol. 14 Issue 1/2.

2. Guidry, Julie Anna Hollier, Brandi N. Guidry, "Surveying the Cites: A Ranking of Marketing Journals Using Citation Ahalysis", *Marketing Education Review*, Spring 2004, Vol. 14 Issue 1.

3. Baumgartner, Hans Pieters, Rik, "The Structural Influence of Marketing Journals: A Citation Analysis of the Discipline and Its Subareas Over Time", *Journal of Marketing*, Apr2003, Vol. 67 Issue 2.

4. 许德音、周长辉:《中国战略管理学研究现状评估》,《管理世界》, 2004 年第 5 期。

5. 中国工商管理课题组,《工商管理研究备要——现状、趋势和发展思路》, 清华大学出版社, 2003 年。

6. 菲利普·科特勒:《营销管理》(亚洲版, 第 3 版), 中国人民大学出版社, 2005 年。

第六章　中国组织管理研究现状

中国组织管理、组织理论研究的发展是伴随着中国国内改革开放和经济高速增长而发生的。经济的发展使国内企业管理出现了不少的新现象和新问题，这些都急需用组织理论去解释、解决。国内组织理论虽然只经历了二十几年的发展，但研究成果却颇丰，发展的速度也相对较快。但与此同时，国内研究水平同国际相比，无论研究方法、研究平台，还是研究过程中的规范性等，都存在着一定的差距。

本章以国内四份工商管理权威期刊和国外三份权威期刊中的组织领域学术论文为研究对象，运用文献计量学进行了多方面的研究，旨在掌握国内组织管理领域的研究水平和研究现状，分析进入21世纪后国内外研究水平的差距，得出国内研究的症结所在，并在此基础上提出一些建议和意见，以期对国内的组织管理发展有所帮助。

一、问题的背景

组织管理是一种组织在与组织成员个体进行交换时，组织从组织整合的角度依靠组织的多方面社会资源与组织成员个体交换的过程。组织理论，作为管理学的一个重要子学科，是指依据实证科学的研究方法，综合运用有关学科（如心理学、社会学、文化人类学、政治学、工程学、信息和系统科学等）中的知识，系统地研究由人所形成的各种组织在个体、群体和组织层次上的行为，以达到组织所期望目标的学科。[①] 国外组织理论的发展经历了传统（古典）组织理论阶段、科学组织理论阶段和现代组织理论阶段等几个发展阶段。

传统组织理论阶段也就是19世纪末至20世纪30年代所形成的古典组织理论，其代表人物为法约尔和马克斯·韦伯等。法约尔的行政管理理论，定义了所有管理者执行的一般职能以及构成良好管理实践的原理，归纳了14条管理原则，并且区分了经营与管理的关系。韦伯提出了职权结构理论，将组织活动描述为建立在职权关系基础上的事物，强调任何组织的存在均以权利为基础，倡导理性合法权利，主张组织内部的非人情关系和制度化管理；科学组织理论阶段起始于20世纪30年代末，代表人物是梅奥、西蒙等人。其中梅奥的“霍桑试验”奠定了“人际关系学派”的基础，西蒙提出的“有限理性”和“管理人”等概念对组织理论的发展起到了很大的推动作用。这一阶段，组织理论和行为科学日益结合，与传统组织理论阶段相比，该阶段把研究的重点转向了对组织中人的研究，研究了人的心理因素对于组织绩效的影响，并且更强调了组织的动态性。该阶段的组织理论虽然有了很大的发展，但仍然把组织视为一个封闭的系统，仍然把组织与外界环境人为地隔离；现代组织理论阶段从20世纪中叶开始，这一阶段组织理论的发展和科学技术的突飞猛进及生产社会化程度的日益提高密切相关。组织理论进入了以系统论方法为主的现代发展阶段，出现了诸如组织文化学派、权力学派、制度学派等学派。该阶段把组织看成一个开放的系统，组织与环境、各个子系统等因素之间是一种互动的关系。其中的代表人物有美国的学者卢桑斯，他提出了权变的观点，认为不存在一个适合于任何环境的统一不变的组织结构，而应该根据具体的、多变的环境对组织结构做出相应的调整。

虽然利用文献计量学对学科发展状况进行分析已成为学术研究的一种热门研究方法，但专门针对组织管理的文献计量学研究的文献并不多见。尤其是在中国国内，我们查阅了国内相关数据库，发现国内仍然缺乏利用文献计量学对组织理论、组织管理领域进行研究分析的学术成果。因此，在某种程度上说本章是国内在该领域的一个有益尝试。

---

① 中国工商管理学科发展战略研究课题组：《工商管理研究备要——现状、趋势和发展思路》，清华大学出版社，2003年。

二、样本选取及文献计量库的建立

我们采用与上述两章所述同样的方法，确定组织管理研究论文库。关于刊物的选择，同样选择了国内具有较大影响力的四份期刊。有关研究时限的选择，也将其限定为2000~2004年，但《经济管理·新管理》、《中国工业经济》分别创刊于2001年和2002年，因此，2000年的研究样本中只有两份期刊，2001年的研究样本中有三份期刊，2002~2004年则包括了全部四份期刊。在具体选择这些刊物的样本论文时，同样按照国家自然科学基金管理科学学科分类方法对这些刊物的论文进行划分。同时，在选取样本时还充分考虑了学术论文应有的规范性，如《管理世界》中的短论栏目虽然包含不少关于组织理论的文章，但因其篇幅都在两页左右，均没有关键词、摘要和参考文献，不属于学术论文，无法支持本研究，不纳入样本中。经过严格的筛选、讨论、咨询，最终确定了293篇组织管理、组织理论领域的文章（不计书评、刊首语、增刊等不规范论文）为本研究的建库对象，具体国内样本论文库结构如表6-1所示。

表6-1 组织管理国内文献计量库的结构

原文												引文					
编号	作者	所在机构	题目	类型	刊载时间	刊载期刊	刊载位置	研究领域	关键词	摘要	研究对象	编号	作者	发表时间	题目	刊载期刊	刊载位置

有关国外影响管理样本期刊的选择同样是在建立了国内数据库的基础上，根据所建数据库，我们通过对293篇论文中所引用引文的统计分析，得出了被引用频数排名前十位的期刊（见表6-2），其中排名前三位的国外期刊为《Journal of financial Economics》、《Journal of Political Economy》和《Journal of Finance》。由于排名前三位的国外期刊均不是有关组织理论、

组织管理的专门期刊，因此需要对其中所刊载的论文进行筛选。筛选原则与国内相关论文的筛选办法基本一致。为把握国外研究前沿，本章以2003年和2004年在这三份期刊中刊载的组织理论学术论文为研究对象，最终确定88篇论文。本章对这88篇文章的关键词、研究热点、研究方法和引文数量进行了研究、统计，以便进行中外研究水平比较（国外论文库结构见表6-3）。

表 6-2 组织管理学论文引用次数的期刊排序

排 名	期刊（降序排列）	被引次数
1	经济研究	204
2	Journal of Financial Economics	113
3	Journal of Political Economy	91
4	Journal of Finance	77
5	Strategic Management Journal	60
6	中国工业经济	54
7	管理世界	40
8	Harvard Business Review	39
9	Academy of Management Review	33
10	American Economic Review	26
10	南开管理评论	26

表 6-3 组织理论国外文献计量库结构

编 号	题 目	关键词	研究热点	研究方法	刊载位置	引文数量	所载期刊

三、中外研究的比较分析

1. 研究方法比较

一门学科的发展水平与其研究方法的水平紧密相连。基于本章的研究切入点为国内外组织理论、组织管理的权威期刊，因此，对于其所刊载文章中所表现出的国内外学者所采用的研究方法进行统计分析十分有必要，对于把握该学科的研究水平也是大有裨益。

同样借鉴许德音、周长辉的学术论文分类的思路，[①] 我们将所研究的国内 293 篇论文进行了分类，其中在划分类型时，如果一篇文章不止一个类型，我们将这些类型都列出进行统计，因此，各类领域的篇数加总大于样本文章总数，统计结果见表 6-4。

表 6-4　组织管理学论文类型统计

年份 研究方法	2000	2001	2002	2003	2004	合计	百分比（%）
规范型	3	8	14	21	11	57	18.82
描述型	5	15	21	12	18	71	23.43
文献型	1	4	2	3	3	13	4.29
概念型	5	5	18	23	36	87	28.71
实证型	1	2	4	11	22	40	13.20
定性经验型	2	4	12	7	9	34	11.22
演绎数学型	0	0	0	1	0	1	0.33

根据表 6-4 数据，我们可以得出以下几点：①从总量上看，国内研究中概念型、描述型和规范型三种文章类型比重较大，三者数量之和占总文章数的 70.96%。②实证型和定性经验型分别占总数的 13.20%和11.22%，且实证型文章数呈现出逐年增加的趋势。③文献型和演绎数学型所占比重较小，其中 2000~2004 年 5 年时间中演绎数学型只有 2 篇，占总数的 0.33%。

从以上得出的几点中可以看出，国内组织理论、组织管理的研究水平从研究方法角度看，存在着不少问题，和国际水平仍存在着不少差距。第一，国内的学术论文中，描述型论文占了 23.43%，且每年平均都有大量论文属于描述型，而所研究的国外论文中没有描述型论文。描述型论文虽然可以是学术型的，但却一般只能出现在实践型或三流及其以下层次的学术期刊中，从这个角度看，国内的研究水平缺乏理论上的研究，和国际水平存在一定差距。第二，在 7 种论文类型中，规范型共有 57 篇，占18.82%，但规范型论文在国际学术界并不被视作严格的学术论文，而且明显带有政策建议目的的论文存在于本应以理论研究为宗旨的学术刊物中，常被国际

① 许德音、周长辉：《中国战略管理学研究现状评估》，《管理世界》，2004 年第 5 期。

学术界视为国内管理学研究水平低下的一个标志，相比之下，在本章统计的 88 篇国外论文中，只有 1 篇规范型论文，国内的研究明显缺乏理论高度。第三，实证型和定性经验型论文是当今推动学术发展的最重要的研究方法，这也可以理解为在提出一个理论假设或是结论之后，运用模型、数据等对之进行验证，从而使理论更有说服力、更能促进学科的发展，但令人遗憾的是，国内论文中，这两种文章类型的比重均不高，只分别占了 13.20%和 11.22%，这更是直接反映出国内组织管理、组织理论研究水平的落后。作为比较，国外 88 篇论文中分别有 59 篇和 25 篇属于实证型和定性经验型，所占比重分别为 67.05%和 28.41%，可见，国外研究的成果比国内更有说服力。当然有一点值得国内学术界感到欣慰，即实证型论文的数量呈现出逐年增加的趋势，这也表明国内学者正开始重视实证研究对于促进学科发展，提高理论研究水平的重要性。第四，国外的学术研究中经常会有针对某一位学者的某一篇论文中所提出的观点进行讨论，其他研究人员会继续给予回应，从而形成一种较好的学术氛围，也有利于理论的深化和发展，但是据我们对数据库中相关论文的统计，国内战略管理学领域有过其他学者对某一论文进行回应，但组织管理、组织理论在 2000~2004 年中并未出现该现象，这也反映出国内组织理论的研究之间并没有很大的联系和相关性，各自为政，这并不利于该学科的发展。

从以上几点可知，国内更注重研究的实践意义，更多的是把相应的理论应用于实践，但真正的理论研究、理论创新仍十分缺乏。从研究方法来看，国内与国际研究水平间存在着较大的差距。

2. 研究热点

为了把握国内外组织管理领域研究重点的异同，本章对国内 293 篇论文的研究领域和研究问题进行了划分和统计，为保证领域划分的科学性，仍采用之前划分学科领域的方法即先初步确定热点，再共同探讨并向专家咨询的方法。① 划分研究热点时，如果一篇文章涉及不止一个研究领域，我们将这些领域都列出进行统计，因此，各类领域出现的篇数加总大于样本

① 显然，从这里的研究领域和热点看，这里的组织管理所包括的内容是广泛的，不仅仅包括组织内的管理，还包括组织间的组织问题，如企业集群。实际上，中国的企业组织管理的热点领域，大多是组织的改革问题。这显然是与中国的转轨经济背景直接相关的。

文章总数。表 6–5 列出了国内论文中排名前十位的热点领域。

表 6–5　组织管理论文研究热点分类统计

名　次	研究领域	篇　数					
		2000 年	2001 年	2002 年	2003 年	2004 年	合　计
1	公司治理	7	10	23	24	34	98
2	股权结构	1	1	4	7	7	20
3	企业并购	0	3	6	3	5	17
4	独立董事制度	0	1	3	6	4	14
5	组织结构	0	0	4	5	3	12
6	企业集群	0	0	4	2	4	10
7	领导权结构	0	0	2	2	5	9
8	相关利益者	0	1	1	2	3	7
8	家族管理模式	0	1	2	3	1	7
8	管理层持股	0	1	2	2	2	7
合　计		8	18	51	56	68	201

在 293 篇论文中，98 篇文章内容有关公司治理，20 篇涉及企业的股权结构，17 篇关于企业间的并购，14 篇研究中国近年所引入的独立董事制度。这些与国内企业界的发展态势是相匹配的，说明我们的研究较好地反映出了国内管理学研究状况及企业界的发展态势。图 6–1 是 2000~2004 年组织研究领域分布的饼状图，它清晰地反映了各个研究领域的总量分布情况。

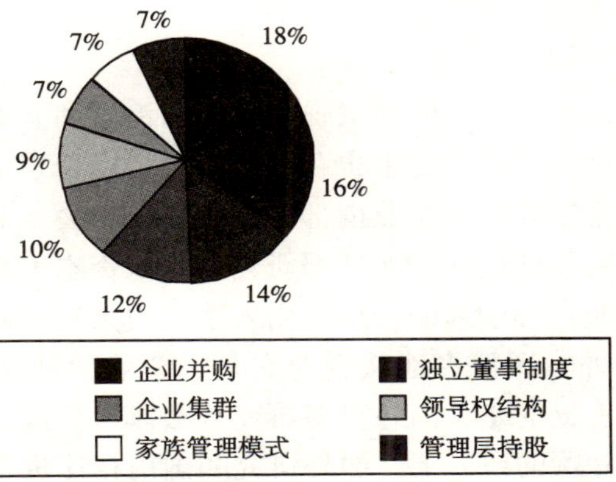

图 6–1　中国组织管理研究热点分布图

为了把国内研究热点与国外研究热点进行比较，本章对所选取的 88 篇国外组织管理学论文进行了研究领域、研究问题的甄别，表 6-6 是2003~2004 年国外组织管理学论文研究热点排序。

表 6-6 组织管理学国外论文研究热点分类统计

名 次	研究领域	篇 数		
		2003 年	2004 年	合 计
1	并购	12	13	25
2	公司治理	8	12	20
3	组织创新	2	4	6
3	企业组织形式研究	3	3	6
5	组织危机管理	2	3	5
5	组织文化	1	4	5
7	组织学习	2	2	4
合 计	—	30	41	71

由此可以看出，公司并购、公司治理等课题都是国内外学者研究的热点，不管是国内学术界还是国外的研究都给予这些热点问题足够的重视程度。同时，与国内研究状况相比，国外研究也存在着一些明显的不同之处：

首先，国内研究最多的是公司治理方面的问题，并购方面虽然也是国内研究的热点之一，但重视程度远远不如前者，这点能从表 6-5 中得知，研究治理的文章数量达 98 篇，而并购研究则只有 17 篇，相比之下，在国外研究中，并购和公司治理都为研究的重中之重。从这一点表明，国内研究处于跟随国外研究热点的潮流之中，治理理论已得到足够的重视，并购也开始受到国内学者的关注。

其次，虽然国内外都重视研究公司治理和并购等，但仔细分析，国内国外在相同问题的研究上也存在着不同。以公司治理研究为例，国内研究把研究视角主要放在企业内部，从诸如董事会、监事会如何有效发挥作用等角度研究，即使从企业外部研究也是从资本市场、产品市场及经理人市场等对企业内部治理的约束作用入手，而国外的研究除了国内研究所具有的视角之外，还更多地从企业文化、企业的社会责任、企业管理环境出发，值得一提的是，国外很多研究从法律角度进行，这点在国内还相对较少。在对并购的研究上，国外研究和国内相比也是从更多的角度展开了研究。应该说对于同一问题的研究，国外比国内研究得更深入、更全面，也更透彻。

最后，国外的研究也把很大精力放在诸如组织创新、组织危机管理、组织学习、组织文化等领域，但国内对这方面的研究还尚欠重视。

3. 论文规范性

对学术论文所参考文献的数量和质量进行统计分析能得出论文规范性的一些结论，因此本章对 2000~2004 年《南开管理评论》、《管理世界》、《经济管理·新管理》、《中国工业经济》的 293 篇论文的引文进行了一系列的分析，统计结果参见表 6-7。

首先，从平均引文数分析。从表 6-7 可知，5 年间 293 篇组织管理学术论文共有引文 3161 篇，平均引文数为 10.788 篇。5 年内除 2001 年有所下降，其余 4 年的平均引文数均呈现上升态势，从 2000 年的 8.875 篇增加到 2004 年的 13.579 篇，反映出国内组织管理学研究论文日趋规范和严谨。但即使这样，国内的平均引文数仍与国外有一定的差距。在本章所研究的 2003~2004 年两年 88 篇国外论文中，平均引文数为 36.769 篇，其中 2003 年为 36.081 篇，2004 年为 37.679 篇。

其次，从引文结构分析。在 3161 条引文中，中文引文 1186 条，占总数的 37.52%，外文引文 1617 条，占 51.15%，译文引文 358 条，占 11.33%。这些数据一方面说明国内对于组织管理学的研究已初具规模，涌现出了一大批优秀的成果，另一方面也反映出组织管理作者群对国外管理学的发展较为关注，吸收掌握国际上管理学前沿理论的能力加强，这对于国内学术界与国际接轨，加快国内管理学的发展都有重大的意义。

最后，分析文献老化度。同样根据以下公式，P（普赖斯指数）= 被引文献数量（小于或等于 5 年）× 100%/被引文献总量，根据表 6-7 的数据，可以计算出国内组织管理学论文的文献老化度呈现出不断下降的趋势，从 2000 年的 0.7042 下降到 2004 年的 0.4085，5 年的平均文献老化度为 0.4733。

4. 研究平台的影响力分析

衡量一门学科发展水平的一个重要指标是该学科的研究平台状况，具体到本课题研究则为统计分析国内外各学术期刊对于我国组织管理学发展的影响力。具体可分为国内外期刊对中国学者研究的影响力和国内外权威

表 6-7 组织管理论文引文分布概况

年份	论文（篇）	引文条数	平均引文	中文		外文		译文		作者自引		刊内自引		不少于5年的文献	普赖斯指数（%）
				条数	比例（%）	条数	比例（%）	条数	比例（%）	条数	比例（%）	条数	比例（%）		
2000	16	142	8.875	96	67.61	32	22.54	14	9.86	6	4.23	2	1.41	100	70.42
2001	37	272	7.351	98	36.03	128	47.059	46	16.912	10	3.68	4	1.47	148	54.41
2002	71	657	9.254	265	40.33	299	45.51	93	14.16	29	4.41	7	1.07	341	51.90
2003	74	800	10.81	277	34.62	410	51.25	113	14.13	37	4.63	20	2.50	380	47.50
2004	95	1290	13.579	450	34.88	748	57.98	92	7.13	39	3.02	35	2.71	527	40.85
合计	293	3161	10.788	1186	37.52	1617	51.15	358	11.33	121	3.83	68	2.15	1496	47.33

期刊对中国学者研究的影响力研究。

（1）国内外期刊对中国学者研究的影响因子研究。

所谓“国内外期刊对中国学者研究的影响因子”，是指学术论文引文中所有期刊论文（即剔除专著、会议论文等）中引用国内外期刊的论文比重。同样，根据上两章曾用的国内期刊对中国学者的影响因子计算公式：$K_c = \sum I_c / (\sum I_c + \sum I_f)$，$K_f = \sum I_c / (\sum I_c + \sum I_f)$（其中，$K_c$ 代表中文期刊对中国学者的影响因子，K_f 代表外文期刊对中国学者的影响因子，I_c 代表中文期刊，I_f 代表外文期刊），可以对本章所研究的 293 篇学术论文进行计算，结果如表 6-8 所示。

表 6-8　组织管理国内期刊引文结构分布

年份	中文	外文	合计	中文影响因子	外文影响因子
2000	15	55	70	0.2143	0.7857
2001	59	95	154	0.3831	0.6169
2002	129	180	309	0.4175	0.5825
2003	166	283	449	0.3697	0.6303
2004	329	525	854	0.3852	0.6148
合计	698	1138	1836	0.3802	0.6198

2000~2004 年，国内期刊的平均影响因子为 0.3802，国外期刊的平均影响因子为 0.6198，后者远远大于前者；在各年中，国内期刊的影响因子均低于国外期刊的影响因子，且没有提高趋势，国内、外两者最接近的是在 2002 年，分别为 0.4175 和 0.5825，表明国外期刊对国内学者的影响力远远大于国内期刊，国内研究成果缺乏相应的影响力。

（2）国内外权威期刊对中国学者研究的影响因子分析。

对 293 篇论文引文的期刊引用率进行统计分析，可以反映出国内外各种期刊在组织管理学界的学术地位和权威性。在统计的基础上，本章列举了引用频数位居前十位（共 11 份期刊）的国内外期刊。在这 11 份期刊中，外文期刊占据 7 席，中文期刊只有 4 份。其中排名前三位的分别是《经济研究》、《Journal of Financial Economics》和《Journal of Political Economy》。表 6-8 一方面反映出国内组织管理的研究发展已具有一定的成绩；另一方面也表明国内组织管理研究与国际上还存在一定的差距，同时国内学者对国外学者的研究成果较为关注。

在对期刊的引文数进行统计的基础上，本章计算国内外权威期刊对中国学者研究的影响因子。根据计算公式 $P_i = I_i / \sum_{n=1}^{10} I_n$（其中，$P_i$ 为第 i 个期刊的影响因子，I_i 为第 i 个期刊的被引用频次，$\sum_{n=1}^{10} I_n$ 为前 10 个权威期刊的被引频次之和），可以计算出排名前十位的期刊影响因子，结果见表 6-9。

表 6-9 组织管理学论文引用次数最多的期刊排序

排名	期刊（降序排列）	被引次数	影响因子
1	经济研究	204	0.2674
2	Journal of Financial Economics	113	0.1481
3	Journal of Political Economy	91	0.1193
4	Journal of Finance	77	0.1009
5	Stragegic Management Journal	60	0.0786
6	中国工业经济	54	0.0708
7	管理世界	40	0.0524
8	Harvard Business Review	39	0.0511
9	Academy of Management Review	33	0.0432
10	American Economic Review	26	0.0341
10	南开管理评论	26	0.0341
合计	—	763	1.000

令人欣慰的是,《经济研究》以 0.2674 的影响因子位列第一，这说明国内的一些较权威的期刊已经开始受到研究学者的重视，其研究成果也在一定程度上被借鉴和应用。《Journal of Financial Economics》和《Journal of Political Economy》分别以 0.1481 和 0.1193 名列第二、三位。总的来说，国内权威期刊总的影响因子为 0.4247，小于国外权威期刊的 0.5753。这个结果也反映出国内外研究水平间的差距。

四、结论与探讨

通过以上多角度的分析可知，国内组织管理学与国外有很大差距，研究水平有待进一步提高。具体有如下几点：

（1）在研究方法方面，国内规范型、描述型和概念型文章的比重和达到了70.96%，而对所提理论进行验证、论述的实证型和定性经验型文章只有24.42%，在研究中不善于运用实验方式获取定型数据，也不善于设计模型、运用模型来阐明或论证变量之间的关系。而国外研究主流的情况则正好相反，实证型和定性经验型论文占了研究中的绝大部分。西方注重定量研究，运用数量统计方法和数学模型进行研究，国内更多的则是定性研究。国内组织管理研究中的这种研究方法重点的本末倒置，使得国内的研究缺乏应有的逻辑严谨性和科学性，并未能进入国际主流。

（2）从国内外研究热点比较来看，国内处在跟随国际研究主流的地位上，但国外的研究明显更深入、更全面。同时一些国内的研究热点在国外已研究得较为透彻，也不再是研究重点，而另一方面，国外的一些热点则未能引起国内研究的足够重视，相应的研究力度也明显不够。

（3）通过论文规范性比较，我们得知国内外存在较大的差距。5年来国内论文的平均引文数为10.788条，国外为36.769条，是国内的3.4倍。国内的不少论文还存在缺少摘要、关键词甚至缺少参考文献的现象，这直接反映出论文在规范性方面存在问题。

（4）从国内外研究平台影响力的比较结果看，无论是从总体上还是从权威期刊的角度，国内研究平台对国内学者的影响力都远远不如国外。以国内外权威期刊对中国学者研究的影响因子为例，国内权威期刊总的影响因子为0.4247，小于国外权威期刊的0.5753。

（5）从国内外权威作者和权威论文比较来看，国外学者和作品占优势。国内虽已有一批优秀的学者在国内甚至国外的组织管理理论界有所影响，但在国际研究主流中唱主角的依然是国外的一些学者。

根据以上结论，我们认为，国内的组织管理作为一门学科目前还不太成熟，还属于引进介绍西方理论的阶段，自己独立提出的理论还相对欠缺，因此国内的组织管理的研究水平只相当于国际研究主流20世纪80年代的水平，要赶上国外的研究水平还需走较长一段路程。之所以会存在差距，主要是由以下几个方面的因素造成的。①由于历史和现实的原因，国内的管理学作为一门专门学科起步较晚，而组织管理作为工商管理中重要的一门学科也不例外的起步晚，从国内开始研究组织理论，在大学商学院中开设组织行为学等学科也不过二三十年时间，因此在短时间内很难跟上国际研究的主流。②管理学科中各子学科的发展是相互促进的，国内的战略管理学、财务管理、市场营销和人力资源管理等子科目的发展均处于相对落后的状态，因此组织管理学的发展也受到了一定的限制。③组织管理学是一门实践性很强的学科，它的发展是为了指导各种组织特别是企业以解决实际问题，但国内在 20 世纪 80 年代之前长期实行的是计划经济体制，政府对企业产供销等各方面均进行管理，企业中实行的也是一种“平均主义”，因此，大家对于解决企业中存在的问题的积极性和动力不高，没有对组织管理学的迫切需求，这在一定程度上也阻碍了该学科的发展。

在看到国内组织管理研究水平相对落后的同时，我们也要看到在这几十年时间里，国内组织管理研究水平的提升速度也是惊人的。国内学者用几十年的时间走过了国外学者近百年的路。中国的组织管理学正处在一个快速发展时期：国外先进理论正被更全面地引进国内，国内学者也开始更加注重研究方法、论文规范等因素，各高校开设了组织行为学等学科，各种研究平台正逐步建立，中国管理学会、中国心理学会工业与管理心理专业委员会、中国心理学会社会心理专业委员会等各种与组织理论研究有关的学术组织也纷纷成立。相信在经济全球一体化、国内国际进一步接轨的背景下，中国的组织管理学一定能在更大范围和程度上和国际研究主流接轨，获得更大的发展。

在数据库的支持下，本章利用文献计量学对国内组织管理学的研究现状进行了描述，对研究热点和重点也进行了整理，并和国外的研究水平进行了比较，得出了一系列有意义的结论。但我们也清醒地意识到，本章无论是从分析样本的选取，还是研究领域界定、研究对象界定、研究热点界定及论文类型界定、评价指标的设定，都存在着一定的片面性与不足，使得统计结果存在着一定的偏差，在此基础上对国内组织管理学发展水平所做出的判断也不可能做到十分精确，其中更是包含了作者自身的一些主观因素。在今后的研究中，期待着能够以更加完善的研究方法、更加翔实的研究数据库为基础，对中国组织管理学的研究现状和水平进行更进一步的分析和研究，从而得出更加有意义的结论。

参考文献

1. Antonio-Rafael Ramos-Rodriguez and Jose Ruiz-Navarro, “Changes in the Intellectual Structure of Strategic Management Research: A Bibliometric Study of the Strategic Man-

agement Journal, 1980–2000", *Strategic Management Journal*, 25: 981–1004 (2004).

2. Culnan MJ., "Mapping the intellectual Structure of MIS, 1980–1985: a Co–citation Analysis". *Management of Information System Quarterly* 11 (3): 341–353 (1987).

3. Ding Y, Chowdhury G, Foo S., "Mapping the Intellectual Structure of Information Retrieval Studies: an author Co–citation Analysis, 1987–1997". *Journal of Information Science* 25: 67–78 (1999).

4. Hoffman DL, Holbrook MB., 'The Intellectual Structure of Consumer Research: a Bibliometric Study of author Co–citations in the rst 15 years of the Journal of Consumer Research. *Journal of Consumer Research* 19: 505–517(1993).

5. 许德音、周长辉:《中国战略管理学研究现状评估》,《管理世界》,2004 年第 5 期。

6. 中国工商管理课题组:《工商管理研究备要——现状、趋势和发展思路》,清华大学出版社,2003 年。

7. 芮明杰:《走向 21 世纪的管理学》,《上海管理科学》,1998 年第 4 期。

8. 张文泉、李泓泽:《组织理论的演进与发展》,《工业工程与管理》,2000 年第 5 期。

9. 佘丛国、席酉民:《国内外管理科学与工程研究热点的比较分析》,《科学学研究》,2002 年第 4 期。

第七章　企业成长理论发展与研究现状

按照国内通行的划分方法，可以将繁多的西方企业成长理论大致划分为前现代企业成长理论和现代企业成长理论两大理论板块。① 前现代企业成长理论主要包括斯密的分工理论、马歇尔理论、新古典经济学的厂商理论、熊彼特的"创造性毁灭"理论，这些理论只能零星地从经济学著作中提炼，与其说理论还不如说是思想。本章主要研究现代企业成长理论。本章分四部分，第一部分辨析了现代企业成长理论各分支学派的理论影响力的历史性变化；第二部分概述国内外企业成长的研究现状；第三部分对国内外的研究进行比较分析；第四部分对现代企业成长理论各分支学派的影响力变化予以解释，并对国内企业成长研究的特点和不足予以总结。

一、企业成长理论各分支学派及影响力的历史性变化

1. 企业成长理论的分支学派

现代企业成长理论包括：Penrose 的企业成长论、Chandler 的现代工商企业成长理论、Marris 的企业成长模型、Coase 开创的现代企业理论、Nelson & winter 开创的演化理论、Hannan & Freeman 开创的现代组织生态学。表 7–1 概述了上述各学派的代表性学者、标志性文献、核心概念和理论要点。

① 赵晓：《企业成长理论研究》，博士学位论文，1999 年；韩太祥：《企业成长理论综述》，《经济学动态》，2002 年第 5 期。

表 7-1 现代企业成长理论的主要学派

理论派系	代表学者	标志性文献	核心概念	理论要点
Penrose 的企业成长论（后演化为资源基础观－RBV）	Penrose[i]	《企业成长理论》（1959）、《企业成长：中东石油和其他论文》（1971）、《企业成长理论》（第三版）（1997）	成长经济	1. 企业追求成长经济：对相对未充分利用的资源的继续利用。企业的成长主要取决于能否更为有效地利用现有资源；2. 企业的人力资源既是企业扩张的引致性因素又是限制性因素；3. 企业成长受制于管理资源不足（Penrose 效应）
现代工商企业成长	Chandler	《看得见的手——美国企业的管理革命》（1977）、《规模经济和范围经济》（1992）、《大企业和国富》（1997）	1. 看得见的手——管理协调；2. 经理式的资本主义	大企业实现对市场的替代；科层管理比市场机制更能有效地控制和协调经济活动时，企业就开始成长；真正的企业成长是现代工商企业出现之后的事情，而现代工商企业的出现是与支薪阶层和企业内部层级制的形成有关；现代企业曾先后采用过 H、U、M 三种内部管理层级制；企业多角化和纵向一体化是现代企业成长的主要策略
Marris 企业成长模型	Marris，Donald Hay	《Marris 企业成长模型》（1963）、《产业经济学与组织》（1992）	最优成长	企业成长受到四重约束：1. 需求约束；2. 管理约束（Penrose 曲线）；3. 财务约束；4. 管理者目标约束
现代企业理论	Coase，Williamson，Hart	《企业的性质》（1937）、《企业组织：厂商、市场和政府控制》等	交易成本、科层控制和最优规模模型、合同的不完备性、所有权和控制权的分离	科斯首创用“现代企业理论”对“企业规模扩大或缩小的含义作出科学的解释”。现代企业理论认为：企业扩张的动力是为了减少交易费用；当市场交易费用的节约与企业交易费用的上升相等时，企业规模的扩大就停止，企业与市场的边界就确定了
演化经济学（Evolution Economic）[ii]	R. R. Nelson，S. G.winter	《经济变迁的深化理论》	组织惯例、搜寻（企业路径依赖）和选择环境	反对“正统微观经济理论”不符合现实的“最大化”的假设和思想。认为企业成长的轨迹类似“物竞天择，适者生存”的生物演化过程。企业通过“组织惯例”、“搜寻”和“选择环境”促使企业成长

续表

理论派系	代表学者	标志性文献	核心概念	理论要点
组织生态学/种群生态学（Population Ecology）	MT. Hannan & JH. Freeman（1977）	《组织的群体生态》	进化论（Darwinist）、组织惯性（Structural Inertia）	用达尔文主义来研究生存在竞争世界中的企业，认为环境因素将决定企业的生存、成长或死亡。企业要成长必须培育以发展为导向的协作型经济群体，建立“商业生态系统”（商业生态系统是客户、供应商、主要生产厂家以及其他有关人员组成的群体）。在一定时间内，企业群体中的每个个体是通过彼此之间的相互作用而有利于各自生存和繁衍的

资料来源：根据以下资料整理：赵晓，《企业成长理论研究》，博士学位论文，1999 年；韩太祥：《企业成长理论综述》，《经济学动态》，2002 年第 5 期。

2. 企业成长理论学派影响力的历史性变化

接下来，本章将简析现代企业成长理论各分支学派的学术影响力的变化。理论的影响力主要体现在该理论的被引用率上，2004 年，Antonio-Rafael 等在《Strategic Management Journal》上发表了一篇讨论企业战略管理框架演变的重要文献，他们以 1980~2000 年发表在《战略管理杂志》(《Strategic Management Journal》) 上的所有论文的所有参考文献为分析样本，以交叉被引用率为标准对与战略管理有关的经典文献的重要性进行排序（前 50 名），并分析了这些经典文献的影响力变化。

我们从这 50 个经典文献中，筛选出现代企业成长理论学派的标志性文献，得出每个与现代企业成长理论有关的标志性文献的影响力变化情况（参见表 7-2），然后对这些文献进行理论学派的归并处理，得出了现代企业成长理论五大学派理论的影响力变化（参见表 7-3）。

二十年间，被引用率最大的是资源基础观，第二位是现代企业理论，第三位是钱德勒的企业成长理论，剩下的是演化理论和生态理论。其中，资源基础观的被引用率是现代企业理论的 3 倍以上，是其他理论的 4 倍以上。

1980~1986 年钱德勒的企业成长理论的被引用率占有绝对的优势。其次是现代企业理论，资源基础观和组织生态学的被引用率很低，而演化理论还没有被重视。

表 7-2 现代企业成长理论群的影响力变化（1980~2000 年）

理论群	引用文献	1980~2000（样本 N=870）		1980~1986（样本 N=165）		1987~1993（样本 N=324）		1994~2000（样本 N=381）	
		被引次数	被引率	被引次数	被引率	被引次数	被引率	被引次数	被引率
钱德勒增长理论	Chandler（1962）	131	15.10%	35	21.20%	56	17.30%	40	10.50%
组织经济学	Williamson（1975）	131	15.10%	13	7.90%	62	19.10%	56	14.70%
	Jensen and Meckling（1976）	63	7.20%	2	1.20%	26	8.00%	35	9.20%
Penrose 成长理论及资源基础观——资源基础观（RBV）	Penrose（1959）	76	8.70%	3	1.80%	22	6.80%	51	13.40%
	Wernerfelt（1984）	95	10.90%	1	0.60%	15	4.60%	79	20.70%
	Teece（1982）	38	4.40%	0	0.00%	16	4.90%	22	5.80%
	Barney（1986）	49	5.60%	0	0.00%	7	2.20%	42	11.00%
	Dierickx and Coool（1989）	63	7.20%	0	0.00%	7	2.20%	56	14.70%
	Prahalad and Hamel（1990）	64	7.40%	0	0.00%	19	5.90%	45	11.80%
	Peteraf（1993）	39	4.50%	0	0.00%	0	0.00%	39	10.20%
	Lippman and Rumelt（1982）	47	5.40%	1	0.60%	20	6.20%	26	6.80%
	Rumelt（1984）	45	5.20%	0	0.00%	13	4.00%	32	8.40%
	Rumelt（1991）	41	4.70%	0	0.00%	7	2.20%	34	8.90%
	Cohen and Levinthal（1990）	45	5.20%	0	0.00%	6	1.90%	39	10.20%

续表

理论群	引用文献	1980~2000（样本 N=870）		1980~1986（样本 N=165）		1987~1993（样本 N=324）		1994~2000（样本 N=381）	
		被引次数	被引率	被引次数	被引率	被引次数	被引率	被引次数	被引率
演化理论	Nelson and Winter（1982）	114	13.10%	0	0.00%	40	12.30%	74	19.40%
组织生态理论	Hannan & Freeman（1984）	47	5.40%	0	0.00%	18	5.60%	29	7.60%
	Hannan & Freeman（1977）	43	4.90%	3	1.80%	21	6.50%	19	5.00%

资料来源：Antonio-Rafael Ramos-Rodriguez and Jose Ruiz-Navarro，“Changes in the Intellectual Structure of Strategic Management Research：A Bibliometric Study of the Strategic Management Journal，1980-2000”，Strategic Management Journal，25：981-1004（2004）.

表 7-3 现代企业成长理论群影响力变化（1980~2000 年）

<table>
<tr><td rowspan="2">理论群</td><td colspan="2">1980~2000</td><td colspan="2">1980~1986</td><td colspan="2">1987~1993</td><td colspan="2">1994~2000</td></tr>
<tr><td colspan="2">N=870</td><td colspan="2">N=165</td><td colspan="2">N=324</td><td colspan="2">N=381</td></tr>
<tr><td colspan="9">理论群影响力上升区</td></tr>
<tr><td>资源基础观</td><td>602</td><td>69.20%</td><td>5</td><td>3.00%</td><td>132</td><td>40.90%</td><td>465</td><td>121.90%</td></tr>
<tr><td>演化经济学</td><td>114</td><td>13.10%</td><td>0</td><td>0.00%</td><td>40</td><td>12.30%</td><td>74</td><td>19.40%</td></tr>
<tr><td>组织生态理论</td><td>90</td><td>10.30%</td><td>3</td><td>1.80%</td><td>39</td><td>12.10%</td><td>48</td><td>12.60%</td></tr>
<tr><td colspan="9">理论群影响力下降区</td></tr>
<tr><td>钱德勒的企业成长</td><td>131</td><td>15.10%</td><td>35</td><td>21.20%</td><td>56</td><td>17.30%</td><td>40</td><td>10.50%</td></tr>
<tr><td>组织经济学</td><td>194</td><td>22.30%</td><td>15</td><td>9.10%</td><td>88</td><td>27.10%</td><td>91</td><td>23.90%</td></tr>
</table>

1987~1993 年是各种理论共同发展的时期。资源基础观的被引用率排在第一位，第二位仍然是现代企业理论，第三位是钱德勒的企业成长理论，其余的两种理论并列第四位。这段时间资源基础观的被引用率和现代企业理论的引用率差距不大。钱德勒的企业成长理论、演化理论、组织生态理论的被引用率差距不大。

1994~2000 年资源基础观被凸显出来，它的被引用率是其他每一种理论引用率的 6 倍左右。演化理论的被引用率上升，基本上赶上现代企业理论。组织生态理论超过了钱德勒的企业成长理论。

纵观二十年，资源基础理论、演化理论、组织生态理论的被引用率呈上升的趋势。资源基础观的被引用率的增长主要发生在 1987~2000 年，演化理论的被引用率的增长主要在 90 年代，生态理论的被引用率的变化十五年来较小。钱德勒的企业成长理论的被引用率在 90 年代有所下降。

综上所述，二十年来，Penrose 开创的资源基础观对企业成长的理论研究的影响力最大，其次是 Coase 等的现代企业理论。资源基础观的影响力在持续加大，演化理论有良好的前景，钱德勒的企业成长理论的影响力在下降，难以成为研究的热点，组织经济学的影响力在将来不会变化很大。

二、目前国内外对企业成长研究的现状

我们选取了国内外近两年来（2003~2004）的相关学术论文，通过分析这些论文，探讨目前国内外企业成长研究的基本情况。

1. 论文样本的选取

国外学术论文的选取。我们检索了 2003~2004 年国外经济学、管理学的权威期刊，以关键词“firm growth”对所有论文进行了检索，得到 40 多篇论文，泛读摘要和结论后，确定了 17 篇研究企业成长的论文，对这 17 篇论文进行了汇总（参见表 7-4）。

国内学术论文的选取。由于人大复印资料选取论文的范围覆盖了国内绝大部分的期刊，在国内有较大影响力。因此，作者决定从人大复印资料中选取论文。作者首先查阅了《工业企业管理》2003 年和 2004 年的所有论文，发现有 20 篇论文与企业成长有关。然后，作者用“企业成长”作为关键词检索其他所有人大复印资料中论文的标题，找到 23 篇与企业成长相关的论文，其中 17 篇在《乡镇企业民营经济》上，1 篇在《管理科学》上，1 篇在《新思路》上，1 篇在《商界导刊》上，1 篇在《人力资源开发与管理》上，1 篇在《工业经济》上，1 篇在《经济史》上。最后，作者对这些论文进行了筛选，剔除了以下几种类型的论文：①综述性质，只是描述别人的观点。②偏重于研究企业理论而非企业成长。③侧重于研究企业战略管理。④虽然论文题目涉及成长，但论点并不是企业成长。⑤偏重研究企业群、企业集团或产业的成长。⑥描述型的文章，以案例或数据描述现象。⑦观点相似且论证过程相似的论文。最后得到 15 篇论文（参见表 7-5）。

2. 分析论文的方法

我们从以下维度对筛选出的论文予以分析。

（1）论文的理论基础。该论文以现代企业成长理论中何种分支学派作理论支撑点。

（2）关注的问题。论文论述的是理论中的问题还是实践中的问题，是经济学中的问题还是管理学中的问题。

（3）研究的视角。论文主要为公共政策的制定服务，还是主要为企业管理层的决策服务。前者多涉及经济学，后者多涉及管理学。

（4）成长的理论领域。企业成长涉及面甚广，本章将其划分为企业成长的一般规律、企业成长的宏观机制、企业成长的微观机制三大板块。企

表 7-4 国外研究企业成长的代表性文献（2003~2004 年）

文 献	主要作者	理论基础	关注问题	研究视角	成长的理论领域	理论贡献
A Bayesian Operationalization of the Resource-based View	Mark H. Hansen	资源基础论	企业内部资源	企业管理层面	企业成长规律	度量竞争优势
A Capabilities Perspective on the Evolution of Firm Boundaries: A Comparative Case Example from the Portuguese Moulds Industry	Joao Mota	资源基础论	企业边界	企业管理层面	企业成长规律	企业边界动态演化
A Final Word on Edith Penrose	Alan M. Rugman	资源基础论	企业内部资源	企业管理层面	企业成长规律	潘罗斯成长理论的地位
A Systematic Assessment of the Empirical Support for Transcation Cost Economics	Robert J. David	现代企业理论	对理论的评估	企业管理层面	企业成长的规律	对交易成本理论的评估
Are More Resources Always Better for Growth? Resource Stickiness in Market and Product Expansion	Yuri Mishina	资源基础论	资金和人力资源	企业管理层面	企业成长规律	资源黏性
Balanced Skill and Entrepreneurship	Edward P. Lazear	钱德勒的企业成长理论	企业家	公共政策	企业成长的微观机制	企业家的技能
Corporate Entrepreneurship and Real Options in Transitional Policy Environments: Theory Development	Jonathan P. Doh	演化理论	企业家战略	企业管理层面	企业成长的微观机制	企业家战略
Does Country Matter	Shige Makino	组织生态理论	国家对企业的影响	公共政策	企业成长的宏观机制	
Edith Penrose's Contributions to the Resource-based View: An Alternative Perspective	Andy Lockett	资源基础论	企业内部资源	企业管理层面	企业成长规律	潘罗斯成长理论的地位
Edith Penrose's (1959) Contributions to the Resource-based View of Strategic Management	Yasemin Y. Kor	资源基础论	企业内部资源	企业管理层面	企业成长规律	潘罗斯成长理论的地位
Family Business Succession:Appropriation Risk and Choice of Successor	Khai Sheang Lee	现代企业理论	企业家	企业管理层面	企业成长的微观机制	代理悖论和继任风险

续表

文 献	主要作者	理论基础	关注问题	研究视角	成长的理论领域	理论贡献
Firm Growth and Survival in a Transition Country: Micro-Evidence from Slovenia	Jozef Konings	资源基础论	转轨中的企业生存	公共政策	企业成长规律	
Market Reactions to Announcements of Corporate Downsizing Actions and Implementation Strategies	Robert D. Nixon	资源基础论	企业规模与绩效	企业管理层面	企业成长的微观机制	市场对缩减规模的反应
Redefining Firm Boundaries in the Face of the Internet: Are Firms Really Shrinking?	Allan Afuah	现代企业理论	企业的边界	企业管理层面	企业成长规律	企业边界函数
The Business Cycle, Macroeconomic Shocks and the Cross-Section: The Growth of UK Quoted Companies	C. Higson	组织生态理论	经济波动企业增长	公共政策	企业成长的宏观机制	经济波动与企业成长
The Professionally Managed Family-ruled Enterprise: Ethnic Chinese Business in Singapore	Lai Si Tsui-Auch	现代企业理论	家族企业治理结构	企业管理层面	企业成长的微观机制	企业治理模型
Where Do Resources Come from? The Role of Idiosyncratic Situations	Gautam Ahuja	演化理论	企业内部资源	企业管理层面	企业成长规律	资源的演化性

表 7–5 国内研究企业成长的代表性文献（2003~2004 年）

文献	主要作者	理论基础	关注问题	研究视角	成长的理论领域	理论贡献
企业成长性模型及评估体系研究	王竹		评估体系	公共政策	企业成长规律	企业成长性模型
企业内生成长的人力资本博弈分析	陶长琪	演化理论	人力资源	企业管理层面	企业成长的微观机制	
中小企业成长战略选择的路径依赖	潘镇 鲁明泓	资源基础论	中小企业成长因素	公共政策	企业成长规律	
中国企业的外源融资与企业成长	沈坤荣 张成	现代企业理论	外源融资	公共政策	企业成长的宏观机制	
能力型企业组织的生命周期模型研究	吴正刚 韩玉启 周业铮	资源基础论	生命周期	企业管理层面	企业成长规律	生命周期模型的改进
可持续成长型企业的基本约束条件及其战略重点	邢建国	资源基础论	可持续成长	企业管理层面	企业成长规律	代际推进路径
知识型企业生存和发展的健康监测指标体系研究	张晓玲 王文平	组织生态理论	评估体系	企业管理层面	企业成长规律	知识型企业生命体
企业规模扩张规律研究	甄朝党		企业规模	公共政策	企业成长的宏观机制	大企业规模具有增长规律
民营高科技企业的成长模式与环境优化	郭国庆		民营高科技企业的成长	公共政策	企业成长的宏观机制	
信任与家族企业的成长	储小平 李怀祖	资源基础论	家族企业人力资源	企业管理层面	企业成长的微观机制	华人社会的信任结构
民营科技企业的成长模式与环境分析	葛亮 仲伟俊 梅姝娥		民营科技企业的成长	公共政策	企业成长的宏观机制	
制度转型、管理提升与民营企业成长	曹建海 黄群慧	演化理论	民营企业成长	企业管理层面	企业成长规律	民营企业成长管理的“三维模型”

续表

文　献	主要作者	理论基础	关注问题	研究视角	成长的理论领域	理论贡献
家族企业成长与治理结构的变迁	王志明 顾海英	资源基础论	家族企业成长	企业管理层面	企业成长的微观机制	家族企业成长中治理结构变迁的理论框架
家族企业成长与社会资本的融合	储小平 李怀祖	资源基础论	家族企业成长	企业管理层面	企业成长的微观机制	家族企业与社会资本的融合
我国私营企业成长不足分析	马　璐 黄荣萍	资源基础论	私营企业成长	企业管理层面	企业成长规律	

业成长的一般规律关注企业的整体，可能涉及企业成长的动因、企业成长的过程（企业成长的可持续性、阶段、模式和界限等）、企业成长的边界、成长的度量指标等问题。企业成长的宏观机制关注企业外部，可能涉及宏观政策与企业成长、宏观技术与企业成长、社会文化与企业成长、产业发展与企业成长等问题。企业成长的微观机制关注企业的内部，可能涉及企业创新与企业成长、人力资本与企业成长、知识管理与企业成长、治理结构与企业成长等与管理职能相关的各个方面的问题。

（5）理论贡献。论文有无理论创新：是否提出新的概念和命题；是否对已有的理论进行了创新性修正；是否对理论的发展起了推动作用。

3. 国外企业成长的研究现状

（1）理论基础。17 篇论文的理论基础涉及了所有的现代企业成长理论学派。8 篇（47%）论文的理论基础是资源基础论，4 篇（24%）论文的理论基础是现代企业理论。以演化理论和组织生态理论为理论基础的论文各 2 篇（12%），以钱德勒的企业成长理论为理论基础的论文只有 1 篇（6%）。

（2）关注的问题。一部分论文关注理论中的问题，涉及企业内部资源（5 篇，39%）、企业的边界（2 篇，12%）和理论评论（1 篇，6%）。一部分论文关注企业的外部要素，涉及国家（1 篇，6%）、经济波动（1 篇，6%）、经济体制转轨（1 篇，6%）。一部分论文关注内部要素，涉及人力资源（1 篇，6%）、治理结构（1 篇，6%）、企业家（3 篇，18%）、企业规模（1 篇，6%）。其中，有 1 篇（6%）论文涉及了家族企业。

（3）研究的视角。有 13 篇（76%）论文的研究视角是为企业管理层的决策服务，4 篇（24%）论文的研究视角是为公共政策的制定服务。

（4）成长的理论领域。10 篇（59%）论文研究企业成长的一般规律，2 篇（12%）论文研究企业成长的宏观机制，5 篇（29%）论文研究企业成长的微观机制。

（5）理论贡献。17 篇论文中，难以被确定其理论结论的论文有 2 篇（12%），3 篇（18%）论文论述已有理论（潘罗斯的理论）的学术贡献，1 篇（6%）论文评估已有理论（交易成本）的有效性。这 17 篇论文对企业成长的主流理论的贡献主要表现在对企业内部资源特性的进一步分析（2 篇，12%）和对企业边界理论的修正（2 篇，12%）。有 6 篇（35%）论文是在非主流的企业成长理论领域内进一步探索。

4. 国内企业成长的研究现状

（1）理论基础。15 篇论文中，不能明确界定其理论基础的有 4 篇（27%），这 4 篇论文不以理论发展为目的。7 篇（47%）论文的理论基础是资源基础论，2 篇（13%）论文的理论基础是演化理论，1 篇（7%）论文的理论基础是现代企业理论，1 篇（7%）论文的理论基础是组织生态理论。

（2）关注的问题。一部分论文关注一般规律，涉及企业成长的生命周期（1 篇，7%）、成长的可持续性（1 篇，7%）。一部分论文关注企业的外部要素，涉及社会资本（1 篇，7%）、环境（3 篇，20%）、融资（1 篇，7%）。一部分论文关注内部要素，涉及评估体系（2 篇，13%）、人力资源（2 篇，13%）、规模（1 篇，7%）、治理结构（1 篇，7%）。国内在研究领域上有三个值得注意的特点：一是关注人力资源的论文普遍研究心理合约（信任）；二是国内学者普遍关注国内的民营企业（家族企业、中小企业）（8 篇，53%）的成长；三是国内学者普遍研究特殊企业的成长，而不是解释企业成长的共性问题。

（3）研究的视角。15 篇论文中，6 篇（40%）论文的研究视角是为公共政策的制定服务，9 篇（60%）论文的研究视角是为企业管理层面的决策服务。

（4）成长的理论领域。7 篇（47%）论文研究企业成长的一般规律，4 篇（27%）论文研究企业成长的宏观机制，4 篇（27%）论文研究企业成长的微观机制。

（5）理论贡献。在 15 篇论文中，难以被确定其理论结论的论文有 6 篇（40%）。这 15 篇论文对企业成长理论的主要贡献是在管理学领域，对企业成长的模式、途径和周期的探讨 4 篇（27%）。5 篇（33%）论文是在非主流的企业成长理论领域内进一步探索。

三、国内外对企业成长研究现状的比较分析

通过对国内外企业成长研究现状的对比与分析，辨析国内外研究的基

础、视角、问题、领域、贡献的异同，可以把握目前国内外研究的基本规律和发展趋势。

1. 理论基础

（1）国内企业成长研究论文的理论基础明显比国外论文薄弱。

国外 17 篇论文的理论基础均可被确定，但国内 27%的论文的理论基础不能被明确界定。国内研究企业成长的论文，有的基本没有文献回顾和理论回顾；有的对理论的回顾只是一提而过；有的整篇文章不是建立在已有的理论基础上，而是以数字为卖点；有的虽然说明自己的理论基础，但不能把握该理论的基础体系；有的同时列出几个理论派系，但没有阐述清它们之间的关系，以及它们是如何支持本文的论点。

（2）国内外均重视资源基础论。

国内外均有 47%的论文以资源基础观为理论基础。人们重视资源基础论的原因，在于目前普遍认为企业的成长动力是内生的。古典经济学的分工理论、新古典经济学的“黑箱”理论、现代企业理论的交易成本理论，均对企业成长解释有限。资源基础论、能力基础论、知识基础论和演化理论，尽管它们都有所不同，但彼此交织重叠，从渊源、方法论和内容上来讲都有很多相似之处，均从企业的内部寻找企业成长动力来源，因此，能力论、知识论、演化论的基础就是资源论。

（3）国外更重视现代企业理论。

以现代企业理论为理论基础的论文，国外 24%，国内 7%，国内明显少于国外。现代企业理论一直是微观经济学的前沿问题，也是近二十年来成果最多的经济学领域，国外许多经济学家研究该理论，并用它来解释企业成长。国内学者却较少用现代企业理论来解释企业成长，主要原因有二：一是现代企业理论不能解释企业的异质性原因和企业能力的来源，也就无法解释企业成长的根本原因；二是国内对企业成长的研究受企业战略管理理论的影响较大。企业战略管理理论中基本没有交易成本理论的影子。

（4）国内外均重视演化理论。

以演化理论为理论基础的论文，国外 12%，国内 13%，国内外基本一致。以组织生态理论为理论基础的论文，国外 12%，国内 7%，国内低于国外。以钱德勒的企业成长理论为理论基础的论文，国外 6%，国内没有。

演化理论是一个处于高速成长期的理论，近年来国内出现许多介绍演化理论的思想体系的文献，国内对该理论的消化吸收较快。组织生态理论的兴起，与战略联盟理论的兴起是一致的，认为“竞争衰落”，企业应建立一个商业生态系统，但组织生态理论还难以纳入规范的经济学范围，而且组织理论比生态理论更深刻，所以，以此为理论基础的论文较少。钱德勒的企业成长理论，是通过对事实的历史归纳得出的结论，侧重于解释企业成长的形式，因此，目前普遍不把它作为企业成长的理论基础。

综上所述，近两年内影响力最大的企业成长理论是资源基础论，第二位是现代企业理论和演化理论，第三位是组织生态理论。国内对企业成长的研究与国外相比，一方面对理论基础的重视不足；另一方面却能紧跟国外的理论发展步伐。

2. 关注的问题

目前，国内外学者共同关注两个问题：①家族企业（民营企业、中小企业）的成长。②人力资源（企业家、社会资本）与企业成长的关系。国外学者认为，大型家族企业正由“家族控制和管理”向“专业化管理的家族控制”转变，家族企业发展的关键在于管理者的继任。国内的学者认为，家族企业成长“瓶颈”的实质是信任资源约束，企业制度转型和管理模式创新对中国现阶段民营企业成长具有决定性意义。

国外学者关注世界性企业，国内学者关注国内的企业。国外的学者研究制度转轨国家的企业生存和成长的决定因素、从事国际贸易的企业面临的竞争压力、国家对跨国公司国外分支机构的绩效差异的影响程度、研究全球性商业周期对企业成长的影响。国内的学者探讨了国内中小企业成长、国内民营科技企业成长、中国企业的外源融资、华人社会信任资源产生的机制。

国外学者比较关注企业成长的本质，而国内学者比较关注企业成长的过程。企业的垂直边界问题一直是国外学者研究的兴奋点，认为互联网的出现和扩散将减少决定企业边界的成本。国外的学者承认潘罗斯的著作对建立资源观的学术基础起了核心作用，认为相当数量的实证结果与交易成本经济学的核心概念和命题不相符。国内的学者探讨了能力型企业组织的生命周期、中小企业成长的路径依赖、民营（家族）企业成长模式和过程。

近两年来国内外关注的有关企业成长的热点问题有：家族企业（民营企业、中小企业）的成长、人力资源（企业家、社会资本）与企业成长的关系、信任资源和结构、民营科技企业的成长模式、企业的垂直边界、对理论进行实证评估、企业生命周期、转轨国家企业生存和成长、跨国公司国外分支机构的绩效、企业家战略等。这些都可能是我国理论界今后探讨企业成长的热点问题。

3. 研究的视角

研究企业成长的视角，国内学者与国外学者有明显的差异。基于为企业管理层决策服务的论文，国内占 60%，而国外占 76%。

国内有 40%的论文结论有明显的政策建议倾向。有的论文倡导社会和政府应在创业者和职业经理人中培养现代企业家精神，有的论文提议加强社会信用体系建设，有的论文提出各级政府部门及行业管理协会应给予中小企业更多的扶持，等等。

国外只有 24%的论文基于公共利益进行研究，这些论文大多是论述企业的宏观环境对企业成长的影响。这些论文的结论，虽然可供公共政策制定者参考，但没有明确的政策性建议。

国内外学者研究企业成长视角的差异，说明了国内外市场环境的健全程度和企业成长模式的成熟程度并不一致。国内的市场环境变化大，政府关注企业的成长，政策对企业的成长有重要影响，中国企业还缺少成熟的企业成长模式。在国外，市场环境相对稳定，政策变化较小，论文主要为企业所有者和企业管理者服务。

虽然企业成长理论不只对管理层的决策有重要意义，对政府的政策制定也有重要的意义，但国内今后应多关注的是基于企业管理层面的论文，毕竟随着竞争环境的不断规范，国内的企业成长约束主要是市场的竞争压力，国内理论研究的重点也应转向为管理层的决策服务。

4. 成长的理论领域

国外的学者比国内的学者更重视对企业成长一般规律的研究（国外 59%，国内 47%）。国外学者的研究涉及企业边界的演化、理论验证、企业内部资源的演化、提升资源观的理论含义、潘罗斯对资源观的贡献等领域中的问题。国内学者的研究涉及企业的生命周期、企业的持续成长、企业生命体的健康等领域中的问题。国外学者的研究把握企业成长理论的核心内容，而国内学者的研究领域主要在企业成长的分支理论，尚停留在学科的“边缘”。

国内学者比国外学者更重视对企业成长的宏观机制的研究（国内27%，国外12%）。国内学者的研究涉及经济制度、社会文化、社会信任、社会关系网络等领域。国外学者的研究涉及国家的影响、过渡公共政策环境、宏观经济波动等领域。国外学者关注的宏观环境比国内关注的更宏观。

国内学者和国外学者对企业成长微观机制的重视程度基本相似（国内27%，国外29%）。国内学者的研究涉及人力资源管理、经营者选用、外源融资、企业战略管理、管理文化、治理结构等领域。国外学者的研究涉及企业家战略、人力资本投资战略、管理决策、资金、人力资源、继任管理等领域。

总之，对企业成长理论的研究应关注企业成长宏观机制、企业成长微观机制。国内学者今后应更关注对企业成长的一般规律，加强对企业成长理论核心内容的研究。

5. 理论贡献

国外学者的理论贡献远远大于国内学者的理论贡献。国外有88%的论文试图做出理论性的结论，国内只有60%的论文试图做出理论性的结论。

国外学者提出了资源黏性的概念，得出了企业资源的演化特性，建立了企业边界动态演化理论，提升了资源基础观的理论地位，修正了资源观的许多关键命题。这些问题都在企业成长主流理论之内。

国内学者对企业成长理论的贡献在于对支流理论领域的探索。他们提出了能力型企业组织的生命周期模型、知识型企业的生命体模型和民营企业成长管理的“三维模型”，对心理合约、家族企业的治理结构做了探讨。

通过分析这些论文的理论贡献可以看出，目前企业成长理论的发展呈现两个趋势：一个趋势是资源基础论、知识基础论与能力基础论的继续发展、演化理论成为理论发展的前沿。另一个趋势是知识基础论和能力基础论（资源基础论）正与交易成本理论互相借鉴、逐步融合。

综上所述，国内学者的研究对企业成长的主流理论贡献不足。

四、结语

现代企业成长理论是正在发展的理论，其理论体系并不成熟。理论的发展与当时企业所处的生存环境和企业的战略选择有密切关系。20 世纪 80 年代以来，随着信息革命、知识经济时代进程的加快，企业竞争加剧，平均寿命缩短，企业不得不关注企业的成长和发展战略选择问题。在 80 年代初，人们主要着眼于企业所处的产业结构及企业内部的结构来寻求企业生存的规律，发展战略选择倾向于外部要素决定论，资源基础观没有得到重视，而钱德勒的科层管理和多角化、一体化理论以及科斯的企业规制理论受到重视，所以这时期影响力最大的现代企业成长理论学派是钱德勒的企业成长理论。在 80 年代末，人们试图解释企业竞争力的真正来源，开始关注企业的内部要素，发展战略选择倾向于内部资源决定论，这时期资源基础观的影响力开始上升。90 年代以来，随着核心竞争力的概念的提出，资源基础观的影响力被凸显出来。随着资源基础观的进一步发展，出现了知识基础观，演进经济学与此密切相关，90 年代中后期演化理论的影响力开始上升。整个八九十年代，企业发展战略理论盛满着“竞争”的概念，中后期出现了“竞争的衰落”的声音，崇尚“合作”，组织生态理论随之兴起，影响力不断增强。科斯开创的现代企业理论的体系比较成熟，在解释企业的规制中比较有力，但不能解释企业能力的来源，所以这种理论自 80 年代到今天虽然被人们重视，其影响力却一直不是最大。目前，资源基础论的影响力有所下降，但仍占第一位，现代企业理论的影响力保持不变，演化理论的影响力开始与现代企业理论看齐。我们认为，在将来较长时段内，资源基础论仍有重要意义和影响力，演化理论的影响力会稳步上升，而组织生态理论可能会被企业自组织理论所代替。

通过对目前国内外研究现状的比较研究，我们认为国内的研究对企业成长理论基础的重视不足，研究的问题尚停留在企业成长理论的“边缘”，对企业成长的主流理论缺少贡献。理论基础是所有严肃的学术研究都必须高度重视的核心问题。企业成长理论的研究应该重视理论的发展和创新。在国外，一、二流的学术型刊物无一不以重大理论贡献为目标，一流的论文应对企业成长理论作出贡献。只是简单地把各种文献拼凑在一起，往往不能进入企业成长理论研究的主流。国内对企业成长的研究应该戒掉浮躁的心理倾向，关注论文的理论深度，加强对企业成长理论核心内容的研究，进一步拓展理论视野，推动企业成长理论的进步。

最后要强调的是，我们在较短的时间内，对用非科学方法抽取的较小文献样本进行分析，得出结论不能完全代表一个时期的研究状况。而且，我们已有的知识结构和认知结构严重影响着对每篇论文的分析，也会导致各种沟通的问题。

参考文献

1. Andy Lockett and Steve Thompson, "Edith Penrose's Contributions to the Resource-based View: An Alternative Perspective", *Journal of Management Studies* 41: 1 January 2004.

2. Allan Afuah, "Redefining firm boundaries in the face of the internet: are firms really shrinking?", *Academy of Management Review*, 2003, vol.28, No.1 34-53.

3. Alan M. Rugman and Alain Verbeke, "A Final Word on Edith Penrose", *Journal of Management Studies* 41: 1 January 2004.

4. Antonio-Rafael Ramos-Rodriguez and Jose Ruiz-Navarro, "Changes in the Intellectual Structure of Strategic Management Research: A Bibliometric Study of the Strategic Management Journal, 1980-2000", *Strategic Management Journal*, 25: 981-1004 (2004).

5. C. Higson, S. Holly, P. Kattuman, and S. Platis, "The Business Cycle, Macroeconomic Shocks and the Cross-Section: The Growth of UK Quoted Companies", *Economica* (2004) 71, 299-318.

6. Gautam Ahuja and Riitta Katila, "Where Do Resources come from? The Role of Idiosyncratic Situations", *Strategic Management Journal*, 25: 887-907 (2004).

7. Jim Mackey and Liisa Valikangas, "The Myth of Unbounded Growth", MIT Sloan Management Review, Winter 2004, 89-92.

8. Joao Mota and Luis M. de Castro, "A Capabilities Perspective on the Evolution of Firm Boundaries: A Comparative Case Example from the Portuguese Moulds Industry", *Journal of Management Studies* 41: 2 March 2004.

9. Jonathan P. Doh and John A. Pearce, "Corporate Entrepreneurship and Real Options in Transitional Policy Environments: Theory Development", *Journal of Manangement Studies* 41: 4 June 2004.

10. Jozef Konings, Ana Xavier (2004-12-17) Firm Growth and Survival in a Transi-

tion Country: Micro Evidence from Slovenia.

11. Khai Sheang Lee, Guan hua lim, Wei Shi Lim, "Family Business Succession: Appropriation Risk and Choice of Successor".

12. Mark H. Hansen, Lee T. Perry and C. Shane Reese, "A Bayesian Operationalization of the Resource-based View", "*Strategic Management Journal*", 25: 1279-1295 (2004).

13. Myron J. Gordon and Jeffrey S. Rosenthal, "Capitalism's Growth Imperative", Cambridge Journal of Economics, 2003, 27, 25-48.

14. Robert J. David, Shin-kap Han, "A Systematic Assessment of the Empirical Support for Transcation Cost Economics", *Strategic Management Journal*, 2004, 25: 39-58.

15. Shige Makino, Takehiko Isobe and Christine M. Chan, "Does Country Matter", Strategic Management Journal, 2004, 25: 1027-1043 Joao Mota and Luis M. de Castro, "A Capabilities Perspective on the Evolution of Firm Boundaries: A Comparative Case Example from the Portuguese Moulds Industry", *Journal of Management Studies* 41: 2 March 2004.

16. Yasemin Y. Kor and Joseph T. Mahoney, "Edith Penrose's (1959) Contributions to the Resource-based View of Strategic Management", *Journal of Management Studies* 41: 1 January 2004.

17. Yuri Mishina, Timothy G. Pollock and Joseph F. Porac, "Are More Resources Always Better for Growth? Resource Stickiness in Market and Product Expansion", *Strategic Management Journal*, 25: 1179-1197 (2004).

18. 董俊武:《企业的本质、性质与企业成长的理论研究》,博士论文,2004年。

19. 韩太祥:《企业成长理论综述》,《经济学动态》,2002年第5期。

20. 胡树华:《企业大战略》,经济管理出版社,2003年。

21. 李维安:《现代企业活力理论与评价》,中国财政经济出版社,2002年。

22. 王凤荣:《企业成长的经济学分析》,《文史哲》,2004年第3期。

23. 邬爱其、贾生华:《国外企业成长理论研究框架探析》,《外国经济与管理》,2002年第12期。

24. 尹义省:《适度多角化:企业成长与业务重组》,三联书店,1999年。

25. 赵晓:《企业成长理论研究》,博士学位论文,1999年。

26. 周三多、邹统钎:《战略管理思想史》,复旦大学出版社,2002年。

第八章　中国管理科学与工程研究现状

本章采用了抽样统计的方法对国内近期的管理科学与工程科学学科研究状况进行了分析。通过对2000~2004年度发表在《管理科学学报》、《管理工程学报》和《中国管理科学》上的合计1283篇论文的全部论文的查阅，我们选定了664篇与管理科学与工程科学相关的文章。从研究对象、研究主题、研究热点、作者合作度等方面对这些论文进行了归类和分析，在此基础上并借鉴同类研究文献的若干结论，本章对国内管理科学与工程研究的状况有一个概要描摹。

一、学科背景与研究样本

管理科学与工程作为管理学的重要组成部分，研究的是管理科学的基础理论、方法、技术与工具。研究领域的内容主要包括：管理科学与管理思想史、一般管理理论、运筹与管理、决策与对策理论、组织理论、管理心理与行为理论、管理系统工程、工业工程、管理信息系统与决策支持系统、互联网管理理论与技术、评价理论与技术、预测理论与技术、数量经济分析理论与技术、金融工程、复杂性研究、知识管理等分支学科。

管理科学与工程学科的技术基础是数学、计算机和现代信息技术，研究方法是工程方法、定量分析和定性分析相结合的科学分析和系统方法。管理科学与决策科学、系统工程和工业工程的方法的应用覆盖了大部分管理对象，在方法上既有优化理论、概率统计、随机过程、运筹学、计算机仿真等数学方法，也有系统哲学理论、控制论等工程学科的研究方法，还包括心理学、生理学等行为科学的研究方法。例如，动作研究、学习曲线、人机环境、价值工程等。信息、工程与科技是其研究的明确对象，学科的研究具有鲜明的现实性且与实际应用紧密结合。在研究模式上，管理科学与工程高度重视理论的发展和实践，不是单纯的研究和发现问题，是以假设和实证分析作为推动理论进步的主要手段。由于新管理问题的产生、外部环境和研究背景的不断变化和发展，尤其是工程科学领域和技术的发展，其研究的内容、方法和技术也在不断发展和丰富。例如，电子商务、电子政务、信息工程监理等都是近年发展起来的下属分支。在许多新的领域与其他学科产生交叉的同时也在融合，主要是技术和方法的相互借鉴和吸收。

管理科学与工程的产生从最初泰勒提出的“科学管理”理论开始，逐步演变成为工业工程学科，到20世纪五六十年代随着运筹学、系统科学和电子计算机技术的发展及在工业工程中的广泛应用，工业工程得以从非定量的经验科学中脱颖而出，转变为一门数学应用相当复杂和广泛的“硬科学”，逐步发展成为今天管理科学与工程学科的主体内容。随着科学技术的进步和社会的发展，管理科学与工程的实际应用范围早已超越了制造业的范畴，被广泛地应用到政府活动、商业活动等各类政治经济领域，成为一门为现代社会经济活动提供高效率的现代管理方法与技术的学科。

管理科学与工程中很多的学术贡献是通过在一流学术刊物上发表的论文展示的。在我国比较权威的期刊论文数据库有1991年中国科技信息研究所建立的《中国科技论文与引文分析数据库》(CSTPC)、1997年中国科学院文献情报中心建立的《中国科学引文数据库》(CSCD)、南京大学中国社会科学研究评价中心建立的《中文社会科学引文索引》(CSSCI)、2003年中国社会科学院文献信息中心建立的《中国人文社会科学引文数据库》(CHSSCD)。根据CSTPC、CSCD、CSSCI、CHSSCD上所载的管理类期刊按一级学科学和科门类进行分析，在我国管理科学与工程的研究主要由《管理科学学报》、《管理工程学报》、《中国管理科学》、《管理世界》、《经济管理》等十多个管理专业主要期刊和四十多个与管理学相关的刊物所构成的学术平台来推动其发展。在管理学学术界，对管理科学与工程这一学科的一流刊物有着比较一致的认识。一般认为，《管理科学学报》、《管理工程学报》、《中国管理科学》等刊物被认为是国内管理科学与工程类的主要一流学术期刊。以这三个期刊作为取样研究样本，根据我们的统计，2000~2004年中发表在《管理科学学报》、《管理工程学报》和《中国管理科学》的论文共有 1283 篇，其中《管理科学学报》有 314 篇、《管理工程学报》有 417 篇、《中国管理科学》有 552 篇。在整个 1283 篇论文中，664 篇与管理科学与工程直接相关。基于这 664 篇论文样本，我们对我国国内管理科学与工程研究的情况进行了分析，以期能够反映这一时间段内管理科学与工程学科的实际的研究内容和趋势的状况。

二、现状分析

1. 研究热点领域分析

由于迄今为止管理科学与工程具体的学科领域分类没有形成统一的认识，因此不同的文献计量分析所认可的管理科学与工程的热点研究领域还较难达成共识。我们这里从“粗”、“细”两个维度对管理科学与工程的学科领域进行划分，分别研究管理科学与工程研究文献的领域分布情况。

从“粗”的学科领域分类与我们高校管理科学与工程学院一般设立的专业角度分析，分为管理科学与决策科学、工业工程、工程管理、系统工程、信息管理及管理信息系统、科技管理 6 个领域。按照这 6 个领域对样本研究文献进行统计分类，得到的结果见表 8–1。从表 8–1 可以看出，“管理科学与决策科学”、“系统工程”是管理科学与工程研究的两个最热的研究领域，几乎集中了 65%的研究文献，而“科技管理”则最为“冷”，研究文献最少。“信息管理”和“工业工程”也集中了相当程度的研究文献。

表 8–1　管理科学与工程学科文献的“粗”学科领域分布

领域＼年份	2000	2001	2002	2003	2004	小计	百分比(%)
管理科学与决策科学	36	40	53	62	58	249	33.8
工业工程	10	14	22	21	33	100	13.6
工程管理	10	5	5	2	8	30	4.08
系统工程	36	51	56	44	53	240	32.6
信息管理与信息系统	13	23	34	20	11	101	13.7
科技管理	5	5	5	0	1	16	2.2

续表

领域＼年份	2000	2001	2002	2003	2004	小计	百分比(%)
合计	110	138	175	149	164	736	100
百分比（%）	15.0	18.8	23.8	20.3	22.3	100	

注：由于有交叉跨科现象，所以篇数有重复统计，故736大于实际664。

从“细”的角度，我们大致按照我国自然科学基金关于管理科学与工程的分类，将研究主题划分为：管理科学与管理思想史、优化理论与技术、决策与对策理论、组织理论、管理心理与行为理论、预测理论与技术、评价理论与技术、模拟（仿真）技术、管理信息系统与决策支持系统、管理系统工程、工业工程、互联网络管理理论与技术、数量经济分析方法、金融工程、复杂性研究、科技管理与科技政策、物流与供应链管理、知识管理与知识工程、投资与风险管理、工程管理（项目管理）、现代管理理论与方法。按照这样的领域划分方法，管理科学与工程研究文献的统计结果见表8-2。

表8-2 管理科学与工程学科文献的“细”学科领域分布

主题＼年份	2000	2001	2002	2003	2004	小计	百分比（%）	排名
管理科学与管理思想史	5	2	5	4	3	19	2.5	13
优化理论与技术	9	17	22	19	22	89	11.6	2
决策与对策理论	27	32	35	31	38	163	21.3	1
组织理论	6	7	11	6	7	37	4.8	8
管理心理与行为理论	1	1	2	2	5	11	1.4	14
预测理论与技术	6	7	10	3	2	28	3.7	10
评价理论与技术	8	8	16	12	19	63	8.2	4
模拟（仿真）技术	1	1	0	1	0	3	0.4	18
管理信息系统与决策支持系统	8	13	21	12	4	58	7.6	5
管理系统工程	5	5	1	4	4	19	2.5	13
工业工程	10	5	6	3	6	30	3.9	9
互联网络管理理论与技术	2	2	3	2	0	9	1.2	16
数量经济分析方法	0	0	0	0	1	1	0.1	19
金融工程	2	2	0	0	0	4	0.5	17

续表

主题 \ 年份	2000	2001	2002	2003	2004	小计	百分比（%）	排名
复杂性研究	5	3	4	8	4	24	3.1	11
科技管理与科技政策	3	2	2	2	1	10	1.3	15
物流与供应链管理	4	6	11	19	30	70	9.2	3
知识管理与知识工程	2	2	8	5	4	21	2.8	12
投资与风险管理	2	9	14	10	9	44	5.8	6
工程管理（项目管理）	9	7	9	7	11	43	5.6	7
现代管理理论与方法	6	2	3	3	5	19	2.5	13
其他	0	0	0	0	0	0	0	20
合计	121	133	183	153	175	765	100	
百分比（%）	15.8	17.4	23.92	20	23	100		

注：由于有跨领域现象，篇数有重复统计，所以总数大于实际统计篇数。

通过上述分类统计，可以看出目前国内管理学界研究重点领域发表论文数量的集中程度和分布情况。从表 8-2 中我们可以看出，我国管理科学与工程的最热点的研究领域是决策与对策理论，其次是优化理论与技术、物流与供应链管理，接下来的排序依次为评价理论与技术、管理信息系统与决策支持系统、投资与风险管理、工程管理、组织理论、工业工程、预测理论与技术、复杂性研究、知识管理与知识工程、管理系统工程、现代管理理论与方法、管理科学与管理思想史、管理心理与行为理论、科技管理与科技政策、互联网络管理理论与技术、金融工程、模拟（仿真）技术、数量经济分析方法。也就是说，最热的 6 个研究领域是决策与对策理论、优化理论与技术、物流与供应链管理、评价理论与技术、管理信息系统与决策支持系统、投资与风险管理，而最冷的 6 个研究领域是数量经济分析方法、金融工程、模拟（仿真）技术、科技管理与科技政策、管理心理与行为理论、互联网络管理理论与技术。

根据张玲玲等对国外 1994~2004 年被 SCI、SSCI 收录的 117 种期刊中与管理科学与工程相关的文献的计量分析，国外发表论文数量最多的领域依次为运筹与管理（优化理论与技术）、信息技术与管理、管理对策理论与模型、决策理论与技术、供应链管理、知识管理、管理系统工程、工业工程、复杂性研究、金融工程、预测理论与技术，而数量经济分析理论方法、一般管理理论、管理心理与行为理论、组织理论等学科领域论文数量相对很少。[①] 虽然划分标准有一定的差异，但从中我们也可以看出，决策与对策理论、运筹与管理（优化理论与技术）、供应链管理、知识管理、工业工程等是国内外共同的研究热点领域，而数量经济分析方法、一般管理理论等是共同的“冷门”。这与张玲玲等对国内 1994~2003 年 77 种国内期刊有关管理科学与工程类的论文文献计量分析的结论并不完全相同。他们的研究的结论是国内外共同的研究热点领域是运筹与管理、信息技术与管理、管理对策理论与技术、知识管理，国外为热点而国内为非热点的学科领域是决策理论与技术、工业工程、供应链管理、管理系统工程，国内热点而国外非热点的学科领域是风险管理、预测理论与技术、管理心理与行为理论、管理科学思想与理论。[②] 这种差异与样本不同有关，还与样本的时间直接相关。例如供应链管理，在我国近些年成为研究热点，本研究的样本时间是 2000~2004 年，本研究反映出供应链管理成为国内研究热点；而张玲玲等研究的样本时间是 1994~2003 年，这个时间段的大部分时间国内还很少研究供应链管理，供应链管理还自然不是热点，但国外已经是热点领域。这也反映出我国管理科学与工程研究与国外的研究有一个滞后期。

2. 研究对象分布

将文章按研究对象进行归类统计，研究对象分为四大类：政府管理（包括行政、科技管理）、NGO（非政府组织）管理、企业管理、其他，企业管理又具体分为一般企业、国有企业、民营企业、家族企业、上市公司、跨国公司和非营利企业。管理工程与科学研究的研究对象的具体统计结果见表 8-3。

从表 8-3 可以看出，管理科学与工程类研究对象主要还是一般意义的方法，这些方法研究并没有明确具体的适用对象，在我们的分类中列为“其他”类，“其他”类论文占比例最高，达到 45.5%；针对企业，尤其是一般企业的研究也属于管理科学与工程类研究的主要对象，NGO 的研究也已经引起了管理科学与工程研究的重视。上述研究对象分布的广泛，也说明管理科学与工程应用范围日益广泛。

---

①② 张玲玲等：《管理科学与工程热点研究领域的文献计量分析》，《管理学报》，2005 年第 4 期。

表 8-3 按研究对象进行归类统计

年份 对象		2000	2001	2002	2003	2004	合计	百分比（%）
政府管理（包括行政、科技管理）		8	12	11	4	3	38	4.3
NGO（非政府组织）管理		7	11	21	17	28	84	9.6
企业管理	一般企业	39	55	69	62	79	304	34.7
	国有企业	4	8	8	6	7	33	3.8
	民营企业	0	1	1	0	1	3	0.3
	家族企业	0	1	0	0	0	1	0.1
	上市公司	4	0	1	0	0	5	0.6
	跨国企业	1	0	2	1	2	6	0.7
	NPO（非营利企业）	2	1	0	0	0	3	0.4
其他		69	81	90	80	78	398	45.5
小计		134	170	203	170	198	875	100
百分比（%）		15.3	19.4	23.3	19.4	22.6	100	

3. 研究热点问题分析

管理科学与工程学科研究的热点问题是什么？我们主要基于文献出现的关键词来进行分析。我们基本使用原文中的关键词，仅在极少部分是基于我们自己的判断，挑出相关的关键词，在作关键词统计的过程中，我们注意到，如果按照相关内容划分类型，则和目前的结果数字有较大的不同，因此在做频度统计时尊重作者的意愿和其对问题的关注度未重新合并。例如，群体决策和决策，决策与决策支持系统，我们都是为两个词进行统计。如表 8-4、表 8-5、表 8-6，分别是《中国管理科学》、《管理科学学报》、《管理工程学报》2000~2004 年样本文献出现的关键词频次排序前 10 名。

表 8-4 《中国管理科学》 2000~2004 年文献出现关键词频次排序（前 10 名）

名次	关键词	2000~2004 年出现次数
1	供应链（管理）	43
2	遗传算法	19
3	信息系统	16
4	决策和决策支持系统	15
4	组织学习	15

续表

名次	关键词	2000~2004 年出现次数
5	电子商务	14
6	评价	13
7	指标体系	9
8	层次分析法	9
9	博弈	7

表 8–5 《管理科学学报》2000~2004 年文献出现关键词频次排序（前 10 名）

名次	关键词	2000~2004 年出现次数
1	供应链	42
2	虚拟企业	14
2	数据挖掘	14
2	组织学习	14
3	决策支持系统	12
3	实物期权	12
4	群体决策	11
5	知识管理	10
5	电子商务	10
6	博弈	10

表 8–6 《管理工程学报》2000~2004 年文献出现关键词频次排序（前 10 名）

名次	关键词	2000~2004 年出现次数
1	供应链	16
2	虚拟企业	11
2	博弈	11
3	信息系统	9
4	决策	9
5	风险	8
5	数据挖掘	8
6	指标体系	7
7	电子商务	7
8	遗传算法	6

汇总上述三个表格，可以看出，通过对出现在 664 篇文章中的关键词

进行统计，近5年来管理科学与工程学术界所关心的热点问题包括：供应链（91）、电子商务（31）、组织学习（29）、博弈（28）、决策和决策支持系统（27）、虚拟企业（25）、遗传算法（25）、信息系统（25）、数据挖掘（22）、指标体系（16）、评价（13）、实物期权（12）、群体决策（11）、知识管理（10）、层次分析法（9）、风险（8）等，这些都是研究者研究的热点和重点问题。其中供应链管理问题是一个最为热点的问题，出现频次远远高于其他问题，电子商务、组织学习也是很热的问题，另外，由于指标体系、评价和层次分析法等关键词都反映了绩效评价问题，因此绩效评价问题也是一个热点，博弈、虚拟企业、遗传算法、信息系统、决策和决策支持系统，等等，都引起了研究者的关注。如表8-7所示，为佘从国等对1990~2000年59种国外期刊被SCI和SSCI收录全文的管理科学与工程全部论文以及1994~2000年国内44种专业期刊中被中国期刊网收录的管理科学与工程类论文所进行的文献计量分析的结果，该计量分析结果描述了国内外管理科学与工程研究热点问题的比较。[①]

表8-7　佘从国等人进行的文献计量分析所揭示的国内外管理科学与工程的热点

	问题	特征说明
国内外共同关注的热点问题	线性规划、优化理论、决策模型组织结构、组织学习、系统分析方法、决策支持系统、并行工程、电子商务、数据挖掘	经典的管理科学与工程的研究方法与实际管理问题结合所产生的问题得到国内外研究的共同关注
国外关注、国内未关注的热点问题	复杂性研究、供应链与价值链、知识管理、虚拟组织、绩效评价技术、复杂决策问题的博弈分析、风险管理	在前沿的研究问题上，国内要落后于国外
国外未关注、国内关注的热点问题	管理信息系统、敏捷制造、神经网络预测方法、预测模型、评估指标体系	国外以前的研究热点，在国内有很强的应用背景，所以称为国内的研究热点

资料来源：佘从国、席酉民：《国内外管理科学与工程研究热点的比较分析》，《科学学研究》，2002年第4期。

比较表8-7和本文分析的结果，可以看出，在2000年以前，国外关注而国内未关注的管理科学与工程研究热点问题，供应链、绩效评价、复杂问题的博弈分析等，在2000年以后，也成为中国管理科学与工程研究的热点问题，尤其是供应链管理问题，成为21世纪以来中国管理科学与

① 佘从国、席酉民：《国内外管理科学与工程研究热点的比较分析》，《科学学研究》，2002年第4期。

工程学科的最大研究热点，存在大量的研究文献；应用经典的管理科学与工程的研究方法解决实际管理中出现的问题，这仍是研究者热衷的研究路径，电子商务、组织学习、决策支持系统、数据挖掘等仍是国内外共同关注的问题。

4. 合作研究情况

随着科学的发展，合作研究的重要性已越来越明显。合作研究相对于独著，更能使研究人员发挥各自的比较优势，加快各种信息流的流动，避免思维的局限性，能使科学研究在一个更大、更广的范围内进行；而不同单位、不同地域的合作研究更能打破学术研究的自我封闭，防止学术上的“近亲繁衍”现象，对于推进学科的发展很有益处。这里对中国管理科学与工程论文的合著率（作者署名两人以上篇数占全部论文数量比例）和合作度（署名总人数与论文总篇数之比）进行了统计，以期反映中国管理科学与工程学科的合作研究情况，具体统计数据见表 8-8。

表 8-8　管理科学与工程学科的合作研究情况

年份	独著	2 人（篇）	3 人（篇）	3 人以上（篇）	小计	署名次数	合著率（%）	合作度
2000	42	79	56	9	186	405	77.4	2.2
2001	42	85	79	11	219	497	80.8	2.3
2002	33	150	90	11	284	648	88.4	2.3
2003	26	116	98	18	258	627	89.9	2.4
2004	35	130	108	37	310	769	88.7	2.5
合计	178	560	431	86	1257	2946	85.8	2.3

从表 8-8 可以看出，中国管理科学与工程学科的合作研究情况十分普遍，学术论文的合著率和合作度都很高，而且从总体趋势看，2000~2004 年，这种合作研究的趋势日益加强，合著率和合作度不断提高。

三、若干结论

根据以上对发表于《管理科学学报》、《管理工程学报》和《中国管理科学》（2000~2004 年）上 664 篇管理科学与工程类论文的分析，本文得出以下结论：

第一，从大的分支学科研究领域看，中国管理科学与工程热点领域是管理科学与决策科学、系统工程、信息管理和信息系统。其中，前两个领域是我国管理科学与工程学科传统的分支学科，一直是管理科学与工程的研究主流；而信息管理和信息系统领域，是新兴的热点研究领域，随着信息社会的到来，中国信息产业的不断发展，该领域发展十分迅速，其应用范围也越来越宽，理论和技术内容也越来越丰富。目前正在发展的电子商务、电子政务以及用于企业内部管理的管理信息系统、决策支持系统、企业资源计划、供应链管理、客户关系管理在未来的技术发展和应用方面的成果会渗透到社会生活的各个领域。

第二，从具体的研究领域看，中国管理科学与工程最热的 6 个研究领域是决策与对策理论、优化理论与技术、物流与供应链管理、评价理论与技术、管理信息系统与决策支持系统、投资与风险管理。我国的管理科学与工程研究与国外还有一定的差距，虽然也存在根据中国社会经济实际需要重点关注的研究领域，但总体上是跟踪国外研究的热点领域，并存在一个 5 年左右的滞后期。

第三，在具体研究对象上，管理科学与工程类研究对象主要还是一般意义的方法和技术，这些方法和技术的主要应对对象是一般企业，在非政府组织中的应用研究也已经引起了管理科学与工程研究的重视，管理科学与工程应用范围日益广泛。

第四，供应链管理问题、电子商务、组织学习、绩效评价、博弈、虚拟企业、遗传算法、信息系统、决策和决策支持系统等问题是中国管理科学与工程研究的热点问题，这些研究前沿问题的形成，主要路径是在国外已经成为热点前沿问题，国内学者开始引进介绍，结合国内实际问题需求，逐步形成国内的研究热点。另外，由于政府部门利用基金大力支持某方面的研究，也会加速和推进这个方面成为研究的前沿热点问题，如复杂性问题研究。应该说，这在一定程度上说明中国管理科学与工程研究水平总体上还处于引进借鉴应用阶段，根据中国管理实践而提炼发展出，或者完成由中国管理学家提出的管理科学与工程的理论、方法和技术还很少。

第五，2000~2004 年的平均论文合著率为 85.65%，合著率和合作度均是逐年递增，管理科学与工程作者群在管理学研究上已经初步形成了合作为主的研究趋势，群体功能得到了一定程度的发挥。

参考文献

1. 陈晓田、朱东华:《正确认识管理科学在科学体系中的地位》,《管理工程学报》,1997 年第 2 期。

2. 成思危:《中国管理科学的学科结构与发展重点的选择》,《管理科学学报》,2000 年第 3 期。

3. 梅世强等:《管理科学与工程学科概念及体系研究》,《工业工程》,2006 年第 3 期。

4. 吴祈宗等:《管理科学与工程》,新时代出版社,2002 年。

5. 许德音、周长辉:《中国战略管理学研究现状评估》,《管理世界》,2004 年第 5 期。

6. 佘丛国、席酉民:《国内外管理科学与工程研究热点的比较分析》,《科学学研究》,2002 年第 4 期。

7. 张玲玲等:《管理科学与工程热点研究领域的文献计量分析》,《管理学报》,2005 年第 4 期。

期 刊 篇

第九章　中国管理学期刊文献计量分析（Ⅰ）

中国管理学学术期刊不下几十种，例如，2002年CSCD（中国科学院文献情报中心的《中国科学引文数据库》）共收录管理学类期刊40种，其中，在管理学的5个一级学科中，管理科学与工程、工商管理学、公共管理学、农林经济管理学4个一级学科的期刊计22种，图书、情报与档案学一级学科期刊计18种；又如，CSSCI（南京大学中国社会科学研究评价中心建立的《中文社会科学引文索引》）核心库源期刊中有23种属于社会科学的管理类期刊。但是，真正被学术界所公认的管理学一流学术期刊并不很多。在本篇中，我们选择了《管理世界》、《中国工业经济》、《经济管理·新管理》、《南开管理评论》、《管理工程学报》、《管理科学学报》和《中国管理科学》七本管理学学术期刊作为样本分析中国管理学学术期刊的发展状况。总体上看，《管理世界》、《中国工业经济》、《经济管理·新管理》、《南开管理评论》这四个刊物基本倾向于刊登工商管理学类的学术论文，而《管理工程学报》、《管理科学学报》和《中国管理科学》则更倾向于刊登管理科学与工程类的学术论文。本章主要对前四个期刊进行文献计量分析，分析工商管理类期刊的发展现状，有关管理科学与工程类学术期刊则是下一章研究的样本。

一、样本的选取和文献计量库的建立

为确保研究的科学性，在选取样本时，我们本着“规范的学术论文”这一条基本原则，充分考虑了学术论文应有的规范性，剔除了主编寄语、书评、会议综述，以及缺少摘要、关键词或参考文献的文章或者短论。例如，《管理世界》中的短论较多，但其篇幅都在两页左右，且均没有关键词、摘要和参考文献，这些短论都不属于“规范的学术论文”的范围，都被剔除。

以选定的样本为基础，我们在 Excel 中进行了数据库的建立，为了使分析结果具有较高的参考价值，数据库力求内容充分、完整，其内容分为原文和引文两大类，原文部分包括：作者姓名、作者所在机构、论文题目、刊载时间、刊载期刊、刊载位置、关键词、摘要、研究对象、研究领域、论文类型等字段。引文部分包括：引文作者、发表时间、引文题目、刊载期刊和刊载位置等字段（见表 9-1）。对于研究对象、研究领域、论文类型等需要主观判断的字段，我们采取课题组评定人员（5 人）交叉审定、疑难篇目转课题组外专家（3 人）评议的办法，最大限度地减少主观偏移对评价结果的影响。

表 9-1 文献计量库的基本结构

原文												引文					
编号	作者	所在机构	题目	类型	刊载时间	刊载期刊	刊载位置	研究领域	关键词	摘要	研究对象	编号	作者	发表时间	题目	刊载期刊	刊载位置

二、对《管理世界》的文献计量学分析：2003~2004

《管理世界》是由国务院发展研究中心主管、主办的中国经济管理类权威刊物，创刊于 1985 年，该刊内容丰富，学科涉及面广泛，涵盖了管理学科的微观研究与宏观研究。目前的板块包括中国宏观经济论坛、中国金融·财政研究、中国公共管理论坛、中国农村经济论坛、中国产业发展论坛、上市公司、中国工商管理评论、工商管理论坛、短论、书评等。在 2003 年，由南京大学中国社会科学研究评价中心公布的《中文社会科学引文索引》（CSSCI）统计结果中，本刊的“影响因子”在管理科学的社科期刊中名列第一。《管理世界》在发展中其论文规范性逐年提高，这里选取规范性较高的2003~2004年为研究时间跨度，用文献计量学的方法对该期刊进行了多角度、全方位的分析。按照我们的规范的学术论文标准，共有361篇学术论文收入了我们的文献计量库，成为我们的研究对象。

（一）基于论文正文的计量分析

1. 论文合著情况

随着科学的发展，合作研究的重要性已越来越明显。合作研究相对于独著，更能使研究人员发挥各自的比较优势，加快各种信息流的流动，避免思维的局限性，能使科学研究在一个更大、更广的范围内进行；而跨单位、跨地域的合作研究更是能打破学术研究的自我封闭，防止学术上的“近亲繁衍”现象，对于推进学科的发展很有益处，使学科的发展处于一个良性循环的状态。鉴于此，本书对各个期刊进行分析时，首先统计分析了所刊载论文的作者合著情况。

通过对2003~2004年间为《管理世界》撰稿的作者的合著情况和产量的统计，可以反映出国内管理研究的合作情况。从表9-2可以看出，《管理世界》这两年有着较高的合著程度，各年的合著率（合作论文篇数占全部论文比率）都超过了50%，平均合作度（论文署名次数与论文篇数之比）达到1.71。2004年的合著率高达66.10%，合作度达到2.10。从直接意义上看，这反映出国内学者近年注重学术交流与合作，且合作有加强的趋势。

表9-2 《管理世界》（2003~2004年）论文合著统计

年份	独著	2人（篇）	3人（篇）	3人以上（篇）	小计（篇）	署名次数	合著率（%）	合作度
2003	84	69	22	9	184	246	54.35	1.34
2004	60	68	31	18	177	371	66.10	2.10
合计	144	137	53	27	361	617	60.11	1.71

广泛的合作不仅包括同一机构内的合作，跨机构、跨地区的合作也占了很大的比例。在361篇文章中，有81篇是由跨机构的作者合著而成，占到了样本总量的22.44%，以院校间的合作为最多，其次是院校与研究

机构的合作，81 篇中有 3 篇是政府、院校与研究机构的三方合作。通过对机构所在地区的统计，得出跨区域合作占 38 篇，跨国合作占 8 篇。具体分布见表 9-3 和表 9-4。

表 9-3 《管理世界》(2003~2004 年) 不同主体之间的合著情况（篇数）

	院校	研究机构	企业	政府部门
院校（不同院校）	39	13	9	10
研究机构	—	3	1	2
企业	—	—	1	0
政府部门	—	—	—	0

表 9-4 《管理世界》(2003~2004 年) 不同区域之间的合著（篇数）

年份	同一区域	跨区域合著	跨国合著	合计
2003	15	19	2	35
2004	21	19	6	46
小计	36	38	8	81

2. 论文产出机构及区域分布

表 9-5 列举了《管理世界》2003~2004 年论文产出机构中产出量排在前10名的 13 所机构（统计时，如果某篇论文由 N 个机构共同撰写而成，每个机构各算 1/N）。从表中可以看出，除中国社会科学院列第 1 名，国务院发展研究中心列第 7 名，国家发改委列第 10 名外，前 10 名的其他 10 个机构都是高校，可见高校是管理学研究的主力军。这 13 所机构的研究成果占到样本总数的 50.50%，反映了国内管理学的研究成果有较高的机构集中性。在统计时我们还发现，中山大学在工商管理类论文中占有很大的比重，而中国社会科学院的成果主要是集中在宏观管理与政策类。

表 9-5 《管理世界》(2003~2004 年) 论文产出的机构分布

名次	机构	篇数	百分比（%）
1	中国社会科学院	28.87	8.00
2	中山大学	23.5	6.51
3	北京大学	19.5	5.40
4	中国人民大学	19	5.26
5	南京大学	14.5	4.02

续表

位次	机构	篇数	百分比（%）
6	清华大学	13	3.60
7	国务院发展研究中心	12.83	3.55
8	浙江大学	9.84	2.73
9	东北财经大学	9.25	2.56
10	国家发改委	8	2.22
10	南开大学	8	2.22
10	上海财经大学	8	2.22
10	四川大学	8	2.22
	合计	182.29	50.50

由表 9-6 关于论文产出的地域分布的统计数据（在统计地域分布时，如由 N 个地域的作者合著一篇论文，则每个地区分别记为 1/N）可以看出中国管理学研究的高度集中性的特点，仅北京市就占了 47.32 个百分点，排名前 4 位的北京、广东、上海、江苏四个省市所发表的论文占样本总量的 70.75%，而重庆、安徽、山西、广西、内蒙古五省却只占到 1.40%，可见分布十分不均。此外，从表中还可看出，高等院校仍然表现出较大的优势，由高校作者撰写的文章占了样本种数的 67.59%，科研院所仅占 18.77%，其中又以北京的中国社会科学院为主力军，其他的机构所占仅为 13.6%，且以企业为主。

表 9-6 《管理世界》（2003~2004 年）论文产出地区分布

地区（国家）	高等院校			科研院所			其他			小计		
	篇数	百分比（%）	位次	篇数	百分比（%）	位次	篇数	百分比（%）	位次	篇数	百分比（%）	位次
北京	70.33	19.48	1	66	18.28	1	34.5	9.56	1	170.8	47.32	1
广东	34.33	9.51	2	0	0.00	4	1	0.28	5	35.33	9.79	2
上海	23.75	6.58	3	0	0.00	4	2.5	0.69	2	26.25	7.27	3
江苏	21	5.82	4	1	0.28	2	1	0.28	5	23	6.37	4
湖北	15	4.16	5	0	0.00	4	1	0.28	5	16	4.43	5
浙江	12.92	3.58	7	0.75	0.21	3	0.75	0.21	11	14.42	3.99	6
辽宁	13.25	3.67	6	0	0.00	4	0.33	0.09	15	13.58	3.76	7
四川	11.5	3.19	8	0	0.00	4	0.5	0.14	12	12	3.32	8
天津	9	2.49	9	0	0.00	4	0	0	17	9	2.49	9

续表

地区(国家)	高等院校			科研院所			其他			小计		
	篇数	百分比(%)	位次	篇数	百分比(%)	位次	篇数	百分比(%)	位次	篇数	百分比(%)	位次
吉林	6.25	1.73	10	0	0.00	4	0.33	0.09	15	6.58	1.82	10
陕西	6	1.66	11	0	0.00	4	0	0	17	6	1.66	11
江西	4	1.11	12	0	0.00	4	0	0	17	4	1.11	12
山东	3.33	0.92	13	0	0.00	4	0	0	17	3.33	0.92	13
中国香港	2	0.55	14	0	0.00	4	1	0.28	5	3	0.83	14
美国	1.5	0.42	17	0	0.00	4	1.33	0.37	4	2.83	0.78	15
河南	0.5	0.14	22	0	0.00	4	2	0.55	3	2.5	0.69	16
湖南	2	0.55	14	0	0.00	4	0.5	0.14	12	2.5	0.69	16
黑龙江	1.83	0.51	16	0	0.00	4	0	0	17	1.83	0.51	18
重庆	1	0.28	18	0	0.00	4	0	0	17	1	0.28	19
安徽	0	0.00	26	0	0.00	4	1	0.28	5	1	0.28	19
日本	1	0.28	18	0	0.00	4	0	0	17	1	0.28	19
山西	1	0.28	18	0	0.00	4	0	0	17	1	0.28	19
广西	0	0.00	26	0	0.00	4	1	0.28	5	1	0.28	19
内蒙古	1	0.28	18	0	0.00	4	0	0	17	1	0.28	19
澳大利亚	0.5	0.14	22	0	0.00	4	0	0	17	0.5	0.14	25
荷兰	0.5	0.14	22	0	0.00	4	0	0	17	0.5	0.14	25
贵州	0	0.00	26	0	0.00	4	0.5	0.14	12	0.5	0.14	25
英国	0.5	0.14	22	0	0.00	4	0	0	17	0.5	0.14	25
总计	244	67.59		67.8	18.77		49.24	13.6		361	99.99	

3. 论文类型分布

同样根据学术论文的规范型、描述型、文献型、概念型、实证型、定性经验型、演绎数学模型的分类,① 我们对 361 篇文章进行了论文类型的鉴别，统计结果见表 9-7。表中数据反映，规范型论文在样本中所占比重最大，为 32.7%，文献型、概念型和演绎数学型占的比重都很小。在划分时我们发现，宏观经济管理类的论文有许多属于规范型，重在分析问题，提出对策或给出政策建议。工商管理类，采用案例进行描述或定性研究的较

① 许德音、周长辉:《中国战略管理学研究现状评估》,《管理世界》, 2004 年第 5 期。

表 9-7 《管理世界》(2003~2004 年) 论文类型统计

论文类型 \ 年份	2003 年	2004 年	合计	比例（%）
规范型	74	44	118	32.7
描述型	53	45	98	27.2
文献型	6	2	8	2.2
概念型	5	6	11	3.1
实证型	27	42	69	19.1
定性经验型	18	38	56	15.5
演绎数学型	0	1	1	0.3
合计	183	178	361	100

多。宏观管理类和工商管理用数据进行实证分析的论文共有 69 篇，占全部样本论文的 19.1%，而且 2004 年比 2003 年有了极大程度的提高。在中国经济管理类刊物中，这种实证研究的比例属于较高的。

4. 研究对象分布

对研究对象进行统计的目的主要是找出政府管理、企业管理及研究不同类型的企业的管理在 2003~2004 年《管理世界》论文中的分布情况。确定领域时，我们发现一些论文研究的对象属于多类，比如，一个企业可能既是民营企业又是跨国企业，或既属国有企业也是上市公司，此时我们将可以归入的类都列出统计，因而各类对象篇数加总会大于样本数。根据表 9-8 可知，对企业管理的研究大大多于政府管理，前者共计 135 篇，后者两年加总共 62 篇。企业管理类又以一般企业和上市公司为最多数，2003 年对一般企业的研究最多，而 2004 年上市公司又最受青睐。另外，这两年对国企和民企的涉及也较多，2004 年对跨国、三资企业的研究明显多于 2003 年。其他项所包含的内容太广，因此占据了很大比重，但并不影响本统计的研究目的。

5.研究领域分布

通过对研究领域的分类统计，可以比较清晰地看出学者们研究重点的变化情况。对于研究领域的划分，我们根据国家自然科学基金管理科学学科分类为标准，并在此基础上进行微调，把属于管理科学与管理工程大类下的“组织理论”的范围扩大为“组织管理”，并调整到工商管理大类下。

表 9-8 《管理世界》(2003~2004 年) 论文研究对象分类统计

对象＼年份		2003	2004	备注
政府管理（包括行政、科技管理）		33	29	主要涉及行政改革、社保、土地管理等
NGO（非政府组织）管理		2	1	
企业管理	一般企业	24	15	
	国有企业	6	10	
	民营企业	6	9	
	家族企业	5	2	
	上市公司	21	22	
	跨国企业	3	8	
	NPO（非营利企业）	1	0	
企业管理小计		66	66	
其他		82	87	主要涉及产业经济、区域经济、证券市场、城市经营、资本流动等

这样，工商管理类的研究主题就有企业理论、企业战略管理、组织管理、人力资源管理、财务管理、市场营销、技术经济与技术管理、运作管理、企业文化、会计理论与方法、项目管理和其他共 14 个；宏观管理和政策类的研究主题有宏观经济战略与管理、公司管理与公共政策、金融管理、财税管理、农林经济管理、产业与行业管理、科技管理与科技政策、信息资源管理、资源与环境管理、区域发展与管理和其他共 11 个。我们在具体确定一篇论文的所属研究领域时，采取由课题组成员交叉审定、疑难篇目转课题组外专家评议的办法，保证了所属研究领域确定的科学性。当一篇论文同时涉及几个领域时，将这些领域都列出统计，因此领域的合计数大于样本文章种数。在此还需说明的是，国家自然科学基金管理科学学科分类中，没有包括对外贸易，因此我们将关于对外贸易的论文划到了“其他”项，对外贸易类在“其他”项中占据最大比重。

由表 9-9 的数据和图 9-1 可知，《管理世界》(2003~2004 年) 论文所属领域中，宏观经济战略与管理、金融管理、公共管理与公共政策位居前 3 名，这 3 项占到 33.66%；工商管理类以战略管理涉及最多，占 7.99%，管理科学与管理思想史、一般管理理论、科技管理与科技政策、信息资源管理在两年中都较少涉及，由此可见国内学者近两年研究的侧重点和较少考虑的主题。从 2003 年和 2004 年数据的比较可看出：企业理论、人力资源管理在2003年得到重视，进入2004年后就不再是研究之重。而2004年研究组织管理、金融管理、资源与环境管理的论文比2003年有所增加。具体的分布和比例见表9-9和图9-1。

表9-9 《管理世界》（2003~2004年）论文研究领域分类统计

领域 \ 年份	2003	2004	合计	占比（%）	排名
管理科学与管理思想史	0	1	1	0.24	15
一般管理理论	0	1	1	0.24	15
管理心理与行为理论	1	2	3	0.73	13
企业理论	9	4	13	3.15	9
企业战略管理	17	16	33	7.99	4
会计理论与方法	1	0	1	0.24	15
财务管理	11	8	19	4.60	7
市场营销	6	5	11	2.66	10
运作管理	3	1	4	0.97	12
人力资源管理	11	3	14	3.39	8
企业文化	1	1	2	0.48	14
组织管理	19	21	40	9.69	3
宏观经济战略与管理	27	28	55	13.32	1
公共管理与公共政策	21	18	39	9.44	3
金融管理	21	24	45	10.90	2
财税管理	5	6	11	2.66	10
农林经济管理	18	15	33	7.99	4
产业与行业管理	14	12	26	6.30	6
科技管理与科技政策	0	1	1	0.24	15
信息资源管理	0	1	1	0.24	15
资源与环境管理	2	5	7	1.69	11
区域发展与管理	12	14	26	6.30	6
其他	15	12	27	6.54	5
合计	213	199	413	100	

6.研究的热点问题

通过对《管理世界》2003~2004年研究领域的划分和统计，我们能够把握近两年的大体研究重点，但是这样的划分框架仍显过于粗略，不足以体现出研究的具体方向，因此，我们根据关键词和摘要又对样本论文的研究

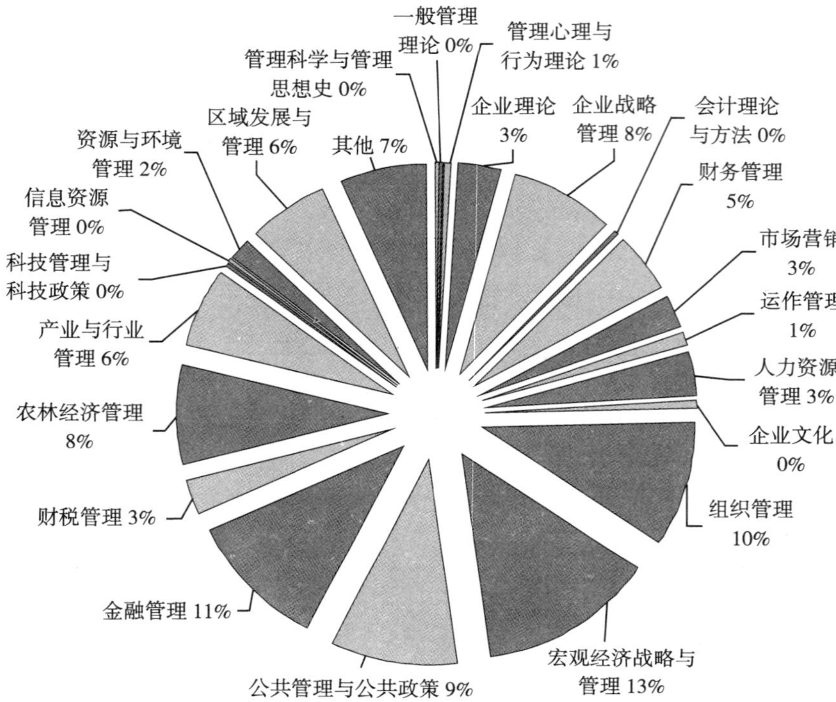

图 9-1 《管理世界》(2003~2004 年) 论文研究主题分类统计图

的领域进行了分类（划分领域时，如果一篇文章涉及几个领域，那么将这些领域都列举出进行统计）。表 9-10 列出了排名在前 10 位的共 15 个研究领域，它们正是近两年的研究热点所在。可以看出，微观方面，对上市公司的研究位居第一，公司治理列第二；宏观方面，有关经济增长的研究排在首位，行政改革居第二。竞争力也是一个较热的领域，既包括企业竞争力，也包括产业、区域的竞争力。这些领域之所以成为热点是由当前中国经济发展、企业成长所面临的问题决定的，当前的现实促使学者们去研究问题、分析原因、推理验证、提出解决方案，以为实践提供科学有效的指导。表后的图 9-2 直观展现出这 15 个领域吸引学者注意力的多少对比。

表 9-10 《管理世界》(2003~2004 年) 论文研究热点分类统计

名次	研究领域	篇数
1	上市公司	27
2	经济增长	25

续表

名次	研究领域	篇数
3	竞争力	24
4	公司治理	19
5	行政改革	13
6	FDI	11
6	对外贸易	11
7	农产品	10
8	劳动就业	9
8	土地管理	9
9	股权结构	8
9	人民币汇率	8
10	激励机制	7
10	中国股市	7
10	家族企业	7
合计		195

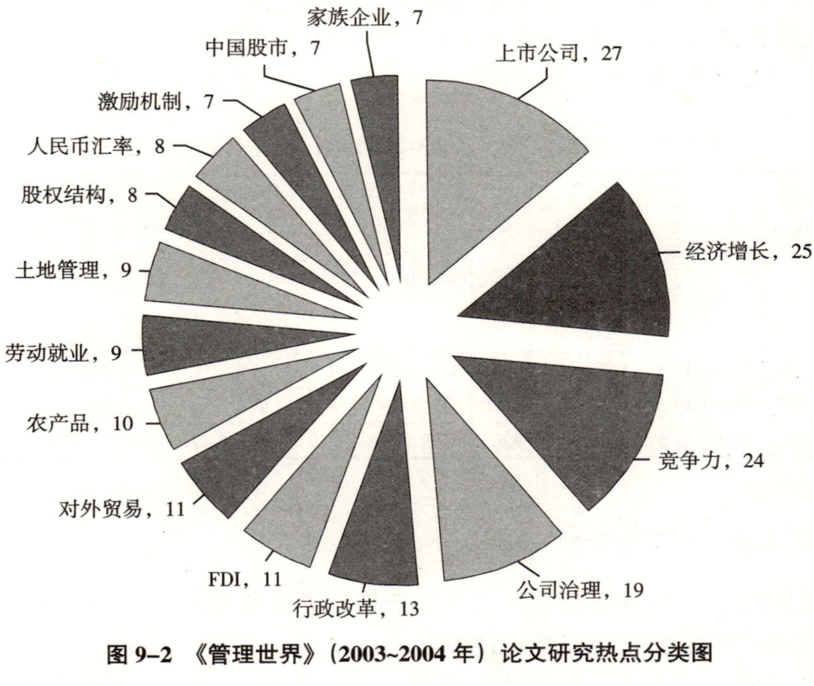

图 9-2 《管理世界》（2003~2004 年）论文研究热点分类图

（二）基于论文引文的计量分析

1. 引文概况

如表 9-11 所示，为《管理世界》2003~2004 年两年刊登论文的引文情况。2003~2004 年《管理世界》的每篇论文平均引文数都在 10 条以上，且 2004 年比 2003 年有较明显的增加，平均引文数达到了 14.2 条。从 2003~2004 年《管理世界》平均引文的统计后，引文有逐年增加的趋势，反映出论文规范性和治学严谨性的提升。

由表 9-11 中数据可知，2003 年中文引文多于英文引文，而 2004 年英文引文就超过了中文引文 10 个百分点，两年中译文引文所占的比重也不小，可见中国学者正在越来越多地关注国外研究进展，注重吸收国外研究成果。在 4500 条引文中，作者自引的条数共 292 条，占引文总量的 6.49%，其中自引较多的有 1 篇文章自引 8 条，有 1 篇文章自引 7 条，有 3 篇文章各自引 6 条。除作者自引外，我们还统计了本刊自引，对《管理世界》所刊载文章的引用共有 74 次，占全部引文的 1.64%。

表 9-11 《管理世界》（2003~2004 年）论文引文分布概况

年份	论文（篇）	引文条数	平均引文	中文		英文		译文		作者自引		本刊自引		属于近5年的文献	普赖斯指数（%）
				条数	比例%	条数	比例%	条数	比例%	条数	比例%	条数	比例%		
2003	184	1981	10.8	952	48.1	812	41	217	11	162	8.18	45	2.27	1030	52
2004	177	2519	14.2	1033	41	1289	51.2	197	7.82	130	5.16	29	1.15	1134	45
合计	361	4500	12.5	1958	43.5	2101	46.7	414	9.2	292	6.49	74	1.64	2164	48.1

2. 文献老化度分析

美国科学家 D.普赖斯提出的普赖斯指数 P 是衡量某个知识领域的文献老化度的常用指标。其计算公式如下：

P =（被引用的近 5 年文献数量/被引用的文献总量）× 100%

一般来说，P 越大，表明引用最新多，也表明文献老化越快。自然科学的普赖斯指数低于社会科学，成熟学科的普赖斯指数低于新兴学科。从表 9-11 可以得出，《管理世界》的文献老化在这两年内有明显的趋慢现象，2003 年的普赖斯指数为 52%，2004 年的指数降为 45%，这一方面表明文献老化程度在降低；另一方面表明引用新文献的比例在降低。

3. 期刊引用率排名

表 9-12 是对《管理世界》2003~2004 年引文所刊载期刊的排名，由此可从一个侧面反映出部分期刊的权威性，我们在此列举出排名前十位的 12 种期刊，其中 《经济研究》以 270 次的巨大优势列于第一位，可见其在国内学者中已得到了广泛的认同和肯定，是中国经济类最为权威的期刊。外文期刊中《Journal of Financial Economics》和《Journal of Finance》占据第二和第三的位置。《管理世界》和《中国工业经济》也以不错的成绩排在第四位和第五位，体现出其在中国管理学界的地位。但是，从引用期刊看，无论是中文还是外文，《管理世界》的论文更倾向于引用经济学期刊，而不是管理学期刊，这一方面因为 《管理世界》刊登了大量的经济学论文；另一方面由于《管理世界》的管理学论文更多的是工商管理论文，而工商管理论文多以经济学理论和研究文献为基础。

表 9-12　《管理世界》（2003~2004 年）论文引用次数最多的期刊排序

排名	期刊（降序排列）	被引次数
1	经济研究	270
2	Journal of Financial Economics	88
3	Journal of Finance	80
4	管理世界	74
5	中国工业经济	47
6	Journal of Political Economy	45
7	Quarterly Journal of Economics	43
7	金融研究	43
8	世界经济	40
9	中国社会科学	35
10	Academy of Management Journal	32
10	Strategic Management Journal	32

4. 作者引用率排名

通过对引文中被引用率最高的作者的排序（如是合著，各位作者都计一次），我们找出了《管理世界》（2003~2004 年）361 篇论文的期刊引文中被引用次数在 10 次以上的作者（见表 9-13），可知这些作者的研究成果得到普遍认同，或者他们研究的领域正是近年的热点。列举的 15 位学者中，有 7 位是中国学者，另外 8 位是国外学者。

表 9-13 《管理世界》（2003~2004 年）作者引用率排名

名次	作者	2003	2004	小计
1	张维迎	27	19	46
2	Andrei Shleifer	13	28	41
3	迈克尔·波特	22	15	37
4	林毅夫	9	17	26
5	Jensen，M.C.	12	12	24
6	蔡昉	8	11	19
7	樊纲	7	10	17
7	Robert W. Vishny	7	10	17
8	李周	5	10	15
8	李新春	12	3	15
9	La Porta，R.	6	8	14
9	王小鲁	6	8	14
10	杨瑞龙	5	6	11
10	威廉姆森	5	6	11
10	小艾尔弗雷德·钱德勒	8	3	11

5. 作品引用率排名

对《管理世界》（2003~2004 年）引文中作品引用率的排名反映的是近两年最受学者们关注的专著和论文。表 9-14 列举的是引用次数不少于 5 次的著作。《中国的奇迹：发展战略与经济革命》以 11 次的被引数排在第 1 名，M.E.Poter 的 3 篇名著《国家竞争优势》、《竞争优势》、《竞争战略》都在排名中，而张维迎的有关产权改革、企业理论和公司治理结构的 5 本著作列于榜中，表 9-14 反映出竞争力、公司治理、中国经济增长是较多关注的方向，与我们的对研究领域的统计结果相符。

表 9-14 《管理世界》（2003~2004 年）作品引用率排名

名次	论文	作者	2003	2004	小计
1	中国的奇迹：发展战略与经济革命	林毅夫，蔡昉，李周	3	8	11
2	国家竞争优势（Competitive Advantages of Nations）	迈克尔·波特	6	4	10
3	Theory of Firm: Managerial Behavior, Agency Cost and Ownership Structure	Jensen, M. and Meckling, W.	5	5	10
4	竞争优势（Competitive Advantage）	迈克尔·波特	5	4	9
5	The core Competence of the Corporation.	C.K.Prahalad and Gray Hamel	5	3	8
6	产权、政府与信誉	张维迎	4	3	7
6	看得见的手——美国企业的管理革命(The Visible Hand: The Managerial Revolution in American Business)	小艾尔弗雷德·D.钱德勒	5	2	7
6	竞争战略（Competitive Strategy）	迈克尔·波特	5	2	7
6	企业理论与中国企业改革	张维迎	4	3	7
7	A Survey of Corporate Governance	Shleifer , Andrei and Vishny , Robert W.	1	5	6
7	工业化和经济增长的比较研究	钱纳里、H.鲁宾逊、赛尔奎因	3	3	6
7	集体行动的逻辑（The Logic of Collective Action）	曼瑟尔·奥尔森	2	4	6
7	Large Shareholders and Corporate Control	Shleifer . A., and Vishny. R.	2	4	6
7	人民币汇率研究	杨帆	4	2	6
8	Advanced Macroeconomics	Romer, David	2	3	5
8	企业的企业家——契约理论	张维迎	3	2	5
	博弈论与信息经济学	张维迎	4	1	5
8	所有制、治理结构与委托—代理关系	张维迎	3	2	5
8	The Structure of Corporate Ownership: Causes and Consequences	Demsetz, Harold and Lehn, Kenneth.	2	3	5
8	The Theory of the Growth of the Firm	Nrose, Edith	3	2	5
8	What are the Determinants of the Location of Foreign Direct Investment? The Chinese Experience	Lionard K. Cheng, Yum K. Kwan	2	3	5

三、对《中国工业经济》的文献计量学分析：2002~2004

《中国工业经济》是1984年创刊的，由中国社会科学院主管、中国社会科学院工业经济研究所主办。在由北京大学图书馆和北京图书馆期刊工作研究会编辑出版的《中文核心期刊要目总览》公告中，《中国工业经济》历年被评为全国核心期刊工业经济类第一名、全国核心期刊企业经济类第一名。2005年《中国工业经济》获得第三届国家期刊奖。此外，《中国工业经济》还是全国高校经济学院、管理学院、MBA中心、财经学院指定首选刊物。《中国工业经济》所载论文为产业经济和企业经济领域的内容，其栏目设计主要有经济热点、形势与展望、产业经济、区域经济、经济体制改革、对外经济、调查与建议、国民经济运行、企业家论坛、上市公司、公共管理、企业经营与管理、书评、会议综述等栏目。按照规范的学术论文的标准，该刊在2002~2004年的3年间发表448篇规范学术文章。这448篇论文被收进了我们的文献计量库，成为我们分析《工业经济研究》的样本。

（一）基于论文正文的计量分析

1. 论文合著情况

《中国工业经济》在2002~2004年3年内发表的448篇论文的撰写者共有555人（不包括课题组）。从表9-15可以看出，《中国工业经济》3年来的合著程度处于稳步升高的趋势，无论是合著率，还是合作度，3年来均不断提高。但是，3年论文合著率达到了50%，合作度为1.56，均低于《管理世界》2003~2004年两年的论文合著率和合作度。

对社会科学研究来说，合作的优越性是显而易见的，合作能够发挥学科交叉特点和研究人员广泛性的优势，特别是跨机构、跨地域的合作，可为社会科学研究开辟更广阔的天地。从本刊来看，合作的范围不仅包括同一机构内的合作，跨机构的合作也占了很大比例。跨机构的合作方式主要

表 9-15 《中国工业经济》(2002~2004 年) 论文合著统计

年份	独著	2 人（篇）	3 人（篇）	3 人以上（篇）	小计	署名次数	合著率（%）	合作度
2002	78	47	12	0	137	205	43.07	1.50
2003	73	49	10	7	139	215	47.48	1.55
2004	73	74	22	3	172	279	57.56	1.62
合计	224	170	44	10	448	699	50	1.56

注：课题组计 3 人以上。

有不同高校间的合作、高校与研究所的合作、高校与企业的合作、不同研究所之间的合作及研究所与企业的合作等，其统计结果见表 9-16。

表 9-16 不同主体之间的合作统计

	院校	研究机构	企业	政府部门
院校（不同院校）	34	9	6	1
研究机构	—	1	0	1
企业	—	—	1	0
政府部门	—	—	—	1

从统计结果可以看出，在 448 篇论文中，有 54 篇是不同主体的学者合作而成的。合作主体又以不同高校间的合作为主，共有 34 篇，占 62.96%；高校与研究机构和企业的合作也相对较多，共计 15 篇；各主体与政府部门的合作最少，只有 3 篇是与政府部门的学者合作而成的。

在这 54 篇不同主体之间的合作成果中，有相当一部分是跨地区的作者合著而成。从表 9-17 中可以看出，在这些文章中，同一地区的合著和跨地区的合著分别为 28 篇和 25 篇，没有跨国合著。从这一点上看，这在一定意义上说《中国工业经济》比《管理世界》（有 8 篇跨国合作论文）的国际化程度要低。

表 9-17 不同地区之间的合作

年份	同一区域	跨区域合著	跨国合著
2002	7	5	0
2003	7	5	0
2004	14	15	0
合 计	28	25	0

2. 论文产出机构及区域分布

通过对论文产出机构的分布统计，可以得出高产机构的排名情况，比较直观地反映出我国各个机构的研究能力和水平。对产出机构的统计仍然采取与高产作者统计相同的原则，即如果一篇论文由 N 个机构的作者撰写，则每个机构产出的论文篇数就为 1/N（以机构个数为准，而不以作者人数为准）。表 9–18 为根据这个原则得出的、在《中国工业经济》中刊载的论文数量在 10 篇以上的 11 个机构的排名情况。从表 9–18 中可以看出，除了位居第一的中国社会科学院外，其余 11 个高产机构全部是全国知名高校。从本刊物来看，中国社会科学院和这些全国知名高校具有明显的人才优势，是管理学研究的主要力量。从表中还可以看出，这 11 个高产机构产出的论文数占全部论文总量的 47.37%，表明了国内管理学的研究成果有较高的机构集中度。其中中国社会科学院的产出量占绝对领先地位（不排除刊物主办单位容易在自己主办刊物上发表学术论文的原因），它产出论文达 81 篇之多，比名列第二的浙江大学多产出 63.5 篇；产出的论文数占全部论文总数的 18.24%，比第二名多出 14.30 个百分点。

表 9–18 《中国工业经济》论文高产机构统计

机构	篇数	百分比（%）	位次
中国社会科学院	81.00	18.24	1
浙江大学	17.50	3.94	2
东北财经大学	15.50	3.49	3
山东大学	14.00	3.15	4
中国人民大学	13.00	2.93	5
复旦大学	12.83	2.89	6
南京大学	12.50	2.82	7
四川大学	12.50	2.82	7
暨南大学	11.00	2.48	8
上海交通大学	10.50	2.36	9
西安交通大学	10.00	2.25	10

通过对论文产出地区的分布统计，可以有效地反映我国工业经济研究的集中度，对正确评价我国工业经济的发展现状具有重大意义。我们把各个地区的研究机构分为高等院校、科研院所和其他；对地区的统计采取与产出机构统计相同的原则，根据这个原则得出的统计结果见表 9–19。

表 9–19 《中国工业经济》论文产出地区分布

地区（国家）	高等院校			科研院所			其他			小计		
	篇数	百分比（%）	位次	篇数	百分比（%）	位次	篇数	百分比（%）	位次	篇数	百分比（%）	位次
北京	44	13.91	1	100.50	85.90	1	5	34.11	1	149.50	33.37	1
上海	40.33	12.75	3	10	8.55	2	1	6.82	4	51.33	11.46	2
广东	40.5	12.80	2				0.33	2.25	6	40.83	9.11	3
四川	29	9.17	4	1.50	1.28	3	1.83	12.48	3	32.33	7.22	4
江苏	26.5	8.38	5	1	0.85	4				27.50	6.14	5
辽宁	25.5	8.06	6				0.5	3.41	5	26	5.80	6
浙江	23	7.27	7	1	0.85	4	1	6.82	4	25	5.58	7
山东	17	5.37	8	1	0.85	4	1	6.82	4	19	4.24	8
湖北	16	5.06	9							16	3.57	9
陕西	11.5	3.64	10				1	6.82	4	12.50	2.79	10
天津	11.5	3.64	10							11.50	2.57	11
江西	7.5	2.37	11							7.50	1.67	12
河南	4.5	1.42	12							4.50	1.00	13
安徽	3	0.95	13				1	6.82	4	4	0.89	14
河北	1	0.32	15				2	13.64	2	3	0.67	15
黑龙江	3	0.95	13							3	0.67	15
湖南	3	0.95	13							3	0.67	15
吉林	3	0.95	13							3	0.67	15
福建	1	0.32	15	1	0.85	4				2	0.45	16
重庆	1	0.32	15	1	0.85	4				2	0.45	16
甘肃	1.5	0.47	14							1.50	0.33	17
韩国	1	0.32	15							1	0.22	18

续表

地区（国家）	高等院校			科研院所			其他			小计		
	篇数	百分比（%）	位次	篇数	百分比（%）	位次	篇数	百分比（%）	位次	篇数	百分比（%）	位次
日本	1	0.32	15							1	0.22	18
山西	1	0.32	15							1	0.22	18
合 计	316.33	70.61		117.00	26.12		14.66	3.27		447.99*	100.00	

注：*由于表中数字小数点后只取 2 位，故此数字不为整数，实际篇数为 448 篇。

从表 9-19 中可以看出，从本刊物来看，近 3 年来工业经济研究的集中度非常高。从地域来说，名列前五名的北京、上海、广东、四川和江苏 5 个省市所产出的论文就占了论文总量的 67.30%；而名列最后四名的福建、重庆、甘肃和山西（不计日本和中国香港）所产出的论文仅占论文总量的 1.45%。从产出机构来看，高等院校表现出了较大的优势，其产出率高达 70.61%；而科研院所占 26.12%，其中以中国社会科学院为绝对主力；其他类仅占 3.27%，为企业和政府部门中研究人员的研究成果。尤其值得注意的是，在北京产出的论文中，有 85.90%是来自科研院所，这主要跟国家的科研机构主要设在北京有关，而这些产自科研院所的论文中又有 89.98%产自于中国社会科学院。

3. 论文类型分析

同样我们依照论文的规范型、描述型、文献型、概念型、实证型、定性经验型和演绎数学模型的分类，[①] 对《中国工业经济》2002~2004 年 3 年间刊载的论文进行分类统计。在界定文章的类型时，我们采用了可重叠原则，即如果一篇文章符合多种类型，则涉及的所有类型都将其纳入统计，即一篇文章不仅限于一种类型。可以发现，在这 3 年中，《中国工业经济》刊载的主要是概念型的论文（见表 9-20），占 44.6%，其次是描述型（24.9%）和规范型的论文（19.1%）；定性经验型的论文最少，3 年内仅有 2 篇。从对本刊物的统计来看，总体上说近 3 年内实证型和演绎数学型的论文相对也较少。《中国工业经济》规范型论文比例要低于《管理世界》的 32.7%，但《管理世界》的实证型论文比例（19.1%）要远远高于《中国工业经济》实证型论文比例（6.7%）。

4. 研究对象分布

通过对研究对象的分类和统计，可以找出 5 年内研究管理学的学者们所关注的组织类型。在界定《中国工业经济》2002~2004 年发表的 448 篇文章的研究对象时，对于研究对象交叉的文章我们也同样采用了可重叠原则，即根据具体情况允许把一篇文章的研究对象界定为两个或两个以上，统计结果见表 9-21。

---

① 许德音、周长辉：《中国战略管理学研究现状评估》，《管理世界》，2004 年第 5 期。

表 9-20 《中国工业经济》(2002~2004 年)论文类型统计

论文类型 \ 年份	2002	2003	2004	小计	比例(%)
规范型	23	39	32	94	19.1
描述型	45	33	44	122	24.8
文献型	1	8	7	16	3.3
概念型	63	69	87	219	44.5
实证型	8	10	15	33	6.7
定性经验型	1	0	1	2	0.4
演绎数学型	2	1	3	6	1.2
合计	143	160	189	492	100

注:由于在界定论文类型时允许根据情况把一篇文章界定为两种或两种以上类型,所以该项统计 3 年的论文之和要大于实际总篇数 448 篇。

表 9-21 《中国工业经济》(2002~2004 年)论文研究对象分类统计

研究对象 \ 年份		2002	2003	2004
政府管理(包括行政、科技管理)		10	3	3
NGO(非政府组织)管理		0	1	0
企业管理	一般企业	38	47	59
	国有企业	10	10	7
	民营企业	5	12	7
	家族企业	2	2	0
	上市公司	6	2	3
	跨国企业	4	6	6
	NPO(非营利企业)	0	0	0
	学科理论	7	13	18
管理学合计		82	96	103
产业经济学		52	54	73

注:界定研究对象的原则决定了该项统计 3 年来的论文篇目数要大于其实际篇数 448 篇。

从表 9-21 可以清楚地看出,《中国工业经济》的研究对象主要为管理学和产业经济学,其中管理学的研究力度在近 3 年内均大于产业经济学,而在对管理学的研究中,又主要集中于企业管理的研究。而所研究的企业的类型除对一般企业外的其他类型在不同年度又有所不同,2002 年主要关注对国有企业的研究,并同时兼顾学科理论和民营企业的研究;2003 年学者们又把目光主要集中在学科理论、国有企业和民营企业；而 2004 年则重点关注对学科基本理论的研究。在这 5 年中一般企业的研究可谓“一枝独秀”，一直都是众所瞩目的焦点，占据了压倒性优势；而在 3 年中，没有出现一篇研究非盈利企业的文章。这一统计结果的出现是由中国经济近 3 年的发展变化和不断出现的企业管理新问题所决定的，同时又与《中国工业经济》的探索管理学理论的导向和侧重于对工商管理的研究相一致。

5. 研究领域分布

根据我们对研究领域的分类方法，2002~2004 年《中国工业经济》并没有覆盖所有 25 个领域，所以在表 9-22 中将其省略。在界定领域时，我们仍采取可重叠原则，如果一篇文章的研究领域属于两个，则两个领域都要

表 9-22 《中国工业经济》（2002~2004 年）学术论文研究领域分类统计

研究领域 \ 年份	2002	2003	2004	小计
企业理论	7	4	15	26
企业战略管理	23	25	27	75
组织管理	21	28	36	85
人力资源管理	12	9	8	29
财务管理	6	7	5	18
市场营销	4	7	9	20
技术经济与技术管理	2	8	4	14
运作管理	1	4	5	10
企业文化	1	3	1	5
其他工商管理类	6	5	2	13
工商管理合计	82	100	112	295
宏观经济战略与管理	8	12	10	30
公共管理与公共政策	2	1	6	9
金融管理	0	1	0	1
产业与行业管理	47	35	44	126
科技管理与科技政策	0	0	1	1
资源与环境管理	2	3	2	7
区域发展与管理	14	7	14	35
宏观管理与政策合计	73	59	77	209

注：界定研究主题的可重叠原则决定了该项统计 3 年来的论文篇目数要大于其实际篇数 448 篇。

纳入统计。

从表 9-22 可以得知，《中国工业经济》的研究领域涵盖了工商管理和宏观管理与政策两大管理学分类的多数子类。在 2002~2004 年，工商管理类论文的数量都高于宏观管理与政策类论文的数量，在工商管理类论文中，研究领域又主要集中在对企业战略管理和组织管理的研究；在宏观管理与政策类的论文中，研究领域主要集中在对产业与行业管理的研究，从统计结果还可以看到，在所有领域中，以产业与行业管理为研究的重中之重。这一统计结果与《中国工业经济》以产业经济和企业经济学为主要内容的办刊宗旨是相符合的。图 9-3 是 2002~2004 年 3 年《中国工业经济》研究领域的饼状图，它清晰地反映了各个研究领域的总量分布情况。

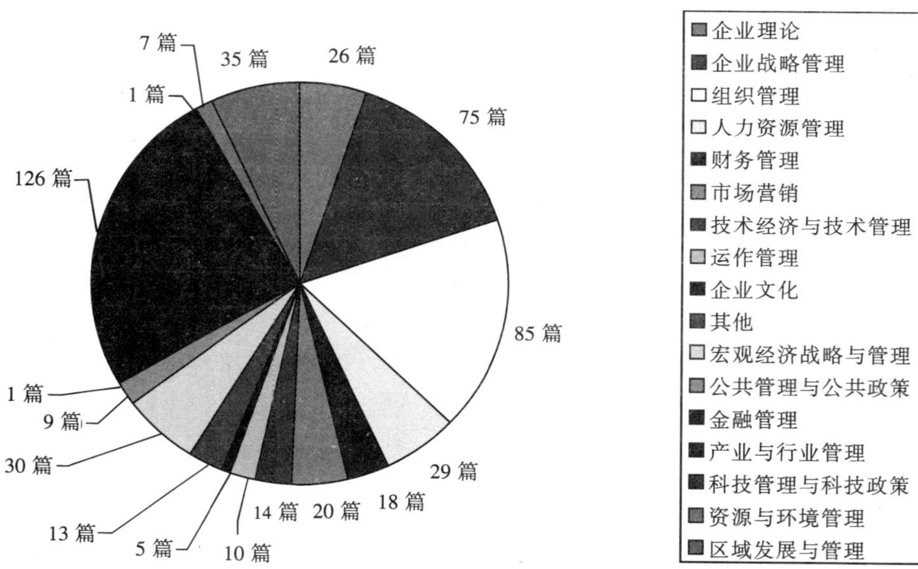

图 9-3 《中国工业经济》(2002~2004 年) 学术论文研究领域分类图

6.研究的热点问题

我们可以通过对《中国工业经济》2002~2004 年发表的论文的关键词进行统计，整理出近 3 年来该刊的研究热点。统计 3 年内出现次数在 12 次以上的关键词，它们一共出现了 309 次，其出现率占总出现率的18.66%(见表 9-23)。

表 9-23 《中国工业经济》（2002~2004 年）研究热点分类统计

个数	热点问题	数量	百分比（%）
1	竞争力	42	2.54
2	公司治理	38	2.29
3	人力资本	27	1.63
4	绩效管理	27	1.63
5	组织网络	26	1.57
6	工业化	19	1.15
7	企业家	18	1.09
8	股权结构	18	1.09
9	产业集聚	17	1.03
10	资本结构	14	0.85
11	网络经济	14	0.85
12	激励机制	13	0.79
13	品牌管理	12	0.72
14	集群	12	0.72
15	代理成本理论	12	0.72
合　计		309	18.66

注：由于同一研究主题每个作者所选定的关键词不尽相同，所以我们在统计时对研究热点均采取了模糊归类的方法。例如，归入“公司治理”这一主题的关键词就有治理、治理结构、公司治理结构、公司治理、治理模式、公司治理模式等。

从表 9-23 我们可以看出，从 2002~2004 年的 3 年间，《中国工业经济》研究的热点问题主要集中在竞争力、公司治理、人力资本、绩效管理和组织网络这 5 个领域，它们在 3 年中出现的次数均达到了 25 次以上，它们的出现次数占全部关键词出现次数的 1.5%以上。因此，这些领域是近 3 年来中国产业经济学和企业经济学研究中相对较热的问题。图 9-4 是《中国工业经济》研究热点饼状图，从图中也可以清楚地看出这 5 个领域是热点中的热点。

（二）基于论文引文的分析

1. 引文概况

《中国工业经济》2002~2004 年 3 年的 448 篇论文共有引文 4170 篇，

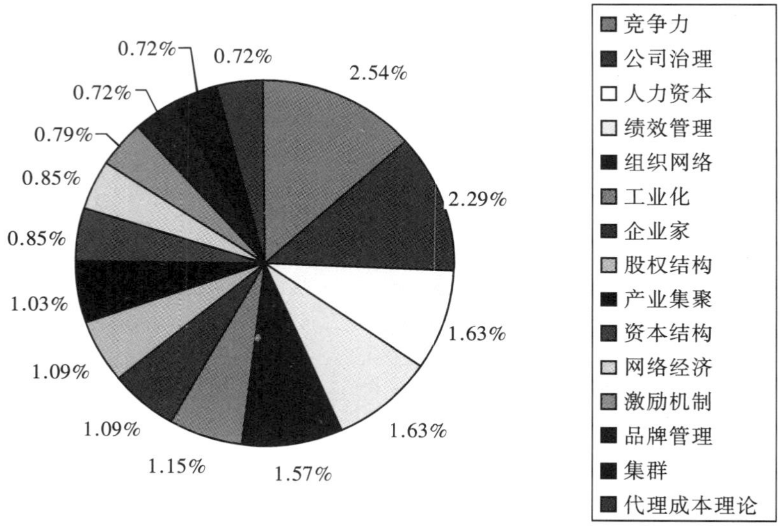

图 9-4 《中国工业经济》（2002~2004 年）研究热点分类图

平均引文数量为 9.31 条，较我国自然科学中几个主要学科平均引文 8.86 条高，但低于《管理世界》2003~2004 年平均引文 12.5 条。2002~2004 年 3 年来《中国工业经济》平均引文的数量呈逐渐上升的趋势，表明刊载的论文的作者的情报意识与吸收、利用文献情报的能力在不断提高。在统计中我们还发现，该刊在 2002 年以后刊载的文章中文献的列举越来越规范。

通过对引言结构的划分和统计，我们可以看到，在 2002~2004 年的 3 年中，中文文献的数量是波动的，而中文引文数占全部引文的 44.94%；英文文献的数量则呈上升趋势，译文文献也呈波动状态，而外来文献（即英文文献和译文文献）所占比例达到 50%强。这一统计数字一方面说明了我国学者对管理学的研究已经取得了大量成果;另一方面也说明了作者对国外论文的关注度加强，吸收和利用国外研究成果的能力增强，而且还说明了在中国，越来越多的学者开始走出译著，直接从原著中汲取“原汁原味”的知识，从而使中国的管理学理论研究能够更多地与国际接轨，更快跟上国外研究的步伐。

在 5 年内的 4170 条引文中，共有 244 条是作者自引，作者自引率是 5.85%，有 193 条是期刊自引，期刊自引率是 4.63%。作者自引指的是论文注引的参考文献中出现作者本人的文献。期刊自引是指本刊发表的论文

表 9-24　引文分布概况

年份	论文（篇）	引文条数	平均引文	中文		英文		译文		作者自引		本刊自引		引文是近 5 年内发表的数量	普赖斯指数
				条数	比例（%）	条数	比例（%）	条数	比例（%）	条数	比例（%）	条数	比例（%）		
2002	137	1007	7.35	464	46.08	392	38.93	151	15.00	36	3.57	38	3.77	573	56.90
2003	139	1233	8.87	595	48.26	424	34.39	214	17.36	95	7.70	63	5.11	709	57.50
2004	172	1930	11.22	815	42.23	855	44.30	260	13.47	113	5.85	92	4.77	936	48.50
合计	448	4170	9.31	1874	44.94	1671	40.07	625	14.99	244	5.85	193	4.63	2218	53.19

中注引参考文献中出现发表在本期刊的文献。《中国工业经济》的作者自引率较低，低于《管理世界》6.49%，但期刊自引率高于《管理世界》的1.64%。自引率高一方面说明自己研究或者刊登的文章比较权威，但另一方面也说明论文和期刊具有禁锢密封的缺陷，使研究局限于“一家之言”。

2. 文献老化度分析

图 9-5 为《中国工业经济》2002~2004 年论文文献老化度的变动图，从图中可以看出，在这 3 年中文献的老化度变化相对较大。其中普赖斯指数从 2002~2003 年的变化不大，仅提高 0.60 个百分点；而在 2004 年普赖斯指数则急剧下降，达到 48.50，比上年下降了 9.00 个百分点。2002~2004 年这 3 年来《中国工业经济》论文的文献老化度平均在 53.19%，高于《管理世界》的普赖斯指数 48.1%。《中国工业经济》的普赖斯指数相对较高，说明产业经济和管理学是快速发展的新兴学科领域，有大量相关新的文献不断问世，文献老化较快，同时也表明《中国工业经济》论文作者注意参考最新研究文献。

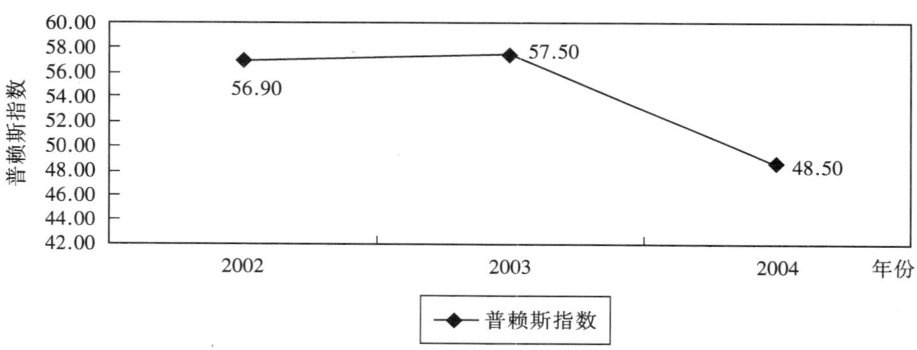

图 9-5 《中国工业经济》2002~2004 年文献老化度变动图

3. 期刊引用率排名

一种学术期刊被引用的次数越多，说明它被利用的次数越多，在学术情报交流中所起的作用也就越重要。统计分析学术期刊的被引用次数，可以客观地揭示该期刊的权威性和学术地位。我们对《中国工业经济》近 3 年中期刊被引率进行了统计，找出了被引用次数均达到 20 次以上的 14 种期刊（见表 9-25）。这 14 种期刊在近期学术情报交流中起到较大的作用，具有较高的权威性和学术地位。

从表 9-25 可以看出，①在这 14 种期刊中，有 6 种属于国内期刊，另外 8 种为外国期刊。这一方面说明了我国学者对国际权威期刊的关注，并善于学习和引进国外最新的学术理论，使学科研究与国际接轨；另一方面也说明了国内期刊的权威性都有待提高。②被引用 20 次以上的 14 种期刊共计被引 761 次，占全部中文期刊引文总数的 22.72%。这种情况符合加菲尔德引文集中定律，而且被引期刊集中化的程度更加明显。③从对本刊物的统计来看，国内期刊《中国工业经济》和《经济研究》分别以 170 次和 139 次的高被引频次占据第一、二位，它们的作用和学术地位不言而喻。外国期刊《American Economic Review》、《Harvard Business Review》和《Strategic Management Journal》也以较高的引用率居于前列，均高于国内的《管理世界》、《外国经济与管理》、《南开管理评论》和《经济学动态》，它们和《Journal of Political Economy》、《Journal of Financial Economics》、《Academy of Management Review》、《Academy of Management Journal》以及《Quarterly Journal of Economics》共同成为我国管理类学者吸收国外最新学术理论的主要来源。

表 9-25 《中国工业经济》（2002~2004 年）引用次数最多的期刊排序

排名	期刊	被引次数
1	中国工业经济	170
2	经济研究	139
3	American Economic Review	79
4	Harvard Business Review	59
5	Strategic Management Journal	52
6	管理世界	42
7	Journal of Political Economy	41
8	Journal of Financial Economics	39
9	Academy of Management Review	36
10	Academy of Management Journal	23
11	外国经济与管理	21
12	Quarterly Journal of Economics	20
12	经济学动态	20
12	南开管理评论	20

4. 作者引用率排名

进行作者引用率的排名不仅能够得出各位学者在学科领域的地位和声誉，而且还能判断该学者所代表的研究领域的热门程度。我们对《中国工业经济》2002~2004 年 448 篇论文中的作者被引用率进行了统计，找出了被引用频次在 16 次以上的 16 位作者，详见表 9-26。在这 16 位作者中有 9 位是中国学者，说明了中国的经济学研究已经达到了一定水平。在这 16 位作者中，位居第一的是被称之为"竞争战略之父"的迈克尔·E.波特，他被引用次数为 95 次，他的被引用文献主要是《竞争战略》、《竞争优势》和《国家竞争优势》这三本专著，引用这三本专著的论文的研究领域主要集中于战略管理中的竞争力和企业核心能力研究；美国新制度经济学派的主要人物之一奥利弗·E.威廉姆森以被引 47 次的频次位居第二，他的作品引用较多的是《The Economic Institutions of Capitalism：Firms，Markets，Relational Contracting》（即《资本主义经济制度——论企业签约与市场签约》）、《Markets and hierarchies：Analysis and Antitrust Implications》和《治理机制》这三本专著；引用率排名第三的是张维迎，被引次数为 39 次，他的作品引用较多的是 《所有制、治理结构及委托—代理关系》和 《企业的企业家—契约理论》，引用他的作品的论文主要涉及公司治理结构、企业家研究、企业所有权和企业理论中的委托—代理问题。

表 9-26 作者引用率排名

名次	作者	2002 年	2003 年	2004 年	小计
1	迈克尔·E.波特（Michael E. Porter）	38	31	26	95
2	奥利弗·E.威廉姆森（Oliver E. Williamson）	4	10	33	47
3	张维迎	13	12	14	39
4	昝廷全	12	10	16	38
5	金碚	5	10	20	35
6	李海舰	3	12	18	33
6	让·泰勒尔（Jean Tirole）	8	8	17	33
7	青木昌彦（M.Aoki）	5	11	16	32
7	杨瑞龙	7	8	17	32
8	罗纳德·H.科斯（Ronald H. Coase）	7	5	15	27
9	O. 哈特（Oliver D.Hart）	3	6	17	26
10	刘伟	1	12	9	22

续表

名次	作者	2002 年	2003 年	2004 年	小计
11	周其仁	5	7	7	19
12	Michael C. Jensen	2	4	11	17
12	江小涓	5	5	7	17
13	王缉慈	7	2	7	16

注：在引用率计算时没有剔出作者自引，这里有些作者排名靠前主要是由于自引造成的。

5. 作品引用率排名

对作品引用率进行排名是为了揭示作品的重要性和影响力。表 9-27 是引用次数在 7 次以上的作品的统计结果。在这 18 部作品中，有 7 部是国内学者所著，说明我国管理学研究虽然具备了一定的水平，但与世界知名学者相比还具有一定的差距，还有待进一步提高。从表中可以看出，引用率最高的是波特的《竞争优势》、《国家竞争优势》和《竞争战略》，分别以总计引用 25 次、21 次和 16 次的高频率名列前三位；名列第四位的是法国著名经济学家泰勒尔所著的《产业组织理论》一书。可以看出，在这 3 年中被引用频次较高的均是中外名家撰写的经典名著。

表 9-27　作品引用率排名

名次	论文	作者	2002 年	2003 年	2004 年	小计
1	竞争优势（Competitive Advantage）	迈克尔·E.波特	7	12	6	25
2	国家竞争优势（The competitiveness Advantage of Nation）	迈克尔·E.波特	8	3	10	21
3	竞争战略（Competitive Strategy）	迈克尔·E.波特	7	4	5	16
4	产业组织理论（The Theory of Industrial Organization）	泰勒尔（Tirole J.）	2	4	9	15
5	市场里的企业：一个人力资本与非人力资本的特别合约	周其仁	4	4	5	13
6	The Economic Institutions of Capitalism: Firms, Markets, Relational Contracting（资本主义经济制度——论企业签约与市场签约）	Williamson Oliver E.	2	1	9	12
6	企业的性质（The Nature of the Firm）	Coase R.H.	3	1	8	12
7	经济学原理	马歇尔	3	3	4	10
8	企业的竞争优势来源及其战略选择	李海舰、聂辉华	3	4	2	9

续表

名次	论文	作者	2002 年	2003 年	2004 年	小计
8	所有制、治理结构及委托—代理关系	张维迎	2	3	4	9
9	The core competence of the corporation	C. Prahalad & G. Hamel	3	3	2	8
9	企业、合同与财务结构	O. 哈特 (Oliver D. Hart)	1	2	5	8
9	Firm Resources and Sustained Compet-itive Advantages	Barrey J.	4	1	2	7
10	从竞争范式到垄断范式	冯丽、李海舰	0	1	6	7
10	看得见的手——美国企业的管理革命(中译本)	钱德勒	1	2	4	7
10	企业共同治理的经济学分析	杨瑞龙、周业安	1	3	3	7
10	企业理论与中国企业改革	张维迎	0	4	3	7
10	一个关于企业所有权安排的规范性分析框架及其理论含义——兼评张维迎、周其仁及崔之元的一些观点	杨瑞龙、周业安	2	1	4	7

四、《经济管理·新管理》的文献计量分析：2001~2004

《经济管理》是由中国社会科学院主管、中国社会科学院工业经济研究所主办的国家级学术期刊，是一份具有广泛影响的经济管理类杂志。2000年下半年，《经济管理》杂志经国家新闻出版署批准出版半月刊，全新推出下半月刊《经济管理·新管理》，并定位于管理学纯学术性的期刊。目前，《经济管理·新管理》包含的主要栏目有：管理学前沿、公司战略、市场营销、案例分析、组织行为、人力资源、上市公司等。由于《经济管理·新管理》是在 2001 年《经济管理》改版为半月刊后才出版的，因此，把研究时限定为 2001~2004 年。在此基础上，共获得 2001~2004 年期间在《经济管理·新管理》上刊载的 693 篇管理学科规范类论文（不计书评、刊首语、增刊等不规范论文）。我们将这 693 篇论文收入数据库，并针对这 693 篇论文的正文和引文进行分析。

（一）基于论文正文的计量分析

1. 作者合作研究情况

由表 9–28 可知，《经济管理·新管理》2001~2004 年间所发文章的合著率和合作度分别为 50.65%和 1.60，低于《管理世界》2002~2003 年论文的合著率和合作度，但高于《中国工业经济》2002~2004 年论文的合著率和合作度。2001~2004 年间《经济管理·新管理》所发文章的合著率和合作度呈现逐年递增趋势，2004 年的合著率达到了 60.36%，合作度达到 1.71，这在一定程度上反映出国内管理学界已逐步认识到合作研究的重要性，也越来越重视合作研究这一科研的最基本、最主要的形式。

由表 9–29、表 9–30 可得，在合著的论文中，有很大一部分是跨单位机构跨地区的合作。以 2004 年为例，在合著的 102 篇文章中，有 22 篇是跨单位合作，其中 18 篇为跨单位、跨地区而完成的合作。在这些合著的文章中，既有高校之间的合作，也有高校与科研机构、高校与企事业单位等各种形式的合作研究。但该刊与《中国工业经济》一样，没有跨国合作的论文，与《管理世界》相比，在一定意义上表明国际化程度较低。

表 9–28 《经济管理·新管理》2001~2004 年论文合著统计

年份	独著	2 人（篇）	3 人（篇）	3 人以上（篇）	小计	署名次数	合著率（%）	合作度
2001	102	40	10	0	152	212	32.89	1.40
2002	86	79	15	1	181	293	52.49	1.62
2003	87	83	19	2	191	318	54.45	1.67
2004	67	85	16	1	169	289	60.36	1.71
合计	342	287	60	4	693	1108	50.65	1.60

表 9–29 《经济管理·新管理》2001~2004 年不同主体之间的合著统计

	院校	研究机构	企业	政府部门
院校（不同院校）	44	9	8	6
研究机构	—	3	1	1
企业	—	—	1	1
政府部门	—	—	—	0

表 9-30 《经济管理·新管理》2001~2004 年不同区域之间的合著统计

年份	同一区域	跨区域合著	跨国合著
2001	142	10	0
2002	174	7	0
2003	180	11	0
2004	151	18	0

2. 论文产出机构及地区分布

目前，国内管理学的研究人员主要集中在高等院校和各类科研院所和一些企事业单位之中，同时各种研究力量很不均衡，这一现象在《经济管理·新管理》中也应该有所体现。因此有必要对于所载文章的产出机构进行研究；对于论文产出地域的统计，则能让我们了解各地对于管理学研究的现状，并为我们刻画出一张论文产出区域图，使我们了解哪些地区是论文的高产区，哪些地区管理学学科的发展比较缓慢等，这对于学科的发展十分有意义。鉴于此，本章对于论文产出机构分为三类：高等院校、相关科研院所及其他；对于论文地区分布，本章以省份为划分标准。表 9-31、表 9-32 分别给出了该刊载文的机构和地区分布表。

表 9-31 《经济管理·新管理》2001~2004 年论文产出的机构分布（前 13 位）

机构	篇数	百分比（%）	位次
中国社会科学院	63.5	9.16	1
武汉大学	56.5	8.15	2
浙江大学	40	5.77	3
西安交通大学	35.33	5.10	4
上海财经大学	33.5	4.83	5
复旦大学	28	4.04	6
厦门大学	26	3.75	7
南开大学	22	3.17	8
南京大学	21.5	3.10	9
清华大学	19.5	2.81	10
东北财经大学	14	2.02	11
中国人民大学	13.5	1.95	12

由表 9-32 可知，排名前十位的除了列第一位的中国社会科学院，其

中中国社会科学院工业经济研究所占了 49 篇（显然这与《经济管理·新管理》是中国社会科学院工业经济研究所主办有一定关系），其他九位均是各高等院校。由此看来，《经济管理·新管理》的研究力量主要分布在各大高等院校，特别是武汉大学，更是发文 56.5 篇位居第二位。另外，《经济管理·新管理》管理学科研究的机构集中程度也是十分显著的，排名前十二位的机构所发文章的总数占了《经济管理·新管理》4 年来所发文总数的一半多，达到了 53.85%。

表 9-32 《经济管理·新管理》2001~2004 年论文产出的地区分布（前 13 位）

地区	高等院校			科研院所			其他			小计		
	篇数	百分比（%）	位次	篇数	百分比（%）	位次	篇数	百分比（%）	位次	篇数	百分比（%）	位次
北京	65.5	10.99	3	64.5	88.36	1	11.33	47.21	1	141.33	20.39	1
上海	103.5	17.37	1	3.5	4.80	2	2	8.33	2	109	15.73	2
湖北	84	14.09	2	1	1.37	3	1.5	6.25	4	86.5	12.48	3
江苏	50	8.39	4	1	1.37	3	1	4.17	5	52	7.50	4
陕西	49.17	8.25	5	0	0	—	2	8.33	2	51.17	7.38	5
浙江	47.33	7.94	6	0.5	0.68	4	0	0	—	47.83	6.90	6
广东	37.5	6.29	7	1	1.37	3	1.83	7.63	3	40.33	5.82	7
天津	33.5	5.62	8	0.5	0.68	4	1.5	6.25	4	35.5	5.12	8
福建	32.5	5.45	9	0	0	—	0	0	—	32.5	4.69	9
辽宁	24.5	4.11	10	0	0	—	0	0	—	24.5	3.54	10
重庆	12.5	2.10	11	0	0	—	0	0	—	12.5	1.80	11
安徽	9.5	1.59	12	0	0	—	0	0	—	9.5	1.37	12
湖南	7	1.17	14	1	1.37	3	0.5	2.08	6	8.5	1.23	13
山东	7.5	1.26	13	0	0	—	0	0	—	7.5	1.08	14
四川	7	1.17	15	0	0	—	0	0	—	7	1.01	15
江西	4	0.67	16	0	0	—	0	0	—	4	0.58	16
吉林	4	0.67	16	0	0	—	0	0	—	4	0.58	16
河南	4	0.67	16	0	0	—	0	0	—	4	0.58	16
甘肃	3.5	0.59	17	0	0	—	0	0	—	3.5	0.51	17
河北	2	0.34	18	0	0	—	0.5	2.08	6	2.5	0.36	18
新疆	2	0.34	18	0	0	—	0	0	—	2	0.29	18
广西	0.5	0.08	20	0	0	—	1	4.17	5	1.5	0.22	19
海南	1	0.17	19	0		—	0	0	—	1	0.14	20
黑龙江	1	0.17	19	0	0	—	0	0	—	1	0.14	20

续表

地区	高等院校			科研院所			其他			小计		
	篇数	百分比（%）	位次	篇数	百分比（%）	位次	篇数	百分比（%）	位次	篇数	百分比（%）	位次
内蒙古	1	0.17	19	0	0	—	0	0	—	1	0.14	20
云南	1	0.17	19	0	0	—	0	0	—	1	0.14	20
中国澳门	1	0.17	19	0	0	—	0	0	—	1	0.14	20
中国香港	0	0	—	0	0	—	0.5	2.08	6	0.5	0.07	21
山西	0	0	—	0	0	—	0.33	1.38	7	0.33	0.05	22
小计	596	100		73	100		24	99.96		693	99.98	

注：由于在计算过程中存在一个四舍五入的过程，因此各项比重相加之和可能存在一个误差，不等于100%。

从表9-33看出，2001~2004年4年来《经济管理·新管理》上所发文章的地区集中度较高，排名前五位的地区（北京、上海、湖北、江苏、陕西）所产出的论文就占了论文总数的59.09%，相比之下，排名末五位的地区的发文数仅占了0.51%。在各个地区三类单位（高等院校、科研机构及其他）的发文数中高等院校均有绝对优势；一个数据巧合是北京地区高等院校与科研院所（以中国社会科学院为主）的发文数基本相同。

3. 文章类型统计

同样基于规范型、描述型、文献型、概念型、实证型、定性经验型、演绎数学型7类文章的划分，2001~2004年4年来《经济管理·新管理》论文类型统计分析结果见表9-33。从总体上看，规范型论文还是最多（26.3%），远远高于其他类型的论文，而定性经验型论文（16.6%）排在第二位。二者之和约占总数的43%。但是，实证型论文还是占有一定的比例（15.8%），而且可喜的是从2001年到2004年逐年增加，到2004年实证型论文在各类论文中数量最大，在一定程度上表明该刊的学术性逐步增强。比较来看，《经济管理·新管理》规范型论文比例远低于《管理世界》的32.7%，但高于《中国工业经济》刊载的规范型论文比例19.1%，《经济管理·新管理》实证型论文比例略低于《管理世界》的19.1%，但远高于《中国工业经济》刊载的实证型论文比例6.7%。

表 9-33 《经济管理·新管理》（2001~2004 年）论文类型统计

年份	2001	2002	2003	2004	合计	比例（%）
规范型	45	54	58	34	191	26.3
描述型	46	35	15	12	108	14.9
文献型	15	14	11	12	62	8.6
概念型	6	19	31	37	93	12.8
实证型	11	29	34	41	115	15.8
定性经验型	27	26	39	29	121	16.6
演绎数学型	2	4	3	4	13	1.8
合计	152	179	191	205	727	100

注：由于类型划分有交叉，所以论文合计数大于样本整体数（693）。

4. 研究对象分布

将 693 篇文章按研究对象进行归类统计，可以说明《经济管理·新管理》的论文关注企业、政府还是 NGO，具体结果见表 9-34。在 693 篇论文中，研究企业管理的有 547 篇，占总文章数的 78.93%，居绝对优势地位；12 篇文章内容涉及政府管理；5 篇文章有关 NGO（非政府组织管理）。对企业管理再进行细分统计，一般意义的企业研究占了 439 篇，是研究重点中的重点；另外有关上市公司的研究也占了 38 篇，是研究人员青睐的另一个领域，而且对于家族企业该刊论文也十分关注。以上这些数据一方面表明研究企业组织管理是目前《经济管理·新管理》研究的重点领域；另一方面

表 9-34 《经济管理·新管理》（2001~2004 年）论文研究对象分类统计

<table>
<tr><th colspan="2">年份
对象</th><th>2001</th><th>2002</th><th>2003</th><th>2004</th><th>小计</th></tr>
<tr><td colspan="2">政府管理（包括行政、科技管理）</td><td>7</td><td>3</td><td>2</td><td>0</td><td>12</td></tr>
<tr><td colspan="2">NGO（非政府组织）管理</td><td>2</td><td>1</td><td>1</td><td>1</td><td>5</td></tr>
<tr><td rowspan="7">企业管理</td><td>一般企业</td><td>98</td><td>114</td><td>124</td><td>103</td><td>439</td></tr>
<tr><td>国有企业</td><td>6</td><td>2</td><td>3</td><td>2</td><td>13</td></tr>
<tr><td>民营企业</td><td>2</td><td>4</td><td>4</td><td>3</td><td>13</td></tr>
<tr><td>家族企业</td><td>0</td><td>1</td><td>1</td><td>25</td><td>27</td></tr>
<tr><td>上市公司</td><td>6</td><td>14</td><td>13</td><td>5</td><td>38</td></tr>
<tr><td>跨国企业</td><td>1</td><td>6</td><td>9</td><td>0</td><td>16</td></tr>
<tr><td>NPO（非营利企业）</td><td>0</td><td>0</td><td>1</td><td>0</td><td>1</td></tr>
<tr><td>其他</td><td></td><td>30</td><td>36</td><td>33</td><td>30</td><td>132</td></tr>
</table>

也反映出了研究过分集中，不利于各个分支子学科的均衡发展。

5. 研究领域分布

采用同样的研究领域划分标准和方法，《经济管理·新管理》2001~2004年论文研究领域分类统计结果如表9-35所示，结果表明，工商管理是《经济管理·新管理》2001~2004年论文研究的核心领域，管理科学与工程、宏观经济与管理研究相对较少。在工商管理领域中，企业战略管理、组织管理、市场营销研究是2001~2004年《经济管理·新管理》作者关注的热点领域。2001~2004年中有关战略管理和组织管理的文章数达到298篇，占到文章总数的43.00%，这一方面与战略管理、组织管理所涉及的内容较为广泛（战略管理包括企业成长战略、竞争力和竞争优势分析、企业核心能力等内容；组织管理涉及公司治理结构、组织创新等）有关；另一方面也和国际上管理学界研究现状相吻合。除战略管理、组织管理之外，研究者对市场营销、人力资源管理和财务管理等内容的关注也较多，其他领域如组织行为学、项目管理、会计理论与方法等相对较少。

表9-35 《经济管理·新管理》（2001~2004年）论文研究领域分类统计

年份 领域	2001	2002	2003	2004	小计
管理科学与管理思想史	8	4	3	6	21
决策与对策理论	2	2	0	0	4
管理心理与行为理论	1	3	2	3	9
管理系统工程	1	0	0	0	1
信息技术与管理	0	2	1	0	3
复杂性研究	2	0	1	0	3
企业理论	2	3	4	3	12
企业战略管理	53	57	55	48	213
会计理论与方法	1	2	4	0	7
财务管理	9	3	12	17	41
市场营销	8	19	25	30	82
运作管理	7	8	18	12	45
项目管理	2	0	1	0	3
人力资源管理	17	14	11	15	57
技术经济与技术管理	3	3	4	2	12
企业文化	2	3	3	1	9

续表

领域＼年份	2001	2002	2003	2004	小计
其他（工商管理）	0	2	1	1	4
组织管理	23	23	22	17	85
宏观经济战略与管理	3	0	1	2	6
公共管理与公共政策	3	1	2	0	6
金融管理	12	29	16	10	67
农林经济管理	0	0	1	0	1
产业与行业管理	2	7	4	2	15
科技管理与科技政策	8	6	4	4	22
资源与环境管理	1	2	0	1	4
区域发展与管理	0	0	0	1	1
其他（宏观管理与政策）	1	1	1	1	4

6. 研究的热点问题

通过对《经济管理·新管理》693篇文章中的关键词进行统计，可以整理出2001~2004年4年该刊所关心的热点问题。如表9-36所示，竞争力、竞争优势、绩效管理、公司治理、创新管理、顾客关系等关键词的出现频数均超过30次，这些都是《经济管理·新管理》2001~2004年论文研究的热点和重点，也和我们之前所做的研究领域分布研究所得到的结果一致：战略管理、组织管理是《经济管理·新管理》研究的重点领域和问题。

表9-36　《经济管理·新管理》2001~2004年论文研究热点分类统计

名次	研究领域	2000~2004年出现次数
1	竞争力	57
2	竞争优势	41
2	绩效管理	41
2	公司治理	41
5	创新管理	35
6	顾客关系	32
7	知识管理	29
8	供应链管理	23
9	激励机制	21
10	战略联盟	19

（二）基于论文引文的计量分析

1. 引文概况分析

《经济管理·新管理》2001~2004 年论文的引文统计结果，包括平均引文数、平均中英文引文数、作者自引率、刊物自引率和文献老化度等，如表 9-37 所示。《经济管理·新管理》2001~2004 年所刊登的 693 篇学术论文中，共有引文 5950 条，平均引文数为 8.5859 条。在 5950 条引文中，中文引文 2107 条，占总数的 35.41%，译文 777 条，占 13.06%，外文引文 3066 条，占引文总数的 51.53%。《经济管理·新管理》自创刊以来，平均引文数一直呈上升趋势，从创刊伊始的 6.6645 篇到 2004 年的 9.8284 篇。在 5950 条引文中，共有 195 条作者自引，作者自引率为 3.28%，刊物自引率为 1.45%。

与《管理世界》和《中国工业经济》相比，《经济管理·新管理》的平均引文数低于《中国工业经济》的 9.31 篇和《管理世界》的 12.5 篇，外文引文比例高于《中国工业经济》和《管理世界》，而作者自引率和期刊自引率也都低于《管理世界》和《中国工业经济》。

2. 文献老化度分析

《经济管理·新管理》在 2001~2004 年间的普赖斯指数平均为 51.04%，低于《中国工业经济》的普赖斯指数 53.19%，高于《管理世界》的普赖斯指数 48.1%。2001~2004 年，《经济管理·新管理》的普赖斯指数逐步降低，论文所引用近 5 年的文献数量开始逐步降低。虽然《管理世界》、《中国工业经济》、《经济管理·新管理》的普赖斯指数高低有差异，但总体上看这三个刊物的普赖斯指数还是比较高的，表明工商管理学文献老化程度比较快。

3. 期刊引用率排名

对《经济管理·新管理》2001~2004 年的 693 篇论文引文的期刊引用率进行统计分析，可以得到表 9-38 的统计结果。表 9-38 列举了引用频数位居前十位的国内外期刊。在这十种期刊中，外文期刊占据 7 席，中文期刊

表 9-37 《经济管理·新管理》2001~2004 年论文引文分布概况

年份	论文（篇）	引文条数	平均引文	中文		外文		译文		作者自引		本刊自引		引文是近 5 年内发表的数量	普赖斯指数（%）
				条数	比例（%）	条数	比例（%）	条数	比例（%）	条数	比例（%）	条数	比例（%）		
2001	152	1013	6.6645	371	36.62	465	45.90	177	17.47	44	4.34	11	1.09	598	59.03
2002	181	1448	8	638	44.06	617	42.61	193	13.33	49	3.38	34	2.35	812	56.08
2003	191	1828	9.5707	569	31.13	1016	55.58	243	13.29	45	2.46	25	1.37	870	47.59
2004	169	1661	9.8284	529	31.85	968	58.28	164	9.87	57	3.43	16	0.96	757	45.57
小计	693	5950	8.5859	2107	35.41	3066	51.53	777	13.06	195	3.28	86	1.45	3037	51.04

只有 3 份，其中《Strtaegic Management Journal》以被引 188 次的绝对优势位居第一，《Harvard Business Review》以被引 134 次列第二，中文期刊《经济研究》以 130 次位列第三。这一方面反映出国内管理学杂志的发展已具有一定的成绩；另一方面再次验证国内学者对国外学者的研究成果较为关注，在一定程度上表明国内研究已开始逐渐与国际接轨。

表 9-38 《经济管理·新管理》2001~2004 年期刊引用排名

排名	期刊（降序排列）	被引次数
1	Strategic Management Journal	188
2	Harvard Business Review	134
3	经济研究	130
4	Journal of Financial Economics	97
5	经济管理	86
6	Journal of Finance	78
7	Academy of Management Review	70
8	Journal of Marketing	66
9	中国工业经济	51
10	Journal of Management	49
11	管理世界	37
12	Journal of Political Economy	36
13	会计研究	36
14	American Economic Review	36

4. 作者引用率排名

表 9-39 对《经济管理·新管理》2001~2004 年论文引文被引频数前 10 名的作者进行了排名。在这 10 位作者中，8 名是国外研究人员，2 名是中国学者。以研究竞争战略而闻名于世的迈克尔·E.波特（Michael E. Porter）以被引 105 次高居榜首，他的《竞争战略》和《竞争优势》两本专著被广泛的引用，反映出他在战略管理领域中的权威；Gary Hamel ，C.K.Prahalad 以被引 61 次和 58 次名列第二、三位，他们提出了核心竞争力理论，其著作《The Core Competence of the Corporation》更是被视为经典。从作者引用率的角度分析，本章认为近四年来战略管理、组织管理、市场营销等是国内外研究的热点问题。

表 9-39 《经济管理·新管理》2001~2004 年论文引文作者引用率排名

名次	作者	2001 年	2002 年	2003 年	2004 年	小计
1	迈克尔·波特	26	35	23	21	105
2	Gary Hamel	17	26	11	7	61
3	C.K.Prahalad	18	23	12	5	58
4	张维迎	9	17	12	12	50
5	菲利浦·科特勒	6	4	10	9	29
6	芮明杰	13	6	4	1	24
6	彼得·F.德鲁克	6	4	12	2	24
8	Williamson，O.E.	5	1	7	6	20
9	J.B.Barney	4	5	7	6	22
10	Jensen，M.C.	3	5	4	7	19

5.作品引用率排名

表 9-40 对《经济管理·新管理》2001~2004 年论文引文被引频数前 10 名的作品进行了排名。Gary Hamel & C.K. Prahalad 的《The Core Competence of the Corporation》，迈克尔·E.波特的《竞争战略》、《竞争优势》分列前三名。

表 9-40 《经济管理·新管理》2001~2004 年论文引文被引率排名

名次	作品	作者	2001 年	2002 年	2003 年	2004 年	小计
1	The Core Competence of the Corporation	C. Prahalad & G. Hamel	8	14	9	3	34
2	竞争战略（Competitive Strategy）	迈克尔·波特	9	10	5	6	30
2	竞争优势（Competitive advantage）	迈克尔·波特	9	8	10	3	30
4	Firm Resources and Sustained Competive Advantage	J.B.Barney	4	5	9	5	23
5	博弈论与信息经济学	张维迎	1	7	2	7	17
6	竞争大未来（Competing for the Future）	C. K. Prahalad & Gary Hamel	8	5	0	1	14
6	营销管理（Marketing Management）	Phlip Kotler	1	3	6	4	14
8	Dynamic Capabilitied and Strategic Management	D. J. Teece, G. Pisano and A. Shuen	4	2	4	3	13
9	企业万能：面向企业能力理论	尼古莱·J.福斯，克里斯第安·克努森	3	7	1	1	12
10	The Theory of the Growth of the Firm	E.T.Panrose	2	4	2	3	11

通过作品被引排名的分析，再一次支持本章前面所做的分析结果：战略管理、营销等领域是管理学界研究的重点和热点。

五、对《南开管理评论》的文献计量学分析：2000~2004

《南开管理评论》由教育部主管、南开大学国际商学院主办，是国家自然科学基金委员会管理科学部认定的管理科学类重要学术期刊，被《中文社会科学引文索引》（CSSCI）等七家检索系统收录为来源期刊。这里选择该刊2000~2004年5年间发表的469篇规范论文作为研究对象，来分析管理学研究论文的特征。通过对这些论文正文的文献计量学分析，辨析出作者群、论文产出机构、研究对象、研究领域、论文类型以及研究热点的分布特征；通过对论文引文的文献计量学分析后，找到了引文数量、引文结构以及文献老化度的演变趋势，并以被引率为标准，辨析出中国企业管理学界关注的权威期刊、权威作者和权威论文，并以此为基础，进一步概述了中国管理学研究的演变路径、研究现状及可能的发展方向。

（一）基于论文正文的文献计量分析

1. 作者合作研究情况

5年来，《南开管理评论》的合著率（合著率=合作论文的数量/论文总数×100%）处于稳步升高的趋势，平均合著率达到了52.03%，2004年更是高达72.22%；在这5年中合作度（合作度=总署名次数/论文总数×100%）呈现不断上升的趋势，2001年后全部在1.50以上（详见表9-41）。这与《管理世界》、《中国工业经济》和《经济管理·新管理》所体现的情况大体相同。从一定意义上说，合著率和合著度的双高特征说明了管理学是一个需要集体研究的学科，多个研究人员的合作既能确保深入研究所需的资源，思想的碰撞更是创新的源泉。

表 9-41 《南开管理评论》刊载论文的合著率（2000~2004 年）

年份	独著	2 人（篇）	3 人（篇）	3 人以上（篇）	小计	署名次数	合著率（%）	合作度
2000	70	25	6	0	101	138	30.69	1.37
2001	48	28	7	3	86	137	44.19	1.59
2002	41	41	13	0	95	162	56.84	1.71
2003	36	27	10	6	79	145	54.43	1.84
2004	30	61	16	1	108	204	72.22	1.89
合计	225	182	52	10	469	786	52.03	1.68

注：课题组计 4 人。

2. 论文产出的机构分布

通过对论文产出机构的分布统计，可以得出高产机构的排名情况，比较直观地反映出我国各个机构的研究能力和水平。对产出机构的统计仍然采取与高产作者统计相同的原则，即如果一篇论文由 N 个机构的作者撰写，则每个机构产出的论文篇数就为 1/N（以机构数量为准，而不以作者人数为准）。从表 9-42 可以看出，前 10 名的高产机构产出的论文数占全部论文总量的 51.27%，表明《南开管理评论》的研究成果有较高的机构集中度。其中南开大学的产出量占绝对领先地位，它发表的论文达 114 篇，比名列第二位的西安交通大学多出 80 篇；产出的论文数占全部论文总数的 22.31%，比第二名多出近 17 个百分点。

表 9-42 《南开管理评论》论文高产机构统计（2000~2004 年）

位次	机构	篇数（权重）	篇数（总量）	百分比（%）
1	南开大学	104.65	114	22.31
2	西安交通大学	24.99	30	5.33
3	中山大学	22.83	26	4.87
4	清华大学	20.77	24	4.40
5	浙江大学	15.33	22	3.27
9	南京大学	11.66	14	2.49
6	北京大学	10.5	13	2.24
8	天津大学	10.33	12	2.20
7	华中科技大学	10	11	2.13
10	中国人民大学	9.5	11	2.03
合计		240.44	—	51.27

3. 论文产出的区域分布

从表 9-43 中可以看出，2000~2004 年 5 年来《南开管理评论》刊载论文的区域集中度非常高：名列前五名的天津、北京、广东、上海和陕西 5 个省市所产出的论文就占了论文总量的 63.75%；而名列最后 15 名的国家和地区所产出的论文仅占论文总量的 3.66%。从产出机构来看，高等院校表现出了绝对优势，其产出率高达 91.22%；科研院所占 4.47%；其他类占 4.37%。

表 9-43 《南开管理评论》论文产出地区分布

地区（国家）	高等院校			科研院所			其他			小计		
	篇数	百分比（%）	位次	篇数	百分比（%）	位次	篇数	百分比（%）	位次	篇数	百分比（%）	位次
天津	123.31	26.29	1				5	1.07	1	128.31	27.36	1
北京	57.35	12.23	2	15	3.20	1	4.5	0.96	2	76.85	16.39	2
广东	33.99	7.25	3	1.5	0.32	3	1	0.21	6	36.49	7.78	3
上海	26.66	5.68	4	1	0.21	4	3.83	0.82	3	31.49	6.71	4
陕西	24.82	5.29	5				1	0.21	7	25.82	5.51	5
江苏	24.49	5.22	6				0.5	0.11	10	24.99	5.33	6
湖北	24	5.12	7				0.33	0.07	14	24.33	5.19	7
浙江	21.83	4.65	8				0.5	0.11	11	22.33	4.76	8
山东	12.65	2.70	9				1.33	0.28	5	13.98	2.98	9
福建	10	2.13	11	1	0.21	4	0.5	0.11	9	11.5	2.45	10
辽宁	10.33	2.20	10							10.33	2.20	11
四川	6.5	1.39	14	2	0.43	2				8.5	1.81	12
中国香港	7.15	1.52	12							7.15	1.52	13
韩国	6.83	1.46	13							6.83	1.46	14
湖南	5.33	1.14	15				0.5	0.11	12	5.83	1.24	15
美国	5.32	1.13	16							5.32	1.13	16
吉林	4.5	0.96	17							4.5	0.96	17
重庆	2.5	0.53	18							2.5	0.53	18
江西	2.5	0.53	19							2.5	0.53	19
法国	1	0.21	25				1	0.21	8	2	0.43	20
芬兰	2	0.43	20							2	0.43	21
河南	2	0.43	21							2	0.43	22

续表

地区（国家）	高等院校			科研院所			其他			小计		
	篇数	百分比（%）	位次	篇数	百分比（%）	位次	篇数	百分比（%）	位次	篇数	百分比（%）	位次
英国	1.75	0.37	22							1.75	0.37	23
日本	1.5	0.32	23							1.5	0.32	24
澳洲	1.25	0.27	24							1.25	0.27	25
中国台湾	1	0.21	26							1	0.21	26
山西	1	0.21	27							1	0.21	27
加拿大	1	0.21	28							1	0.21	28
黑龙江	1	0.21	29							1	0.21	29
河北	1	0.21	30							1	0.21	30
广西	1	0.21	31							1	0.21	31
波兰	1	0.21	32							1	0.21	32
安徽	1	0.21	33							1	0.21	33
云南	0	0.00	35				0.5	0.11	13	0.5	0.11	34
墨西哥	0.25	0.05	34							0.25	0.05	35
总计	427.81	91.22	—	20. 5	4.47	—	20.49	4.37	—	469	100.00	—

近年来，《南开管理评论》开始走向国际化，5 年来国际论文占到论文总数的 6.6%，中国香港、韩国、美国、法国、芬兰、英国、日本、澳洲、中国台湾、加拿大、波兰、墨西哥等国家和地区的科研人员均在南开管理评论上发表过佳作。1994 年诺贝尔经济学奖获得者 Reinhard Sslten 教授，著名实验经济学家、会计学家、财务学家 Shyam Sunder 教授，国际著名服务管理专家 Christian Gronroos 教授等国际著名学者就先后在本刊上发表论文。从这些指标看，与其他国内工商管理刊物相比，《南开管理评论》国际化程度最高。

4. 研究对象

从表 9-44 可以清楚地看出，《南开管理评论》偏重于企业管理的研究。而企业管理中，一般企业的研究可谓“一枝独秀”，占据了压倒性优势，这说明《南开管理评论》一直关注对企业管理的共性规律和基础理论的研究。另外，该刊除了由于上市公司数据易得到而对上市公司有较多的研究以外，还对跨国公司较为关注，而对于民营企业和家族企业很少涉猎，对

表 9-44 《南开管理评论》(2000~2004 年) 论文研究对象分类统计

研究对象 \ 年份		2000	2001	2002	2003	2004
政府管理（包括行政、科技管理）		1	1	3	0	1
NGO（非政府组织）管理		0	0	0	0	0
企业管理	一般企业	66	56	66	60	72
	国有企业	5	2	2	1	2
	民营企业	0	0	1	0	2
	家族企业	0	1	2	1	1
	上市公司	7	5	8	5	17
	跨国企业	6	11	4	4	8
	NPO（非盈利企业）	0	0	1	0	0
其他		16	11	10	8	7

注：对于研究对象交叉的文章采用可重叠原则（如果一篇文章同时属于多种类型，则涉及的所有类型都将其纳入统计）进行处理，因此，上表的论文总数要大于实际总篇数（469）。

国有企业这个热点也关注的不是太多，这与一般的经济管理类刊物不同。

5. 研究领域

分析表 9-45 可知，《南开管理评论》的研究领域涵盖了管理科学与管理工程、工商管理和宏观管理与政策三大管理学分类的多数子类，但工商管理类论文的比重（84.43%）远高于其他两类论文的比重。分析表 9-46 可知，在工商管理类的论文中，研究领域又主要集聚在企业战略管理、市场营销、组织管理、人力资源管理和财务管理等分支领域，其中，企业战略管理是重中之重（31.98%）。

6. 研究类型

从论文类型的总体结构特征来看，在 2000~2004 年，《南开管理评论》刊载的主要是概念型的论文（见表 9-47），占到 37.74%，其次是规范型论文（18.98%）、描述型论文（15.99%）和实证型论文（15.35%）；定性经验型和演绎数学型的论文相对较少，都为 4.26%。此外，5 年来，论文类型的结构也在不断变化，规范型论文比重不断下降，概念型和实证型论文的比重在不断增加（参见图 9-6），这说明《南开管理评论》刊载论文的规范性在不断增强。《南开管理评论》刊载的规范型论文比例与《中国工业经济》

表 9-45 《南开管理评论》刊载论文的研究领域（2000~2004 年）

一、管理科学与管理工程			二、工商管理			三、宏观管理与政策		
分支领域	论文数（篇）	比重（%）	分支领域	论文数（篇）	比重（%）	分支领域	论文数（篇）	比重（%）
管理科学与管理思想史	12	2.56	企业理论	15	3.20	宏观经济战略与管理	4	0.85
一般管理理论	7	1.49	企业战略管理	150	31.98	公共管理与公共政策	1	0.21
决策与对策理论	1	0.21	组织管理	66	14.07	金融管理	33	7.04
管理心理与行为理论	5	1.07	会计理论和财务管理	44	9.38	产业与行业管理	8	1.71
评估技术	4	0.85	市场营销	81	17.27	科技管理与科技政策	2	0.43
工业工程	1	0.21	运作管理	11	2.35	区域发展与管理	7	1.49
信息技术与管理	22	4.69	项目管理	3	0.64	其他	6	1.28
复杂性研究	1	0.21	人力资源管理	55	11.73			
			技术经济与技术管理	22	4.69			
			企业文化	6	1.28			
小计	53	11.30	小计	396	84.43	小计	60	12.79

表 9-46 《南开管理评论》刊载论文的研究领域排序（前 10 位）（2000~2004 年）

排名	理论	2000 年	2001 年	2002 年	2003 年	2004 年	总计
1	企业战略管理	29	34	35	21	31	31.98%
2	市场营销	23	11	12	17	18	17.27%
3	组织管理	9	11	14	10	22	14.07%
4	人力资源管理	10	8	13	10	14	11.73%
5	会计理论和财务管理	12	10	4	7	11	9.38%
6	金融管理	14	2	4	3	10	7.04%
7	信息技术与管理	7	4	4	3	4	4.69%
8	技术经济与技术管理	2	8	6	5	1	4.69%
9	企业理论	5	2	1	5	2	3.20%
10	管理科学与管理思想史	2	2	6	1	1	2.56%

大体相当，高于《经济管理·新管理》，但低于《管理世界》；《南开管理评论》刊载的实证型论文比例与《经济管理·新管理》实证型论文比例大体相当，略低于《管理世界》的 19.1%，但远高于《中国工业经济》刊载的实

表 9-47 《南开管理评论》（2000~2004 年）论文类型统计

类型＼年份	2000		2001		2002		2003		2004		小计	
规范型	32	31.68%	19	22.09%	18	18.95%	14	17.72%	6	5.56%	89	18.98%
描述型	29	28.71%	17	19.77%	14	14.74%	5	6.33%	10	9.26%	75	15.99%
文献型	13	12.87%	13	15.12%	14	14.74%	12	15.19%	6	5.56%	58	12.37%
概念型	38	37.62%	31	36.05%	35	36.84%	28	35.44%	45	41.67%	177	37.74%
实证型	5	4.95%	5	5.81%	11	11.58%	21	26.58%	30	27.78%	72	15.35%
定性经验型	2	1.98%	3	3.49%	1	1.05%	5	6.33%	9	8.33%	20	4.26%
演绎数学型	3	2.97%	5	5.81%	4	4.21%	2	2.53%	6	5.56%	20	4.26%

注：在界定论文类型时允许重叠，所以上表的论文总和要大于实际总篇数（469）。

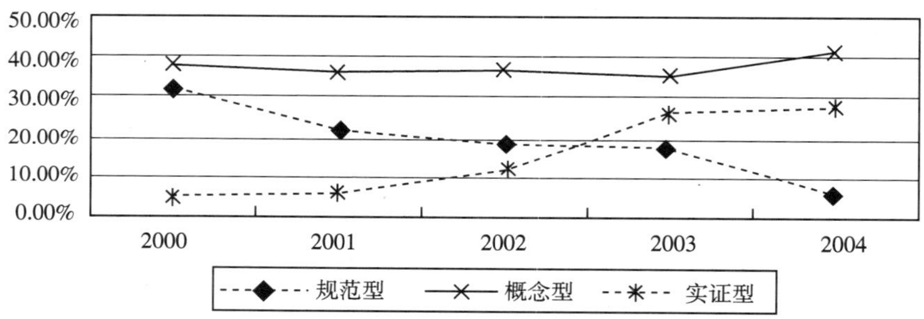

图 9-6 《南开管理评论》论文类型变化图（2000~2004 年）

证型论文比例 6.7%。

7. 研究热点

我们对 2000~2004 年《南开管理评论》刊载论文的关键词进行统计，整理出这 5 年来该刊的研究热点（见表 9-48）。

表 9-48 《南开管理评论》刊载论文的研究热点（2000~2004 年）

排序	热点问题	领域	数量	百分比（%）
1	公司治理	组织管理	36	7.68
2	竞争力	企业战略管理	28	5.97
3	品牌管理	市场营销	25	5.33
4	绩效管理	企业战略管理	21	4.48
5	客户关系管理	市场营销	20	4.26
6	企业成长	企业战略管理	18	3.84

续表

排序	热点问题	领域	数量	百分比（%）
7	创新管理	技术经济与技术管理	17	3.62
8	激励管理	人力资源管理	16	3.41
9	组织网络	组织管理	14	2.99
10	知识管理	企业战略管理	13	2.77
11	供应链管理	运作管理	13	2.77

注：由于同一研究主题每个作者所选定的关键词不尽相同，所以我们在统计时采取了模糊归类的方法。例如，归入“公司治理”这一主题的关键词就有治理、治理结构、公司治理结构、公司治理、治理模式、公司治理模式等。

从表 9-48 我们可以看出，这 5 年《南开管理评论》研究的热点问题主要集中在公司治理、竞争力、品牌管理、绩效管理、客户关系管理等领域，这与其他刊物反映的情况大体类似，但《南开管理评论》更为关注的是公司治理问题研究。

（二）基于论文引文的分析

1. 引文概况

《南开管理评论》2000~2004 年 469 篇论文的引文分布概况如表 9-49 所示。从表 9-49 可以看出，《南开管理评论》5 年的引文总数为 5036 篇，平均引文数量为 10.74 篇，5 年来平均引文的数量呈逐渐上升的趋势，2004 年平均引文数（14.06 篇）已经是 2000 年平均数的 2 倍，这说明近 5 年来《南开管理评论》作者群的情报意识与吸收、利用文献情报的能力在不断提高。从引文结构的划分和统计可以看到，在这 5 年中，中文文献的比重持续下降，译文文献略有下降，而外文文献的比重则不断上升，5 年中增加了 20 个百分点，外来文献（即外文文献和译文文献）所占比例达到 72%。外来文献比重的不断增加说明《南开管理评论》的作者群吸收和利用国外研究成果的能力在不断增强，而外文文献比重增加、译文比重降低说明了越来越多的学者开始走出译著，直接从原著中汲取“原汁原味”的知识。5 年来，作者自引引文有 155 条，期刊自引引文有 36 条，作者自引率（3.08%）和期刊自引率（1.03%）。

表 9-49 《南开管理评论》引文分布概况（2000~2004 年）

年份	论文（篇）	引文条数	平均引文	中文		外文		译文		作者自引		本刊自引		近 5 年的引文数	普赖斯指数
				条数	比例（%）	条数	比例（%）	条数	比例（%）	条数	比例（%）	条数	比例（%）		
2000	101	727	7.20	318	43.74	322	44.29	87	11.97	30	4.13	5	0.69	486	66.85%
2001	86	672	7.81	259	38.54	329	48.96	84	12.50	29	4.32	8	1.19	404	60.12%
2002	95	1077	11.34	296	27.48	698	64.81	83	7.71	34	3.16	9	0.84	478	44.38%
2003	79	1041	13.18	284	27.28	695	66.76	62	5.96	33	3.17	14	1.34	477	45.82%
2004	108	1519	14.06	422	27.78	970	63.86	127	8.36	29	1.91	16	1.05	697	45.89%
合计	469	5036	10.74	1579	31.35	3014	59.85	443	8.80	155	3.08	52	1.03	2542	50.48%

与《经济管理·新管理》、《管理世界》和《中国工业经济》相比，《南开管理评论》2000~2004 年所刊登的 469 篇学术论文平均引文数高于《经济管理·新管理》和《中国工业经济》的平均引文数，但低于《管理世界》的 12.5%，外文引文比例《南开管理评论》最高，高于《经济管理·新管理》、《管理世界》和《中国工业经济》，而作者自引率和期刊自引率《南开管理评论》最低，都低于《经济管理·新管理》、《管理世界》和《中国工业经济》。

2. 文献老化度分析

《南开管理评论》论文的文献老化度平均在 50.48%（参见表 9-49），低于《经济管理·新管理》在 2001~2004 年间的普赖斯指数平均为 51.04%，更低于《中国工业经济》的普赖斯指数 53.19%，但高于《管理世界》的普赖斯指数 48.1%。总体上看，《南开管理评论》、《管理世界》、《中国工业经济》、《经济管理·新管理》的普赖斯指数都是比较高的，说明工商管理学是一个快速发展的学科，文献更新较快，老化速度也较快。但是，自 2000 年以来，《南开管理评论》论文的文献老化度也在日益降低，这也反映在其他三个刊物上，这在一定程度上也反映工商管理学也在逐步成熟，出现了一批非常经典的文献。

3. 期刊被引频次

统计学术期刊的被引用次数，可以在一定程度上客观地揭示该期刊的权威性和学术地位。我们对 2000~2004 年 5 年来《南开管理评论》刊载论文的期刊被引率进行了统计，找出了被引频次前 10 位的期刊（见表 9-50）。这 10 种期刊在管理学学术情报交流中起到较大的作用，具有较高的权威性和学术地位。分析表 9-50 可以发现：

表 9-50　《南开管理评论》引文中被引频次前 10 位的期刊（2000~2004 年）

排名	期刊	被引次数
1	Journal of Marketing	170
2	Strategic Management Journal	123
3	经济研究	112
4	Harvard Business Review	106
5	Journal of Financial Economics	92
6	Journal of Finance	65

续表

排名	期刊	被引次数
7	Journal of Management	63
8	Journal of Marketing Research	55
9	南开管理评论	52
10	Journal of Political Economy	48

（1）在这 10 种期刊中，有 8 份是国外期刊，只有 2 份是国内期刊。这一方面说明了我国学者注重与国际接轨，十分重视国际权威期刊，善于学习和引进国外最新的学术理论；另一方面也说明了国内期刊的权威性都有待提高。

（2）这 10 种期刊共计被引 886 次，占全部期刊引文总数（3834 篇）的 23.11%。这种情况符合加菲尔德引文集中定律，而且被引期刊集中化的程度更加明显。

（3）国外期刊《Journal of Marketing》、《Strategic Management Journal》、《Harvard Business Review》以较高的引用率居于前列，它们和《Journal of Financial Economics》、《Journal of Finance》、《Journal of Management》、《Journal of Marketing Research》、《Journal of Political Economy》等国外权威期刊一起构成中国管理学科学者吸收国外最新学术理论知识的主要来源。国内期刊《经济研究》和《南开管理评论》分别以 112 次和 52 次的被引频次占据第三位和第九位。

4. 作者被引频次

作者被引率是衡量学者学术创造力和学术影响力的重要指标，如表 9-51 统计的是被引频次排名前 10 位的作者。这 10 位作者均是各个领域的权威作者，而且大多数也是多产作者，其中仅有 2 位中国学者，说明中国学者的学术影响力还有待提高。

5.文献引用率排名

文献被引率是衡量单一学术论文影响力的主要指标。表 9-52 显示了《南开管理评论》论文引文中被引频率在 7 次以上的 12 篇论文，其中，仅有 2 篇中国学者的文献进入前 10 名，说明中国管理学研究虽有很大进步，

表 9-51 《南开管理评论》引文的作者被引频次排序（2000~2004 年）

名次	作者	被引频次	名次	作者	被引频次
1	Michael E. Porter	77	6	Peter Drucker	27
2	Michael C. Jensen	37	7	张维迎	23
3	Gary Hamel	35	8	Barney J.B.	22
4	李维安	31	9	C. K. Prahalad	20
5	Philip Kotler	30	10	E. F. Fama	19

表 9-52 《南开管理评论》作品引用率排名（2000~2004 年）

编号	论文	作者	引用频次
1	竞争优势（Competitive Advantage）	Michael E. Porter（1985）	21
2	竞争战略（Competitive Strategy ）	Michael E. Porter（1980）	17
3	企业核心能力（The Core Competence of the Corporation）	Prahalad C. K. & Hamel G.（1990）	14
4	企业理论：管理行为、代理成本和产权结构（Theory of the Firm: Managerial Behavior Agency Costs and Ownership Structure）	Jensen M.C. & Meckling W.H.（1976）	12
5	国家竞争优势（The Competitive Advantage of Nations）	Michael E. Porter （1990）	10
5	营销管理——分析、计划、执行和控制（Marketing Management Analysis Planning Implementation and Control ）	Philip Kotler（1997）	10
7	博弈论与信息经济学	张维迎（1996）	8
7	管理学精要（Essentials of Management）	Harold Koontz, Cyril O Donnan, Heinz Weihrich（1993，1995，1998）	8
7	企业资源与可持续竞争优势（Firm Resources and Sustained Competitive Advantage）	Barney J.B.（1991）	8
10	公司治理	李维安（2001）	7
10	构建度量和管理"基于客户的品牌资产"的概念（Conceptualizing Measuring and Managing Customer-Based Brand Equity）	Keller K.L.（1993）	7
10	企业产权结构：原因和后果（The Structure of Corporate Ownership: Causes and Consequences）	Harold Demsetz, Kenneth Lehn.（1985）	7

但与世界先进水平相比还具有很大差距。在这 12 部作品中，Porter 的竞争三部曲——《竞争优势》、《竞争战略》和《国家竞争优势》分居第 1、2、5

位，而 Prahalad 的《企业核心能力》和 Barney 的《企业资源与可持续竞争优势》分居第 3、7 位，说明竞争战略和竞争力研究一直是国内管理学界关注的热点问题。而 Jensen 的《企业理论：管理行为、代理成本和产权结构》、李维安的《公司治理》和 Demsetz 的《企业产权结构：原因和后果》分居第 4、10、10 位。此外，Kotler、张维迎、Koontz 以及 Keller 都以各自领域的代表性著作进入被引率的前 10 名。这说明企业理论和公司治理是《南开管理评论》5 年来发表学术论文所关注的热点问题。

六、综合评价与结论

第一，中国工商管理学期刊的学术性和规范性日益提高。

从《管理世界》、《中国工业经济》、《经济管理·新管理》和《南开管理评论》这 4 本代表性的以刊登工商管理学论文为主的学术期刊看，中国工商管理学期刊日益规范，学术性也逐步提高。这一方面表现在刊登论文的形式日益规范，其所刊载的论文逐渐都附有中英文摘要和关键词，文后附注释和参考文献，而且参考文献的系统性和完整性在不断提升；另一方面表现 4 本期刊所刊登的论文的平均引文数都是在不断增加，所刊登的论文中规范型论文数量逐步降低，而实证型论文比重日益提高。

第二，中国工商管理学研究非常注意合作研究，但国际化程度还较低，国际合作成果较少。

《管理世界》、《中国工业经济》、《经济管理·新管理》和《南开管理评论》4 本刊物样本论文都有较高的合著率，都超过了 50%，且有逐年上升的趋势，反映出国内研究管理学的学者们善于合作、注重交流，这其中既有跨校的合作，也有高校与研究所、与企业的合作。虽然《管理世界》、《南开管理评论》有一些跨国合作成果，但所占比例较低，总体上看我国工商管理学研究的国际化程度还较低。

第三，工商管理学期刊论文的作者相对集中，期刊注重发表自己主办单位的研究成果的倾向十分明显。

从地域上看，工商管理学期刊论文主要集中在北京、上海、天津、广州等这些大的城市。而从机构上看，主要集中在全国著名的科研院所和高等院校，包括中国社会科学院、西安交通大学、清华大学、浙江大学、武汉大学、东北财经大学、山东大学、中国人民大学、复旦大学、南京大学、北京大学、南开大学、四川大学、暨南大学和上海交通大学等。但是，期刊主办单位的学者在本单位主办的期刊上发表论文具有优先权，这种倾向十分明显。除了《管理世界》以外，其他三个刊物的论文作者机构排名排在第一位的都是刊物的主办单位，其中最为突出的是《南开管理评论》，其刊登的论文中由南开大学完成的论文数量占绝对领先地位，占全部论文总数的22.31%，比名列第二位的西安交通大学数量上多出80篇，所占比例高出17个百分点。

第四，《管理世界》、《中国工业经济》、《经济管理·新管理》和《南开管理评论》更多的关注工商管理研究，尤其是企业战略管理和组织管理的研究。

从研究对象看，《管理世界》、《中国工业经济》、《经济管理·新管理》和《南开管理评论》偏重于企业管理的研究，尤其是一般企业管理的共性规律和基础理论的研究，而较少涉及公共管理、非政府组织（NGO）管理和非营利企业（NPO）管理等新兴管理领域的问题。从刊载论文的研究领域看，虽然涵盖了管理科学、工商管理和宏观管理三大管理学分类的多数子类，但工商管理类论文的比重远高于其他两类论文的比重，其中，企业战略管理、组织管理又是工商管理研究的重点，而研究项目管理、运作管理、技术管理和企业文化的论文较少。

第五，2000~2004年我国工商管理研究的热点问题主要是竞争力、公司治理等。

除了《管理世界》还关注经济增长等宏观经济问题以外，从研究热点统计看，《管理世界》、《中国工业经济》、《经济管理·新管理》和《南开管理评论》这4本管理学期刊所刊登论文研究的热点关键词中，竞争力、公司治理都列在前两位。而竞争力属于战略管理领域，公司治理可以归为组织管理的研究领域，这与上面所说的企业战略管理和组织管理是工商管理研究关注的重点领域是相对应的。另外，从引文作者和引文作品排序看，Porter及其的竞争三部曲——《竞争优势》、《竞争战略》和《国家竞争优势》，而Prahalad及其的《企业核心能力》，张维迎、李维安及其相应公司治理的文献，都名列前茅，也引证了2000~2004年我国工商管理研究的热点问题是竞争力、公司治理等。

第六，中国管理学研究的总体水平不断提高，但距离国外先进水平还有较大距离。

纵观这四本刊物所刊载的管理学学术论文，总体趋势是文章越来越规范、质量越来越高，这也从一个侧面反映出中国管理学研究的总体水平在不断提高。从合著率，管理学研究论文合著率逐年提高，表明中国管理学研究不再"单打独斗"，转向跨机构、跨学科甚至跨国境的合作，多个研究人员的合作既能确保深入研究所需的资源，思想的碰撞更是创新的源泉；从刊载论文的类型结构看，规范型论文所占比例逐年降低，而实证型论文比例逐年提高，这表明国内管理学研究已基本摆脱为政府政策服务的天然动机，而转向为企业所有者和管理者服务，寻求企业的"管理意义"（managerial implications）。① 规范型论文比重下降和实证型论文比重上升标志着国内管理学界在研究动机和研究方法上正在迅速向国外管理学界研究靠拢；从对引文的统计分析看，也说明中国管理学研究的规范性和水平正在不断提升，刊载论文的平均引文逐年上升，引文的系统性、完整性也在不断提高，外文引文的比重占有很大比重，外文期刊被引频次所居的绝对优势地位，这在一定程度上能够说明国内学者直接消化吸收国外研究成果、跟踪国外学术研究前沿的能力在不断增强，与国外管理学研究的距离在缩短。

虽然近年来国内管理学研究有了长足的进步，但是，与国外相比还存在不少的差距：首先，一半以上（《南开管理评论》高达 72%）的外来文献（包括外文文献和译文文献）说明与国外同类研究相比，本土管理学的研究成果尚未得到认可；其次，在期刊被引频次排名上，中国期刊远远落后于国外期刊，说明与国外相比，国内管理学期刊刊载论文的创新能力、影响力和权威性均不足；再次，从权威作者和权威文献的被引频次的排序结果来看，国外作者和国外文献均远远好于国内学者和国内文献。

本章对《管理世界》、《中国工业经济》、《经济管理·新管理》、《南开管理评论》的正文和引文作了比较全面的文献计量学分析，但由于以下主客观原因使本项研究存在一些不足，某些相关结论较为片面和偏颇。

一是研究时间跨度太短引起的偏差。由于资源的约束，本课题仅选择了 2000~2004 年的论文作为分析对象，过短的时间跨度使某些历史性结论的立论基础较为单薄。

① 许德音、周长辉：《中国战略管理学研究现状评估》，《管理世界》，2004 年第 5 期。

二是剔除非规范论文引起的偏差。为了保证统计样本的一致性，我们剔除了各类非规范论文，这一方面缩小了样本总数，另一方面有可能扭由某些具体指标的统计结果，譬如，我们剔除论文中较大部分属于规范型论文，这可能优化论文类型的统计结果。

三是参考文献的选择引起的偏差。我们决定只将论文和专著纳入统计，其他参考文献，诸如研究报告、内部资料、网络资料、报纸资料、会议材料、研讨会论文、工作论文（Working Paper）、工作论文、课题报告、发言稿、工作汇报、即将发表的文章、领导人讲话、博士硕士学位论文等均不纳入统计，这样既减少可参考文献的数量，又可能扭曲相关结论，譬如，删掉的引文大部分是中文引文，这可能优化引文结构的统计结果。

四是主观偏移。这主要体现在研究对象、研究领域、研究热点以及论文类型的界定上，由于目前国内外尚未形成一种公认的客观而有效的评价方法，所以，课题组只有采取课题组成员交叉审定、疑难篇目转课题组外专家评议等一系列方法来最大限度地减少主观判断，但仍难以完全剔除人为因素的干扰。

五是刊物选择引起的偏差。这里主要选择了《管理世界》、《中国工业经济》、《经济管理·新管理》、《南开管理评论》四本刊物，虽然这四本刊物代表性很强，但由于刊物数量还相对较少，因而整体样本量不很大，因而会影响一些判断。

参考文献

1. 许德音、周长辉：《中国战略管理学研究现状评估》，《管理世界》，2004 年第 5 期。

2. 崔旺来：《〈中国社会科学〉1994~1998 年作者及引文的统计分析与评价》，《管理世界》，1999 年第 3 期。

3. 张伶：《基于文献计量学的管理学学术期刊定量分析与评价——以〈南开管理评论〉为例》，《南开管理评论》，2005 年第 8 期。

4. 王知津、孙志敏：《〈南开管理评论〉1998~2002 年被引分析研究》，《南开管理评论》，2004 年第 4 期。

5. 王崇德：《文献计量学引论》，广西师范大学出版社，1997 年。

6. 朱献有：《中国科学计量指标：论文与引文统计（1998 年卷）》，中国科学文献情报中心，1999 年。

7. 梁立明：《科学计量学指标》，科学出版社，1995 年。

第十章　中国管理学期刊文献计量分析（Ⅱ）

本章我们关注管理科学与工程类学术期刊，《管理工程学报》、《管理科学学报》和《中国管理科学》三个代表性的期刊成为我们的样本期刊。我们期望通过对这三个期刊的文献计量分析，来反映我国管理工程类期刊的发展现状。同样为了确保研究的科学性，在选取样本时，我们还本着“规范的学术论文”这一条基本原则，充分考虑了学术论文应有的规范性，剔除了主编寄语、书评、会议综述，以及缺少摘要、关键词或参考文献的文章或者短论。以选定的样本论文为基础，我们在 Excel 中进行了数据库的建立，为了使分析结果具有较高的参考价值，数据库力求内容充分、完整，其内容分为原文和引文两大类，原文部分包括：作者姓名、作者所在机构、论文题目、刊载时间、刊载期刊、刊载位置、关键词、摘要、研究对象、研究领域、论文类型等字段。引文部分包括：引文作者、发表时间、引文题目、刊载期刊和刊载位置等字段（具体见表 9-1）。

一、对《管理工程学报》的文献计量分析：2000~2004

《管理工程学报》是由教育部委托浙江大学主办的我国唯一与管理工程学科对口的全国性的学术期刊，创刊于 1987 年，该刊内容涉及管理工程及其相关的经济、财政、金融等领域的研究成果，强调科学性、创造性、实用性。《管理工程学报》的具体内容包括管理学科前沿评述、模型模拟与方法论、供应链与物流管理、信息技术与电子商务、制造与运作管理、金融工程与公司理财、技术与创新管理、研发与项目管理、战略管理、人力资源管理与组织管理。该刊已被许多著名大学选定为一级刊物，被国家自然科学基金会和中国科学院文献情报中心认定为管理科学类重要期刊。该刊还被列入科技部中国科技论文统计源以及美国 International Periodical Directory，是《中国期刊网》、《中国学术期刊（光盘版）》全文收录期刊，为《中国学术期刊综合评价数据库》来源期刊全文收录，同时该刊是《中国科学引文数据库》来源期刊。

《管理工程学报》自创刊以来，刊发了许多论文，对中国管理工程学的发展和相关领域的研究与实践都有着重要意义。我们以 2000~2004 年共 21 期《管理工程学报》所载文献为研究对象，按照规范学术论文的标准，经过认真筛选，最终确定了 433 篇文章为建库的对象。根据以选定的 433 篇论文为样本构成的数据库，我们进行了文献计量分析。

（一）基于论文正文的计量分析

1. 论文作者情况

作者是文献的外部特征，在选定的 433 篇样本中，为其撰稿的作者共计 698 人（不包括课题组），其中有 562 人（包括合作）5 年内只在《管理工程学报》上发表过或参加发表过 1 篇文章，有 79 人（包括合作）发表过 2 篇文章，有 28 人发表过 3 篇文章，10 人发表过 4 篇论文，有 19 人在 5 篇及 5 篇以上文章中署名。

合作是现代科学研究活动的一种最基本、最常见、最主要的形式，随着各学科的相互渗透和综合发展，合作研究已成为当代科学研究的一大趋势。作者的合作具体情况如表 10-1 和表 10-2 所示。从表 10-1 的统计情况可以看出，《管理工程学报》5 年间载文量 433 篇，论文作者合计 947 人次，平均合作度 2.19，平均合作率 85.91%。合作比例具体情况见表 10-3。5 年间，作者合作度和合作率总体上呈上升趋势，主要因为 2 人合作和 3 人合作及 3 人以上合作的比例总体上呈上升趋势，特别是 3 人以上的比例在 2004 年达到 10.34%。通过以上分析，说明近些年来国内学者比较注重学术的交流与合作，学术交流日益频繁，集体研究成果越来越多，且合作有加强的趋势。

合作不仅包括不同作者之间的合作，还包括更广泛意义上的合作即同一机构、跨机构、跨区域的合作，并且后者也占有比较大的比例。在选定的 433 篇样本中，有 81 篇是由跨机构的作者合作而成的，占到样本总量的 18.71%，其中不同院校之间的合作最多，共计 59 篇，占到样本总量的 13.63%，其次是院校与企业之间的合作。通过机构所在区域的统计，可以看出，跨区域合作占 53 篇，有 2 篇是跨国合作。有关具体情况见表 10-3 和表 10-4。

表 10-1 《管理工程学报》(2000~2004 年）论文作者合作情况表

年份	独著	2 人（篇）	3 人（篇）	3 人以上（篇）	小计	作者数（人次）	合作率（%）	合作度
2000	24	39	21	2	86	149	72.09	1.73
2001	15	31	33	5	84	183	82.14	2.18
2002	7	51	30	3	91	205	92.31	2.25
2003	8	38	34	5	85	200	90.59	2.35
2004	7	40	31	9	87	210	90.80	2.41
合计	61	199	149	24	433	947	85.91	2.19

表 10-2 《管理工程学报》(2000~2004 年）论文作者合作比例情况表

	2000 年	2001 年	2002 年	2003 年	2004 年
独立完成比例（%）	27.91	17.86	7.69	9.41	8.05
2 人合作比例（%）	45.35	36.90	56.04	44.71	45.98
3 人合作比例（%）	24.42	39.29	32.97	40.00	35.63
3 人以上合作比例（%）	2.32	5.95	3.30	5.88	10.34
合计（%）	100	100	100	100	100

表 10-3 《管理工程学报》(2000~2004 年）不同主体之间的合作情况统计表

	院校	研究机构	企业	政府部门
院校（不同院校）	59	9	12	1
研究机构	—	0	0	0
企业	—	—	0	0
政府部门	—	—	—	0

表 10-4 《管理工程学报》(2000~2004 年）不同区域之间的合作情况统计表

	同一区域	跨区域合作	跨国合作	合计
2000 年	5	10	1	16
2001 年	7	3	0	10
2002 年	6	13	0	19

续表

	同一区域	跨区域合作	跨国合作	合计
2003 年	4	13	1	18
2004 年	4	14	0	18
小计	26	53	2	81

2. 论文产出地域分布

对发表论文的地区分布进行统计分析，可以了解各地科研管理研究队伍状况和研究水平，同时也能反映出《管理工程学报》的某些特点（见表 10–5）。在统计地域分布时，如有 N 个地域的作者合作一篇论文，则每个地区分别记为 1/N。

表 10–5 《管理工程学报》(2000~2004 年）论文产出地区（国家）分布情况表

地区（国家）	高等院校			研究院所			其他			小计		
	篇数	百分比（%）	位次	篇数	百分比（%）	位次	篇数	百分比（%）	位次	篇数	百分比（%）	位次
江苏	62.84	14.51	1	0.33	0.08	3	0	0.00	11	63.17	14.59	1
陕西	60.38	13.94	2	0	0.00	6	0	0.00	11	60.38	13.94	2
上海	52.89	12.21	3	0.33	0.08	3	1.7	0.39	2	54.92	12.68	3
天津	40.68	9.39	4	0	0.00	6	0.66	0.15	6	41.34	9.55	4
浙江	29	7.00	5	0	0.00	6	2.5	0.58	1	31.5	7.27	5
北京	25.27	5.84	7	2.5	0.58	1	0.33	0.08	8	28.1	6.49	6
黑龙江	27.7	6.40	6	0	0.00	6	0.25	0.06	10	27.95	6.45	7
湖北	20.17	4.66	8	0	0.00	6	0.33	0.08	8	20.5	4.73	8
四川	19.41	4.48	9	0	0.00	6	0	0.00	11	18.41	4.48	9
辽宁	19.13	4.42	10	0	0.00	6	0	0.00	11	19.13	4.42	10
安徽	13.67	3.16	11	0	0.00	6	0	0.00	11	13.67	3.16	11
湖南	12.67	2.93	12	0	0.00	6	0.5	0.12	7	13.17	3.04	12
重庆	7.5	1.73	13	0	0.00	6	0	0.00	11	7.5	1.73	13
广东	5.41	1.25	15	0	0.00	6	0.5	0.29	3	6.66	1.54	14
山东	5.5	1.27	14	0	0.00	6	1.25	0.00	11	5.5	1.27	15
河北	3.5	0.81	16	0.5	0.12	2	0	0.00	11	4	0.92	16
美国	1.2	0.28	20	0	0.00	6	0	0.19	5	2.03	0.47	17
河南	1.67	0.39	18	0.33	0.08	3	0.83	0.00	11	2	0.46	18
英国	2	0.46	17	0	0.00	6	0	0.00	11	2	0.46	19

续表

地区（国家）	高等院校			研究院所			其他			小计		
	篇数	百分比（%）	位次	篇数	百分比（%）	位次	篇数	百分比（%）	位次	篇数	百分比（%）	位次
中国香港	1.53	0.35	19	0	0.00	6	0	0.00	11	1.53	0.35	20
广西	1.17	0.27	21	0	0.00	6	0	0.00	11	1.17	0.27	21
澳大利亚	1	0.23	22	0	0.00	6	0	0.00	11	1	0.23	22
丹麦	1	0.23	22	0	0.00	6	0	0.00	11	1	0.23	22
德国	0	0	30	0	0.00	6	1	0.23	4	1	0.23	22
法国	1	0.23	22	0	0.00	6	0	0.00	11	1	0.23	22
荷兰	1	0.23	22	0	0.00	6	0	0.00	11	1	0.23	22
瑞士	1	0.23	22	0	0.00	6	0	0.00	11	1	0.23	22
中国台湾	1	0.23	22	0	0.00	6	0	0.00	11	1	0.23	22
云南	0.5	0.12	28	0	0.00	6	0	0.00	11	0.5	0.12	29
福建	0.5	0.12	28	0	0.00	6	0	0.00	11	0.5	0.12	29
总计	420.27	96.93	—	3.99	0.94	—	9.35	2.17	—	433	100.12	—

注：河北工业大学发表论文并入天津。

表 10-5 的统计结果显示，论文来自全国 22 个省、自治区、直辖市，还包括其他 8 个国家，这些国家分别是美国、英国、澳大利亚、丹麦、德国、法国、荷兰、瑞士。这说明了《管理工程学报》作为管理工程学方面的核心期刊，是一本面向海内外的很有影响力的期刊。从排名情况看，排在前 4 位的是江苏、陕西、上海、天津，4 个省市所发表的论文占样本总量的 50.76%，而浙江、北京、黑龙江、湖北所发表的论文按权重计算的篇数都在 20~30，处于第二集团，而广西、云南、福建 3 省区所发表的论文数合计仅占到 0.51%，可见分布十分不均匀。论文的地区分布充分反映了中国管理工程类研究人员的地域分布特征，表现为管理工程类研究单位、高等院校集中的地区，人才多、成果多。此外，还可以看出，高等院校仍然表现出较大的优势，由高等院校作者撰写的文章占了样本总数的 96.93%，其他的机构所占的比例为 2.17%，其中以企业为主，而科研院所仅占 0.94%。

3. 论文产出机构分布

对发表的论文所属机构分布的统计，可以了解到在该领域中，哪些部门和单位具有较强的科研能力。表 10-6 列举了《管理工程学报》近 5 年论文产出机构中产出量排在前 10 名的 10 所机构（统计是，如果某篇论文由 N 个机构共同撰写而成，每个机构各算 1/N）。具体情况如表 10-6 所示。从表 10-6 的统计结果可以看出，前 10 名的 10 个机构都是院校，可见高等院校是管理工程学研究的主力军。这 10 所机构的研究成果占到样本总数的 60.58%，反映了国内管理工程学的研究成果具有较高的机构集中性，从另一个侧面也说明了他们构成了管理工程学研究发文的核心单位。我们将表 10-9 与表 10-8 对比可以看出，正是这些院校的高发文量，使得它们所在的地区具有靠前的排名。

表 10-6 《管理工程学报》（2000~2004 年）论文产出机构分布表

位次	机构	篇数	百分比（%）
1	西安交通大学	51.93	12.00
2	东南大学	44.83	10.35
3	天津大学	37.35	8.63
4	哈尔滨工业大学	27.95	6.45
5	上海交通大学	27.33	6.31
6	浙江大学	20.67	4.77
7	复旦大学	17.33	4.00
8	东北大学	12.83	2.96
9	清华大学	11.43	2.64
10	中国科学技术大学	10.67	2.46
	合计	262.32	60.58

4. 论文类型分布

按照学术论文可分为规范型、描述型、文献型、概念型、实证型、定性经验型、演绎数学模型的 7 类，参照论文内容，我们对 433 篇文章进行了论文类型的鉴别，统计结果见表 10-7。表中数据反映，实证型论文在样本中所占比例最大，概念型论文其次之，描述型、定性经验型占比重都很小。从表中数据反映出的这些特征与管理工程学的特点是密切相关的，管理工程学强调实用性，所以实证型论文在统计中比重最大，达到 142 篇，占总样本的 32.79%，而最少的是定性经验型，仅占 0.92%。

表 10-7 《管理工程学报》(2000~2004 年) 论文类型统计表

年份 论文类型	2000	2001	2002	2003	2004	合计		排名
						篇数	比例（%）	
规范型	20	18	25	8	24	95	21.94	3
描述型	4	1	0	0	1	6	1.39	6
文献型	6	2	5	6	2	21	4.85	5
概念型	22	20	22	32	19	115	26.56	2
实证型	27	35	28	20	32	142	32.79	1
定性经验型	1	1	0	0	2	4	0.92	7
演绎数学模型	6	7	11	19	7	50	11.55	4

5. 研究领域分布

对《管理工程学报》发表论文的栏目进行分类统计分析，有利于了解近五年来载文领域内容的分布情况。这里依据管理学的基本学科进行了统计，当一篇论文同时涉及几个领域时，将这些领域都列出来，因此领域的合计数大于样本的数量。具体的情况如表 10-8 所示。

表 10-8 《管理工程学报》(2000~2004 年) 论文研究领域分类统计表

年份 领域	2000	2001	2002	2003	2004	合计	占比例（%）	排名
其他	20	23	32	24	16	118	26.76	1
管理工程学	24	20	12	8	13	77	17.46	2
生产管理	8	8	9	9	11	45	10.20	3
人力资源管理	1	7	9	10	16	43	9.75	4
市场营销	2	4	3	8	15	32	7.26	5
企业理论	13	1	5	6	5	30	6.80	6
组织行为学	5	8	6	5	4	28	6.35	7
战略管理	4	3	3	8	3	21	4.76	8
组织管理	3	6	5	2	2	18	4.08	9
财务管理	5	2	3	5	1	16	3.63	10
研究与开发	3	2	3	4	1	13	2.95	11
管理学学科研究	0	1	1	0	0	2	0.45	12
体制改革	0	0	0	0	0	1	0.23	13
企业文化	0	0	0	0	0	0	0.00	14
合计	88	85	91	89	88	441	100	

根据表 10-8 的数据可知，首先其他项包括的内容比较广泛，因此，占了很大的比重，但这并不影响本统计的目的。其次排在前 5 位的管理工程学、生产管理、人力资源管理、市场营销，这几项占到 44.67%，而有关企业文化没有涉及，体制改革、管理学学科研究涉及的也较少，经以上分析可以看出近 5 年研究的重点和较少考虑的领域。有关变化的情况可参见图 10-1。除其他之外的排在前 7 名的研究领域中，管理工程学、生产管理、人力资源管理、市场营销的研究成果呈上升趋势，特别是 2001 年中国加入世贸组织，研究市场营销的学者增多，随着关税降低、开放程度的加强，2004 年有关市场营销的文章达到 15 篇，比以前有大幅度的增长，而企业理论、组织行为学呈下降趋势。

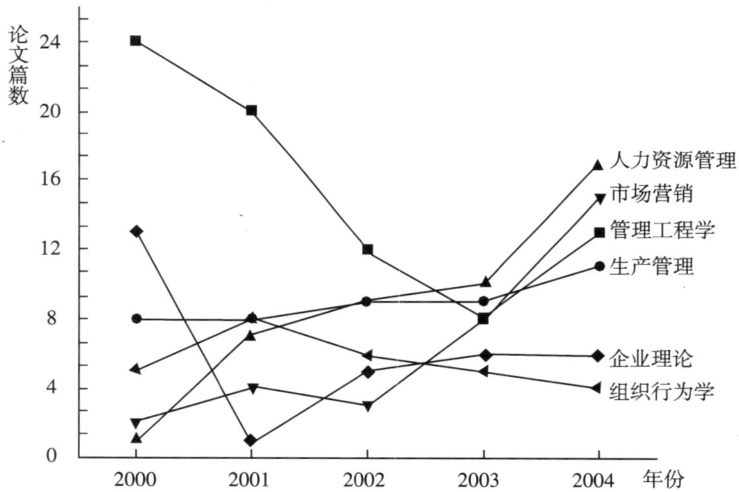

图 10-1 6 个栏目论文刊载年度变化图

6. 研究对象分布

对研究对象进行统计的主要目的是找出政府管理、企业管理及研究不同类型的企业管理在 2000~2004 年《管理工程学报》论文中的分布情况。确定研究领域时，我们发现一些论文研究对象研究属于多类，比如，一企业可能既属于国有企业又属于上市公司，此时我们将可以归入的类都列出统计，因而各类对象篇数加总会大于样本数。根据表 10-9 可知，《管理工程学报》对企业管理的研究最多，共计 266 篇，而对政府管理的研究仅占 6

篇。企业管理类以一般企业为最多，这说明管理工程学理论具有普遍性；其次是国有企业，2002 年以前相对较少，而从 2003 年到 2004 年的情况看有增长的趋势；另外对上市公司、跨国公司和三资企业的研究数量相当，并且从总体情况看，对上市公司的研究有上升的趋势，对家族企业和 NPO 的研究在选定的样本中没有涉及。其他项所包含的内容较多，所以占的比重也不小，但不影响研究的目的。

表 10–9 《管理工程学报》（2000~2004 年）论文研究对象分类统计表

<table>
<tr><td colspan="2">年 度
对 象</td><td>2000</td><td>2001</td><td>2002</td><td>2003</td><td>2004</td><td>备 注</td></tr>
<tr><td colspan="2">政府管理</td><td>2</td><td>1</td><td>1</td><td>1</td><td>1</td><td>主要涉及国家政策改革</td></tr>
<tr><td rowspan="8">企业管理</td><td>一般企业</td><td>54</td><td>44</td><td>45</td><td>47</td><td>50</td><td></td></tr>
<tr><td>国有企业</td><td>1</td><td>2</td><td>0</td><td>3</td><td>3</td><td></td></tr>
<tr><td>民营企业</td><td>0</td><td>1</td><td>1</td><td>0</td><td>1</td><td></td></tr>
<tr><td>家族企业</td><td>0</td><td>0</td><td>0</td><td>0</td><td>0</td><td></td></tr>
<tr><td>上市公司</td><td>0</td><td>1</td><td>1</td><td>3</td><td>2</td><td></td></tr>
<tr><td>跨国公司和三资企业</td><td>2</td><td>2</td><td>1</td><td>1</td><td>1</td><td></td></tr>
<tr><td>NPO（非营利企业）</td><td>0</td><td>0</td><td>0</td><td>0</td><td>0</td><td></td></tr>
<tr><td>小 计</td><td>57</td><td>50</td><td>48</td><td>54</td><td>57</td><td></td></tr>
<tr><td colspan="2">NGO（非政府组织）管理</td><td>0</td><td>0</td><td>0</td><td>0</td><td>0</td><td></td></tr>
<tr><td colspan="2">其 他</td><td>27</td><td>35</td><td>42</td><td>30</td><td>30</td><td>主要涉及证券市场、产业经济、资本流动、项目管理等</td></tr>
</table>

（二）基于论文引文的计量分析

1. 引文总体情况

《管理工程学报》2000~2004 年 5 年发表的规范的学术论文的引文概况统计表如表 10–10 所示。通过对表 10–10 的分析，我们可以得出以下结论。

《管理工程学报》2000~2004 年 5 年来每篇论文平均引文数在 3 条以上，总的平均引文数达到了 5.43 条。从 2000~2004 年《管理工程学报》的平均引文数，我们发现引文有逐年增加的趋势，这反映了管理工程学界的学者对论文的规范性有所重视，并且还说明学者的严谨治学的态度得到提升。

经分析数据，我们可知 2000~2004 年每年的英文引文都多于中文引文，并且相差悬殊，英文引文比例每年都在60%以上，5年中译文所占比重微乎其微，2000年和2004年没有译文，2001年、2002年、2003年各仅1篇，这反映了中国学者越来越重视国外的研究状况及发展趋势，吸取先进的经验和研究成果，从而推动我国管理工程学的研究更进一步。

表 10-10 《管理工程学报》(2000~2004 年) 论文引文分布概况表

年份	论文(篇)	引文条数	平均引文条数	中文		英文		译文		作者自引		本刊自引		不少于5年的文献	普赖斯指数%
				条数	比例(%)	条数	比例(%)	条数	比例(%)	条数	比例(%)	条数	比例(%)		
2000	86	348	4.05	104	29.9	244	70.1	0	0.0	29	8.33	7	2.01	18	5.2
2001	84	335	3.99	111	33.1	223	66.6	1	0.3	32	9.55	11	3.28	18	5.4
2002	91	525	5.77	128	24.4	396	75.4	1	0.2	37	7.05	19	3.62	31	5.9
2003	85	561	6.6	143	25.5	417	74.3	1	0.2	29	5.17	14	2.50	43	7.7
2004	87	583	6.07	142	24.4	441	75.6	0	0.0	32	5.49	11	1.89	42	7.2
合计	433	2352	5.43	628	26.7	1721	73.2	3	0.1	159	6.67	62	2.64	152	6.5

在选定的样本中，共计引文数2352条，其中作者自引的条数为159条，占引文总量的6.76%，最多的文章的自引数量达到6条。除作者自引外，我们还统计了本刊自引情况，对《管理工程学报》所刊载文章的引用共62条，占引文总量的2.64%。

《管理工程学报》的文献老化在2003年的普赖斯指数达到最高为7.7%，进入2004年文献老化有减慢的趋势，2004年的普赖斯指数降为7.2%，5年来平均普赖斯指数为6.5%。

2. 期刊被引用次数排名

期刊被引用次数排名，可以从一个侧面反映出哪些期刊是比较有权威的期刊，我们在此列出了前10名的11种期刊，具体情况见表10-11。

由表10-11数据可知，《Management Science》以105次的优势列于第一位，可见其在国内学者中得到广泛的认同，是国外管理类中最权威的期刊。《系统理论与实践》占据第二的位置。《管理工程学报》以62次的成绩排在第三的位置，体现出其在管理工程学界的地位。还有一类国内期刊《管理科学学报》排在第十的位置。由表10-11我们可以看出，总体情况是，排在前十名的国内期刊只有3种，而国外期刊占8种，这反映出国内管理工程学研究与国外还有一定的差距，学者们在寻找参考资料时更多的是以国外的研究成果为参照。无疑，这向我国管理工程学界的学者提出了挑战。

表 10-11 《管理工程学报》（2000~2004 年）论文引用次数最多的期刊排名

排名	引文期刊（降序排列）	被引用次数
1	Management Science	105
2	系统理论与实践	66
3	管理工程学报	62
4	Harvard Business Review	58
5	European Journal of Operational Research	53
6	Journal of Financial Economics	47
6	Strategic Management Journal	47
7	Journal of Finance	41
8	Journal of Political Economy	40
9	American Economic Review	36
10	管理科学学报	34

3. 作者被引用次数的排名

对作者引用率的排序，可知这些作者在管理学界有较高的地位，他们的研究成果已得到学术界的认同，或者他们研究的领域已是近年的热点。我们找出了《管理工程学报》（2000~2004）433 篇论文的期刊引文中被引用次数在 7 次以上的作者，具体排名情况如表 10-12 所示（在表中如是合著，各作者都计一次）。

表 10-12 《管理工程学报》（2000~2004 年）引文中作者被引用次数排名

名次	作者	2000 年	2001 年	2002 年	2003 年	2004 年	合计
1	Lee H.L.	0	1	3	6	8	18
2	Jensen，M.C	1	2	6	3	2	14
2	Black F	3	1	3	3	4	14
3	Holmstrom B	0	3	5	1	4	13
4	Fama，E.F.	2	0	3	3	4	12
5	唐小我	4	1	3	2	1	11
5	Prahalad C.K	4	1	3	2	1	11
5	Hamel G	3	1	2	2	3	11
6	Scholes M	2	1	2	2	3	10

续表

名次	作者	2000 年	2001 年	2002 年	2003 年	2004 年	合计
7	陈国权	0	0	4	3	1	8
7	Teece，D.J	1	2	3	1	1	8
8	Merton R.C	1	2	2	1	1	7

由表 10–12，我们首先看到的是列举的 12 位学者中，国内学者这么少，仅有 2 位，分别是唐小我和陈国权，他们的排名也不太好，分别占据第五和第七的位置。国外的学者中 Lee.H.L 以 18 次优势占据第一的位置。对比表 10–11 和 10–12，从不同的侧面反映了同一个问题，国内管理工程学研究与国外存在一定的差距，国内管理工程学界的学者需要加倍努力，为中国该领域的学术研究作出应有的贡献。

4. 作品被引用次数排名

对《管理工程学报》(2000~2004) 引文中作品被引用次数的排名反映的是近 5 年最受学者关注的专著和论文。表 10–13 中列举了被引用次数不少于 3 次的著作。Black F. and Scholes M. 合著的《The Pricing of Options and Corporate Liabilities》以 10 次的被引次数排名第一。Prahalad C.K and Hamel G 合著的《The Core Competence of the Corporation》以微小的差距位于第二的位置。在表 16 中共列举了 17 篇引文，国内文章仅占 3 篇。从被引用的作品内容也可已看出，大多数反映了管理工程、人力资源、市场营销、企业理论等较多关注的方向，这与表 10–11 对研究领域的统计结果相一致。表 10–13 反映出的国内外的差距问题也与表 10–11 和表 10–12 所反映的问题相同。

表 10–13 《管理工程学报》(2000~2004 年) 引文中作品被引用次数排名

	论文	作者	被引用次数
1	The Pricing of Options and Corporate Liabilities	Black F. and Scholes M	10
2	The Core Competence of the Corporation	Prahalad C.K and Hamel G	9
3	Theory of the Firm: Managerical Behavior, Agency Costs, and Capital Structure	M.C.Jensen and W.H.Meckling	5
3	Dynamic Capabilities and Strategic Management	Teece, D.J, Pisano and Shuen, A	5
4	Moral Hazard in Teams	Holmstrom, Bengt	4
4	Performance Pay and Top Management Incentives	Jensen, M.C and K.J Murphy	4

续表

	论文	作者	被引用次数
4	市场里的企业：一个人力资本与非人力资本的特别合约	周其仁	4
4	Value of Imformation in Capacitated Supply Chains	Srinagesh Gavirneni，Roman Kapuscinski，Sridhar Tayur	4
5	Absorptive Capability：A New Perspective on Learning and Innovative	Wesley M. Cohen & Daniel A. Levinthal	3
5	Aggregation and Linearing in the Provision of Intertemporal Incentives	Homstrom，B.&Milgrow，P	3
5	Cooperative and Noncooperative R&D in Duopoly with Spillovers	d'Aspremont C，Jacquemin A	3
5	Determinants of Corporate Borrowing	Meye，SC	3
5	Policy on Internation R&D Cooperation：Subsidy or Tax?	Qiu LD，Tao Z	3
5	供应链建模与管理的技术现状和发展趋势	朝坚，吴澄，范玉顺	3
5	透过“新潮”管理法看系统管理学	金卫华，赵晓，康泽	3
5	A New Product Growth Model for Consumer Durables	Framk M.Bass	3
5	What Ps Your Strategy for Managing Knowledge?	Hamsen M，Nohria N，Tierney T	3

二、对《管理科学学报》文献计量分析：2000~2004

《管理科学学报》是国家自然科学基金委员会管理科学部主办的学术性双月期刊，以发表管理科学的基础理论、方法等学术性研究成果，以及已经取得社会或经济效益的应用性研究成果为主要内容，面向的读者是从事管理科学研究和实践的管理科学工作者、管理工程技术人员，各行业、部门及企业的管理人员和大专院校相关专业的师生。目前，《管理科学学报》包含的主要栏目有：专论、研究论文、应用研究、研究简报、专题研究等。根据我们的建库要求，共有 2000~2004 年 5 年间的 314 篇论文成为我们的样本论文。

（一）基于论文正文的计量分析

1. 论文合作研究情况

我们对《管理科学学报》314 篇学术论文的作者人数、隶属单位、所在区域进行了统计分析，所刊载论文的作者合著情况的统计结果见表 10-14、表 10-15、表 10-16。

表 10-14 《管理科学学报》论文合著统计

年份	独著	2 人（篇）	3 人（篇）	3 人以上（篇）	小计	署名次数	合著率（%）	合作度
2000	7	19	20	3	49	117	85.71	2.39
2001	10	22	27	2	63	144	84.12	2.29
2002	6	39	24	2	71	164	91.55	2.31
2003	4	29	24	4	61	150	91.80	2.46
2004	6	23	32	9	70	182	91.43	2.60
合计	33	132	127	20	314	757	88.92	2.41

表 10-15 《管理科学学报》不同主体之间的合著统计

	院校	研究机构	企业	政府部门
院校	242	18	3	2
研究机构	—	12	0	0
企业	—	—	0	0
政府部门	—	—	—	0

表 10-16 《管理科学学报》不同区域之间的合著统计

年份	同一区域	跨区域合著	跨国合著
2000	36	5	0
2001	38	10	0
2002	58	6	0
2003	45	8	3
2004	44	18	3
合计	221	47	6

由表 10-14 可知，2000~2004 年间《管理科学学报》所发文章的合著率和合作度都很高，以合著率为例，2004 年的合著率达到了 91.36%，即便

最低的 2001 年也有 84.12%；同时合著率和合作度呈现逐年递增趋势，这在一定程度上反映出国内管理学界已逐步认识到合作研究的重要性，也越来越重视合作研究这一科研的最基本、最主要的形式。由表 10–15、表 10–16 可以得出，在合著的论文中，主要是院校和其他单位合著占84.39%，有很大一部分是跨单位机构跨地区的合作。以 2004 年为例，在合著的 70 篇文章中，其中 18 篇为跨单位、跨地区而完成的合作，3 篇是跨国合作的，从 2003 年以来跨国合作研究的文章开始出现。

2. 论文产出机构及地区分布

目前，国内管理学的研究人员主要集中在高等院校和各类科研院所和一些企事业单位之中，各种研究力量很不均衡，这一现象在《管理科学学报》中也有所体现。对于所刊载文章的产出机构和产出地域的统计，一定程度上反映了各地对于管理学研究的分布状况，这对于我们了解学科的发展有一定意义。鉴于此，本章对于论文产出机构分为三类：高等院校、相关科研院所及其他，高等院校的研究所归为院校；对于论文取分，独著作者按篇，2 人按各 1/2 篇，三人按各 1/3 篇统计，以此类推。对于论文地区分布，以省份为划分标准。表 10–17、表 10–18 分别给出了该刊载文章的机构和地区分布表。

表 10–17　论文产出的机构分布（前 10 位）

机构	篇数	（%）	位次
天津大学	26.94	8.58	1
西安交大	24.5	7.8	2
东南大学	19.34	6.16	3
中国科学院	18.17	5.79	4
上海交大	17	5.41	5
清华大学	16.5	5.25	6
复旦大学	16.25	5.17	7
东北大学	14.75	4.70	8
南京大学	11.5	3.66	9
电子科技大学	11.25	3.58	10

由表 10–17 可知，排名前 10 位的除了中国科学院 18.17 篇排第四位占文章总数的 5.79%，其他 9 位均是各高等院校。位列第一的是天津大学，

发表论文 26.94 篇（这显然与《管理科学学报》是天津大学承办有一定关系），西安交大，发表论文 24.5 篇位居第二，东南大学 19.34 篇名列第三。这 9 所高校发文数占前十位的 89.68%，占总数的 50.32%，由此看来，《管理科学学报》的研究力量主要分布在各大高等院校。此外，《管理科学学报》管理学科研究的机构集中程度十分显著，排名前十位的机构所发文章的总数占了《管理科学学报》5 年来所发文总数的一半多，达到了 56.11%，这些也从一个侧面反映出研究人才的聚集度。从表 10-18 可以看出，5 年来《管理科学学报》上所发文章的地区集中度较高，排名前五位的地区（北京、上海、江苏、天津、陕西）所产出的论文就占了论文总数的 64.33%，相比之下，排在六至十位的地区的发文数仅占了 28.66%，其余地区仅占 7%。在各个地区中高等院校、科研机构及其他的发文数中高等院校均有绝对优势。

表 10-18　论文产出的地区分布

地区	篇数	位次	地区	篇数	位次	地区	篇数	位次
北京	59	1	安徽	11	8	重庆	2	12
上海	42	2	黑龙江	11	8	山东	2	12
江苏	38	3	湖南	10	9	吉林	2	12
天津	33	4	湖北	10	9	河南	1	13
陕西	30	5	广东	7	10	香港	1	13
四川	27	6	浙江	3	11	山西	1	13
辽宁	21	7	福建	3	11	小计	314	

注：表中未列出的省区论文篇数为零。

3. 研究对象分布

将文章按研究对象进行归类统计，如表 10-19 所示。在 314 篇论文中，研究企业管理有 144 篇，占总文章数的 45.86%，居绝对优势地位；18 篇文章内容涉及政府管理；36 篇文章有关 NGO（非政府组织管理）。对企业管理再进行细分统计，一般企业的研究占了 127 篇，是研究的重点。这些数据一方面表明研究企业管理是目前《管理科学学报》研究的重点对象；另一方面也反映出了研究过分集中，不利于各个分支子学科的均衡发展。

表 10-19 《管理科学学报》论文研究对象分布

对象＼年份		2000	2001	2002	2003	2004	合计
政府管理（包括行政、科技管理）		3	8	5	2	0	18
NGO（非政府组织）管理		2	3	11	6	14	36
企业管理	一般企业	18	25	28	26	30	127
	国有企业	1	0	1	1	2	5
	民营企业	0	0	0	0	1	1
	家族企业	0	1	0	0	0	1
	上市公司	4	0	1	0	0	5
	跨国企业	1	0	0	1	0	2
	NPO（非营利企业）	2	1	0	0	0	3
其他		18	25	25	25	25	118

4. 研究领域分布

在划分研究领域时，这里将研究领域划分为：体制改革、战略管理、组织管理、人力资源管理、财务管理、生产管理、市场营销、企业理论、组织行为学、管理工程、其他、技术研发、企业文化、学科研究，在对《管理科学学报》所刊载的 314 篇文章进行了研究领域的分类统计，以探求国内管理学界研究重点的变化情况。统计结果见表 10-20。统计结果显示，财务管理、管理工程、生产管理、战略管理是《管理科学学报》作者群研究的热点。2001~2004 年中有关财务管理和管理工程的文章数达到 149 篇，占到文章总数的 47.45%，同时，研究者对生产管理、战略管理、企业理论和市场营销等内容的关注也较多，其他领域如企业文化、体制改革等相对较少。

表 10-20 《管理科学学报》论文研究领域分类统计

领域＼年份	2000	2001	2002	2003	2004	小计
体制改革	1	0	2	0	0	3
战略管理	4	7	8	6	5	30
组织管理	3	2	3	2	2	12
人力资源管理	4	2	2	3	1	12
财务管理	14	15	21	16	18	84
生产管理	4	5	4	9	17	39

续表

领域 \ 年份	2000	2001	2002	2003	2004	小计
市场营销	0	1	5	9	10	25
企业理论	4	7	7	7	7	32
组织行为学	2	2	8	2	3	17
管理工程	7	18	15	11	14	65
技术开发	0	2	0	2	1	5
企业文化	0	0	0	1	1	2
学科研究	4	2	1	0	4	11
其他	3	3	1	1	1	9

注：由于某些文章涉及多个研究主题，如同时涉及企业战略管理和组织管理，本章在统计时则分别记企业战略管理和组织管理各 1 篇，因此该项统计数字之和大于文章总数 314。

5. 研究的热点问题

通过对出现在 314 篇文章中的关键词进行统计，本章整理出了近 5 年来学术界所关心的热点问题。研究发现（见表 10–21），供应链、虚拟企业、数据挖掘、组织学习、决策支持、实物期权、群决策、知识管理、电子商务博弈等关键词的出现频率占前 10 位，这些都是研究者研究的热点和重点问题。

表 10–21 《管理科学学报》研究热点分类统计

名次	研究领域	2000~2004 年出现次数
1	供应链	42
2	虚拟企业	14
2	数据挖掘	14
2	组织学习	14
3	决策支持系统	12
3	实物期权	12
4	群体决策	11
5	知识管理	10
5	电子商务	10
6	博弈	10

（二）基于论文引文的计量分析

1. 引文概况

科学论文不是孤立存在的，它是被深嵌在整个学科的文献体系之中的。引文是一篇论文中非常重要的部分，能反映作者对于学科已有知识的掌握和对最新最近研究成果的吸收了解程度。在一定程度上，论文的质量和规范程度都可以在引文部分中有所了解。如表 10-22 所示，为《管理科学学报》所载文的引文（期刊文献和书籍文献，剔除了 Working Paper、各类会议论文和其他各类引文）的统计分析，包含平均引文数、平均中英文引文数、作者自引率、刊物自引率和文献老化度等。《管理科学学报》5 年以来，平均引文数一直呈上升趋势，从 2000 年的 6.918 篇到 2004 年的 20.71 篇，这反映出《管理科学学报》所载文章正在逐步规范，这也从另一个角度反映出刊物本身质量的提高。所研究的 314 篇文章中，共有引文 4098 条，平均引文数为 13.051 条。中文引文 911 条，占总数 4098 条的 22.23%，译文 272 条，占 6.6374%，外文引文 3187 条，占引文总数的 77.55%。这些数据反映出《管理科学学报》作者群对国外管理学的发展较为关注，吸收掌握国际上管理学前沿理论的能力加强，这对于国内学术界与国际接轨，加快国内管理学的发展都有重大的意义。

2. 文献老化度分析

《管理科学学报》在 2000~2004 年间的 P 值平均为 0.4429。说明管理学学科的文献老化度较大，这也与管理学作为一门发展较快的学科，文献更新速度快这一事实相符。文献老化度较大这一结论对于预测管理学学科的发展也有积极意义。

3. 期刊引用率排名

对 314 篇引文的期刊引用率进行统计分析，可以反映出国内外各种期刊在管理科学学界的学术地位和权威性。在统计的基础上，这里列举了引用频数位居前 13 位的 15 种国内外期刊。如表 10-23 所示，在这 15 种期刊中，外文期刊占据 11 席，中文期刊只有 4 份，其中中文期刊《管理科

表 10–22 《管理科学学报》引文分布概况

年份	论文（篇）	引文条数	平均引文	中文		外文		译文		作者自引		本刊自引		不少于5年的文献	普莱斯指数
				条数	比例（%）	条数	比例（%）	条数	比例（%）	条数	比例（%）	条数	比例（%）		
2000	49	339	6.9184	101	29.7935	238	70.2064	0	0	19	5.6047	19	5.6047	156	0.4602
2001	63	515	8.1746	151	29.3204	364	70.6796	16	3.1068	53	10.2913	39	7.5728	242	0.4699
2002	71	962	13.5493	274	28.4823	688	71.5177	12	1.2474	87	9.0437	101	10.4990	433	0.4501
2003	61	832	13.6393	140	16.8269	692	87.1731	19	2.2837	51	6.1298	52	6.25	326	0.3918
2004	70	1450	20.7143	245	16.8966	1205	83.1034	225	15.5172	58	4.0000	72	4.9655	658	0.4538
小计	314	4098	13.0510	911	22.2304	3187	77.5500	272	6.6374	268	6.5397	283	6.9058	1815	0.4429

学学报》以被引 295 次的绝对优势位居第一（这表明《管理科学学报》自引率很高)，《Management Science》以被引 131 次列第二，《Joumal of Finance》以被引 113 次位列第三。这一方面反映出国内管理学杂志的发展已具有一定的成绩；另一方面反映出国内学者对国外学者的研究成果较为关注，国内研究已逐渐与国际接轨。外文引用期刊排名前 10 位的刊物见表 10-24，中文引用期刊排名前 10 位的刊物见表 10-25。

表 10-23 《管理科学学报》所载论文期刊引用整体排名

排名	期刊（降序排列）	被引次数
1	管理科学学报	295
2	Management Science	131
3	Journal of Finance	113
4	Econometrica	70
5	Journal of Financial Economics	62
6	Journal of Political Economy	60
7	European Journal of Operational Research	59
8	American Economic Review	51
8	系统工程理论与实践	51
9	Operational Research	46
9	Strategic Management Journal	46
10	Review of Economic Studies	40
11	Harvard Business Review	34
12	系统工程学报	31
13	系统工程	30

表 10-24 《管理科学学报》所载论文外文期刊引用排名

排名	期刊（降序排列）	被引次数
1	Management Science	131
2	Journal of Finance	113
3	Econometrica	70
4	Journal of Financial Economics	62
5	Journal of Political Economy	60
6	European Journal of Operational Research	59
7	American Economic Review	51
8	Operational Research	46
8	Strategic Management Journal	46
9	Review of Economic Studies	40
10	Harvard Business Review	34

表 10–25 《管理科学学报》所载论文中文期刊引用排名

排名	期刊（降序排列）	被引次数
1	管理科学学报	295
2	系统工程理论与实践	51
3	系统工程学报	31
4	系统工程	30
5	经济研究	28
6	决策与决策支持系统	20
7	预测	19
8	中国管理科学	18
9	管理工程学报	17
10	系统工程理论应用	12

4. 作者引用率排名

管理学有不同的分支子学科，研究人员也有各自的研究领域，通过对引文中作者引用率的统计，不仅可以得出哪些研究人员在国际国内学术界享有盛誉，同时通过了解研究人员所涉及的研究领域，还能判断出各分支学科的研究现状。这里对《管理科学学报》所载论文引文中引用频数前八位的作者进行了排名，详见表 10–26。从作者引用率的角度分析，还能验证研究人员在学术界的内容及反映出研究的热点。从引用作者情况看，近 5 年来供应链、虚拟企业、数据挖掘、组织学习、决策支持系统、实物期权、群体决策、知识管理、电子商务、博弈等是国内外研究的热点问题，与从正文中的统计分析大体一致。

表 10–26 《管理科学学报》所载论文引文引用作者排名

名次	作者	2000 年	2001 年	2002 年	2003 年	2004 年	小计
1	Fama E.F.	3	3	10	5	15	36
2	陈国权	0	2	7	2	12	23
3	Feng Y	0	0	3	4	11	18
4	戴汝为	1	4	7	0	3	15
4	成思危	3	3	4	3	2	15
5	席酉民	4	0	5	3	2	14
6	Lee H.L.	0	0	2	1	11	13
7	Engle R F	0	3	6	2	1	12

续表

名次	作者	2000年	2001年	2002年	2003年	2004年	小计
7	Merton R.C	4	1	3	0	4	12
8	钱学森	2	1	4	0	3	10
8	仲伟俊	3	0	6	1	0	10
8	Black F	2	4	1	0	3	10

三、对《中国管理科学》的文献计量学分析：2000~2004年

《中国管理科学》是由中国优选法、统筹法与经济数学研究会和中科院科技政策与管理研究所共同主办的中国管理类权威刊物。《中国管理科学》自创刊以来，刊发了许多对中国管理学发展和管理实践有着重要意义的论文，为推动中国管理学研究的发展作出了重要贡献。《中国管理科学》在发展中其论文规范性逐年提高，这里以2000~2004年为研究时间跨度，充分考虑了学术论文应有的规范性，经过严格的筛选、讨论、咨询，最终确定了513篇文章为建库对象，略去的文章主要是各期的短论和明显不属于学术论文的会议综述及调查。《中国管理科学》中的短论较多，但其篇幅都在两页左右，且均没有关键词、摘要和参考文献，可见不属于学术论文，无法支持本研究。没有选入的会议综述和调查也都明显不属于规范的学术论文。

（一）基于论文正文的计量分析

1. 作者情况

通过对2000~2004年为《中国管理科学》撰稿的作者的合著情况和产量的统计，可以反映出国内管理研究的合作情况和近5年在研究中较有成果的学者。从表10-27可以看出，《中国管理科学》这5年有着较高合著程度，各年的合著率都超过了75%，平均合作度达到2.31。最近两年的合著率均高达于85%，合作度达到2.4。反映出国内学者近年注重学术交流与

合作，且合作有加强的趋势。

表 10–27 《中国管理科学》(2000~2004 年) 论文合著统计

年份	独著	2 人（篇）	3 人（篇）	3 人以上（篇）	小计	署名次数	合著率（%）	合作度
2000	11	22	14	4	51	114	78.43	2.24
2001	17	32	18	6	73	161	76.71	2.21
2002	20	60	36	6	122	271	83.61	2.22
2003	16	49	40	9	114	272	85.96	2.39
2004	22	68	45	18	153	368	85.62	2.41
合计	85	232	153	43	513	1186	83.43	2.31

广泛的合作不仅包括同一机构内的合作，跨机构、跨地区的合作也占了很大的比例。在 513 篇文章中，有 165 篇是由跨机构的作者合著而成，占到了样本总量的 32.16%，以院校间的合作为最多，其次是院校与研究机构的合作，排第三和第四的是院校与企业间的合作和研究机构与研究机构之间的合作，165 篇中有 5 篇是政府部门与院校双方的合作，另有 4 篇是研究机构与企业间的合作。通过对机构所在地区的统计，得出跨区域合作的有 85 篇，占总合作篇数的 51.52%，跨国合作有 7 篇，其中有两篇是由国内跨区域的两家机构与国外一家机构合作完成（与中国香港和中国台湾的合作统计为国内跨区域合作）。具体分布见表 10–28 和表 10–29。

表 10–28 《中国管理科学》(2000~2004 年) 不同主体之间的合著

	院校	研究机构	企业	政府部门
院校（不同院校）	96	37	15	5
研究机构	—	8	4	0
企业	—	—	0	0
政府部门	—	—	—	0

表 10–29 《中国管理科学》(2000~2004 年) 不同区域之间的合著

年份	同一区域	跨区域合著	跨国合著	合计
2000	5	7	1	13
2001	10	10	2	22
2002	16	20		36
2003	24	14	2	40
2004	20	34	2	56
小计	75	85	7	167

近5年内，在《中国管理科学》发表的513篇论文中，为其撰文的作者共901人（不包括课题组），其中745人（包括合著）5年内只在《中国管理科学》上发表或参加发表1篇文章，有97人（包括合著）发表过2篇文章，有33位作者（包括合著）发表了3篇论文，有13位作者（包括合著）发表了4篇论文，有4位作者（包括合著）发表了5篇论文，有9位作者（包括合著）发表了5篇以上（其中分别有2位作者（包括合著）发表了6和7篇论文，有3位作者（包括合著）发表了9篇论文，分别有1位作者（包括合著）发表了11篇和13篇论文）。

2. 论文产出机构及区域分布

表10-30列举了《中国管理科学》2000~2004年这5年论文产出机构中产出量排在前10名的10所机构（统计时，如果某篇论文由N个机构共同撰写而成，每个机构各算1/N）。从表中可以看出，除中国科学院名列第一外，前10名的其他9个机构都是高校，可见高校是管理学研究的主力军。这10所机构的研究成果占到样本总数的40.96%，反映了国内管理学的研究成果有较高的机构集中性。

表10-30　《中国管理科学》论文产出的机构分布（前十位）

机构	篇数	百分比（%）	位次
中国科学院	33.33	6.5	1
东南大学	25.33	4.94	2
清华大学	25	4.87	3
西安交通大学	24.5	4.78	4
上海交通大学	23	4.48	5
中国科学技术大学	22.33	4.35	6
山东大学	17.5	3.41	7
华中科技大学	14.33	2.79	8
东北大学	12.83	2.50	9
北京航空航天大学	12	2.34	10
合计	210.15	40.96	

如表10-31所示，从论文产出的地域分布（主要研究国内的地域分布）的统计数据（在统计地域分布时，如有N个地域的作者合著一篇论文，则每个地区分别记为1/N）可以看出，中国管理科学研究的高度集中

性特点，仅北京一市就占了 20.40 个百分点，排名前 4 的北京、江苏、上海、陕西 4 个地区所发表的论文占样本总量的 51.67%，而江西、内蒙古、香港、甘肃、中国台湾和新疆 6 地区合计却只占到 0.877%，可见分布十分不均。此外，从表 10-31 中还可看出，高等院校仍然表现出较大的优势，由高校作者撰写的文章占了样本种数的 83.24%，科研院所仅占 13.58%。

表 10-31 《中国管理科学》论文产出地区分布

地区（国家）	高等院校			科研院所			其他			小计		
	篇数	百分比（%）	位次	篇数	百分比（%）	位次	篇数	百分比（%）	位次	篇数	百分比（%）	位次
北京	67.83	13.22	1	33.17	6.47	1	3.67	0.72	1	104.67	20.40	1
上海	50.5	9.84	3	8.83	1.72	2	1	0.19	6	60.33	11.76	3
广东	9.33	1.82	13	2.5	0.49	6	1.92	0.37	4	13.75	2.68	11
江苏	58.92	11.49	2	5.83	1.14	3	0	0	11	64.75	12.62	2
四川	26.17	5.10	5	0	0.00	12	0.33	0.06	10	26.5	5.17	9
湖北	24.5	4.78	8	4	0.78	5	0.58	0.11	8	29.08	5.67	6
辽宁	22.17	4.32	9	5.67	1.11	4	1.83	0.36	5	29.67	5.78	5
陕西	34.5	6.73	4	0	0	12	0.83	0.16	7	35.33	6.89	4
浙江	5	0.97	15	0.5	0.1	10	2.5	0.49	3	8	1.56	14
重庆	12.83	2.50	11	0	0	12	0.33	0.06	10	13.17	2.57	12
福建	6.5	1.27	14	0	0	12	0	0	11	6.5	1.27	15
山东	24.83	4.84	7	1.5	0.29	8	0.5	0.1	9	26.83	5.23	8
天津	11.83	2.31	12	0.5	0.1	11	0	0	11	12.33	2.34	13
江西	1	0.19	22	0	0	12	0	0	11	1	0.19	22
广西	1.5	0.29	21	0	0	12	0	0	11	1.5	0.29	20
河南	3.5	0.68	18	0	0	12	3.5	0.68	2	5	0.97	17
湖南	18.67	3.64	10	2	0.39	7	0.83	0.16	7	21.5	4.19	10
甘肃	0.5	0.10	25	0	0	12	0	0	11	0.5	0.097	25
云南	0	0.00	27	1.17	0.23	9	0	0	11	1.17	0.23	21
河北	5	0.97	16	0	0	12	0.5	0.1	9	5.5	1.07	16
吉林	4.5	0.88	17	2	0.39	7	0	0	11	6.5	1.27	15
安徽	26.17	5.10	6	2	0.39	7	0	0	11	28.17	5.49	7
内蒙古	1	0.19	22	0	0	12	0	0	11	1	0.19	22
山西	1.5	0.29	21	0	0	12	0	0	11	1.5	0.29	20
黑龙江	3.33	0.65	19	0	0	12	0.33	0.06	10	3.67	0.71	18
新疆	0.33	0.06	26	0	0	12	0	0	11	0.33	0.065	26
法国	1.67	0.33	20	0	0	12	0	0	11	1.67	0.32	19

续表

地区（国家）	高等院校			科研院所			其他			小计		
	篇数	百分比（%）	位次	篇数	百分比（%）	位次	篇数	百分比（%）	位次	篇数	百分比（%）	位次
中国香港	1	0.19	22	0	0	12	0	0	11	1	0.19	22
中国台湾	0.67	0.13	24	0	0	12	0	0	11	0.67	0.13	24
美国	0.75	0.15	23	0	0	12	0	0	11	0.75	0.15	23
加拿大	0.5	0.10	25	0	0	12	0	0	11	0.5	0.097	25
新加坡	0.5	0.10	25	0	0	12	0	0	11	0.5	0.097	25
合计	427	83.24		69.67	13.58		18.65	3.64		513	100	

3. 论文类型分布

根据学术论文可分为规范型、描述型、文献型、概念型、实证型、定性经验型、演绎数学模型的分类方法，参照论文内容，我们对 513 篇文章进行了论文类型的鉴别，统计结果见表 10-32，表中数据反映，采用定量分析的实证型论文在样本中所占比重最大，描述型、文献型和定性经验型占的比重都很小。在划分时我们发现，采用定量分析的实证研究和演绎数学型的较多，这两类合计达 316 篇。

表 10-32 《中国管理科学》（2000~2004 年）论文类型统计

年份	2000 年	2001 年	2002 年	2003 年	2004 年	合计
规范型	11	14	28	16	22	91
描述型	3	2	1	0	1	7
文献型	2	0	1	1	3	7
概念型	10	7	12	18	16	63
实证型	16	23	43	34	67	183
定性经验型	5	2	6	7	9	29
演绎数学型	4	25	31	38	35	133

4. 研究对象分布

对研究对象进行统计的目的主要是找出政府管理、企业管理及研究不同类型的企业的管理在 2000~2004 年《中国管理科学》论文中的分布情况。确定领域时，我们发现一些论文研究的对象属于多类，比如，一个企业可能既是民营企业又是上市企业，或既属国有企业也是上市公司，此时我们将可以归入的类都列出统计，因而各类对象篇数加总会大于样本数。根据表 10–33 可知，对企业管理的研究大大多于政府管理，前者共计 174 篇，后者 4 年加总共 9 篇。企业管理类又以一般企业最多。

表 10–33 《中国管理科学》（2000~2004 年）论文研究对象分类统计

对象 \ 年份		2000	2001	2002	2003	2004	备注
政府管理（包括行政、科技管理）		3	4	0	1	1	主要涉及行政改革、社保、土地管理等
NGO（非政府组织）管理		1	6	14	5	8	
企业管理	一般企业	12	10	28	44	49	
	国有企业	1	2	0	0	2	
	民营企业	0	1	0	1	0	
	家族企业	0	0	0	0	0	
	上市公司	0	2	5	4	9	
	跨国企业	0	0	2	1	1	
企业管理小计		13	15	35	50	61	
其他		34	49	72	59	83	主要涉及产业经济、区域经济、证券市场、城市经营、资本流动、管理模型等

5. 研究领域分布

对研究领域的划分，采用的是国家自然科学基金管理科学学科分类的标准，对于无法划进国家自然科学基金管理科学学科分类中的论文，我们将划到“其他”项。由表 10–34 的数据和图 10–2 可知，金融管理、运作管理和运筹与管理 3 个领域居前 3 名，这 3 项占到 24.72%，工商管理类以运作管理涉及最多，占 7.24%，管理科学与管理思想史、复杂性研究、企业文化、信息资源管理在 5 年中都没有涉及，由此可见国内学者近 5 年研究的侧重点和较少考虑的领域。具体的分布和比例见表 10–34 和图 10–2。

从表 10–34 和图 10–2 可以看出，《中国管理科学》2000~2004 年样本论文的研究的热点领域主要是金融管理（主要是有关我国证券市场的理论）、运作管理（生产运作、供应链等）、财务管理、企业理论和组织管理等，

表 10-34 《中国管理科学》（2000~2004 年）论文研究领域分类统计

领域＼年份	2000	2001	2002	2003	2004	合计	占比（%）	排名
管理科学与管理思想史	0	0	0	0	0	0	0	23
一般管理理论	9	9	4	2	2	26	3.55	10
运筹与管理	14	6	7	17	9	53	7.24	3
决策与对策理论	10	14	9	7	5	45	6.15	5
管理心理与行为理论	2	0	3	4	4	13	1.78	16
管理系统工程	4	1	1	1	4	11	1.5	17
评估技术	9	4	8	7	4	32	4.37	8
预测技术	6	5	5	0	1	17	2.32	13
数量经济分析方法	13	9	13	13	3	51	6.97	4
工业工程	1	0	9	0	0	10	1.37	18
信息技术与管理	4	4	0	2	4	14	1.91	15
复杂性研究	0	0	0	0	0	0	0	23
企业理论	2	7	12	7	12	40	5.46	7
企业战略管理	3	5	6	2	6	22	3.01	12
会计理论与方法	1	0	0	0	1	2	0.27	21
财务管理	1	5	6	5	12	29	3.96	9
市场营销	3	2	8	5	5	23	3.14	11
运作管理	5	6	17	17	16	61	8.33	2
项目管理	3	2	6	3	8	22	3.01	12
人力资源管理	3	3	1	2	7	16	2.19	14
技术经济与技术管理	1	0	1	0	0	2	0.27	21
企业文化	0	0	0	0	0	0	0	23
组织管理	3	7	9	12	11	42	5.74	6
宏观经济战略与管理	4	2	5	1	1	13	1.78	16
公共管理与公共政策	5	6	4	5	3	23	3.14	11
金融管理	4	11	20	17	15	67	9.15	1
财税管理	0	1	1	1	0	3	0.41	20
农林经济管理	2	0	1	0	0	3	0.41	20
产业与行业管理	0	1	1	0	0	2	0.27	21
科技管理与科技政策	0	0	0	1	0	1	0.14	22
信息资源管理	0	0	0	0	0	0	0	23
区域发展管理	1	2	0	1	0	4	0.55	19
其他	1	8	16	17	43	85	11.61	
合计	114	120	173	149	176	732	100	

有关将运筹学和数量经济学分析方法应用于管理、决策和评估技术中的也成为当前研究的热点领域。

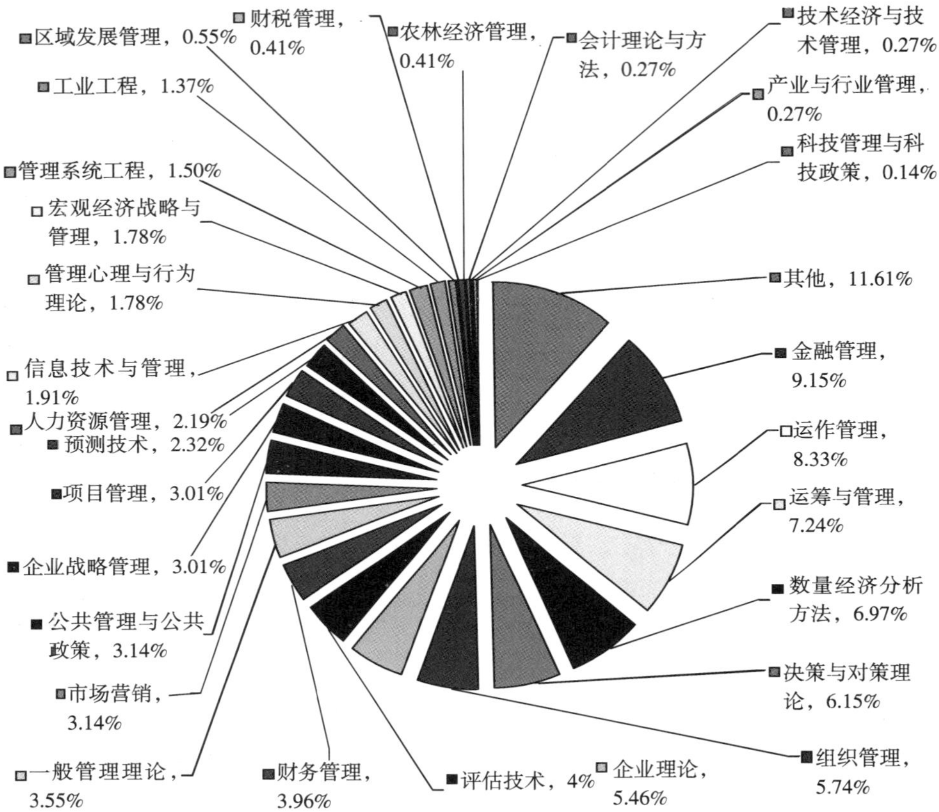

图 10-2 《中国管理科学》2000~2004 年研究领域分布图

（二）基于论文引文的分析

1. 引文的总体情况

如表 10-35 所示，为《中国管理科学》2000~2004 年论文引文的总体情况。从表 10-35 可见，《中国管理科学》2000~2004 年的每篇论文平均引文数仅为 6.76 条，2003 年和 2004 年引文数稍有增加，2004 年平均引文数达到 9.67 条。从 2000~2004 年《中国管理科学》平均引文的粗略统计，我们发现引文有逐年增加的趋势，反映出论文规范性和治学严谨性的正在逐渐提升。由表 10-35 中数据可知，《中国管理科学》近年来英文引文均多于中文引文，可见中国学者非常关注国外研究进展，注重吸收国外研究成果。另外，在 3470 条引文中，作者自引的条数共 223 条，占引文总量的 6.4%，其中有 7 篇文献的作者在一篇文章中自引达 5 条。针对《中国管理科学》统计的本刊自引情况表明，513 篇文献对《中国管理科学》所刊载文章的引用共有 167 次，自引率为 4.8%。

表 10-35 《中国管理科学》（2000~2004 年）论文引文分布概况

年份	论文（篇）	引文条数	平均引文	中文		英文		译文		作者自引		本刊自引		不大于 5 年的文献	普赖斯指数 %
				条数	比例（%）	条数	比例（%）	条数	比例（%）	条数	比例（%）	条数	比例（%）		
2000	51	248	4.86	97	39.1	151	60.9	0	0	36	14.5	6	2.4	131	52.82
2001	73	307	4.21	121	39.4	186	60.6	0	0	38	12.4	7	2.3	139	45.28
2002	122	575	4.71	215	37.4	360	62.6	0	0	40	7	38	6.6	282	49.04
2003	114	860	7.54	255	29.7	604	70.2	0	0	41	4.8	41	4.7	399	46.40
2004	153	1480	9.67	452	30.5	1027	69.4	1	0.1	68	4.6	76	5.1	714	48.24
合计	513	3470	6.76	1140	32.9	2328	67.1	1	0	223	6.4	168	4.8	1665	47.98

2.文献老化度分析

从表 10-35 可以得出《中国管理科学》的文献老化度，在这 5 年中存在不断波动，但是有趋慢现象，2000 年的普赖斯指数高达 52.82%，2001 年降到了 45.28%的低点，而到 2004 年又回升为 48.24%。从图 10-3 我们可以清楚地看出这种变化趋势。

3. 期刊引用率排名

表 10-36 是对《中国管理科学》2000~2004 年引文所刊载期刊的排名，由此可从一个侧面反映出部分期刊的权威性，我们在此列举出排名前 10 的 12 种期刊，其中 《中国管理科学》以 168 次的巨大优势列于第一。外文期刊中《European Journal of Opeation Research》和《Management Science》占据第二和第三的位置。国内除了 《中国管理科学》以外进入前十名的只有

《系统工程理论与实践》和 《预测》，分别占据第五和第十位。这反映出国内管理学研究与国外具有一定差距的，学者们在寻求参考资料时更多是参照国外成果。

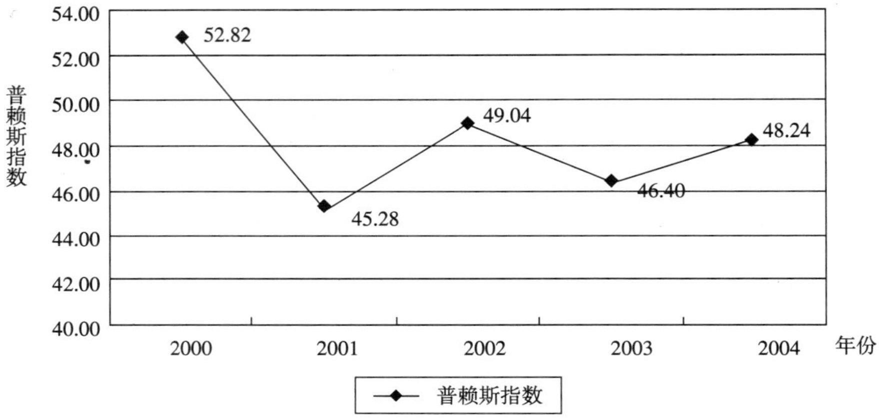

图 10-3　2000~2004 年《中国管理科学》引文老化度变化趋势

表 10-36 《中国管理科学》(2000~2004 年) 论文引用次数最多的期刊排序

排名	期刊（降序排列）	被引次数
1	中国管理科学	168
2	European Journal of Opeation Research	129
3	Management Science	118
4	Journal of Finance	112
5	系统工程理论与实践	79
6	Journal of Financial Economics	67
7	IEEE	65
8	Operation Research	56
9	American Economic Review	40
10	Econometrica	38
10	Harvard Business Review	38
10	预测	38

4. 作者引用率排名

通过对引文中被引用率最高的作者的排序（如是合著，各位作者都计 1 次），我们从《中国管理科学》(2000~2004) 513 篇论文引用的 6380 多人次作者中，找出被引用次数在 10 次以上的作者（见表 10-37），可知这些作者在管理学界有较高的地位，他们的研究成果得到认同，或者他们研究的领域正是近年的热点。列举的 14 位学者中，有 8 位是中国学者，另外 6 位是国外学者。外国学者以 Eugene F. Fama 和 Lee H.L.的研究成果被引用率最高。中国学者以唐小我的研究成果被引用率最高，刘家壮其次，分列第二和第三，但被引次数与外国学者差距较大。

表 10-37 《中国管理科学》(2000~2004 年) 作者引用率排名

名次	作者	2000 年	2001 年	2002 年	2003 年	2004 年	小计
1	Eugene F. Fama	0	0	5	6	15	26
1	Lee H.L.	3	2	4	5	12	26
2	Whang Seungjin	1	2	2	3	7	15
2	唐小我	2	3	0	2	8	15
3	刘家壮	2	2	7	1	1	13
4	Kenneth R. French	0	0	0	2	10	12
4	盛昭翰	0	0	1	6	5	12
4	徐泽水	0	0	2	6	4	12
5	陈国权	0	3	2	4	2	11
6	Black F.	1	2	1	1	5	10
6	Yang H	8	0	0	2	0	10
6	达庆利	0	0	1	4	5	10
6	魏晓平	0	5	5	0	0	10
6	张维	1	1	1	3	4	10

5. 作品引用率排名

对《中国管理科学》(2000~2004 年) 引文中作品引用率的排名反映的是近 5 年最受学者们关注的专著和论文。表 10-38 列举的是引用次数不少于 4 次的著作。Harry M. Markowitz H. M 著的《Portfolio Selection》以 16 次的被引数排在第一名。

表 10-38 《中国管理科学》(2000~2004 年) 作品引用率排名

名次	论文	作者	2000年	2001年	2002年	2003年	2004年	小计
1	Portfolio Selection	Harry M. Markowitz	1	4	4	1	6	16
2	Information Distortion in a Supply Chain:The Bullwhip Effect	Lee Hau L,Padmanabhan V and Whang Seungjin	0	1	2	2	3	8
2	Capital Asset Prices:A Theory of Market Equilibrium under Conditions of Risk	Sharpe W.F.	0	3	1	1	3	8
3	The Pricing of Options and Corporate Liabilities	Black F. and Scholes M.	1	2	1	0	3	7
4	Measuring the Efficiency of Decision-making Units	Charnes A., Cooper W. W. & Rhodes E.	1	0	0	4	1	6
4	The Bullwhip Effect in Supply Chains	Lee Hau L,Padmanabhan V and Whang Seungjin	1	1	0	1	3	6
4	The Cost of Capital, Corporation Finance and the Theory of Investment	Modigliani F. and Miller M.H.	0	1	1	2	2	6
4	供应链管理理论与方法	沈厚才、陶青、陈煜波	0	1	2	2	1	6
5	Quantifying the Bullwhip Effect in a Supply Chain: the Impact of Forecasting, Lead Times and Information	Chen F. Zvidrezner, Jennifer K. Ryan and David Smichi- Levi	0	1	0	2	2	5
6	A Supply Chain Model of Vendor Managed Inventory	Yan Dong and Kefeng Xu	0	0	0	0	4	4
6	An Equilibrium Characterization of the term Structure	Vasicek O.A.	0	0	2	0	2	4
6	Efficient Capital Markets: A Review of Theory and Empirical Work	Fama E.F.	0	0	3	0	1	4
6	Firm Resource and Sustained Competitive Advantage	J.B. Barney	0	0	2	1	1	4
6	Further Evidence on Investors Overreaction and Stock Market Seasonality	Debondt Werner F.M. and Richard H. Thaler	0	0	1	0	3	4
6	Integrated Inventory Models: The buyer-vendor Coordination	Goyal S.K. & Gupta Y. P.	1	0	1	0	2	4

续表

名次	论文	作者	2000年	2001年	2002年	2003年	2004年	小计
6	The Concept of a Linguistic Variable and Its Applications to Approximate Reasoning (Part Ⅲ)	Zadeh L. A.	0	0	1	3	0	4
6	The Core Competencies of the Corporation	Prahalad C.K. and Gary Hamel	0	0	0	1	3	4
6	The Knowledge – creating Company	Nonka Ikukirv	0	0	1	3	0	4
6	The Valuation of Risk Assets and the Selection of Investments in Stock Portfolios and Capital Budgets	John Lintner	0	2	0	0	2	4
6	对偶理论在国家干预与市场调节相结合分析中的应用	孟庆春、刘家壮	0	0	4	0	0	4
6	金融市场风险测量模型——VaR	王春峰、万海晖、张维	1	1	1	1	0	4

四、综合评价与结论

通过以上三本管理科学与工程学科的代表性学术刊物的分析，我们可以得出以下结论。

第一，管理科学与工程类的学术期刊具有较好的学术性和规范性。

从2000年到2004年《管理工程学报》、《中国管理科学》、《管理科学学报》三个刊物刊登的学术论文看，其论文类型多以实证型、演绎数学型等为主，而且论文格式较规范，引文数量较多，《管理工程学报》的平均引文5.43条，《中国管理科学》的平均引文6.76条，而《管理科学学报》则高达13.051条，尤其是《管理科学学报》，2004年论文的平均引文达到了20.7143条。

第二，管理科学与工程类的学术论文合作率很高，但跨单位、跨机构、跨地区合作较少，国际合作研究刚刚开始。

管理科学与工程类论文合作率总体比较高，《管理工程学报》、《中国管理科学》的论文合作率都很高，平均论文合作率都超过了75%，《管理科学学报》相对较低，但平均论文合著率也达到 50 .65 %。而且，2000~2004 年论文的合作率也逐年递增。这其中既有跨校的合作，也有高校与研究所、与企业的合作，甚至还有少数跨国的合作。这说明近年来管理工程学的学者注重交流与合作，集思广益。但是，我们也注意到，在合作研究中基本上还是以同单位内部之间的合作为主，跨单位、跨机构、跨地区的合作成果相对少，国际合作研究刚刚开始。

第三，管理科学与工程类论文的作者相对集中。

《中国管理科学》、《管理工程学报》、《管理科学学报》刊登的论文，其来源相对集中，反映了国内管理工程学研究分布的集中性。《管理工程学报》的论文来源主要集中在江苏、陕西、上海、天津这些省市，作者所在机构主要集中在西安交通大学、东南大学、天津大学、哈尔滨工业大学等名校；《中国管理科学》的论文来源主要集中在北京、江苏、上海、陕西这些名牌高校云集的大城市，高校作者又主要集中在南京大学、东南大学、东北大学、电子科技大学等名校，而研究院作者更明显地集中于中国科学院；《管理科学学报》2000~2004 年期间的 314 篇文章大部分集中在北京、上海、江苏、天津、陕西等地区，这些地区的全国知名的院校和科研院所是研究的主导力量。

第四，《中国管理科学》、《管理工程学报》、《管理科学学报》都主要关注企业的管理问题，上市公司研究、企业生产与运作管理是这些刊物关注的热点。

《中国管理科学》、《管理工程学报》和《管理科学学报》2000~2004年中所载论文研究对象集中企业管理，其中又以一般企业和上市公司为主。虽然三个刊物所载论文研究主题和重点有所差异，但总体上看对运作管理（包括供应链管理）、金融市场和上市公司等方面的研究相对集中。这一方面和中国企业管理实践的需求相关，另一方面也和上市公司进行实证研究的资料比较容易获得有关。这些刊物通过对金融市场、上市公司、企业生产运作、财务管理等问题给予更多关注，旨在有针对性地为中国经济健康发展提供理论指导，为企业在新的环境中生存、竞争、发展提供帮助。

第五，管理科学与工程学研究领域的新成果不断涌现，但论文的老化度要低于工商管理类论文，这也说明管理科学与工程学科要比工商管理学科更成熟一些。

从三本刊物 2000~2004 年所刊登论文的平均老化度看，管理科学与工程类的论文文献老化较快，各种新的研究成果不断出现，这对于该学科的发展具有积极的意义。但与工商管理类论文相比，管理科学与工程类论文的平均老化程度要低，从我们对管理科学与工程类的三本刊物所载论文的统计看，该类论文的平均老化度为45%左右，而《南开管理评论》、《经济管理·新管理》、《中国工业经济》和《管理世界》的普莱斯指数大约是50%。

第六，中国管理科学与工程学的学者对国外该学科发展的关注度较高，很注意借鉴、学习国外研究成果。

无论是作者被引率及作品被引率方面，还是在引文期刊排名方面，国外都高于国内，基本都在60%~70%，这一方面反映了管理科学与工程学科的研究者群体对国外的理论和研究成果十分关注，能及时学习、吸收借鉴国际上的前沿理论，这些对于国内管理学的发展、国内研究与国际接轨都有益处，著者们注重国外管理学的发展；另一方面也反映出国内与国外在研究水平上存在着一定差距。

通过《管理科学学报》、《管理工程学报》和《中国管理科学》2000~2004年所载学术论文的计量学分析，在一定程度上说，本章得出了一些有意义的结论，但由于选定的样本存在局限性，以及我们在第九章所论及的同样的原因，如研究时间跨度太短引起的偏差，剔除非规范论文引起的偏差，参考文献的选择引起的偏差，主观偏差，等等，在一定程度上影响了结论的说服力。

参考文献

1. 丁学东：《文献计量学基础》，北京大学出版社，1992年。

2. 赵国杰、彭家常：《〈科学学与科学技术管理〉2000~2004年载文统计分析》，《科学学与科学技术管理》，2005年第6期。

3. 刘云忠、宣慧玉：《近年来我国管理工程的研究与进展——〈管理工程学报〉1998~2001年论文及其作者和引文的统计分析与评价之一》，《管理工程学报》，2003年第3期。

4. 张顺堂：《管理科学与工程的学科研究热点与选题》，《山东工商学院学报》，2005年第10期。

5. 张玲玲等：《管理科学与工程热点研究领域的文献计量分析》，《管理学报》，2005年第7期。

6. 梅世强、齐二石、王雪青：《管理科学与工程学科概念及其体系研究》，《工业工程》，2006年第3期。

7. 佘从国、席酉民：《国内外管理科学与工程研究热点的比较分析》，《科学学研究》，2002年第8期。

教 育 篇

第十一章　中国管理学教育的发展状况

管理学的发展与管理教育的发展密不可分，这不仅仅因为管理教育是管理知识传播和培养管理人才的手段，没有管理知识的传承就没有管理学的发展，还因为管理学研究的主要力量集中在高等院校中，管理教育队伍往往是管理知识创新的重要主体之一，而没有管理知识的创新，就没有管理学的发展。教学相长，管理理论研究与管理实践互相促进，促进了管理学的发展。

一、管理教育的特点分析

这里的管理教育（Management Education 或 Business Education）指的是与营利性组织相关的管理教育，即工商管理学科以及管理科学与工程学科的教育。管理教育包括学位教育和非学位教育两大类别。学位教育包括本科教育、硕士研究生教育、博士研究生教育等层次，其实施主体是各高校的管理学院（商学院），也涉及部分研究机构所设立的研究生院。非学位教育涉及专科教育、研修班、企业内训等内容，专科教育的实施主体是各大专院校，而研修班的实施主体则较为广泛，既涉及各高校的管理学院（商学院），也涉及各社会办学机构，企业内训则是企业针对内部管理的需要所举办的各种形式的管理培训（见图 11-1）。

由于管理实践对管理教育提出了迫切的人才要求，因此，在较高层次的管理教育中，除了培养研究型人才之外，实务型人才的培养任务极重。与此相适应，在学位管理教育中，硕士研究生教育既包括以培养研究型人才为导向的管理教育，学成之后获得管理学硕士学位，也包括以培养实务型人才为导向的管理教育，即 MBA（Master of Business Administration，工商管理硕士）和 EMBA（Executive MBA，高级管理人员工商管理硕士）等专业学位教育；在非学位管理教育中，EDP（Executive Development Program，高层管理者发展培训项目）成为企业高层管理者不断接受新知识、学习新思想的重要基地，根据企业和个人发展的需要，为其提供相应的补充性和前瞻性管理知识。近些年来，MBA、EMBA、EDP 等项目在管理教育中的地位不断提高，受到众多企业的青睐和各个管理学院（商学院）的重视。

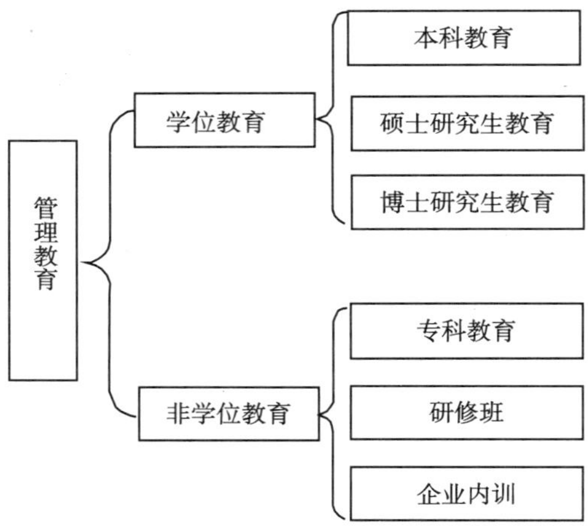

图 11-1 管理教育体系

在受教育者、教育者、教学内容、教学方法等方面，管理教育有其自身的特点。在管理教育实施的过程中，必须考虑到这些特殊性（见图 11-2）。

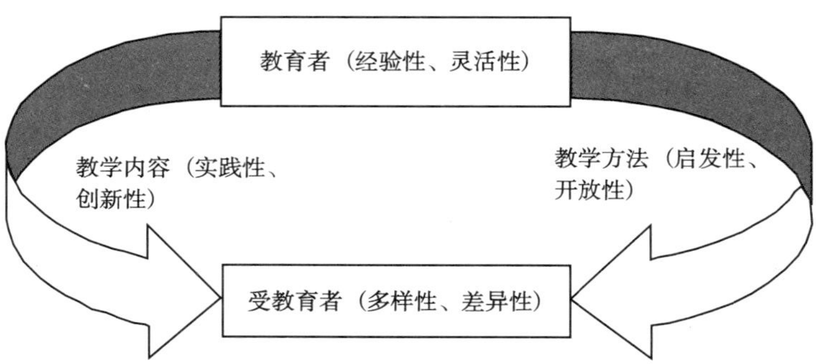

图 11-2 管理教育的基本框架

1. 受教育者的多样性与差异性

管理教育所面临的群体年龄层次相差非常悬殊，从不满 20 岁的大学生到五六十岁的企业高层管理人员，都可能成为管理教育的对象。而不同的教育对象，其知识结构、管理经验、社会阅历以及他们对管理教育所提出的基本要求也大相径庭。这就对管理教育者根据不同层次培养对象的要求，能够有效地因材施教。

2. 教育者的经验性和灵活性

管理学既是一门科学，又是一门艺术。而艺术是依靠长期经验练就的功力，这就要求从事管理教育的师资力量除了具有扎实的管理理论修养之外，还应具备较为丰富的实践经验，经常深入企业开展各种调研、咨询活动，与企业之间形成良好的互动关系，否则，纯粹从书本知识出发，就可能使课堂枯燥乏味，所培养的学生一旦步入实际工作岗位，缺乏必要的实际动手能力和操作技巧。同时，由于受教育者层次丰富，特别是对于 MBA、EMBA、EDP 等项目而言，由于学员普遍具有丰富的实践工作经验，许多人是某个业务领域的专家，在信息和知识容量上，教师未必占有绝对优势。这就要求教师在教学过程中具有较大的灵活性，一方面，在有效地控制好教学进度和教学秩序的情况下，积极发挥经验丰富的学生的引导、带动作用，做到同学们之间的互相学习；另一方面，应有“海纳百川”的胸怀，做到教学相长，使自己的修养不断得以提高。

3. 教学内容的实践性与创新性

管理教育的内容是管理学的基本原理、方法与技巧，而管理学来源于对管理实践经验和教训的总结，反过来，又强调对管理实践的指导作用，具有很强的实践性。因此，在管理教育的实施过程中，必须注重与实践的紧密结合，注重知识的融合与创新，具体包括：第一，需要重视情景教学法和社会实践，通过案例教学等形式，让学生学会依据不同的情景实施不同的管理行为，通过大量的社会实践活动，让学生了解企业真实运作情况，培养实际的管理能力；第二，需要开展课程创新活动，真正做到与时俱进，不断地开设反映时代要求的新课程，如企业家精神、创业管理、变革管理、危机管理等，并注重对教学内容的更新，将新的知识点纳入课程教学当中；第三，需要增加选修课程，以满足不同学生的不同偏好；第四，需要融合不同学科的方法实施综合创新。管理学是一门问题导向类的学科，任何有助于解决管理问题的知识，无论其属于什么学科，都应该吸收、借鉴到管理学中来。因此，管理学的边缘性特点非常显著，涉及经济学、数学、工程技术学、心理学、生理学、行为科学、运筹学、系统工程、信息科学等众多的领域。这就要求管理教育必须开放，将一系列相关学科的理论、方法与技巧传授给学生，并让学生学会根据实际需要对各种理论、方法与技巧进行综合创新。

4. 教学方法的启发性与开放性

管理专业的学生未来面临的工作环境具有高度的不确定性，必须培养他们的自主、自立意识，培养他们创新思维、分析决断、承担和化解风险的能力。在教学过程中，应鼓励学生通过独立思考得出自己的结论，敢于表现自己、得出与众不同的结论，容忍乃至鼓励学生多种不同观点的存在。要让学生明白：从权变理论的角度而言，在不确定性越来越强的环境下，管理无固定模式可循，管理问题很少有标准答案，关键是学会一套有效地分析和处理问题的方法。从这个角度来说，案例教学（Case Study）在管理教育中具有举足轻重的地位。

二、中国管理教育发展的历史及现状

（一）中国管理教育的历史发展阶段

1. 19 世纪 60 年代~1949 年：管理教育的萌芽阶段

19 世纪 60 年代开始的洋务运动第一次提出了对现代管理人才的需求，这一需求一方面依靠外籍华人和归国留学人员满足；另一方面依靠洋务学堂所培养的人才。从 19 世纪 60 年代至 90 年代，洋务派先后创办了约 30 余所洋务学堂，这些洋务学堂包括外国语（方言）学堂、军事（武备）学堂和技术实业学堂三种类型。而在技术实业学堂中，所传授的知识就包括现代企业管理知识。

辛亥革命以后，民族资本主义工商业有了一定程度的发展，中国高等管理教育也开始萌芽，一些大学设立了独立于经济学的工商管理学科，如1914年复旦大学设置了工商管理学科，1929年上海交通大学设立了铁道管理学院，该学院两年后改组为管理学院，开展财务管理、铁路管理、运输管理、工业管理等方面的本科教育。清华大学、北京大学、南开大学等也开始设置管理和商业方面的课程。

2. 1949~1978年：管理教育的缓慢发展及停滞阶段

1952~1953年，教育部按照前苏联的大学体制实施了第一次院系调整，根据“以培养工业建设人才和师资为重点，发展专门学院，整顿和加强综合性大学”的方针，建立了由单科院校与文理科综合大学构成的、以单科院校为主的大学体制。财经、医学、法学等专业从综合性大学独立出来，成立了专门的单科学院。管理教育主要由中央和地方各部门所属的财经院校承担，只有中国人民大学等少数综合性大学建立了体系较为完整的财经类专业。这一时期，高校总数由211所调整为182所，其中专门的财经院校为6所；本科专业共有215种，其中主要是工科类专业，财经类专业只有13种。

到1957年，高校总数发展到229所，共有12个学科，设置专业323种，其中，财经类专业只有12种，在工科、师范类在校生迅速增长的同时，财经类在校生的百分比却由1949年的16.2%下降到2.7%。

1958年，受“大跃进”思潮的影响，高校数量骤增，到1962年达到1289所，专业数量也增加到627种。在工、农、林、医、理、体育和艺术等在校生年均增长30%以上的同时，财经类在校生增长比率只有5.9%，专业发展极不平衡。

1963年，国务院批准发布了《高等学校通用专业目录》和《高等学校绝密和机密专业目录》，按照“宽窄并存，以宽为主”的原则，归并了一些专业面过窄的专业。两份专业目录中共设置专业510种，其中《高等学校通用专业目录》设置专业432种，财经类专业共有10种，财经专业依然薄弱。

1966~1976年的“文化大革命”期间，教育界成为“重灾区”，高等学校本科招生1966~1969年曾经停止达4年。专业目录设置极其混乱，许多理科专业被撤销或被改为工科专业，而工科专业设置完全失控，社会科学专业则近乎取消。“文化大革命”期间全国只剩下1所财经院校和1所财经专科学校，可以说，高等管理教育基本消亡。

3. 1978年至今：管理教育的高速发展阶段

改革开放以后，经济的市场化趋势以及由此带来的国民经济高速发展对管理教育的发展提出了迫切的要求，也创造了良好的条件，管理教育进入了高速发展时期。

1982年，在党的十二大报告中，正式提出了加强管理科学的研究和应用，第一次把管理科学写入党的报告，对于促进管理教育的发展至关重要。1983年召开了第一次企业管理现代化座谈会，提出了我国企业管理理论发展的十六字方针：“以我为主，博采众长，融合提炼，自成一家”，回答了如何借鉴国外企业管理经验的问题。1996年，国家自然科学基金委员会管理科学组升格为管理科学部。

为适应改革开放以后经济社会发展的新形势，自1982年开始，原国家教委开始实施第二次本科专业目录修订工作，于1987年颁布修订后的本科专业目录。这次修订有效地解决了十年动乱所造成的专业设置混乱的局面，专业设置从1343种减少到671种，原财经类专业改称为经济、管理学类，增加到48种，得到了较大程度的强化，反映了国家大规模开展经济建设的要求。

1989~1993年，原国家教委进行了第三次本科专业目录修订工作，以拓宽专业口径，增加适应性，专业种数精减到504种，以经济学类取代了1987年目录中的经济、管理类，在经济学大类下分设经济学和工商管理两个二级类别，下设31种专业。①

1998年，在国务院学位委员会的领导下，完成了本科专业目录的调整工作，旨在建立口径较宽、适应面较广的新型学科专业体系，修订后的本科专业减少到249种。这次专业目录调整形成了一个新的独立的学科门类——管理学，在管理学下设置了5个类别、18个专业，其中，管理科学

① 曾冬梅：《建国以来我国高校本科专业结构调整的历史演进》，载《高等教育的改革与发展》，广西教育出版社，2004年。

与工程类下设管理科学、信息管理与信息系统、工业工程和工程管理 4 个专业；工商管理类下设工商管理、市场营销、会计学、财务管理、人力资源管理、旅游管理 6 个专业；公共管理类下设行政管理、公共事业管理、劳动与社会保障、土地资源管理 4 个专业；农业经济管理类下设农林经济管理、农村区域发展 2 个专业；图书档案学类下设图书馆学、档案学 2 个专业。我们所讨论的管理教育涉及的是管理科学与工程类、工商管理类这两大类别。同时，研究生专业目录也进行了相应的调整。

到 2000 年，共有 963 所普通高校开办管理类本、专科教育，其中，398 所院校开办管理类本科教育，908 所院校开办专科类管理教育；管理类本科在校生达到 51 万人，专科在校生达到 31 万人；当年管理类本科和专科的招生人数分别为 17.5 万人和 15.5 万人。①

（二）改革开放以来中国管理教育所取得的成就

1. 管理教育的地位日益提升

一方面，伴随着经济体制和政府机构改革，政府与国有企业之间的界面越来越清晰，国有企业的自主权越来越大，市场竞争意识越来越强，对管理人才的需求非常强烈；另一方面，随着所有制禁区的打破，各种非公有制企业从小到大，蓬勃发展，对管理人才也提出了强烈的需求。管理教育的地位日益提升，体现在以下一些方面：

（1）管理学成为一个独立的学科门类。

1998 年的专业目录调整使得管理学成为与经济学并列的独立学科门类。此前，我国管理教育的各个专业，授予两种不同的学位：其一，综合性大学（文科）和财经院校中的企业管理、工商行政管理、商品学等管理专业，授予经济学学位；其二，理工科院校的管理信息系统、管理工程等管理专业，授予工学学位。这次专业目录调整将过去分散于各个学科门类中的管理类专业集中在一起（见表 11-1 和表 11-2），按照学科设置专业，改变了过去过分强调“专业对口”的教育观念，有助于培养知识、能力、素质全面发展的管理人才。

① 赵纯均、雷曜、杨斌著：《中国管理教育报告》，清华大学出版社，2003 年，第 6~7 页。

表 11-1　管理学本科专业目录调整情况

专业代码	专业类别及名称	原专业代码及名称
1101	管理科学与工程类	
110101*	管理科学	071601 管理科学 082205* 系统工程（部分）
110102	信息管理与信息系统	020206 经济信息管理 060202 信息学 071602 科技信息 082203 管理信息系统 090606 林业信息管理
110103	工业工程（可授管理学或工学学士）	080207* 工业工程
110104	工程管理	082201 管理工程（部分） 082208W 涉外建筑工程营造与管理 082210W 国际工程管理 020208 房地产经营管理（部分）
1102	工商管理类	
110201	工商管理	020118 工商行政管理（部分） 020201 企业管理 020202 国际企业管理 020208 房地产经营管理（部分） 020214W 工商管理 020117 投资经济（部分） 082201 管理工程（部分） 082202 技术经济 082211W 邮政通信管理 090602 林业经济管理（部分）
110202	市场营销	020205 市场营销 020210 物流管理 020212 商品学
110203	会计学	020115 审计学 020203 会计学
110204	财务管理	020204 理财学 020213W 资产评估
110205	人力资源管理	020111 劳动经济（部分） 020207 人力资源管理
110206	旅游管理	020209 旅游管理 082209W 宾馆管理

注：* 表示需一般控制设置的专业，由教育部负责审批。
资料来源：教育部信息中心。

表 11-2 管理学研究生专业目录调整情况

专业代码	专业类别及名称	原专业代码及名称
1201	管理科学与工程类	071103 科学学与科学管理 080904 系统工程（部分） 081101 管理科学 081102 管理工程（部分） 081103 管理信息系统 081104 建筑经济与管理 081192 工业工程 081199 管理科学与工程 081905 物资流通工程 082111 航空宇航系统工程（部分） 082206 兵器系统工程（部分） 082494 农业系统工程与管理工程（部分）
1202	工商管理类	
120201	会计学	020121 会计学（含审计学）
120202	企业管理学（含财务管理、市场营销学、人力资源管理学）	020113 工业经济（部分） 020115 商业经济（部分） 020117 运输经济（部分） 020119 劳动经济学（部分） 020123 企业管理（部分） 0201S4 商品学 0201S3 信息经济（部分） 081102 管理工程（部分）
120203	旅游管理学	0201S1 旅游经济
120204	技术经济与管理学	020125 技术经济

资料来源：教育部信息中心。

（2）高校管理学专业规模不断扩大。

我国高等管理教育的办学机构包括普通高校和成人高校两种类别。仅就普通高校而言，到 2003 年，管理类本专科在校生规模已经达到 178.4 万人，占本专科在校生总规模（1108.6 万人）的 16.1%；管理类本专科招生数达到 65.4 万人，占本专科招生总数（382.3 万人）的 17.1%；管理类本专科毕业生达到 28.1 万人，占本专科毕业生总数（159.3 万人）的 17.6%[①]（见表 11-3）。

①《2003 年全国教育事业发展统计公报》，载教育部网站。

表 11-3 2003 年全国普通高校本、专科管理学各专业学生数

毕业生数			招生数			在校生数		
合计	本科	专科	合计	本科	专科	合计	本科	专科
281283	120351	160932	654464	262709	391755	1784274	868008	916264

资料来源：教育部网站。

2. 管理教育体系逐渐完善

除了传统的高等管理教育（主要包括以研究型为基本导向的各种管理学位教育以及专科教育）之外，随着社会对应用型管理人才的需求不断增加，企业开始重视学习型组织的建设，管理教育体系日益完善：

（1）专业学位教育发展迅速。

20 世纪 80 年代，许多高校设立了管理学科的本科专业，但这种过分强调理论性的管理教育与管理实践有较大的差距，这种局面催生了 MBA 教育在我国的兴起。为了更有效地培养出适合企业管理实践需要的高级实务型人才，管理学的专业学位教育应运而生。

我国的 MBA 教育最早是从美国引进的。1980 年，在邓小平同志的亲自倡导下，在大连理工大学建立了中国工业科技管理大连培训中心，将 MBA 教育模式引进中国。从 1980 年年底的第一期厂长经理班开始，美国教学团即采用 MBA 的教学方法与内容开展教学活动。1985 年，由美国福特基金和加拿大国际开发署资助的 MBA 项目在全国 11 所高校设立了教学点，采用外文教材，并由外教授课，普遍采用案例教学、模拟试验、小组讨论等教学方法来激发学生的参与意识，培养实际操作能力，收到了较好的效果。1984~1988 年，大连培训中心和美国纽约州立大学布法罗分校合作举办了 MBA 学位教育；1986 年，首批 38 位中国学生获得布法罗的 MBA 学位。

1990 年，国务院学位委员会正式批准设立中国自己的 MBA 学位。中国人民大学、清华大学等 9 所院校成为第一批 MBA 培养院校。MBA 教育招收的是具有 3 年以上管理工作经验的各专业大学毕业生（专科毕业需要 5 年以上工作经验）。1993 年 1 月，我国第一批拥有中国本土 MBA 学位的毕业生共 39 人从中国人民大学走向新的工作岗位，CNN 电视台将此报道为“中国企业开始走向市场运作的强烈信号”。

1994 年，全国 MBA 教育指导委员会在北京成立。其工作接受国务院

学位委员会和教育部的领导和监督，为国家 MBA 政策的制订提供咨询意见。全国 MBA 教育指导委员会的任务是：协助国家教育主管部门，制订有关 MBA 教育的发展规划，为教育主管部门提供建议和咨询；为 MBA 培养单位的教学活动提供指导和咨询；推动和协调各培养单位的师资培训工作；制订、修改 MBA 参考性培养方案、指导性课程教学大纲；评选、推荐优秀 MBA 教材；协调、促进案例库建设工作，负责全国案例中心的建设规划和指导工作；受国家教育主管部门的委托，制定、修改全国高等院校 MBA 学位评估标准、评估程序和办法；受国家教育主管部门的委托，参与全国高等院校 MBA 教育评估；推动有关 MBA 教育的调查和科学研究；推动 MBA 教育界与工商企业界的联系与协作；推动 MBA 教育方面的国际交流与协作；促进与 MBA 教育有关的工作。指导委员会下设秘书处，秘书处是指导委员会的日常工作机构。

1996 年，教育部在征求意见的基础上确立了 MBA 入学联考（GRK）制度，从 1997 年 1 月开始施行统一考试科目、统一考试大纲、统一命题、统一阅卷的 MBA 联考。MBA 联考对于改善 MBA 教育的形象、保证 MBA 入学新生的质量、淘汰招生中的不正之风起到了很好的作用。从 1997 年开始，国务院学位办与国家经贸委联合特设管理类研究生入学考试，开通了针对大中型企业管理人员的“企业管理人员在职攻读 MBA 学位”的学习渠道，形成了脱产和在职学习相互补充的有利格局。至 2006 年，共有 6 批 96 所院校获得开办 MBA 教育的资格（见表 11-4），招生人数从 1991 年的 86 人增加到 2004 年的 11639 人。到 2004 年 6 月，全国累计招收 MBA 学生达到 8.8 万多人，在校 MBA 学生总数达到 53563 人。

2002 年，国务院学位委员会正式批准 30 家高校开办 EMBA 项目（见表 11-5）。EMBA 教育的目标是培养具有良好的商业道德，具有较强开拓创新能力和领导能力，掌握系统的现代管理知识和国际经济、技术发展的最新动态，具有国际经营战略头脑和总揽全局的决策能力，适应国际竞争需要的企业家和高级职业经理人，其招生对象为具有大学本科或本科以上学历（一般应有学士学位）、大学本科毕业、有 8 年或 8 年以上工作经历（其中应有 4 年或 4 年以上管理工作经历）、较大规模企业的现职高层管理人员。

（2）各种非学历教育得到了较大程度的发展。

在企业管理过程中，出现了许多新的管理问题，这些问题很难在实践中寻找到答案，需要管理者深入地开展系统的管理培训。特别是对于非管理专业毕业、工程技术人员出身的管理者而言，这方面的需求更为迫切。对于这些管理者而言，他们更多的是希望进行知识的充电和更新，而不太在乎学位，因此，各种形式的非学历教育就应运而生。这种非学历教育的主体既包括各管理学院（商学院）开设的培训中心，也包括其他经济主体所开办的各种培训机构。这种非学历教育的研修班更多关注的是管理中的现实问题，不少研修班往往根据企业的实际需求设计相关的课程，具有较强的针对性。一些企业还开始学习国外的模式，建立公司大学，旨在加强内部员工的培训。如2002年，海尔大学就接受各种培训者4000多人次。

表 11-4 中国96所培养MBA院校一览表

北京大学	中国人民大学	清华大学	北京交通大学
北京航空航天大学	北京理工大学	北京科技大学	北京邮电大学
中国农业大学	中央财经大学	对外经济贸易大学	南开大学
天津大学	天津财经大学	华北电力大学（保定）	河北工业大学
山西大学	山西财经大学	内蒙古大学	内蒙古工业大学
辽宁大学	大连理工大学	东北大学	大连海事大学
东北财经大学	吉林大学	哈尔滨工业大学	燕山大学
哈尔滨工程大学	哈尔滨商业大学	复旦大学	同济大学
上海交通大学	华东理工大学	上海理工大学	上海海事大学
东华大学	上海财经大学	南京大学	苏州大学
东南大学	南京航空航天大学	南京理工大学	中国矿业大学
河海大学	江苏大学	浙江大学	浙江工业大学
浙江工商大学	安徽大学	中国科学技术大学	合肥工业大学
厦门大学	福州大学	江西财经大学	山东大学
中国海洋大学	山东经济学院	郑州大学	河南财经学院
武汉大学	华中科技大学	武汉理工大学	中南财经政法大学
湘潭大学	湖南大学	中南大学	中山大学
暨南大学	华南理工大学	海南大学	广西大学
四川大学	重庆大学	西南交通大学	电子科技大学
西南财经大学	贵州大学	云南大学	昆明理工大学
西北大学	西安交通大学	西北工业大学	西安理工大学
西安电子科技大学	兰州大学	宁夏大学	新疆财经学院
华北电力大学（北京）	中国矿业大学（北京）	山东财政学院	南昌大学
上海大学	广东工业大学	首都经济贸易大学	中国科学院研究生院

资料来源：中国研究生招生信息网。

表 11-5 2002 年批准的 30 所培养 EMBA 院校

北京大学	清华大学	中国人民大学	北京理工大学
北方交通大学	同济大学	对外经济贸易大学	复旦大学
上海交通大学	上海财经大学	上海海运学院	南开大学
天津大学	武汉大学	华中科技大学	南京大学
西南财经大学	浙江大学	湖南大学	电子科技大学
暨南大学	中山大学	西安交通大学	中南财经政法大学
大连理工大学	重庆大学	哈尔滨工业大学	华南理工大学
东北财经大学	厦门大学		

资料来源：国务院学位办。

3. 教学方法开始出现多样化的格局

管理教育传统的教学方法基本上是课堂讲授的方式，以教师单方面对管理知识的灌输为主。经过改革开放以后 20 多年的发展，教学方法已经开始呈现出多样性的格局。教学中“一言堂”的格局开始被打破，课堂讨论在教学中所占的比重逐渐增加，教师鼓励同学采取多视角的思维方式。实地调研、企业实习等成为在校学生了解企业管理实践的重要途径。随着技术的发展，多媒体教学在管理教育中得到了较大程度的应用。特别值得一提的是，无论是在学位教育还是非学位教育中，案例教学都得到了较为广泛的运用。

案例教学在中国管理教育中的采用，始于 1980 年。当年夏天，美国教师团与中国教师对中国 4 个城市的多家企业进行调研，编写了 80 多个案例，在大连培训中心首期厂长、经理研修班上试用，这是案例教学在中国管理教育中最早的运用。20 世纪 90 年代以来，随着中国对管理教育，特别是 MBA 教育的重视，以及以哈佛商学院为代表的欧美大学对中国管理教育市场的开发，案例教学开始受到人们的关注。2005 年 8 月，首期 PCMPCL（Program on Case Method and Participant-centered Learning）在哈佛商学院举行。PCMPCL 是哈佛商学院针对中国内地、中国香港、中国台湾地区，新加坡等地商学院举办的高级师资培训项目，旨在推广哈佛商学院的案例教学方法，中国内地共 10 余所著名高校的 40 多位管理学教师参加了这一培训项目。这一培训项目对于推进中国的案例教学有较大的影响。案例教学改变了以教师为中心的教学方法，以学生为中心围绕案例展开讨论，有助于培养学生的创新能力，使学生能够有效地扮演各种管理角色，提高决策能力。同时，通过这种双向的交流，也能够有效地实现教学相长的目的，特别是EMBA、MBA和EDP的学员，由于他们具有丰富的管理经历，不少人已经是某个行业或某个职能领域的专家，能够为教师带来大量的实践经验和鲜活的素材。

4. 高校管理教育与企业实践结合越来越紧密

一方面，主要定位于培养学员实际操作技能的专业学位教育和各种非学历教育的发展，要求从事管理教育的师资必须深入了解企业运作的实践；另一方面，随着环境的不确定性越来越强，企业所面临的压力越来越大，众多的企业要求管理学院（商学院）的教师参与指导它们的管理活动，使其管理体系的建设从自发阶段逐渐过渡到自觉阶段。管理学院（商学院）开始重视管理教育与企业实践的紧密结合。这种结合主要体现在以下两个方面：

（1）实施“走出去”的策略。

高校管理师资开始重视企业调研活动，一些教师经常性地深入企业开展实地调查、走访活动，并经常性地参加各种企业界的论坛、交流活动，以便掌握一手的教学素材。一些教师也将研究的重点转向现实中的企业管理问题，针对企业管理中的热点、难点问题展开各种实证研究。随着实践经验的积累，一些教师开始充分发挥自己的专业特长，为企业从事各种管理咨询活动，帮助企业解决现实中面临的管理难题。一些教师还长期担任企业的高级咨询顾问或上市公司的独立董事。

（2）实施“引进来”的策略。

为了提高办学质量，许多管理学院（商学院）开始邀请企业界人士走进校园，为各个层次的学生举办演讲，一些管理学院（商学院）已经建立了较为规范的MBA第二课堂，经常性地邀请企业家或职业经理人为MBA学生开办各种形式的讲座。

（三）中国管理教育当前存在的问题

1. 管理教育体系过分依赖学位教育

长期以来，中国的管理教育局限在对青年人的学位教育上。而学位教育主要是面向未来的教育。而目前在企业中从事管理岗位的人员，特别是中高层管理者，有些是在文化断层期成长起来的，有些即便受过正规的大学教育，但却是理工科出身，受过正规的管理教育的人数比例极低。即便受过专门的管理教育，随着知识经济时代的到来，知识更新的速度越来越快，为了面对未来更加激烈的企业竞争环境，终身教育变得越来越重要。管理教育应强化终身教育的内容。

2. 办学主体良莠不齐及同质化的现象并存

一方面，由于管理学各学科属于热门的专业，在经济利益的驱使下，各高校管理学院（商学院）纷纷扩大招生规模，甚至许多不具备办学条件的高校也纷纷开办管理学专业。在各高校中，既有硬件建设到位、师资力量雄厚的管理学院（商学院），也有硬件建设滞后、教学实力单薄的管理院系。同样，各种社会办学机构也呈现出鱼龙混杂的现象。另一方面，在课程设置上，各高校之间又存在着同质化较为严重的现象，不同的学校特点不够鲜明，客观上造成毕业生就业困难。在教材的选择上，许多院校采用的都是外版教材，即使是自己组织编写的教材，在内容上也大同小异。课程设置及教材选择的雷同现象在 MBA 教育中尤为明显。

3. 管理教育师资队伍存在瓶颈

无论从数量上而言，还是从质量上而言，目前，高校管理教育的师资队伍均暴露出较大的问题：

（1）高校管理教育中师生比太低。

在招生规模不断扩大的条件下，各高校管理学院（商学院）师资队伍的规模并没有同比例增长，导致师生比非常低，不少学校甚至为 1:30，①使得教师工作负荷量过大，特别是课堂教学及论文指导的任务极其繁重。教学工作量过大，也影响教师从事科研和企业实践的时间，不利于教师提高自己的修养，难以确保办学质量。

（2）部分师资的教学质量堪忧。

中国高校中从事管理教育的师资，不少人的成长轨迹是从本科到硕士

① 教育部在本科质量评估时要求生师比最高不能高于 18:1。

再到博士，缺乏实践工作经验。一方面是繁重的教学任务；另一方面缺乏相关经费的支持，不少人没有时间也没有能力去深入企业开展实践活动。在这种情况下，很容易形成恶性循环，越是不了解企业实际的运行情况，越没有机会承担企业咨询项目，导致离企业越来越远。因此，在教学过程中，就很容易出现照本宣科的现象，讲解问题不深入，特别是在组织案例讨论和开展案例点评的时候，容易浮在表面，难以深入下去，激不起学生学习的兴趣。

4. 不同层次的管理教育未拉开差距

对于不同层次的教育对象，管理教育并未拉开差距，没有有效地根据不同的学生提供不同的教育内容，采用不同的教学方式。特别是在本科与普通硕士、普通硕士与 MBA 之间，没有根据他们不同的特点提供定制化的教学方案和课件。之所以出现这种现象，除了师资队伍的素质还有待提高的原因之外，还与各管理学院（商学院）的考核与激励体系不到位以及教师的责任心较为缺乏直接相关。

值得重视的是，在近几年的 MBA 教育中，出现了一种低龄化的趋势，与 MBA 教育侧重培养高层次、实务型管理人才的初衷有一定程度的背离。目前，MBA 入学联考基本还是选拔性考试，只有上线考生才有资格进入复试环节，使得许多具有丰富的管理经验和培养潜质的考生被拒之门外，而那些刚刚离开校园的年轻考生在联考上的优势却显现出来，导致 MBA 生源越来越低龄化，甚至出现了许多几乎没有工作经验但长期致力于准备 MBA 入学联考的考试一族，生源质量让人担忧。

5. 管理教育的本土化程度不够

按照权变管理理论的观点，企业环境与管理观念和技术之间是一种自变量与因变量的关系，环境是自变量，管理观念和技术则是因变量。如果企业的内外部环境发生了变化，管理观念和技术就应该做出相应的调整。这就意味着，在不同的国家和地区，企业管理有其自身的特点，绝不能千篇一律。但在中国管理教育的实施过程中，却明显暴露出本土化程度不够的问题：

（1）在管理理论与方法的教育中全盘西化的现象较为严重。

中华民族数千年的文明孕育了许多独特的管理思想，这些管理思想体现在国家社会治理、战争竞争策略、生产经营管理等诸多领域，无论是在管理理论还是在管理实践方面都积累了许多优秀的经验，《论语》、《孙子兵法》、《货殖列传》、《资治通鉴》等论著中都有很多关于管理的精辟论述。但遗憾的是，目前的管理教育主要是从西方引进的管理教育，缺乏对中国传统管理思想的系统梳理，缺乏对中国传统文化对现代企业管理影响的系统研究。而这种全盘引进式的管理教育，面对文化传统积淀很深的中国国情表现出很大的不适应性，很容易导致水土不服。

（2）本土案例较为缺乏。

由于在中国的管理教育中，采用案例教学的时间并不长，各高校案例研究经费缺乏，案例编写未纳入管理教师的科研考核体系，企业配合案例采写的积极性不高，[①] 导致本土企业管理的经典案例很少。即便有些教师采写了相关的案例，但由于各管理学院（商学院）案例库建设滞后，案例的共享程度不高，导致知识的溢出效应不明显。

在目前的管理教学过程中，所采用的案例大多是“舶来品”，但由于中国与发达国家社会文化背景及经济政治制度大相径庭，国外案例很难引导学生进入相应的情景，结果难以引发有效的讨论，即使讨论起来也不够深入，妨碍案例讨论的效果。中国的管理教育既需要具有一定数量前瞻性的国外案例，又需要大量的学生熟悉其背景的本土企业案例。

6. 管理教育理论与实践相脱节的现象依然较为严重

管理教育理论与实践的脱节不仅表现在师资队伍上，还表现在教育对象上。一些高校管理学院（商学院）的实习环节把关不严，缺乏有效的组织，学生只要交纳一个实习证明和一份实习报告就可以过关，实习效果大打折扣。此外，就业指导也成为各管理学院（商学院）一个瓶颈，不少院校至今没有建立就业指导中心，没有开设职业生涯规划等课程，导致学生入学以后学习盲目，在就业环节上也缺乏必要的帮助。

7. 多元化教学方法的灵活运用还有很大的差距

尽管管理教育的教学方法已经开始呈现出多元化的格局，但还存在着

① 企业往往将案例采写看成是一种软宣传，但纯粹宣传性的案例本身没有太大的研究价值，企业出于各种考虑往往不愿意透露出管理中的各种矛盾与问题。

较多的问题。不少教师依然习惯照本宣科，习惯灌输式的教学方法，单一地运用传统的课堂讲授法，强调对理论的理解和记忆，而忽视对理论的运用与创新。在一些学校，多媒体手段的作用并没有真正发挥，走向两个极端，有的沦落为教学评估的装饰物，并没有得到有效的运用，有的则沦落为新的“教条”，教师从念课本变成念 PowerPoint。特别是案例教学的效果没有在教学中有效地发挥出来。如表 11-6 所示，只有 20%的学生对案例教学的效果表示满意，说明案例教学还有非常大的改进空间。从问卷反馈的信息来看，案例教学效果欠佳的主要原因分别为案例质量不过关、教师点评不理想、学生准备不充分及课堂组织不到位等。

表 11-6 对案例教学效果的评价

样本个数	很差	不好	一般	很好	非常好	满意度合计
896	2.2%	13.8%	64.0%	18.6%	1.4%	20.0%

注：调查对象主要包括北大、清华、人大、复旦、厦大、上海交大 6 个院校 MBA、EMBA 及高层研修班学员；满意度合计数包括评价“很好”和“非常好”的学员。

资料来源：何志毅：《中国管理案例教学现状调查与分析》，载《经济与管理研究》，2002 年第 6 期。

8. 基础设施建设相对滞后

由于片面强调管理中的定性研究，更加重视管理中经验与艺术的成分，再加上不少高校将管理学院（商学院）作为学校主要的创收主体之一，对管理教育投入的经费不足，致使管理学院（商学院）未能建立起管理学科实验室，无法有效地开展计算机模拟，不利于提高管理决策的科学化水平。

三、发达国家的管理教育对中国的启示

（一）发达国家管理教育的历史与现状

管理教育脱胎于工业教育，始于 18 世纪末 19 世纪初，英国科学家安

德鲁·尤尔被誉为管理教育的先驱。20世纪初，科学管理之父泰罗在其生命中的最后15年主要致力于科学管理的教育和推广工作，写成了管理名著《科学管理原理》，并四处免费讲学。与泰罗同时代的法国管理学家法约尔也非常重视管理教育，这种思想贯穿于其名著《工业管理和一般管理》之中。

美国南北战争结束以后，随着美国企业的发展，出现了专门为企业培养人才的商业学校。到1870年，仅纽约、费城的商业学校就有26家，在校学生5800人。1881年，美国费城富商斯弗·沃顿向宾夕法尼亚大学捐赠10万美元，设立了美国第一个管理学院——沃顿管理学院。1900年，达特茅斯学院建立了第一个研究生层次的商学院。第一次世界大战以后，全美国已经有40所大学设立管理学院（商学院）。

成立于1908年的哈佛商学院于20世纪20年代在世界上首先推出MBA教育。MBA教育的对象是具有一定的实践和经验的企业管理人员，目的是培养复合、务实型的企业管理人才，使其掌握多种学科知识和管理技能。第二次世界大战以后，战时经济转变为和平经济，消费能力大量释放，为企业带来了大量的市场机会，同时，美国退伍军人教育法案支持众多的退伍军人到大学就读，攻读MBA学位的人数增加。哈佛商学院1947届MBA毕业生就是“出类拔萃的一代”中的佼佼者。

早期的管理教育重视对性格和情操的陶冶，而不是实际管理技能的培训，随着所有权和经营权的逐渐分离、职业经理人阶层的大量出现，管理教育普遍兴起务实的风气。到20世纪60、70年代，MBA教育成为美国大学管理教育的重点，MBA毕业生占全部硕士毕业生的20%以上。1961年，在美国大学管理学院联合会的认证标准中正式确立了MBA学位的名称。MBA教育在第二次世界大战以后传到了欧洲，20世纪60年代又传到了亚洲。到1994年，美国MBA学生毕业之初的年薪首次突破6位数。

为了确保培养质量，美国各知名管理学院（商学院）非常重视MBA招生的选拔环节，排名前20位的商学院，MBA招生的录取率均不到20%。目前，美国大约有700多所大学的管理学院（商学院）招收MBA学生，每年MBA毕业生为7万~8万人，大约有100多万MBA毕业生活跃在企业界的各个领域，有的跻身于美国政界。

案例教学在西方大学中历史悠久，最早出现在医学和法律教育过程上。1910年，担任哈佛商学院院长的盖建议克普兰博士除课堂讲授外积极采用学生讨论的方式，将案例教学的模式引入到管理教育中。1921年，克普兰发表了第一本成文的管理案例集，此后，案例教学法在哈佛商学院得以大力推广。哈佛商学院非常强调培养学生的实际管理能力，而不希望学生只记住一些“教条”，而案例教学正是提高学生管理能力的重要手段。从 20 世纪 50 年代开始，案例教学不仅在美国的管理教育中普及，英、法、德、日、加拿大等其他发达国家也大量采用案例教学方法。目前，世界上建立了 3 个具有较大规模的案例库，即哈佛商学院案例库、加拿大毅伟商学院案例库和欧洲案例交流中心。

对于每位哈佛商学院 MBA 学生而言，在其两年的学习生涯中，需要完成至少 500 个案例。而正是这种高强度的案例学习，使得哈佛商学院培养未来企业领导人的目标得以顺利实现。因为大量的案例涉及不同的行业、不同的企业、不同的情境，能够让 MBA 学生设身处地站在当事人的角度，学会处理各种复杂的问题。在今后的实际管理过程中，面对各种难题，当别人还沉浸在复杂的非程序化决策的时候，哈佛 MBA 毕业生却由于已经思考过类似的案例，能够转化为程序化决策，决策速度更快，决策效果更好。

近十几年来，公司大学成为企业开展管理教育的重要阵地，成为培养职业经理人的重要途径。在公司大学里，高层管理人员经常亲自参与授课。例如，通用电气在美国纽约州的克罗顿维尔建立了一个占地 52 英亩的高级培训中心，每年用于培训的经费高达 10 亿美元，在高级培训中心接受培训的管理人员多达 1 万人。在担任通用电气 CEO 的 20 年时间里，杰克·韦尔奇到高级培训中心授课超过 300 次，共培训超过 1.5 万名中高级管理人员。公司大学的培训课程往往是为公司管理人员量身定做的，具有更强的针对性。同时，公司大学的教育对象不仅仅局限于企业内部，例如，摩托罗拉大学不仅成为摩托罗拉公司内部管理人员的培训机构，而且成为供应商、客户等的重要培训平台。

（二）发达国家管理教育对中国的启示

1. 具有鲜明的实践导向

发达国家的管理教育具有非常鲜明的实践导向。据美国《商业周刊》对美国排名前 25 位的管理学院（商学院）的调查显示，理论教学占总学时的比例均低于50%，而案例教学则占有很高的比例，特别是在哈佛商学院，案例教学在MBA教学中的比例高达80%以上。《金融时报》、《华尔街日报》等成为国外管理学院（商学院）学生重要的“即时”学习参考资料。

再以沃顿商学院为例，一方面，学院强调教师密切深入研究现实问题，为此，成立了几十个研究机构，专门研究各种企业管理问题和经济问题，许多教师花在研究中的时间远远超过教学时间，这种对现实问题的深入研究确保了学院能够不断开发出既符合实践需要，又深受学生欢迎的新课程；另一方面，为了让学生真实地了解管理者所面临的各种困境，并做出有效的决策，学院实施了“影子工程”（Shadowing Project）。“影子工程”主要有以下一些作用：第一，让学生真实地了解管理情境，并验证其假设；第二，使学生更好地理解管理过程中所面临的各种机会及限制；第三，了解现实中管理者所面临的具体挑战及其应对措施；第四，体现领导的价值观。

2. 重视大学后继续教育

在美国管理教育的对象中，在职学习的人数大约占到60%，针对在职人员定制化地开办了各种学位教育及非学位教育项目。在德国、法国、意大利、加拿大等国家，每年都有数以万计的管理人员赴大学参加各种在职培训（On-the-job Training）。为了做好在职培训工作，许多大学在硬件建设和软件建设上做了大量的工作。

3. 注重校企之间的合作

大学与企业之间存在着紧密的战略合作关系。大学的发展、建设主要依靠企业资助，大量私立大学有大型企业做其后盾。企业依靠大学为其输送优秀的毕业生，依靠大学教师为其开展研究、咨询、培训服务，解决各种企业管理中的实际问题。

大量优秀的企业界人士被聘请担任管理学院（商学院）的兼职教授。在欧洲的一些商学院中，兼职教授的人数甚至已经超过全职教师的人数。这样，企业界人士在从事管理教学的过程中，可以提前发现一些适合企业需要的优秀人才。不少管理学院（商学院）设立了顾问委员会，其成员主要由企业界知名人士担任。

美国许多管理学院（商学院）都非常重视校友工作，建立起紧密而庞大的校友网络。这样，既可以从校友那儿获得大量反馈信息，以更好地改进今后的教学活动，又可以从校友那儿获得办学资金的支持；既可以将校友所在的企业开发为学生实习基地与案例研究基地，又可以为在校学生创造更多的就业机会和职业发展空间。

4. 注重管理能力的培养

目前，发达国家的管理教育已经实现了从“教管理”（Teaching Management）到“造就管理者”（Developing Managers）的转变。“教管理”注重相关管理理论、方法等知识的传递，而“造就管理者”强调面对社会需求的复杂性、多样性，帮助学生掌握和提高各种管理技能，包括沟通技能、领导技能、计算机应用技能、环境适应能力、团队协作能力等，逐渐发展适合自己的管理模式。各个管理学院（商学院）特别注意对学生提供职业生涯规划的指导，针对学生的个性特点、专业背景等设计其未来的发展计划，并帮助学生联系各种实习机会。

例如，哈佛商学院就非常重视管理能力的培养，强调受教育者的个性发展，特别是注重对学生创业能力的培养，在校园网上开办各种创办企业的创意竞赛，鼓励学生提出各种创业构想。甚至更进一步，提出了“以参与者为中心的教学”（Participant-centered Learning），从“学生”身份到“参与者”身份的改变，凸显出哈佛商学院对受教育者能力和个性发展的高度重视。

5. 将案例教学作为一项系统工程来实施

案例教学的有效实施需要创造一个良好的支持环境。由于哈佛商学院的案例教学具有较强的代表性，我们将以哈佛商学院为例，分析如何才能有效地实施这一系统工程：

（1）案例库的支持。

案例教学的有效开展需要庞大的案例库做支撑，哈佛商学院所编写的案例库多达 7500 个案例（含相关的教师手册、录像片等）。由于哈佛商学院所拥有的 6.5 万名校友大多是各个企业的中高层管理者，因此，构筑起庞大的案例编写资源库。

能够调动学生讨论兴趣的案例必须矛盾重重，也就是说，当事人必须面临着突出的两难处境（Dilemma），这是案例选材的关键。在国内的案例教学中，许多案例根本不能叫做严格的案例（Case），只能叫做例子（Example），因为它们根本没有悬念，结果是既定的，难以让学生展开讨论。

为了调动教师编写案例的兴趣，哈佛商学院将案例视为教师重要的科研成果，这与国内管理学院（商学院）只重视科研论文与学术专著差别甚大。目前，哈佛商学院每年编写的新案例大约在350个，编写一个案例所需要的经费为1.5万~5万美元。

随着时间的推移，案例所涉及企业的经营环境和经营战略、战术会发生很大的变化。哈佛商学院很重视案例更新，每年案例及其相关资料将更新三分之一左右的内容。许多案例都有A、B、C、D等若干个版本，这就是不断更新的结果。

（2）硬件的建设。

为了便利案例教学，哈佛商学院设计和建造了很多用于小组讨论的案例讨论室，配备有白板、圆桌等设备。案例教室的设计也非常符合交流的需要，一般一个教室能容纳70、80人，桌椅处于不同的阶梯上，成环状摆放，便于同学们之间的交流。教室的墙壁具有很好的吸音效果，这样无需麦克风，无论是教师讲话还是学生发言大家都能听得很清楚。为了便于同学们更好地下载教学所需的案例，实现教师对案例资源的共享，哈佛商学院建立起先进的管理信息系统，并配备有庞大的工作人员队伍进行系统的维护与更新。

（3）学生的投入。

案例教学作用的有效发挥，要求学生课前做充分的准备。对于哈佛商学院的MBA学生而言，需要先认真阅读案例，再根据所留出的问题对案例进行思考，再分小组对案例进行讨论，最后，在课堂上由教师组织全班同学对案例进行分析。

对于哈佛商学院1800多名在校的MBA学生而言，试图在案例教学中蒙混过关是不可能的。哈佛商学院的案例教学具有一整套的防止“搭便车”机制。首先，小组讨论的人数有限，通常为7~8人，缺乏准备的人只能做“哑巴”，对于具有极高成就感的哈佛MBA学生而言，这显然是难以容忍的。其次，学生成绩的50%来自课堂讨论，只有50%来自考试。在课堂上，每位学生座位上都设有姓名牌，谁表现如何，一目了然。授课教师在学期开始前都会收到学生的相关资料，在假期，他们会反复熟悉这些资料。每次课后，教师会及时将学生课堂表现情况记录在案，以备日后评分。但在国内管理学院（商学院）的MBA教育中，案例教学也经常运用，但做案例总是采用小组的方式，由某一两位同学代表整个小组演示半个小时左右的 PowerPoint，大家再讨论一会儿。结果，往往是能者多劳，“搭便车”也就在所难免。

（4）教师的组织。

哈佛商学院的案例教学属于典型的开放、启发式的教学方式。教师承担案例讨论的组织者、启发者、推动者角色，其主要职责包括：不断提出问题，促使讨论深入；确定发言学生，控制讨论进度；通过反复诱导，启发深度思考。教师可能在每次案例讨论课的结束之前进行简单的总结，内容涉及本次课主要讨论的核心问题，但对于当事人在案例情境中该如何行事，却永远没有标准答案。有时候，教师可能会将案例中当事人事后所采取的行动方案及其结果通报给学生，但始终会强调：这并不是解决问题的唯一方案，管理与自然科学不同，永远不会有唯一方案。

超乎很多人想象的是，书写黑板依然是哈佛商学院案例教学最重要的媒介。这与国内管理学院（商学院）PowerPoint 几乎完全取代黑板形成鲜明的反差，对于许多国内教师而言，甚至整堂课下来无须写一下黑板。在哈佛商学院的教室中，黑板之多可谓令人惊讶。一般而言，一个教室中通常有 6~8 块黑板。教师书写黑板也非常讲究，学生七嘴八舌的发言，由教师用最精练的语言记录在黑板上。有时一堂案例讨论课之后，教室中几乎所有的黑板都写得满满的，景象实在蔚为壮观。黑板的大量采用，使得案例讨论课的组织更为有条理，案例讨论也更容易深入下去。

PowerPoint、幻灯片、录像片也经常在哈佛商学院案例教学中采用，尤其是录像片的放映，能够让学生对企业及其领导人有更直观的感受，加深他们对所讨论案例的理解。有时候，教师甚至会将所讨论案例的当事人请到课堂中来，与学生进行面对面的交流。这种面对面的交流拍成录像之后，又成为今后案例教学珍贵的资料片。

为了更好地组织案例讨论，哈佛商学院的教师课前会做大量的准备。每门课程都有一个 7~10 人的课程小组，共同开展课程设计。每堂案例讨论课之前，教师会认真准备教师手册（Teaching Notes），内容涉及教学目的、关键问题确认、开篇提问等。尤其是开篇提问，教师们都非常花工夫，从一开始就调动学生参与讨论的积极性。在哈佛商学院，资深教授们对案例讨论的驾驭可谓达到了炉火纯青的地步，每个人都可谓是一个非常出色的“演员”，一举一动、一言一行都是精心策划的结果，课堂气氛既紧张又活跃。同时，老教授和年轻教师之间建立了一个良好的传帮带机制，老教授经常到年轻教师的案例讨论课上旁听，课后将有关问题反馈给年轻教师，帮助年轻教师提高教学技巧，他们所掌握的教学资料也广泛与年轻教师分享。

四、中国管理教育的发展对策

针对我国管理教育中所存在的问题，借鉴发达国家在管理教育中的先进经验，为了确保我国管理教育能够得到持续、健康的发展，需要各方面的共同努力。

（一）政府的政策与舆论引导

1. 鼓励多种办学主体参与管理教育

政府教育主管应通过制订各种政策，利用各种舆论工具，鼓励多种办学主体参与管理教育。除了各个高校及研究机构的研究生院开办正规的学位教育之外，还应该鼓励企业与高校合作办学、企业自主开展管理教育、各种社会办学机构开展管理教育、与国外院校合作办学等。特别是企业与高校合作办学，既有助于解决高校办学经费不足、理论与实践脱节的问题，又有助于满足企业员工在职学习的需要。

2. 加强对各种办学主体的监管

在鼓励多种办学主体参与管理教育的同时，政府教育主管部门应加强对各种办学主体的监管，以确保管理教育的质量。特别是对于各种学位教育项目，应加强监督、检查的力度，对于教学质量不到位的院校，应限制其招生规模，乃至取消其招生资格。

3. 改革 MBA 入学考试制度

为了确保 MBA 教育所招收的生源真正具有培养潜力，应在 2005 年 MBA 联考科目由 3 门（英语、管理、综合能力）调整到 2 门（英语、综合能力）的基础上，进一步深化入学考试制度的改革，加强面试环节的考核力度，增加面试淘汰的比例，以便将那些“高分低能”的“考试一族”淘汰出局，从源头上确保 MBA 教育的质量。

（二）高校的资金与政策支持

从各高校的角度而言，应给予管理学院（商学院）更大的支持力度，从资金和政策上为管理教育创造一个更有利的环境。

1. 加大对管理教育的投入

各个高校应该改变将管理学院（商学院）仅仅作为创收主体的做法，增加各种学费收入中管理学院（商学院）留成的比例，使管理学院（商学院）掌握足够的办学经费，改善教学的软硬件环境。特别是应改变对管理学科实验室的看法，加大对实验室的建设力度，依托强大的计算机软硬件，让学生在虚拟空间中灵活地掌握和应用管理学科的专业知识和技能，熟练运用各种计算机管理软件，提高实际操作能力。

2. 确定合理的科研和人事政策

由于管理教育具有很强的实践性要求，案例教学在管理教育中占有重要的作用。为了鼓励教师参与企业实践和案例编写，各高校应该针对管理学院（商学院）的特点，改变“一刀切”的科研考核办法，赋予具有原创地位的水平较高的案例与学术论文同样的地位，将案例编写视为重要的科研成果，作为职称评定、科研考核重要的指标。当然，为了避免案例编写中的质量参差不齐，各高校可以建立一套规范的案例评审制度，严格规定：只有通过相关的评审，入选案例库的案例，才能作为职称评定、科研考核的依据。同时，学校应该在教师编制上给予管理学院（商学院）一定的倾斜，以解决生师比过高、教师工作负荷过大的现实问题。

（三）管理学院（商学院）的努力方向

从管理学院（商学院）的角度而言，应从如下几个方面努力，确保管理教育水平提升到一个新的台阶上。

1. 不断强化自己的办学特色

各个管理学院（商学院）应结合自己的特点，在分析学校整体办学优势、师资队伍构成、办学历史、校友资源分布等因素的基础上，不断凝练自己的学科方向，合理确定自己的学科定位，在少数几个学科方向上建立起较强的学科优势，形成自己独具风格的办学特色，特别是应在设立具有特色的培养方向、开发具有特色的课程、编写具有特色的教材等方面下工夫。

2. 进一步明晰不同层次管理教育的定位和发展重点

由于不同层次管理教育的对象具有不同的特点，因此，应确定不同的定位，选择不同的发展重点（见图 11–3、表 11–7）。

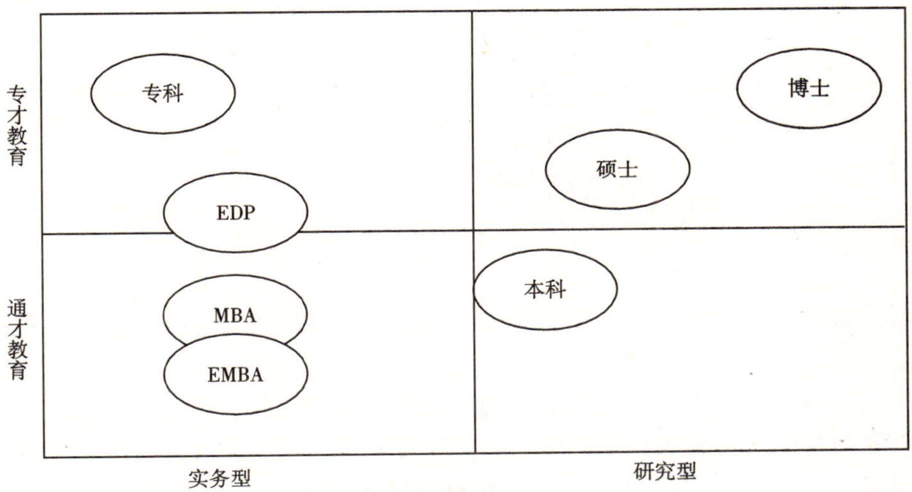

图 11–3　不同管理教育的定位

资料来源：改编自王洪涛、韩巍、席酉民:《管理教育机制与 MBA 教育模式变革》，载《电子科技大学学报》（社科版），2002 年第 3 期。

本科教育应定位于通才教育，针对学生社会经验和工作经历缺乏的特点，帮助他们掌握系统、完整的管理知识体系，教学工作主要围绕教材展开，注重学生基本素质和基本技能的培养，以便为将来进一步深造打下基础，或者为将来步入管理岗位提供一个基础平台。

研究型硕士教育应定位于专才教育，侧重培养学生的研究能力，要求

表 11-7 不同层次管理教育项目的重点

不同层次项目	学生特点	教育重点
本科	大多处于 18~22 岁之间 缺乏社会经验、工作经历	偏重管理知识的系统传授 强调通才教育
研究型硕士	大多处于 22~26 岁之间 已掌握较为系统的知识 缺乏工作经验或工作经历较短	偏重理论教育 注重研究能力的培养 强调专才教育
MBA	大多处于 25~30 岁之间 至少具有 3 年工作经验	偏重实际操作能力的培养 特别重视案例教学 强调通才教育
EMBA	大多处于 35~45 岁之间 大多具有 10 年以上工作经验 大多具有中高层管理职位	偏重实际管理能力的提升 注重决策能力的培养 特别重视案例教学 强调通才教育
博士	年龄差距较大 已掌握系统的知识 部分学生缺乏工作经验，部分学生具有丰富的工作经验	偏重理论教育 注重培养具有独立研究能力的高级人才 特别强调专才教育
专科	大多处于 18~22 岁之间 缺乏社会经验、工作经历	注重某种具体管理操作技能的培养 强调专才教育
EDP	大多处于 30~45 岁之间 大多具有 5 年以上工作经验 大多具有中高层管理职位	注重培训的针对性 强调理论联系实际 特别重视案例教学

资料来源：作者自己整理。

学生大量阅读相关文献，能够对企业管理各种问题进行系统的分析，提出自己的见解。

MBA 和 EMBA 教育应定位于通才教育，强调理论与实践的紧密结合，注重对学生实际管理技能的提升。由于需要让学生掌握在复杂环境下的应变能力，案例教学在 MBA 和 EMBA 教育中占有极其重要的地位。对于 MBA 学生而言，在教学时间安排上应具有更多的灵活性，除了开设全日制脱产班（即 F 班，正常工作日白天上课）之外，还可以开设在职学习班（即 P 班，正常工作日晚上及周末上课）、集中授课班（即每门课程集中在几天时间完成），以适应不同学生的不同需求。EMBA 学生由于都是在职学习，主要采取集中授课的方式，以满足作为企业中高层管理者的 EMBA 学生难以长时间离开工作岗位的实际需要。

博士教育应定位于专才教育，以重点培养在高校、科研机构从事管理专业的教师和科研人员为目标，强调对学生独立科研能力的培养，要求学生大量阅读相关专业领域内的文献，引导学生针对企业管理中的热点、难点问题展开系统、深入、细致的研究。在博士教育中，学生应积极参与到导师的研究课题中。

专科教育应定位于专才教育，侧重管理技能的系统传授，教学工作紧密围绕教材展开，旨在培养在某一具体的管理领域具有较强的实际操作能力的基层管理者。

EDP 教育应重点针对企业管理中面临的重大问题展开系统的培训，强调课程对实践的指导作用，案例教学在 EDP 教育中具有极其重要的地位。EDP 教育的时间安排应根据企业的需要灵活确定。

在管理学院（商学院）中，由于同一教师可能同时为不同层次的学生授课，因此，应根据不同层次的管理教育制订不同的教学计划，在教学内容、深度、重点、教学方式上拉开差距。对于 MBA、EMBA、EDP 等教育项目，要特别注意选拔实践经验较为丰富的教师参加教学工作。

3. 强化师资队伍的选择与培养

在选拔高校毕业生留校任教时，不仅要注重其理论修养，而且应关注其企业实践经验。同时，应从企业的中高层管理者中挑选经验丰富、适合教学工作的人员聘为客座教授或兼职教师，讲授各种操作性较强的课程。管理学院（商学院）应制订政策，鼓励教师多深入企业开展考察、讲学、咨询活动，担任企业顾问。

4. 实现教学方法的创新

管理教育不仅仅应传授学生知识，而且应注重对学生独立思考能力的培养，为此，应改变单一的课堂讲授方式，不断创新教学方法。这种教学方法的创新可以依据三条主线展开：第一，基于管理实践的教学方法创新。管理教育的开放性和实践性要求管理学院（商学院）与企业之间加强互动，一方面是教师和学生走向企业，教师经常参与企业调研和管理咨询，学生积极深入企业开展实习活动；另一方面是让具有丰富实践经验的企业管理者走进校园，为同学们开展各种形式的讲座。各个管理学院（商学院）应大力增加案例教学在整个管理教育中的比重，特别是在 MBA、EMBA、EDP 中更应该注重案例教学。同时，管理学院（商学院）应建立就业指导中心，加强对学生的就业指导工作，帮助学生更好地确定自己的定位，为未来的职业发展提前做好准备；第二，基于社会心理学及多学科的教学方法创新，积极采用团队学习、拓展训练、管理游戏等教学方法，培养同学们的协作精神和团队意识；第三，基于IT技术的教学方法创新，真正发挥多媒体教学的作用，在大量采用多媒体教学手段的同时，努力提高多媒体教学的技巧，同时，发挥计算机模拟在管理教育中的作用。有必要时，也可以采用远程教学手段（见表11-8）。

表11-8 管理教育的教学方法创新

基于管理实践的教学方法创新	案例教学、企业调研、管理咨询、企业实习、就业指导、企业家讲座
基于社会心理学及多学科的教学方法创新	团队学习、拓展训练、管理游戏
基于IT技术的教学方法创新	多媒体教学、计算机模拟、远程教学

资料来源：陈玉荣：《工商管理专业课程教学方法改革的实践与反思》，载《改革与战略》，2004年第11期。

推广案例教学，由以教师为中心的教学方式向以学生为中心的教学方式发展，不仅要求教师掌握较多的管理理论知识，而且要求教师具有丰富的企业实践经历，熟悉相关的行业背景和企业管理实践，同时，要求教师具有较强的课堂组织能力。这一方面要求教师自身积极参与企业调研、咨询等活动；另一方面，要求学院积极创造条件让教师有机会“走出去”参加各种形式的教学方法培训，并积极在校内组织针对性强的师资培训活动，并形成经验丰富的教师对其他教师的“知识溢出”机制。在案例教学中，要让学生明白：管理问题没有标准答案。同时，教师不仅要有提问的准备，还要有回答问题的准备；学生不仅要认真从教师身上学习知识和技能，还要从其他同学身上学习知识和技能。

5. 改善课程体系的设置

管理学科具有很强的动态性，管理教育应随着环境的变化而不断作出调整。为了反映企业管理实践的客观变化，各个高校课程体系设计应做到宽基础、活模块。“宽基础”强调学生掌握基础知识和基本方法，以宽广的基础课程作为平台，包括各种人文课程；外语、数学、计算机等工具性课程；经济学、管理学基础课程；管理专业基础课程（包括企业战略管理、市场营销、财务管理、组织行为学、人力资源管理、财务管理、生产运营、管理信息系统等），使学生掌握较为厚实的基础和强劲的发展后劲；

“活模块”强调根据学生的专业方向和学习兴趣设计模块化课程，课程内容注重向纵深发展，以便让不同的学生学有所长，便于未来择业或确定研究方向。这种“宽基础”、“活模块”的设计特别适合 MBA 教育，“宽基础”体现在 MBA 的各门核心课程上，确保有效开展管理工作的基本素质要求，以便构建管理的基础框架体系；“活模块”强调针对不同的管理岗位开设相应的具体课程模块，以加速知识直接转化为工作能力的速度。

6. 加强案例库的建设

本土案例的编写有助于学生了解案例的背景，能够提高案例教学的效果。通常一个典型案例的编写包括原始设计、确定并联系企业、拟订调研提纲、企业初访、拟订编写提纲、企业再访、初稿撰写、案例修改、编写教师手册、征得企业的授权等过程，是一个复杂的系统工程。本土案例的编写和案例库的建设有赖于管理学院（商学院）与教师的共同努力。从学院的角度而言，一方面，需要投入一定的经费，资助教师编写案例；另一方面，需要建立相应的案例库，在学院内部教师之间实现案例资源的共享，方便案例教学过程中同学们的阅读和下载，同时，在案例使用方面，与其他院校建立相应的合作关系，确立基于协议的有偿使用机制。从教师的角度而言，一方面，需要提高案例编写的技能，能够编写出规范、有代表性的案例；另一方面，需要深入开展企业实践活动，与企业建立紧密的战略合作关系，以便在案例编写过程中得到更多企业的帮助，在案例编写完成之后能够得到相关企业的授权。

7. 强化科研对教学的支持

科研是管理学院（商学院）发展的根本和基石，没有坚实的科研就不可能有良好的教学。各个管理学院（商学院）应通过确立合理的激励机制鼓励出更多的学术精品。在科研过程中，应强化团队协作精神，坚持稳定而连续的研究路径，进行合理的研究定位，选择自身具有研究优势且又是企业界、学术界关注的热点、难点问题进行深入研究，并在一定的时期内持续、稳定地在该研究领域内坚持下去，形成自己的研究特色，推出有分量、有社会影响力的研究成果。特别是在研究过程中，应该结合中国特殊的国情，解决本土企业管理中所面临的迫切问题，提出具有中国特色的管理理论、思想与方法。

参考文献

1. 陈志祥：《发展 MBA 教育与提高教学质量的若干问题探讨》，《四川教育学院学报》，2005 年第 5 期。

2. 何志毅：《中国管理案例教学现状调查与分析》，《经济与管理研究》，2002 年第 6 期。

3. 胡远华、蒋建华：《工商管理高等教育基本特征及其课程体系建设》，《浙江工业大学学报》（社科版），2003 年第 2 期。

4.黄国菊：《管理教育的历史与未来》，《教育与现代化》，2002 年第 4 期。

5. 李继刚、黄志启：《论管理的教育》，《华北水利水电学院学报》（社科版），2002 年第 1 期。

6. 李明斐、施海涛：《案例教学法在现代管理培训中的作用》，《中国培训》，2001 年第 10 期。

7. 李永强：《发展我国工商管理教育之我见》，《电子科技大学学报》（社科版），2004 年第 2 期。

8. 刘刚：《认识真实的哈佛商学院案例教学》，《数字商业时代》，2005 年第 9期。

9. 牛三平：《高等管理教育中的案例教学法及“课堂讨论”》，《山西高等学校社会科学学报》，2005 年第 2 期。

10. 田恩舜、李文沁：《我国高校管理教育教学改革探析》，《高等建筑教育》，2005 年第 1 期。

11. 王洪涛、韩巍、席酉民：《管理教育机制与 MBA 教育模式变革》，《电子科技大学学报》（社科版），2002 年第 3 期。

12.王民朴：《美国工商管理教育培训经验对我们的启示》，《四川经济管理学院学报》，2002 年第 4 期。

13. 王晓义、杨忠直：《从美国经验看我国 MBA 教育的可持续发展》，《中国大学教育》，2004 年第 7 期。

14. 曾冬梅：《建国以来我国高校本科专业结构调整的历史演进》，《高等教育的改革与发展》，广西教育出版社，2004 年。

15. 张玉利：《管理教育不同层次的教学重点与方法分析》，《南开商业评论》，1999 年第 6 期。

16. 张玉利、陈忠卫：《国外著名商学院工商管理专业人才培养的层次性比较及其借鉴》，《管理评论》，2003 年第 4 期。

17. 赵纯均、雷曜、杨斌：《中国管理教育报告》，清华大学出版社，2003 年。

18. Louis B. Barnes, C. Roland Christensen and Abby J. Hansen, *Teaching and the Case Method* (Third Edition), Harvard Business School Press, 1987.

第十二章　中国高等院校管理学研究力排名

中国高等院校不仅是管理教育的主体，而且也是管理学研究的主体。除了一些国家研究机构外，如中国科学院、中国社会科学院等，管理学专业研究的力量基本都集中在高等院校的管理学院、商学院、经济学院、经济管理学院、会计学院和一些工学院中。本章用“工商管理研究力”、“管理工程、管理科学研究力”等表示这些高等院校的研究能力或者研究实力。对各高等院校的管理学科研究力进行研究具有非常重要的意义，这不仅表现在管理学科研究对工商管理学科及管理工程、管理科学学科发展和我国企业管理实践的重要价值，还表现在就工商管理和管理工程、管理科学教育而言，没有研究力的管理学院和商学院，难以提供高质量的管理教育服务。一个机构的研究力可以体现在各个方面，但是本机构人员发表在权威学术杂志上的论文数量多少是一个重要体现。本章试图基于文献计量的方法，《中国工业经济》、《管理世界》、《南开管理评论》、《经济管理·新管理》和《管理工程学报》、《中国管理科学》、《管理科学学报》七种期刊在2000~2004年所刊载的规范的学术论文进行统计，按照这些论文的作者所在机构，对国内各高等院校的管理学学科研究力进行了分析和排名。

一、高等院校管理学学科研究力的综合排名分析

如表12–1所示，是对刊登在《中国工业经济》、《管理世界》、《南开管理评论》、《经济管理·新管理》和《管理工程学报》、《中国管理科学》、《管理科学学报》七种期刊在2000~2004年所刊载的规范的学术论文作者机构的统计，整个论文数量是2542篇，涉及各高等院校及研究机构的论文数

为 2315.66 篇，占总数的 91.10%。考虑到本章的研究重点是各高等院校的研究能力，因此，剔除了其他各类非院校机构。但是，中国社会科学院及中国科学院考虑到其研究实力及特殊性质而没有被剔除，有些论文是中国台湾、香港及澳门的一些院校研究者参与了写作，但考虑到这三个地区学术界与内地学术界对接尚处于初始阶段，因此台湾、香港及澳门地区的院校不在本章的研究范围内。在对作者机构进行统计时，如果一篇论文有 N 个机构的作者撰写，则每个机构产出的论文篇数就为 1/N（以机构数量为准，而不以作者人数为准），同时又考虑到学术期刊的主办单位更倾向于刊登自己单位学术文章，而《南开管理评论》由南开大学主办，《中国工业经济》及《经济管理·新管理》由中国社会科学院主办，《中国管理科学》由中国科学院主办，《管理工程学报》由浙江大学主办，因此，为保证研究的公正性，本章对学者在本单位主办的期刊上独立发表的论文取权重 0.5（与其他院校及机构合作的论文除外）。从表 12-1 可以看出，2315.66 篇论文的作者共来自全国 247 所高等院校及研究机构，表 12-1 给出了具体的排名情况。

表 12-1　高等院校及机构管理学研究发文数量排名

院校名称	排名	2000 年	2001 年	2002 年	2003 年	2004 年	总计
西安交通大学	1	6.67	16.33	41.5	38.49	55.67	158.66
清华大学	2	8.16	12.33	24.66	18.66	36.82	100.63
上海交通大学	3	5.5	15.5	17.33	28	33.17	99.5
南开大学	4	14	9.99	21	24.66	19.01	88.66
复旦大学	5	7.17	22.5	20.33	18.5	18.07	86.57
南京大学	6	5.67	17.66	17.83	21.82	22.83	85.81
中山大学	7	8	4	18.91	23.5	28.41	82.82
天津大学	8	6.5	21.51	25.88	9.83	17.5	81.22
东南大学	9	10.83	19.66	26.16	10	9.83	76.48
武汉大学	10	2	7	19	25	21.5	74.5
浙江大学	11	4	13	25.33	17.91	14.09	74.33
上海财经大学	12	3	8.5	12.83	18.5	13.25	56.08
华中科技大学	13	1.5	2.5	7	13.16	31.66	55.82
中国社会科学院	14	2	8.5	10.5	12.16	14	47.16
中国科学技术大学	15	4	7.67	6.16	9	19.33	46.16
中国人民大学	16	4	4	9	13	11.5	41.5
厦门大学	17	4	4.5	7	11.5	12.5	39.5

续表

院校名称	排名	2000年	2001年	2002年	2003年	2004年	总计
北京大学	18	1	2	8	11.99	13.5	36.49
四川大学	19	5.5	4.49	6.5	11	8.5	35.99
东北大学	20	5	1	8.5	6.5	11.83	32.83
山东大学	21	2.5	4	7.5	5.16	12.66	31.82
哈尔滨工业大学	22	0	12	9.17	10	0	31.17
东北财经大学	23	0	1	9.5	12.33	8	30.83
重庆大学	24	1	5.5	3.5	5	13.66	28.66
中南财经政法大学(中南财经大学)	25	2	3	7	6.5	10	28.5
西南交通大学	26	2	3	4.5	4.5	11	25
北京航空航天大学	27	2.66	4	7.16	3	7.5	24.32
电子科技大学	28	3.5	3.67	3	4	9.5	23.67
湖南大学	39	4.4	4.5	7.5	4	3	23.4
中国科学院	30	7.74	1.83	1	6.5	3.91	20.98
中南大学	31	0	3.5	7.83	7	1.5	19.83
大连理工大学	32	0	2	7	4.16	6.58	19.74
暨南大学	33	0.58	1.66	6.83	4.33	6.33	19.73
西南财经大学	34	0.5	0	2.5	4	7.5	14.5
同济大学	34	1	5	4.5	1.5	2.5	14.5
吉林大学	36	1	0	2.5	3	7.85	14.35
中国矿业大学	37	3	6	2	2.66	0.5	14.16
南京理工大学	38	0	0	2	4	7.5	13.5
北方交通大学	38	3	6.5	2	2	0	13.5
华南理工大学	40	1	2	6.5	3.33	0.5	13.33
华东师范大学	41	1	3.5	0.5	4.83	2	11.83
上海理工大学	42	2.67	1.5	3.5	0	3.5	11.17
西安理工大学	43	0.5	2	2	2.83	3.83	11.16
南京航空航天大学	44	0	1.25	2	3.5	3.33	10.08
首都经济贸易大学	45	0	1	3	5	1	10
北京师范大学	45	2	2	0.5	1.5	4	10
北京理工大学	45	1.5	1	1	1.5	5	10
天津财经学院	48	1	0.5	1.5	4.25	2.5	9.75
江西财经大学	49	0	2	1	3	2.5	8.5
哈尔滨商业大学	49	0	1.5	0.5	0	6.5	8.5
福州大学	49	1	1	1	2.5	3	8.5

续表

院校名称	排名	2000年	2001年	2002年	2003年	2004年	总计
杭州商学院	52	0	2.5	2	3.25	0.5	8.25
上海大学	53	1	0.5	1	3.33	2.33	8.16
辽宁大学	54	0	3	1	0.5	3.5	8
武汉理工大学	55	0	0.5	2	3	2	7.5
深圳大学	56	0	2	2.33	0	3	7.33
北京交通大学	56	0	0	1	0	6.33	7.33
南京师范大学	58	0	0.5	3	1.5	2.16	7.16
合肥工业大学	59	0	1	3.91	1	0.66	6.57
沈阳工业大学	60	0	1	1	1	3.5	6.5
青岛海洋大学	60	3	1	2	0.5	0	6.5
西北大学	62	0.5	3	1	0.33	1.5	6.33
西安电子科技大学	63	1	0	0	3.33	1.83	6.16
华中理工大学	64	1	4.5	0	0	0	5.5
华南师范大学	64	0	2	1	1	1.5	5.5
南京经济学院	66	0	2	2	1	0	5
华东理工大学	66	0	0.5	0	2	2.5	5
对外经贸大学	66	1	0	2	0	2	5
东华大学	66	0	0	1	1	3	5
北京工业大学	66	1	2	0	1	1	5
西北工业大学	71	1	0	1	0.83	2	4.83
山东科技大学	71	1.33	1.5	1	1	0	4.83
山东工商学院	73	0	0	0	1	3.5	4.5
北京邮电大学	73	0	1	1	0.5	2	4.5
郑州大学	75	0	1	2	0	1	4
肇庆学院	75	0	0	2	1	1	4
温州大学	75	0	0	2	1	1	4
兰州大学	75	0	0	1.5	2	0.5	4
华中师范大学	75	0	0	1	1	2	4
湖南师范大学	75	0	2	1	0	1	4
广西大学	75	0	3.5	0	0	0.5	4
中国农业大学	82	0	0.66	0	3.33	0	3.99
江苏大学	83	0	0	2	1.5	0.33	3.83
扬州大学	84	0	0.5	1	0	2	3.5
苏州大学	84	0	1	0.5	1	1	3.5
安徽财经大学	84	0	2	0	0	1.5	3.5

续表

院校名称	排名	2000 年	2001 年	2002 年	2003 年	2004 年	总计
天津商学院	87	0	0.5	0	1.5	1	3
山西财经大学	87	0	2	0	1	0	3
南昌大学	87	3	0	0	0	0	3
河南大学	87	0	0	2	1	0	3
安徽工业大学	87	0	1	2	0	0	3
华北电力大学	87	0	1	0	0	2	3
湖北大学	87	1	0	1	1	0	3
国防科技大学	87	1	1	1	0	0	3
汕头大学	95	0	0	1	0.83	1	2.83
中国煤炭经济学院	96	0	0	1	1.5	0	2.5
武汉化工学院	96	0	0	2	0	0.5	2.5
五邑大学	96	0	1	1	0	0.5	2.5
上海国家会计学院	96	0	0	0	0.5	2	2.5
青岛大学	96	0.5	0	2	0	0	2.5
河北大学	96	0.5	0	1	1	0	2.5
广东商学院	96	1	0	1.5	0	0	2.5
福建师范大学	96	0	0	1.5	1	0	2.5
南京审计学院	96	0	0	0	1.5	1	2.5
空军工程大学	96	0	1	0	0	1.5	2.5
宁波大学	106	2	0	0	0.33	0	2.33
华侨大学	106	1	0	0.33	0	1	2.33
北方工业大学	106	0	0.33	1	1	0	2.33
重庆工商大学	109	0	0	0	0	2	2
中国地质大学	109	1	0	0	0.5	0.5	2
上海外国语大学	109	0	2	0	0	0	2
山东工业大学	109	2	0	0	0	0	2
山东财政学院	109	0	0	0	0	2	2
江南大学	109	0	1	1	0	0	2
集美大学	109	0	2	0	0	0	2
国立华侨大学	109	0	0	1	1	0	2
北京第二外国语学院	109	0	0	2	0	0	2
安徽工程科技学院	109	0	0	1	0	1	2
燕山大学	109	1	0	0	1	0	2
上海第二工业大学	109	0	0	1	0	1	2
淮海工学院	109	0	0	0	0.5	1.5	2

续表

院校名称	排名	2000年	2001年	2002年	2003年	2004年	总计
山东经济学院	122	0	0	0.25	1	0.66	1.91
北京科技大学	123	0	0.5	0	0	1.33	1.83
湘潭大学	124	1	0	0.33	0.33	0	1.66
广州大学	124	0	0	0	1.33	0.33	1.66
广东工业大学	124	0	0.66	0	0	1	1.66
重庆工学院	127	0	1	0.5	0	0	1.5
浙江工业大学	127	0	0	0	0.5	1	1.5
山东理工大学	127	0	0	0	0	1.5	1.5
军事经济学院	127	0	0	0	0.5	1	1.5
江西师范大学	127	0	0.5	0	0	1	1.5
湖南商学院	127	1	0	0	0	0.5	1.5
河海大学	127	0.5	0	0	0	1	1.5
广东外语外贸大学	127	0	0	0	0	1.5	1.5
北京机械工业学院	127	1	0	0.5	0	0	1.5
株洲工学院	127	0	0	0	0.5	1	1.5
西安工业学院	127	0	0	0	0	1.5	1.5
南京邮电学院	127	0	0	1	0.5	0	1.5
解放军信息工程大学	127	0	0	0	0.5	1	1.5
机械科学院	140	0.33	0	1	0	0	1.33
中央民族大学	141	0	0	1	0	0	1
中国金融学院	141	1	0	0	0	0	1
郑州航空工业管理学院	141	0	0	0	0	1	1
浙江财经学院	141	0	0	0	1	0	1
新疆大学	141	0	0	1	0	0	1
西南政法大学	141	0	0	0	1	0	1
武汉科技大学	141	0	0	0	1	0	1
天津摩托罗拉大学	141	1	0	0	0	0	1
天津财贸管理干部学院	141	0	0	0	0	1	1
四川师范大学	141	0	0	0	0	1	1
石河子大学	141	0	0	0	0	1	1
上海工程技术大学	141	0	0	0	1	0	1
青岛理工大学	141	0	0	0	0	1	1
内蒙古大学	141	0	1	0	0	0	1

续表

院校名称	排名	2000 年	2001 年	2002 年	2003 年	2004 年	总计
明海大学	141	0	0	1	0	0	1
洛阳师范大学	141	0	0	0	0	1	1
洛阳工学院	141	1	0	0	0	0	1
江汉石油学院	141	0	0	0	1	0	1
华中农业大学	141	0	0	1	0	0	1
黑龙江大学	141	1	0	0	0	0	1
海南大学	141	0	0	0	1	0	1
哈尔滨工程大学	141	0	0	1	0	0	1
桂林电子工业学院	141	0	0	1	0	0	1
广东佛山科学技术学院	141	0	1	0	0	0	1
北京工商大学	141	1	0	0	0	0	1
中国水利水电科学研究院	141	0	1	0	0	0	1
中国人民解放军理工大学	141	0	1	0	0	0	1
武汉冶金科技大学	141	1	0	0	0	0	1
武汉汽车工业大学	141	1	0	0	0	0	1
潍坊医学院	141	0	1	0	0	0	1
苏州城建环保学院	141	0	1	0	0	0	1
上海海事大学	141	0	0	0	0	1	1
陕西理工学院	141	0	0	1	0	0	1
陕西大学	141	1	0	0	0	0	1
山东轻工学院	141	0	0	0	1	0	1
昆明理工大学	141	0	0	0	0.5	0.5	1
解放军信息工程学院	141	1	0	0	0	0	1
吉林工业大学	141	0	1	0	0	0	1
机械工业经济管理研究院	141	0	0	1	0	0	1
湖南财经学院	141	1	0	0	0	0	1
呼伦贝尔学院	141	0	0	0	0	1	1
黑龙江财经专科学校	141	1	0	0	0	0	1
河南农业大学	141	0	1	0	0	0	1
河南机电高等专科学校	141	0	0	0	0	1	1
河北工业大学	141	0	0.33	0.67	0	0	1

续表

院校名称	排名	2000年	2001年	2002年	2003年	2004年	总计
河北工程学院	141	0	0	0	0	1	1
广东职业技术师范学院	141	0	1	0	0	0	1
长沙铁道学院	141	0	1	0	0	0	1
蚌埠汽车管理学院	141	0	0	0	1	0	1
安徽理工大学	141	0	0	1	0	0	1
石油大学	191	0	0	0	0.5	0.33	0.83
天津师范大学	191	0	0	0.33	0	0.5	0.83
广西师范大学	191	0	0	0	0.5	0.33	0.83
南华大学	191	0	0	0	0.83	0	0.83
长沙交通学院	191	0	0.83	0	0	0	0.83
西南民族大学（西南民族学院）	191	0	0.33	0	0	0.5	0.83
武汉科技学院	197	0.66	0	0	0	0	0.66
军事医学科学院	197	0.66	0	0	0	0	0.66
华东船舶工业学院	197	0	0	0	0	0.66	0.66
湖南城建高等专科学校	197	0.66	0	0	0	0	0.66
中央社会主义学院	201	0	0	0.5	0	0	0.5
中国计量学院	201	0	0	0	0	0.5	0.5
中国海洋大学	201	0	0	0	0	0.5	0.5
浙江理工大学	201	0	0	0	0	0.5	0.5
浙江工程学院	201	0	0	0	0	0.5	0.5
西安财经学院	201	0	0	0	0	0.5	0.5
陕西经贸大学	201	0	0	0.5	0	0	0.5
江汉大学	201	0	0	0	0.5	0	0.5
济南大学	201	0	0	0	0	0.5	0.5
技术大学	201	0	0.5	0	0	0	0.5
杭州交通职业技术学院	201	0	0	0	0.5	0	0.5
杭州电子工业学院	201	0	0	0.5	0	0	0.5
福建行政学院	201	0	0	0	0	0.5	0.5
大连水产学院	201	0	0	0.5	0	0	0.5
大连大学	201	0	0	0.5	0	0	0.5
长沙电力学院	201	0	0	0.5	0	0	0.5
北京语言大学	201	0	0	0	0	0.5	0.5

续表

院校名称	排名	2000年	2001年	2002年	2003年	2004年	总计
重庆师范大学	201	0	0	0	0	0.5	0.5
重庆建筑大学	201	0	0.5	0	0	0	0.5
中央财经大学	201	0.5	0	0	0	0	0.5
郑州信息工程大学	201	0	0.5	0	0	0	0.5
浙江万里学院	201	0	0	0	0.5	0	0.5
延安大学	201	0	0.5	0	0	0	0.5
武汉水力电力大学	201	0.5	0	0	0	0	0.5
首都师范大学	201	0	0	0	0	0.5	0.5
上海第二医科大学	201	0	0	0	0.5	0	0.5
山西师范大学	201	0	0	0	0	0.5	0.5
山东临沂师范学院	201	0	0	0.5	0	0	0.5
洛阳商学院	201	0	0	0	0.5	0	0.5
兰州交通大学	201	0	0	0	0	0.5	0.5
军事交通学院	201	0	0	0	0.5	0	0.5
解放军汽车管理学院	201	0	0	0	0.5	0	0.5
东华理工大学	201	0	0	0	0	0.5	0.5
常州工业学院	201	0	0	0.5	0	0	0.5
上海对外贸易学院	234	0	0	0	0	0.33	0.33
青岛科技大学	234	0	0	0	0.33	0	0.33
中国人民解放军重庆通信学院	234	0	0	0	0	0.33	0.33
武汉交通科技大学	234	0.33	0	0	0	0	0.33
温州师范大学	234	0	0	0	0	0.33	0.33
太原师范学院	234	0	0.33	0	0	0	0.33
湖北经济学院	234	0	0	0	0	0.33	0.33
高雄中山大学	234	0	0	0.33	0	0	0.33
高雄应用科技大学	234	0	0	0.33	0	0	0.33
东南理工大学	234	0	0	0.33	0	0	0.33
成都理工大学	234	0	0	0	0	0.33	0.33
昌吉大学	234	0	0	0	0	0.33	0.33
石家庄经济学院	247	0	0	0	0.25	0	0.25
总计		197.02	357.52	538.55	541.69	680.88	2315.66

从表 12-1 中可以看出，我们所分析研究的 2315.66 篇论文来自国内 247 所高校，其中既有综合类高校，也有各种各样的理工类、人文科学为主的高校。从本项研究出发，考虑这七份期刊的权威性，可以认为 2000~2004 年在七份期刊上的发文数在一定程度上反映了该时期各高校的管理学研究力。西安交通大学、清华大学、上海交通大学、南开大学、复旦大学、南京大学、中山大学、天津大学、东南大学、武汉大学分别以 158.66 篇、100.63 篇、99.5 篇、88.66 篇、86.57 篇、85.81 篇、82.82 篇、81.22 篇、76.48 篇和 74.5 篇的发文数分列前十位，管理学学科研究力量优势明显，属于中国高校研究力处于全国第一梯队的院校，这十个院校的论文数占到整个论文数 40%左右，集中度非常高。浙江大学、上海财经大学、华中科技大学、中国社会科学院、中国科学技术大学、中国人民大学、厦门大学、北京大学、四川大学、东北大学等机构的发表论文数量分别为 74.33 篇、56.08 篇、55.82 篇、47.16 篇、46.16 篇、41.5 篇、39.5 篇、36.49 篇、35.99 篇、32.83 篇，排在第 11~20 名，这些论文占到所有论文数量的 20%。这意味着前 20 家院校机构管理学研究力占到了全国的 60%，中国管理学研究力的集中度非常高。大体上可以认为，这 20 家高校属于研究型定位的机构；在 247 所院校中，大约有 106 家院校发表的学术论文数量为 1 篇或者低于 1 篇，大体上可以认为这些院校是教学型定位的。应该说，优势院校管理学研究力十分突出，而一般院校管理学研究力劣势也十分明显。

二、高等院校工商管理学科研究力的排名分析

（一）高等院校工商管理学科研究力的总体排名

在我们选择的七种样本刊物中，《中国工业经济》、《管理世界》、《南开管理评论》、《经济管理·新管理》属于工商管理类学术刊物，而《管理工程学报》、《中国管理科学》、《管理科学学报》则属于管理科学与工程类的学术期刊。我们分别对两类刊物的学术论文进行统计，试图分别反映我国的工

商管理学科研究力和管理科学与工程学科的研究力。表 12-2 反映的是国内工商管理研究力的综合排名情况，是针对《中国工业经济》、《管理世界》、《南开管理评论》、《经济管理·新管理》四种刊物 2000~2004 年刊载的规范的学术论文作者所在机构的统计分析。从表 12-2 可以看出，1260.53 篇学术论文是由 162 所院校及机构完成的，涉及国内绝大部分省份地区。其中南开大学、中山大学、武汉大学、西安交通大学、浙江大学、南京大学、清华大学、上海财经大学、中国社会科学院及复旦大学分别以 82.33 篇、77.16 篇、69 篇、67.66 篇、59 篇、57.33 篇、51.82 篇、48.83 篇、47.16 篇和 45.99 篇分列发文数的前十位，这些机构发表的论文数量占统计样本的 48.1%。这一结果说明在本研究中南开大学、中山大学、武汉大学、西安交通大学、浙江大学、南京大学、清华大学、上海财经大学和复旦大学的工商管理研究力分列国内前十位，而且研究力集中度很高，这十个机构的研究力几乎占据了整个研究力的半壁江山。中国人民大学、厦门大学、上海交通大学；北京大学、东北财经大学、四川大学、华中科技大学、中南财经政法大学、天津大学及暨南大学等高校分别以 37.5 篇、36.5 篇、31.66 篇、30.5 篇、30.5 篇、27.5 篇、25 篇、22.5 篇、16.83 篇、16.33 篇的工商管理研究力在全国名列 11~20 名，这十家高校发表的论文占总样本的 24.2%。而排在前 20 名的高校发表的论文占到样本论文数的 72.3%。这表明工商管理研究力的集中度更是十分集中，一多半集中在国内各著名高校。

表 12-2　高等院校工商管理研究发文数量排名

院校名称	排名	2000 年	2001 年	2002 年	2003 年	2004 年	合计
南开大学	1	14	9.66	19.5	23.66	15.51	82.33
中山大学	2	7	4	17.25	21.5	27.41	77.16
武汉大学	3	0	7	18	23.5	20.5	69
西安交通大学	4	0	5.83	16	19.66	26.17	67.66
浙江大学	5	3	10	21	15.41	9.59	59
南京大学	6	3	13	14	13.66	13.67	57.33
清华大学	7	2	3	11	12.16	23.66	51.82
上海财经大学	8	3	7.5	9.83	15.5	13	48.83
中国社会科学院	9	2	8.5	10.5	12.16	14	47.16
复旦大学	10	2.5	9	12.83	11.5	10.16	45.99
厦门大学	11	4	3.5	6	11.5	12.5	37.5

续表

院校名称	排名	2000年	2001年	2002年	2003年	2004年	合计
中国人民大学	12	4	4	9	11	8.5	36.5
北京大学	13	1	2	6.5	9.66	12.5	31.66
上海交通大学	14	0	3	3	13.5	11	30.5
东北财经大学	14	0	1	9.5	12	8	30.5
中南财经政法大学	16	2	3	7	6.5	9	27.5
四川大学	17	3.5	0	6	10	5.5	25
华中科技大学	18	0	0.5	5	3	14	22.5
天津大学	19	1	3	5.5	5.33	2	16.83
暨南大学	20	0	1	5	4	6.33	16.33
山东大学	21	0.5	1	3	2.66	7.66	14.82
西南财经大学	22	0	0	2.5	4	5	11.5
华南理工大学	23	1	2	5.5	2.33	0.5	11.33
首都经济贸易大学	24	0	1	3	5	1	10
华东师范大学	25	1	1	0.5	4.5	2	9
中南大学	26	0	0	5	3	0.5	8.5
东南大学	27	0	1	0.83	4.5	2	8.33
辽宁大学	28	0	3	1	0.5	3.5	8
江西财经大学	28	0	2	1	3	2	8
重庆大学	28	0	1	1.5	0	5.5	8
西安理工大学	31	0.5	2	1.5	1.83	2	7.83
北京师范大学	32	1	2	0.5	1	3	7.5
南京师范大学	33	0	0.5	3	1.5	2.16	7.16
天津财经学院	34	1	0	1	4	1	7
同济大学	34	0	3	2	0.5	1.5	7
吉林大学	36	0	0	0	2	4.5	6.5
南京理工大学	36	0	0	0	3	3.5	6.5
西北大学	38	0.5	3	1	0.33	0.5	5.33
华南师范大学	39	0	2	1	1	1	5
对外经贸大学	39	1	0	2	0	2	5
中国科学技术大学	39	1	1	0	1	2	5
青岛海洋大学	39	2	1	2	0	0	5
武汉理工大学	39	0	0.5	1	1.5	2	5
杭州商学院	44	0	0.5	1	3.25	0	4.75
南京经济学院	45	0	2	1.5	1	0	4.5
东北大学	45	0	0	0	2.5	2	4.5

续表

院校名称	排名	2000年	2001年	2002年	2003年	2004年	合计
湖南师范大学	47	0	2	1	0	1	4
郑州大学	47	0	1	2	0	1	4
深圳大学	47	0	0	1	0	3	4
兰州大学	47	0	0	1.5	2	0.5	4
华中师范大学	47	0	0	1	1	2	4
温州大学	47	0	0	2	1	1	4
肇庆学院	47	0	0	2	1	1	4
西南交通大学	47	0	0	3	0	1	4
中国矿业大学	55	1	1	0	1.66	0	3.66
苏州大学	56	0	1	0.5	1	1	3.5
东华大学	56	0	0	1	0	2.5	3.5
沈阳工业大学	56	0	1	0	0	2.5	3.5
北京工业大学	59	1	1	0	1	0	3
河南大学	59	0	0	2	1	0	3
山西财经大学	59	0	2	0	1	0	3
天津商学院	59	0	0.5	0	1.5	1	3
华东理工大学	59	0	0.5	0	1.5	1	3
广西大学	59	0	3	0	0	0	3
福州大学	59	1	1	0	0	1	3
北京理工大学	59	0	1	0	1	1	3
南昌大学	59	3	0	0	0	0	3
五邑大学	68	0	1	1	0	0.5	2.5
扬州大学	68	0	0.5	1	0	1	2.5
北京航空航天大学	68	0	1	0	0	1.5	2.5
福建师范大学	68	0	0	1.5	1	0	2.5
上海理工大学	68	0	0	0	0	2.5	2.5
山东工商学院	68	0	0	0	0	2.5	2.5
安徽财经大学（安徽财贸学院）	68	0	1	0	0	1.5	2.5
汕头大学	75	0	0	1	0.83	0.5	2.33
广东商学院	76	1	0	1	0	0	2
江苏大学	76	0	0	2	0	0	2
湖南大学	76	0	0	0	0.5	1.5	2
国立华侨大学	76	0	0	1	1	0	2
大连理工大学	76	0	0	0	1	1	2

续表

院校名称	排名	2000年	2001年	2002年	2003年	2004年	合计
上海外国语大学	76	0	2	0	0	0	2
安徽工程科技学院	76	0	0	1	0	1	2
河北大学	76	0	0	1	1	0	2
山东财政学院	76	0	0	0	0	2	2
重庆工商大学	76	0	0	0	0	2	2
武汉化工学院	76	0	0	2	0	0	2
北京第二外国语学院	76	0	0	2	0	0	2
江南大学	76	0	1	1	0	0	2
上海大学	76	0	0.5	0	1	0.5	2
安徽工业大学	76	0	1	1	0	0	2
山东工业大学	76	2	0	0	0	0	2
南京航空航天大学	76	0	1	1	0	0	2
山东经济学院	93	0	0	0.25	1	0.66	1.91
河海大学	94	0.5	0	0	0	1	1.5
湖南商学院	94	1	0	0	0	0.5	1.5
广东外语外贸大学	94	0	0	0	0	1.5	1.5
北京邮电大学	94	0	0	0	0	1.5	1.5
江西师范大学	94	0	0.5	0	0	1	1.5
山东理工大学	94	0	0	0	0	1.5	1.5
重庆工学院	94	0	1	0.5	0	0	1.5
中国煤炭经济学院	94	0	0	1	0.5	0	1.5
宁波大学	102	1	0	0	0.33	0	1.33
黑龙江大学	103	1	0	0	0	0	1
新疆大学	103	0	0	1	0	0	1
武汉科技大学	103	0	0	0	1	0	1
四川师范大学	103	0	0	0	0	1	1
上海工程技术大学	103	0	0	0	1	0	1
石河子大学	103	0	0	0	0	1	1
洛阳师范大学	103	0	0	0	0	1	1
青岛理工大学	103	0	0	0	0	1	1
郑州航空工业管理学院	103	0	0	0	0	1	1
中国地质大学	103	0	0	0	0.5	0.5	1
西安电子科技大学	103	0	0	0	1	0	1
天津财贸管理干部学院	103	0	0	0	0	1	1
中央民族大学	103	0	0	1	0	0	1

续表

院校名称	排名	2000年	2001年	2002年	2003年	2004年	合计
海南大学	103	0	0	0	1	0	1
江汉石油学院	103	0	0	0	1	0	1
浙江财经学院	103	0	0	0	1	0	1
西南政法大学	103	0	0	0	1	0	1
华中农业大学	103	0	0	1	0	0	1
北方交通大学	103	0	1	0	0	0	1
集美大学	103	0	1	0	0	0	1
广东佛山科学技术学院	103	0	1	0	0	0	1
北京工商大学	103	1	0	0	0	0	1
华中理工大学	103	1	0	0	0	0	1
洛阳工学院	103	1	0	0	0	0	1
安徽财贸学院	103	0	1	0	0	0	1
中国金融学院	103	1	0	0	0	0	1
天津摩托罗拉大学	103	1	0	0	0	0	1
明海大学	103	0	0	1	0	0	1
哈尔滨工程大学	103	0	0	1	0	0	1
青岛大学	103	0	0	1	0	0	1
内蒙古大学	103	0	1	0	0	0	1
北京科技大学	134	0	0.5	0	0	0.33	0.83
南华大学	134	0	0	0	0.83	0	0.83
杭州电子工业学院	136	0	0	0.5	0	0	0.5
技术大学	136	0	0.5	0	0	0	0.5
北京机械工业学院	136	0	0	0.5	0	0	0.5
大连大学	136	0	0	0.5	0	0	0.5
陕西经贸大学	136	0	0	0.5	0	0	0.5
中央社会主义学院	136	0	0	0.5	0	0	0.5
长沙电力学院	136	0	0	0.5	0	0	0.5
大连水产学院	136	0	0	0.5	0	0	0.5
桂林电子工业学院	136	0	0	0.5	0	0	0.5
杭州交通职业技术学院	136	0	0	0	0.5	0	0.5
江汉大学	136	0	0	0	0.5	0	0.5
西北工业大学	136	0	0	0	0.5	0	0.5
浙江工业大学	136	0	0	0	0.5	0	0.5
上海国家会计学院	136	0	0	0	0.5	0	0.5
石油大学	136	0	0	0	0.5	0	0.5

续表

院校名称	排名	2000 年	2001 年	2002 年	2003 年	2004 年	合计
军事经济学院	136	0	0	0	0.5	0	0.5
西安财经学院	136	0	0	0	0	0.5	0.5
北京语言大学	136	0	0	0	0	0.5	0.5
中国计量学院	136	0	0	0	0	0.5	0.5
中国海洋大学	136	0	0	0	0	0.5	0.5
浙江工程学院	136	0	0	0	0	0.5	0.5
福建行政学院	136	0	0	0	0	0.5	0.5
浙江理工大学	136	0	0	0	0	0.5	0.5
济南大学	136	0	0	0	0	0.5	0.5
哈尔滨商业大学	136	0	0	0	0	0.5	0.5
湘潭大学	160	0	0	0	0.33	0	0.33
青岛科技大学	160	0	0	0	0.33	0	0.33
上海对外贸易学院	160	0	0	0	0	0.33	0.33
合计		79	159.49	299.99	344.41	377.64	1260.53

（二）高校工商管理各子学科研究力的分项排名

在工商管理学科下又分为不同的二级子学科，本章根据和借鉴国家自然科学基金管理科学学科分类方法，将工商管理划分为 11 个子学科，即企业理论、企业战略管理、会计理论与方法、财务管理、市场营销、运作管理、项目管理、人力资源管理、技术经济与技术管理、企业文化及组织管理。

在把握了国内各高校工商管理研究力的综合排名后对工商管理学科体现下各二级子学科的研究力进行分项研究，对于促进各子学科各自的发展及更全面地把握国内各高校工商管理研究力具有重要的意义。以下部分是对各子学科的分项研究，其中会计理论与方法及项目管理两项由于样本数较少，因此本章将这两项研究剔除。

1. 企业理论研究力排名

在所研究的 2000~2004 年在四份工商管理类权威期刊所刊载的论文中，全国共有 36 所高校及研究机构的研究学者参与了 65.5 篇企业理论论文的写作。具体统计结果见表 12-3。

表 12-3 高等院校的企业理论研究发文数量排名

排名	院校名称	论文数	排名	院校名称	论文数	排名	院校名称	论文数	排名	院校名称	论文数
1	南京大学	5.00	9	复旦大学	3.00	18	东北财经大学	1.00	18	郑州航空工业管理学院	1.00
2	浙江大学	4.50	11	厦门大学	2.50	18	哈尔滨工程大学	1.00	29	福建行政学院	0.50
2	南开大学	4.00	11	武汉大学	2.50	18	暨南大学	1.00	29	上海国家会计学院	0.50
4	中国社会科学院	3.50	11	上海财经大学	2.50	18	清华大学	1.00	29	福建师范大学	0.50
4	中山大学	3.50	14	华中科技大学	2.00	18	温州大学	1.00	29	中南财经政法大学	0.50
4	中国人民大学	3.50	15	西安交通大学	1.50	18	四川社会科学院	1.00	29	西北大学	0.50
4	中南财经政法大学	3.50	15	山东大学	1.50	18	山西财经大学	1.00	29	江西师范大学	0.50
4	西南财经大学	3.50	15	上海交通大学	1.50	18	首都经济贸易大学	1.00	29	武汉理工大学	0.50
9	北京大学	3.50	18	北京师范大学	1.00	18	天津大学	1.00			

由表 12-3 可知，企业理论的研究力量在全国范围内分布的并不是很广，主要集中在一些高等院校中。2000~2004 年，南京大学、浙江大学、南开大学、中国社会科学院、中山大学、中国人民大学、中南财经政法大学、西南财经政法大学、北京大学及复旦大学这 10 所大学分列企业理论研究论文发文数前十位，占到该领域的所有样本论文的 56.21%，优势很集中。这也在一定程度上反映出这些院校及研究机构的企业理论研究力在国内很强。

2. 企业战略管理研究力排名

经统计得知，四份工商管理类期刊5年内共有418.13篇战略管理类学术论文来自于国内103所高等院校，其具体统计结果排名参见表12-4。战略管理在各个工商管理分支学科中，发文数量是最多的，约占全部论文的1/3，是中国工商管理研究的最大热点领域。

表12-4 高等院校的战略管理研究发文数量排名

排名	院校名称	论文数	排名	院校名称	论文数	排名	院校名称	论文数
1	西安交通大学	28.50	23	华东师范大学	4.00	42	辽宁大学	1.50
2	浙江大学	27.50	23	东南大学	4.00	42	五邑大学	1.50
3	南京大学	26.83	23	郑州大学	4.00	42	东北大学	1.50
4	中山大学	26.00	26	中国科技大学	3.00	42	华东理工大学	1.50
5	南开大学	21.83	26	江西财经大学	3.00	48	西北大学	1.33
6	中国社会科学院	21.00	26	南京理工大学	3.00	48	杭州商学院	1.33
7	复旦大学	20.00	26	西安理工大学	3.00	50	河北大学	1.00
8	武汉大学	18.50	29	重庆大学	2.50	51	安徽财经大学（安徽财贸学院）	1.00
9	东北财经大学	15.00	29	对外经贸大学	2.50	51	安徽工业大学	1.00
9	上海交通大学	15.00	29	湖南师范大学	2.50	51	中南大学	1.00
11	清华大学	14.50	32	北京师范大学	2.00	51	中央民族大学	1.00
12	中国人民大学	12.00	32	武汉理工大学	2.00	51	北方交通大学	1.00
13	四川大学	9.50	32	青岛海洋大学	2.00	51	北京第二外国语学院	1.00
14	上海财经大学	8.33	32	首都经济贸易大学	2.00	51	北京工业大学	1.00
15	中南财经政法大学	8.00	32	广西大学	2.00	51	新疆大学	1.00
15	华南理工大学	8.00	32	河南大学	2.00	51	福州大学	1.00
17	厦门大学	6.50	32	苏州大学	2.00	51	福建师范大学	1.00
18	北京大学	6.00	32	江苏大学	2.00	51	福建社会科学院	1.00
19	暨南大学	5.00	32	广东肇庆学院	2.00	51	黑龙江大学	1.00
20	山东大学	4.66	32	扬州大学	2.00	51	湖南大学	1.00
21	天津大学	4.50	42	杭州电子工业学院	1.50	51	华南师范大学	1.00
21	华中科技大学	4.50	42	南京师范大学	1.50	51	南昌大学	1.00

续表

排名	院校名称	论文数	排名	院校名称	论文数	排名	院校名称	论文数
51	深圳大学	1.00	51	武汉化工学院	1.00	85	浙江理工大学	0.50
51	重庆工商大学	1.00	51	江南大学	1.00	85	东北大学	0.50
51	中国矿业大学	1.00	51	华中农业大学	1.00	85	华南理工大学	0.50
51	中国金融学院	1.00	51	华中理工大学	1.00	85	北京语言大学	0.50
51	内蒙古大学	1.00	51	华侨大学	1.00	85	中国海洋大学	0.50
51	青岛大学	1.00	51	西南政法大学	1.00	85	西安财经学院	0.50
51	山东财政学院	1.00	85	北京航空航天大学	0.50	85	河海大学	0.50
51	上海外国语大学	1.00	85	上海大学	0.50	99	青岛科技大学	0.33
51	四川师范大学	1.00	85	重庆工学院	0.50	99	汕头大学	0.33
51	温州大学	1.00	85	集美大学	0.50	99	湘潭大学	0.33
51	同济大学	1.00	85	南华大学	0.50	99	上海理工大学	0.33
51	西南财经大学	1.00	85	陕西经贸大学	0.50			
51	西南交通大学	1.00	85	浙江工业大学	0.50			

由表 12–4 可以看出，企业战略管理研究的力量在全国分布不是很均匀。其中，西安交通大学、浙江大学、南京大学、中山大学、南开大学、中国社会科学院、复旦大学、武汉大学、东北财经大学和上海交通大学把持了前十位。这“十强”在战略管理研究方面共发表 220.16 篇，占全部高校战略管理研究论文的 52.65%，显示出这些高校对战略管理领域的重视和突出研究实力。

3. 财务管理研究力排名

在 2000~2004 年四份期刊中，全国共有 45 所高校及研究机构的研究学者参与了 105.33 篇关于财物管理研究方面的论文，具体结果参见表 12–5。

通过表 12–5 我们可以看出，在财务管理研究力方面，排名前十位高校分别是：厦门大学、南开大学、上海财经大学、武汉大学、中山大学、清华大学、西安交通大学、南京大学、天津大学及上海交通大学，这 10 个单位的研究力占全部研究力的 57.44%，研究力表现得更加集中。具体分析，厦门大学和上海财经大学两所高校在财务管理理论领域拥有比较悠久的传统优势，而中国社会科学院跌出了前十位，位于同济大学之后。

表 12–5　高等院校的财务管理研究发文数量排名

排名	院校名称	论文数	排名	院校名称	论文数	排名	院校名称	论文数	排名	院校名称	论文数
1	厦门大学	10.00	9	同济大学	3.00	21	苏州大学	1.00	37	湖南大学	0.50
2	南开大学	9.50	14	中国社会科学院	2.50	21	天津财经学院	1.00	37	大连大学	0.50
3	上海财经大学	7.50	14	北京大学	2.50	21	温州大学	1.00	37	华中科技大学	0.50
4	武汉大学	7.00	14	吉林大学	2.50	21	上海理工大学	1.00	37	辽宁大学	0.50
5	中山大学	6.00	14	复旦大学	2.50	21	江南大学	1.00	37	石油大学	0.50
5	清华大学	6.00	18	北京工商大学	2.00	21	南昌大学	1.00	37	西安理工大学	0.50
7	西安交通大学	4.00	18	暨南大学	2.00	21	中南大学	1.00	37	中国计量学院	0.50
7	南京大学	4.00	20	沈阳工业大学	1.50	21	武汉科技大学	1.00	37	东南大学	0.50
9	天津大学	3.50	21	北京邮电大学	1.00	21	石河子大学	1.00	45	宁波大学	0.33
9	上海交通大学	3.00	21	东北财经大学	1.00	21	河北大学	1.00			
9	中南财经大学	3.00	21	四川大学	1.00	21	河海大学	1.00			
9	中国人民大学	3.00	21	浙江大学	1.00	21	北方交通大学	1.00			

4. 市场营销管理研究力排名

在 2000~2004 年中，一共有 64 所大学在四份期刊中发表了 168.81 篇关于市场营销研究的文章，具体的数据排名统计结果参见表 12–6。

根据表 12–6 的统计结果，2000~2004 年关于市场营销研究力的研究中位于前十位的分别是：武汉大学、南开大学、清华大学、浙江大学、中山大学、上海财经大学、中国人民大学、复旦大学、西安交通大学、东北财经大学、北京大学（并列）。这 11 所高校的营销管理研究论文占全部营销管理类论文的 60%，表现出很高的集中度。但这些学校之间研究力量分布差别也较大，排在第一位的武汉大学发表的市场营销论文数量是北京大学的 6 倍多，这清楚地反映了各高校在不同学科的研究兴趣和优势差别明显。

表 12–6 高等院校的市场营销研究发文数量排名

排名	院校名称	论文数	排名	院校名称	论文数	排名	院校名称	论文数	排名	院校名称	论文数
1	武汉大学	24.00	16	四川大学	2.50	28	沈阳工业大学	1.00	47	江汉大学	0.50
2	南开大学	18.00	16	华东师范大学	2.50	28	温州大学	1.00	47	广东外语外贸大学	0.50
3	清华大学	14.16	19	青岛海洋大学	2.00	28	天津财经学院	1.00	47	北京邮电大学	0.50
4	浙江大学	9.00	19	大连理工大学管理学院	2.00	28	南京师范大学	1.00	47	北京航空航天大学	0.50
5	中山大学	8.66	19	江西师范大学	2.00	28	南京理工大学	1.00	47	五邑大学	0.50
6	上海财经大学	7.00	19	山东工业大学	2.00	28	南京经济学院	1.00	47	安徽工程科技学院	0.50
7	中国人民大学	5.50	19	山东大学	2.00	28	南京航空航天大学	1.00	47	东华大学	0.50
8	复旦大学	5.00	19	广东商学院	2.00	28	湖南商学院	1.00	47	兰州大学	0.50
9	西安交通大学	4.33	19	华南师范大学	2.00	28	肇庆学院	1.00	47	东北大学	0.50
10	东北财经大学	4.00	19	华中科技大学	2.00	28	北京师范大学	1.00	47	华东理工大学	0.50
10	北京大学	4.00	27	天津商学院	1.50	28	东南大学	1.00	47	济南大学	0.50
12	重庆大学	3.00	28	中国矿业大学	1.00	28	杭州商学院	1.00	47	深圳大学	0.50
12	兰州大学	3.00	28	中国地质大学	1.00	28	北京理工大学	1.00	47	湖南大学	0.50
12	厦门大学	3.00	28	洛阳师范大学	1.00	28	华南理工大学	1.00	47	中南财经政法大学	0.50
12	首都经济贸易大学	3.00	28	青岛理工大学	1.00	47	安徽财经大学（安徽财贸大学）	0.50	63	北京科技大学	0.33
16	中国社会科学院	2.50	28	吉林大学	1.00	47	苏州大学	0.50	64	暨南大学	0.33

5. 运作管理研究力分析排名

2000~2004 年在四份期刊发表的论文中，共有 44 所高校及科研单位发表了 55.49 篇关于运作管理方面的研究，具体数据结果参见表 12-7。

表 12-7　高等院校的运作管理研究发文数量排名

排名	院校名称	论文数	排名	院校名称	论文数	排名	院校名称	论文数	排名	院校名称	论文数
1	西安交通大学	4.33	12	同济大学	1.50	13	武汉化工学院	1.00	13	华东理工大学	1.00
2	华中科技大学	3.00	13	中国社会科学院	1.00	13	天津商学院	1.00	35	西安理工大学	0.83
2	上海交通大学	3.00	13	南开大学	1.00	13	安徽工程科技学院	1.00	36	安徽财经大学（安徽财贸学院）	0.50
4	中国人民大学	2.50	13	东北大学	1.00	13	北京工业大学	1.00	36	东南大学	0.50
5	复旦大学	2.00	13	东华大学	1.00	13	中南大学	1.00	36	山东工商学院	0.50
5	中山大学	2.00	13	北京理工大学	1.00	13	浙江大学	1.00	36	山东理工大学	0.50
5	天津大学	2.00	13	重庆大学	1.00	13	西南交通大学	1.00	36	上海大学	0.50
5	南京大学	2.00	13	中央财经大学	1.00	13	西南财经大学	1.00	36	四川大学	0.50
5	中国科学技术大学	2.00	13	上海财经大学	1.00	13	对外经济贸易大学	1.00	36	中国人民大学	0.50
10	西安理工大学	1.83	13	首都经济贸易大学	1.00	13	福州大学	1.00	36	西北工业大学	0.50
11	南京理工大学	1.50	13	武汉理工大学	1.00	13	山东大学	1.00	36	军事经济学院	0.50

其中，西安交通大学以 4.33 篇文章位于第一位，华中科技大学和上海交通大学以 3 篇文章紧随其后，随后是中国人民大学、复旦大学、中山大学、天津大学、南京大学、中国科技大学和西安理工大学。这些机构共发表了 24.66 篇论文，占全部运作管理类论文的 44.44%，在各个分支学科中，研究力集中度相对较低。很明显，在运作管理研究领域，传统的工科

院校具有明显的优势，这与运作管理的学科属性相关，但总体上该领域的研究成果不是很多，不到60篇。

6. 人力资源管理研究力排名

2000~2004年五年中，共有52所高校及科研单位在《管理世界》、《南开管理评论》、《中国工业经济》、《经济管理·新管理》四份期刊中发表了133.64篇关于人力资源管理方面的研究，具体统计排名结果参见表12-8。

表12-8 高等院校的人力资源管理研究发文数量排名

排名	院校名称	论文数	排名	院校名称	论文数	排名	院校名称	论文数	排名	院校名称	论文数
1	中山大学	10.50	14	中国人民大学	3.00	25	西南交通大学	1.00	25	中南大学	1.00
2	南京大学	10.50	14	辽宁大学	3.00	25	福建师范大学	1.00	25	中央财经大学	1.00
2	南开大学	8.50	14	南京师范大学	3.00	25	对外经济贸易大学	1.00	25	西安电子科技大学	1.00
4	上海财经大学	7.50	14	华中科技大学	3.00	25	国立华侨大学	1.00	25	西南财经大学	1.00
5	浙江大学	6.50	14	中南财经政法大学	3.00	25	山东财政学院	1.00	25	中国矿业大学	1.00
6	武汉大学	6.50	19	华南师范大学	2.00	25	上海理工大学	1.00	45	上海交通大学	0.50
6	西安交通大学	6.00	19	天津财经学院	2.00	25	吉林大学	1.00	45	广东外语外贸大学	0.50
8	复旦大学	5.33	19	首都经济贸易大学	2.00	25	洛阳工学院	1.00	45	扬州大学	0.50
9	厦门大学	5.00	22	汕头大学	1.50	25	南京航空航天大学	1.00	45	杭州商学院	0.50
10	北京大学	4.83	22	重庆工商大学	1.50	25	青岛海洋大学	1.00	45	湖南师范大学	0.50
11	中国社会科学院	4.66	22	四川大学	1.50	25	西安理工大学	1.00	45	东华大学	0.50
12	清华大学	4.66	25	东北财经大学	1.00	25	重庆工学院	1.00	51	东南大学	0.33
13	天津大学	4.00	25	北京师范大学	1.00	25	广西大学	1.00	52	中国矿业大学	0.33

在表 12-8 中位于前十位的高校分别是中山大学、南京大学、南开大学、上海财经大学、浙江大学、武汉大学、西安交通大学、复旦大学、厦门大学及北京大学。这 10 家学校共发表 71.16 篇人力资源方面论文，占到该领域整个研究力的 53.25%。近年来，关于人力资源管理的研究日益兴盛，很多高校也相应增加了人力资源管理等相关专业，人力资源管理研究也逐步发展成为热点研究领域，从本项研究看，在工商管理的各个子学科中，其发文总量仅低于战略管理、市场营销管理和组织管理等领域。

7. 技术经济与技术管理研究力排名

2000~2004 年，全国共有 25 所高校在这四份期刊上发表了共计 32.5 篇关于技术经济与技术管理领域的研究文献，具体数据统计结果参见表 12-9。

表 12-9 高等院校的技术经济与技术管理研究发文数量排名

排名	院校名称	论文数	排名	院校名称	论文数	排名	院校名称	论文数	排名	院校名称	论文数
1	西安交通大学	6.50	6	海南大学	1.00	6	湖南师范大学	1.00	19	武汉理工大学	0.50
2	南京大学	3.00	6	河南大学	1.00	6	暨南大学	1.00	19	江汉石油学院	0.50
3	南开大学	2.50	6	浙江大学	1.00	6	南昌大学	1.00	19	兰州大学	0.50
4	上海交通大学	2.00	6	上海财经大学	1.00	6	山东经济学院	1.00	19	华东师范大学	0.50
4	东北大学	2.00	6	上海外国语大学	1.00	19	五邑大学	0.50			
6	东华大学	1.00	6	东南大学	1.00	19	北京航空航天大学	0.50			
6	清华大学	1.00	6	河海大学	1.00	19	西安理工大学	0.50			

受到我们选择的刊物影响，技术经济与技术管理样本论文数量很少。[①]从现有的样本论文看，西安交通大学继续表现出其在全国管理学科的优势，共发表了 6.5 篇文章，位于第一位。南京大学这几年在管理学科的发

① 该学科的学术论文更集中于中国社会科学院数量经济与技术经济研究所主办的《数量经济与技术经济研究》杂志上，但该杂志并不是我们的样本刊物。

展表现出了强劲的势头，共发表了3篇相关文章。紧随其后的是南开大学、上海交通大学、东北大学、东华大学及清华大学。该方面文献总体数量较少，“十强”的代表意义不大，排名前十家单位的研究力占到整体研究力的64.62%，但前三名更为突出。

8. 企业文化研究力排名

表12-10　高等院校的企业文化研究发文数量排名

排名	院校名称	论文数	排名	院校名称	论文数	排名	院校名称	论文数	排名	院校名称	论文数
1	西安交通大学	3.00	6	杭州商学院	1.00	6	东南大学	1.00	15	上海对外贸易学院	0.50
2	暨南大学	2.00	6	江西财经大学	1.00	6	同济大学	1.00	15	四川大学	0.50
2	中国人民大学	2.00	6	山东大学	1.00	6	武汉大学	1.00	15	中欧国际工商学院	0.50
4	中国社会科学院	1.50	6	中南财经政法大学	1.00	6	厦门大学	1.00	15	浙江大学	0.50
4	复旦大学	1.50	6	北京第二外国语学院	1.00	15	上海交通大学	0.50			

在2000~2004年，全国共有19所高校在所调查的四份期刊中发表了共计22篇关于企业文化的论文，具体数据统计参见表12-10。

由表12-10可以看出全国高校中，在有关企业文化的发表论文中，西安交通大学以3篇论文位于榜首，随后是暨南大学、中国人民大学和中国社会科学院，位于第五位的是复旦大学。企业文化与人力资源管理有着密切的联系，但是南开大学、南京大学、中山大学以及北京大学等在人力资源管理领域发表相当数量论文的高校在企业文化领域却没有发表相关文章。当然，由于该领域的样本论文数量过于少，这里的分析并不很具有说服力。

9. 组织管理研究力排名

2000~2004年全国共有65所高校在四份期刊中发表了186.16篇关于组织管理方面的论文，具体数据统计结果参见表12-11。

从表12-11可以看出，在关于组织管理方面发表的论文中，位于前十位的是：中山大学、南开大学、上海财经大学、北京大学、四川大学、清

表 12-11 高等院校的组织管理研究发文数量排名

排名	院校名称	论文数	排名	院校名称	论文数	排名	院校名称	论文数	排名	院校名称	论文数
1	中山大学	19.50	17	暨南大学	5.00	34	西安理工大学	1.50	36	南京经济学院	1.00
2	南开大学	16.00	17	上海交通大学	5.00	34	同济大学	1.50	53	中央社会主义学院	0.50
3	上海财经大学	14.00	20	山东大学	4.83	37	广东佛山科学技术学院	1.00	53	北京机械工业学院	0.50
4	北京大学	10.00	21	华中师范大学	4.00	37	重庆大学	1.00	53	安徽财经大学（安徽财贸学院）	0.50
4	四川大学	10.00	21	中国人民大学	4.00	37	福州大学	1.00	53	中国煤炭经济学院	0.50
6	清华大学	9.50	23	西北大学	3.50	37	北京航空航天大学	1.00	53	大连水产学院	0.50
7	中国社会科学院	9.00	24	辽宁大学	3.00	37	北京理工大学	1.00	53	长沙电力学院	0.50
7	厦门大学	9.00	24	吉林大学	3.00	37	上海大学	1.00	53	对外经济贸易大学	0.50
9	武汉大学	8.50	24	中南大学	3.00	37	天津财贸管理干部学院	1.00	53	哈尔滨商业大学	0.50
9	西安交通大学	8.50	24	江西财经大学	3.00	37	浙江财经学院	1.00	53	深圳大学	0.50
11	浙江大学	8.00	24	天津财经学院	3.00	37	中国煤炭经济学院	1.00	53	湖南大学	0.50
12	华中科技大学	7.00	29	北京师范大学	2.50	37	杭州商学院	1.00	53	汕头大学	0.50
13	东北财经大学	6.00	30	华南理工大学	2.00	37	中央财经大学金融学院	1.00	53	同济大学	0.50
13	南京大学	6.00	30	华东师范大学	2.00	37	山东工商学院	1.00	65	北京科技大学	0.33
15	复旦大学	5.50	30	山西财经大学	2.00	37	沈阳工业大学	1.00			
15	中南财经政法大学	5.50	30	深圳大学	2.00	37	首都经济贸易大学	1.00			
17	西南财经大学	5.00	34	东北大学	1.50	37	天津大学	1.00			

华大学、中国社会科学院、厦门大学、武汉大学以及西安交通大学，该“十强”的研究力约占到整体研究力的一半。组织管理是管理学科的一个重要分支，因此，在该领域发表的论文一直比较多。此外，组织管理既可以从宏观角度分析，还可以从微观角度去考证，因此也造成了从不同角度去表述组织管理，这也造成了组织管理领域一直很活泼的局面。

三、高等院校管理科学与工程学科研究力排名

管理工程、管理科学所涵盖的内容十分宝贵广泛，其中主要包括决策与对策理论、管理系统工程、系统分析技术、预测技术、控制论、模拟（仿真）技术、评估技术、数量经济分析方法、管理信息系统、决策支持系统、网络及其管理等内容。表 12-12 反映了 2000~2004 年刊登在《中国管理科学》、《管理科学学报》和《管理工程学报》上的样本论文分布情况。

由表 12-12 可知，中国 1055.13 篇管理工程和管理科学类论文的作者来自于国内 163 所高等院校，分布面比较广泛。在 163 所院校中西安交通大学、上海交通大学、东南大学、天津大学、清华大学、中国科学技术大学、复旦大学、华中科技大学、哈尔滨工业大学和南京大学分别排名前十位，这十所院校的论文总数达到 510.56 篇，占了总数的 48.39%。这表明这些院校的研究实力优势十分明显，国内该领域的主要强势研究力量主要集中在这些高等院校里。

四、结　论

在管理学学科综合研究力方面，前“十强”即西安交通大学、清华大学、上海交通大学、南开大学、复旦大学、南京大学、中山大学、天津大学、东南大学、武汉大学在 2000~2004 年五年间共发文 934.85 篇，研究力占 264 所高校的 40.37%。在这些院校里管理学学科的师资力量雄厚，研究水平高于国内其他院校，优势地位十分突出；在工商管理综合研究力方

表 12–12　各高等院校的管理科学与工程类论文数量排名

排名	院校名称	论文数	排名	院校名称	论文数	排名	院校名称	论文数	排名	院校名称	论文数
1	西安交通大学	85.50	41	山东科技大学	4.83	83	中南财经政法大学（中南财经大学）	1.00	121	西南民族大学（西南民族学院）	0.83
2	上海交通大学	69.00	43	华中理工大学	4.50	83	中国煤炭经济学院	1.00	125	华东船舶工业学院	0.66
3	东南大学	68.15	44	西北工业大学	4.33	83	中国地质大学	1.00	125	湖南城建高等专科学校	0.66
4	天津大学	64.39	45	中国农业大学	3.99	83	浙江工业大学	1.00	125	武汉化工学院	0.50
5	清华大学	48.81	46	杭州商学院	3.50	83	扬州大学	1.00	125	汕头大学	0.50
6	中国科学技术大学	41.16	47	暨南大学	3.40	83	西北大学	1.00	125	南京经济学院	0.50
7	复旦大学	40.58	48	西安理工大学	3.33	83	宁波大学	1.00	125	江西财经大学	0.50
8	华中科技大学	33.32	48	深圳大学	3.33	83	军事经济学院	1.00	125	华南师范大学	0.50
9	哈尔滨工业大学	31.17	50	西南财经大学	3.00	83	集美大学	1.00	125	河北大学	0.50
10	南京大学	28.48	50	沈阳工业大学	3.00	83	广西大学	1.00	125	桂林电子工业学院	0.50
11	东北大学	28.33	50	北京邮电大学	3.00	83	北京科技大学	1.00	125	广东商学院	0.50
12	中国科学院	26.48	50	华北电力大学	3.00	83	北京机械工业学院	1.00	125	重庆师范大学	0.50
13	电子科技大学	23.67	50	湖北大学	3.00	83	安徽工业大学	1.00	125	重庆建筑大学	0.50
14	北京航空航天大学	21.82	50	国防科技大学	3.00	83	中国水利水电科学研究院	1.00	125	中央财经大学	0.50
15	湖南大学	21.40	56	华东师范大学	2.83	83	中国人民解放军理工大学	1.00	125	郑州信息工程大学	0.50
16	西南交通大学	21.00	57	天津财经学院	2.75	83	武汉冶金科技大学	1.00	125	浙江万里学院	0.50
17	重庆大学	20.66	58	武汉理工大学	2.50	83	武汉汽车工业大学	1.00	125	延安大学	0.50

续表

排名	院校名称	论文数	排名	院校名称	论文数	排名	院校名称	论文数	排名	院校名称	论文数
18	大连理工大学	17.74	58	北京师范大学	2.50	83	潍坊医学院	1.00	125	武汉水力电力大学	0.50
19	山东大学	17.00	58	南京审计学院	2.50	83	苏州城建环保学院	1.00	125	首都师范大学	0.50
20	浙江大学	15.33	58	空军工程大学	2.50	83	上海海事大学	1.00	125	上海第二医科大学	0.50
21	北方交通大学	12.50	62	华侨大学	2.33	83	陕西理工学院	1.00	125	山西师范大学	0.50
22	中南大学	11.33	62	北方工业大学	2.33	83	陕西大学	1.00	125	山东临沂师范学院	0.50
23	四川大学	10.99	64	厦门大学	2.00	83	山东轻工学院	1.00	125	洛阳商学院	0.50
24	中国矿业大学	10.50	64	上海国家会计学院	2.00	83	昆明理工大学	1.00	125	兰州交通大学	0.50
25	上海理工大学	8.67	64	山东工商学院	2.00	83	解放军信息工程学院	1.00	125	军事交通学院	0.50
26	南京航空航天大学	8.08	64	华南理工大学	2.00	83	吉林工业大学	1.00	125	解放军汽车管理学院	0.50
27	哈尔滨商业大学	8.00	64	华东理工大学	2.00	83	机械工业经济管理研究院	1.00	125	东华理工大学	0.50
28	吉林大学	7.85	64	北京工业大学	2.00	83	湖南财经学院	1.00	125	常州工业学院	0.50
29	同济大学	7.50	64	燕山大学	2.00	83	呼伦贝尔学院	1.00	151	石油大学	0.33
30	北京交通大学	7.33	64	上海第二工业大学	2.00	83	黑龙江财经专科学校	1.00	151	东北财经大学	0.33
31	上海财经大学	7.25	64	淮海工学院	2.00	83	河南农业大学	1.00	151	中国人民解放军重庆通信学院	0.33
32	南京理工大学	7.00	73	江苏大学	1.83	83	河南机电高等专科学校	1.00	151	武汉交通科技大学	0.33
32	北京理工大学	7.00	74	广州大学	1.66	83	河北工业大学	1.00	151	温州师范大学	0.33

续表

排名	院校名称	论文数	排名	院校名称	论文数	排名	院校名称	论文数	排名	院校名称	论文数
34	合肥工业大学	6.57	74	广东工业大学	1.66	83	河北工程学院	1.00	151	太原师范学院	0.33
35	南开大学	6.33	76	青岛海洋大学	1.50	83	广东职业技术师范学院	1.00	151	湖北经济学院	0.33
36	上海大学	6.16	76	青岛大学	1.50	83	长沙铁道学院	1.00	151	高雄中山大学	0.33
37	中山大学	5.66	76	东华大学	1.50	83	蚌埠汽车管理学院	1.00	151	高雄应用科技大学	0.33
38	武汉大学	5.50	76	株洲工学院	1.50	83	安徽理工大学	1.00	151	东南理工大学	0.33
38	福州大学	5.50	76	西安工业学院	1.50	121	天津师范大学	0.83	151	成都理工大学	0.33
40	西安电子科技大学	5.16	76	南京邮电学院	1.50	121	广西师范大学	0.83	151	昌吉大学	0.33
41	北京大学	4.83	76	解放军信息工程大学	1.50	121	长沙交通学院	0.83			

面，南开大学、中山大学、武汉大学、西安交通大学、浙江大学、南京大学、清华大学、上海财经大学、中国社会科学院及复旦大学名列前十位，这“十强”发表论文集中度更高，占 162 所高校的 48.10%，这表明研究力优势高校的优势更加突出；对管理工程及管理科学研究力的分析表明，西安交通大学、上海交通大学、东南大学、天津大学、清华大学、中国科学技术大学、复旦大学、华中科技大学、哈尔滨工业大学和南京大学十所院校在该领域优势地位显著，48.39%的研究力量集中在这“十强”中。西安交通大学管理学研究力名列综合排名第一，管理科学与工程学科研究力第一。在工商管理的分支学科中，战略管理、技术经济与管理、企业文化、运作管理都名列第一，这表明西安交通大学管理学研究力是最强的。很多其他排名也表明，西安交通大学管理学科整体实力在全国的确是最强的；南开大学则列工商管理学科研究力排名第一位，表明南开大学商学院的综合研究实力很强；南京大学在企业理论研究领域中的研究力列全国第一位；厦门大学在财务管理领域研究力排名全国第一；中山大学则在人力资源管理、组织管理两个学科领域中的研究力列全国第一位。

总体上看，上述名列前茅的大学几乎都是著名大学，虽然这些大学在不同的学科领域研究实力会有差距，但总体上名牌大学仍是我国管理学学科研究力量的主要所在地，名牌优势高校研究力突出的现象十分明显。显然，这与大学定位有很大关系，定位于研究型大学的研究力量一般高于定位于研究教学型大学、教学研究型大学和教学型大学。

需要说明的是，本项排名研究是有局限性的：第一，本章只检阅国内七种权威刊物，而没有对发表在国外刊物上的学术论文进行统计，一般认为发表在国外的文章应该具有更高的研究水准。第二，由于学术刊物的自身一些缺陷，如一般主办单位更倾向于刊登自己单位学术文章，因而使得本章的排名并不能够完全反映高等院校的工商管理研究力。如南开大学能够在工商管理学科研究力综合排名第一，与其主办《南开管理评论》被选为样本刊物具有很大的关系。[①] 第三，我们界定的研究力主要是以在指定期刊发表论文数量为标准，这意味着将“研究力”建立在期刊质量上。不能否认的是，一些期刊的“人情”稿件是存在的，这影响了我们排名的准确性。一个比较普遍的现象是，一些大学要求博士研究生毕业必须在指定的重要刊物上发表 2 篇论文，该制度使得这些学校的论文发表数量得到了很大的提升，但也刺激了有的研究生为了毕业往往采用非学术措施、不择手段去发表论文，滋生学术腐败。这使得这些高校发表的论文数量有很大水分。第四，由于一些学术论文属于交叉领域，因此，很多论文的二级子学科的归类存在相应的主观性，受到研究者本身知识素质和结构的影响。

参考文献

1. Antonio-Rafael Ramos-Rodriguez and Jose Ruiz-Navarro, “Changes in the Intellectual Structure of Strategic Management Research: A Bibliometric Study of the Strategic Management Journal, 1980-2000”, *Strategic Management Journal*, 25: 981-1004 (2004).

2. Culnan MJ., Mapping the intellectual structure of MIS, 1980-1985: a co-citation analysis. *Management of Information System Quarterly* 11 (3): 341-353 (1987).

3. Hoffman DL, Holbrook MB., The intellectual structure of consumer research: a bibliometric study of author co-citations in the rst 15 years of the Journal of Consumer Re-

① 但是，从另一角度看，虽然有审批和垄断的原因，然而我们仍然可以认为一个单位能够主办一本具有高质量的学术杂志，这本身也是研究力高的一个体现。

search. *Journal of Consumer Research* 19: 505-517 (1993).

4. 许德音、周长辉:《中国战略管理学研究现状评估》,《管理世界》,2004年第5期。

5. 中国工商管理课题组:《工商管理研究备要——现状、趋势和发展思路》,清华大学出版社,2003年。

实 践 篇

第十三章　中国企业管理实践的发展历程

管理学不仅是一门科学，还是一门艺术。这种管理学的属性决定了我们研究管理学发展问题时不能仅仅分析管理学科和管理学术研究文献等问题，我们还必须关注管理实践的发展。本章试图在分析管理实践和管理学发展关系的基础上，进一步指出影响管理实践发展的因素，然后回顾新中国企业管理实践的发展历程。

一、管理实践与管理学发展

管理是一个复杂的社会现象，管理学发展是建立在管理实践活动本身和对管理活动的规律认识的基础上的。这意味着管理学发展取决于三类紧密相关的活动，第一类是人类管理实践活动本身，该类活动旨在通过管理活动高效率地实现组织和人类活动的目标；第二类是人类对管理活动、现象和问题的研究活动，旨在认识管理现象、归纳管理经验、探索管理规律并最终指导管理实践活动，以更好地实现管理实践活动的目标；第三类是对管理学本身发展的分析研究活动，旨在通过对管理知识的系统化、学科体系化来促进管理知识的积累、传播，促进管理理论、知识和规律更好地应用到管理实践活动中去。

管理实践的根本目标，旨在有效解决管理现实问题、提高管理活动效率，管理实践既为管理学研究提出问题，又是管理学研究和管理知识创新的最终目标。管理活动、现象与问题的研究是管理学发展的核心手段，管理研究能够促进管理学知识的创新和丰富，这为指导管理实践和管理学发展提供了知识源泉；管理学科的发展有利于管理知识积累与传播，从而进一步为管理科学知识的创新和应用奠定基础。管理实践本身是一个重要的管理问题研究和管理知识产生的重要方法，因此，从另一个角度看，管理实践不仅仅是检验管理问题研究和管理学发展的手段，同时管理实践也可以理解为促进管理研究和管理学发展的一个重要力量。管理学发展源自管理实践的发展，最终还服务于管理实践的发展。

应该说，管理学发展经过百年的进程，在管理实践、管理问题研究和管理学科发展三个层次上都取得巨大的进展。这不仅表现在管理学已经成为一门具有庞大知识体系的科学，很多来自不同学科的科学方法被用于分析研究管理问题，更主要的是管理科学知识广泛应用到人类社会各种组织的管理实践中，极大地提高了管理实践活动的效率，促进了人类社会的发展，为此，有的人指出："工业化属于19世纪，而管理属于20世纪。在1900年管理尚未人所识；现在，它已然成为人类文明的中心活动。"①

二、管理实践创新与发展的环境因素

无论是管理实践的发展，还是管理学的发展，都取决于管理理论和实践的创新活动，没有创新就没有发展。管理实践活动是一个复杂的社会活动，影响管理实践创新与发展的因素众多，纵观整个管理的发展史，从大的环境因素看，管理实践创新与发展的环境影响因素可以归结为两大类，一类是持续作用的长期因素，这主要有制度变迁、科技进步与文化传统三

① 引自斯图尔特·克雷纳：《管理百年——20世纪管理思想与实践的批判性回顾》前言，中译本，第1页，海南出版社，2004年。

方面因素，体现了制度环境、科学技术环境和文化环境的作用。[①] 另一类是短期作用的临时因素，例如，战争和其他重大突发事件（比如经济危机）。当然这两类环境因素是通过作用于管理实践者来推进管理实践创新与发展的。我们需要弄清这些环境因素是如何具体影响管理实践创新与发展的进程的。

1. 科技进步因素

尽管管理实践活动可以追溯到最早的人类活动，但大规模企业管理实践创新与发展、有效地提高企业管理效率却真正始于 19 世纪末 20 世纪初，是工业革命后科学技术广泛运用于企业组织的结果。从 18 世纪工业革命开始，一般认为技术进步周期可以划分为 5 个周期，每个周期或者阶段长约半个世纪，也就是经济学中的康德拉季也夫长波，伴随者连续的技术进步周期，企业管理实践创新与发展不断推进。

（1）在第一次（18 世纪 70 和 80 年代到 19 世纪 30 和 40 年代）和第二次（19 世纪 30 和 40 年代到 19 世纪 80 和 90 年代）长波周期中，与科学技术进步水平和工业化进程相适应，只出现了科学管理的初步实践和早期的科学管理思想，企业管理仍处于经验管理阶段。

（2）到了第三次技术进步长波周期（19 世纪 80 和 90 年代到 20 世纪 30 和 40 年代），即从 19 世纪下半叶开始，由于以牛顿力学为主题的经典

① 这里制度环境的“制度”是界定人们选择空间、约束人们之间相互关系的一套正式规则，包括政治规则、经济规则和契约，以及由这一系列正式规则构成的一种社会等级结构，具体体现为政治制度、经济制度和社会制度以及具体的根据正式契约确定的各个经济单位（包括组织和人）之间的分工与协作制度、竞争与合作制度等。而这里文化环境中的“文化”可以理解为人们长期交往中形成的具有持久性、代代继承性的约束人们行为的非正式规则，包括价值信念、伦理规则、道德观念、风俗习性、意识形态。因此，制度环境和文化环境可以统一为整体的人文环境，如果说科学技术环境给管理创新主体的创新行为提供的是经过科学技术改造后的物质环境，而包括制度环境和文化环境在内的人文环境则为管理创新主体的创新行为提供了精神环境。另外，需要进一步说明的是，这里所谓的制度环境与新制度经济学中的“制度环境”并不完全相同，在新制度经济学中，“制度环境”和“制度安排”是区分开的，“制度环境”是一系列用以建立生产、交换和分配基础的基本政治、社会和法律的基础规则，而“制度安排”则是支配经济单位之间可能合作或者竞争的方式的一种安排。“制度环境”可以是一种“基础性的制度安排”，它决定、影响着其他的具体的“制度安排”。显然，由于对管理创新主体的管理创新活动的影响不仅仅是国家的基本政治、经济和社会制度，还包括具体的微观制度环境，因此我们这里的制度环境既包括新制度经济学正式的“制度环境”，又包括具体的正式制度安排的内容。

力学体系和以麦克斯韦电磁理论为核心的经典电磁理论都已经建立，这些自然科学理论体系为技术革命提供了科学前提，尤其是电力技术的广泛应用，引发了动力革命，促进了社会化大生产的发展。而由技术革命产生的社会大生产必然对规范管理提出要求，原来的经验管理显然无法满足社会化生产和大公司的发展需要，于是科学管理理论和实践应运而生。科技进步对管理实践与创新的影响不仅体现在这方面，还体现在由于自然科学技术进步的成功产生了巨大的社会效应和知识效应，使得科学方法在管理实际过程中得到了很好的应用示范作用。泰勒就是试图通过科学实验方法寻求优良的管理方法指导管理实践，推进了管理实践的创新与发展。

（3）进入到第四个技术进步周期，20 世纪 30 和 40 年代到 20 世纪 80 和 90 年代科技进步进一步推进了工业生产力的发展，由福特公司开创的流水生产成为普遍的生产组织方式，而计算机的诞生、应用和发展，对管理实践创新与发展起到了巨大的推进作用。

（4）人类社会正处于第五个技术进步周期中，该阶段主要技术特征是信息技术的突破性发展。信息技术的发展彻底改变了人们的生产和生活方式，该阶段的管理创新主要是由于信息技术的发展而产生的，管理信息化成为该阶段管理实践创新与发展的主线和主要内容，供应链管理、企业资源计划、六西格玛管理、敏捷制造、计算机集成制造、网络营销等依靠信息技术的新管理思想或方法得到发展和应用。

归结起来，科技进步对管理实践创新与发展的影响主要体现在三方面，一是科技进步推进社会经济发展，进一步产生了对提高管理效率、推进管理实践创新的需求；二是科技进步直接为管理实践创新提供了技术、手段和方法等方面的支持；三是科学研究的思维、方法还为管理实际创新提供了方法论的指导。

2. 制度变迁因素

没有人会否认，泰勒科学管理理论与实践的产生前提是以分工生产为基础的现代工厂制度的出现。在经济学家看来，始于英国的工业革命不仅仅是一场技术革命，更重要的是一场制度创新，“产业革命的实质就是用竞争取代以前控制生产和财富分配的中世纪规则”。[①] 工业革命在西方彻底

① 转引自诺斯：《经济史中的结构与变迁》，第 187 页，上海三联书店，1991 年。

摧毁了封建社会的生产关系，建立了资本主义社会化大生产的现代工厂制度，工厂中实施了高度的专业化分工，极大地提高了生产效率，亚当·斯密在其名著《国富论》中曾详细分析了分工制度（专业分工和职业分工）能够提高企业效率的原因。工厂制度的产生对科学管理提出了要求：如何解决高度分工条件下的协作问题，如何解决工厂制度下工人的培训和激励问题，如何改善由于工厂制度的发展而逐步恶化的劳资关系。泰勒的科学管理理论与实践正是在对这些问题的回答中产生的。制度变迁对管理实践创新的影响不仅仅表现在“需求牵动”方面，而且从企业制度的演进看；企业制度变迁还在很大程度上影响着谁来承当管理实践创新主体的角色和管理实践创新的方向和内容。制度创新与变迁的另外一个重要作用在于还为管理实践创新活动提供了激励约束机制。所有的创新行为都是有风险的，而现代产权制度和专利制度的产生，保证了承担创新风险创新者能够获得创新收益。如果将企业的创新活动分为企业制度创新、企业技术创新和企业管理创新，那么可以认为企业制度创新、管理创新和技术创新呈相互“支撑”的三角关系，企业技术创新可以为企业制度创新和管理创新提供物质技术条件、形成相应的技术能力保障机制，企业管理创新为企业技术创新和制度创新提供了组织管理方面的保证，而企业制度创新为企业管理创新和技术创新提供了制度基础，形成了相应的激励机制。企业制度不同，提供的管理创新激励机制也是不同的。总之，制度变迁，尤其是产权制度变革，对管理实践创新活动的影响是全面的，对管理创新主体的选择、管理观念、管理方法和管理组织结构的创新都具有强有力的激励约束作用。

3. 文化因素

文化传统体现为社会认可的价值信念、伦理规则、道德观念、风俗习性、意识形态等，因此，文化对于人行为的影响是潜移默化的，但往往又是根深蒂固的，不同的文化模式下会产生不同的行为方式。从管理实践活动看，文化可以在民族文化和组织文化两个层次影响管理实践活动。

一是在民族文化层次，这个层次的文化环境的典型描述是1980年霍夫斯泰德（Hofstede）提出的民族文化环境四个维度。他认为可以通过权力距离（PD，用于描述社会承认的权力在组织结构中不平等分配的范围）、不确定性避免（UC，指社会感到不确定性和模糊情景威胁时，试图通过建立职业安全保障、正式规则、不容忍超出常规的观点和行为、相信绝对知识和专家评定等手段来避免这些情景的程度）、个人主义/集体主义（IC，个人主义是一种只关心个人和直系亲属的松散社会结构，而集体主义则是社会成员对集体具有强烈的依赖情感的社会结构）、男性度/女性度（MF，用于描述社会中“男性”价值或者“女性”价值占优势的程度，“男性”价值观体现为自信、追求金钱和物质、不关心他人和强调生活质量，“女性”价值观则与“男性”价值观完全相反）4 个指标来分析一个国家或者地区民族的文化。霍夫斯泰德曾对 40 个国家进行了调查，如下表（表 13-1）为其中 10 个国家的四个维度的具体得分，其中中国和日本的民族文化比较相近，都属于强不确定性避免、大权力距离和集体主义倾向的国家，而美国和英国比较接近，属于弱不确定性避免、小权力距离和个人主义倾向。霍夫斯泰德的研究表明这些文化维度会影响企业的结构和管理的方式。在跨文化管理中，两个国家文化环境的特征越接近，科学管理的方式和制度的可移植性就越大。

表 13-1　10 个国家的文化环境四个维度评分结果

	美国	日本	中国	英国	西德	新加坡	巴西	印度	南非	南斯拉夫
PD	40	54	66	35	35	74	69	77	49	76
UC	35	84	85	29	71	10	62	30	37	75
IC	11	72	82	19	40	75	72	70	36	73
MF	65	90	55	73	80	69	44	80	71	40

资料来源：Hofstede. G. *Culture's Consequences*, Wewbury Park, CA: Sage Publications.

二是组织文化层次，所谓组织文化是指组织成员共享的价值观。欧瑞里（O'Reilly）1991 年在通过广泛的文献回顾找到 54 条有关价值观的陈述基础上给出了描述组织文化的七个维度：创新、结果导向、尊重人、团队导向、稳定性、进取和关注细节。而 1991 年霍夫斯泰德也总结出组织文化的五个维度：过程导向还是结果导向、人导向还是任务导向、行政性的还是职业化的、开放系统还是封闭系统、松散控制还是紧密控制。① 一般认为组织文化是创始人的远见使命和倾向性思想以及第一批创业人员实践

① 忻榕等：《国有企业的企业文化：对其维度和影响的归纳性分析》，载徐淑英、刘忠明主编：《中国企业管理的前沿研究》，北京大学出版社，2004 年，第 372~395 页。

经验相互作用的结果。组织文化对管理者的管理实践活动具有重大影响，可以通过影响管理者的知觉、思想和判断进而影响管理者决策的科学水平和各项管理职能执行的科学水平，如表 13-2 所示，为组织文化对管理职能运行的影响。

表 13-2　组织文化对管理职能活动的影响

计划： 计划可以包含的风险程度 计划的重点是长期的还是短期的，由个人还是集体决定 管理者参与环境分析的程度	组织： 员工工作中享有自由权的程度 部门经理间相互联系的程度 任务是由个人完成还是由小组完成
领导： 选择怎样的具体激励方法 采用怎样的领导方式更为适宜 是否消除所有的分歧	控制： 员工控制自己行为的自主程度 业绩评估应注重什么标准 超过预算时应该有怎样的反应

资料来源：斯蒂芬·P. 罗宾斯：《管理学》，中国人民大学出版社，1997 年，第 63 页。

4. 突变因素

管理实践创新与发展的突变环境因素有很多，其中战争是一个很明显的例子。企业管理的实践者从《孙子兵法》与克劳塞维兹《战争论》中汲取了很多战略管理的智慧，但战争与管理实践发展的关系并不仅仅停留在战略管理领域上。在管理发展史上，有很多管理实践创新和战争直接或间接相关。有关战争对管理实践发展直接或间接的促进作用，我们可以列举很多例子。例如，第二次世界大战期间，美国军方为了保证军需物资的质量，规定生产军需物资的厂商必须采用统计抽样检查方式。美国标准协会颁布了美国战时质量管理标准（质量控制指导书、数据分析用控制图法、制造工序中的质量控制用控制图）。战后，这些标准被美国工业企业广泛采用，质量管理进入了统计质量管理阶段；又如，麦尔斯提出的降低成本的革命性方法——价值工程，也与战争环境背景有关。第二次世界大战以后，由于在战时形成的不注意节约（战时国家对企业生产成本按照件数进行补贴，养成了不注意产品成本的习惯）以及战争对物资的巨大消耗，原材料奇缺，价格暴涨。为了解决这个问题，一位电气工程师——麦尔斯提出了突破设计成本的价值工程方法。战争作为一种特殊的社会历史现象，能够促进管理实践创新与发展，具有其必然性。战争能够彻底改变一个国家的政治、经济、社会环境的各个方面，属于一种巨大的临时的突变因素，这种临时的、巨大的、整个环境的突变必然会对管理提出新的要求。也就是说，战争会对管理创新产生巨大的需求，从某种意义上说，一场战争就是一场重视管理和不惜一切代价改善管理、发展管理的运动。

三、中国企业管理实践发展的简要历程

在新中国成立后的 50 年里，随着经济建设的发展，企业管理也经历了从简单向复杂、从经验向科学、从传统向现代的发展和演变。根据企业管理发展的特点，中国的企业管理历史可以划分为三个大的发展时期。第一个大的时期为 1949 年新中国成立到 1978 年党的十一届三中全会，计划经济体制下的生产管理是这一时期的主要特点。第二个大的时期是从 1978 年到 1992 年党的十四届三中全会，由生产型管理向生产经营型管理过渡以及尝试推进企业管理现代化是该时期的主要特点。第三个时期是 1992 年到现在，在党的十四届三中全会明确建立社会主义市场经济体制的改革目标以后，中国企业管理开始向适应市场经济的方向转变，集约经营、资本经营成为企业发展的必然要求。这三个大的时期按照其历史进程中的不同情况，又可以分成 9 个不同的阶段。

（1）1949 年新中国成立到 1952 年。这一阶段企业管理的特点是通过民主改革和生产改革建立社会主义企业管理制度。解放初期，百废待兴，亟须建立适应社会主义生产关系和社会化大生产要求的企业管理制度。这一时期企业管理改革的主要内容包括建立工厂管理委员会，实行工厂管理民主化；实行厂长负责制；建立健全企业管理机构，实行科学的分工；建立生产管理和技术管理的责任制度；推行经济核算制；改革工资制度，贯彻按劳分配原则；开展生产竞赛运动等。通过企业民主改革和生产改革，初步建立起国营企业的领导机构和企业管理制度。

（2）1953~1957 年。这一阶段企业管理的特点是全面、系统地引进苏联的企业管理制度和方法，实行科学管理。1953 年，中国开始执行第一个五年计划，进入了大规模经济建设时期。国家集中了大量的人力、物力和财力，兴建 156 项重点工程。与此同时，开始在全国范围内全面地、系

统地引进苏联的企业管理制度和方法。这套制度和方法的主要内容包括：实行计划管理，推行生产作业计划，建立生产责任制度；实行技术管理，推行生产技术准备工作，制定技术标准、劳动定额、质量检查等制度；实行经济管理，建立经济核算制；进行干部、工人培训；实行各尽所能、按劳分配；建立、健全生产指挥系统和管理机构；等等。新的企业管理制度和方法的引入，克服了企业管理工作中的无序状态，使中国的企业管理开始进入科学管理的轨道。但是，在学习苏联企业管理的过程中出现了对一切不加分析，照抄照搬的问题。

（3）1958~1965 年。这一阶段企业管理的主要特点是探索中国自己的企业管理道路，创建有中国特色的现代企业管理理论体系。这集中体现在 1961 年 9 月国家颁发的《国营工业企业工作条例（草案）》（简称"工业七十条"）上。该条例比较系统地总结了过去正反两方面的经验，尤其是纠正了 1958 年"大跃进"带来的在企业管理指导思想上犯的"左"的错误，规定了适合当时情况的各项具体政策，并对工业企业的性质、任务、基本制度及各项管理工作等作出了具体的规定，同"一五"期间实行的管理制度和方法相比大大地前进了一步，使企业管理重新走上了科学管理的轨道，各项管理工作水平都有了显著的提高，生产突飞猛进，许多技术经济指标都创造了历史的最高水平。尤其是大庆油田，把党的优良传统和现代化大生产所要求的科学管理有机地结合起来，成为企业管理的先进典范。中国的企业管理学学科体系也在"工业七十条"的思想指导下开始形成。代表性的著作是 1964 年马洪主编的《中国社会主义国营工业企业管理》。

（4）1966~1976 年粉碎"四人帮"。这一阶段中国的企业管理遭受到严重的破坏。"文化大革命"使中国的企业管理遭受到一场空前的灾难，有效的管理制度被全盘否定，企业管理机构被解散，企业管理人员被下放，企业管理资料被毁掉。中国的企业管理不仅没有能够沿着大庆等先进企业开辟的新途径向前发展，反而完全陷入瘫痪和混乱，使企业的生产力遭到了极大的破坏。

（5）1977~1981 年。这一阶段对"文化大革命"以后中国的企业管理进行了恢复性整顿。整顿的内容包括企业管理工作的指导思想、组织领导和管理制度等方面。首先，在指导思想上进行了拨乱反正，把企业各项工作中被"四人帮"颠倒了的思想路线重新纠正过来，清除了他们在企业管理方面所散布的种种谬论；其次，在组织上清理了企业的领导班子；再次，在管理上重建了必要的规章制度，尽快地恢复了企业的正常生产秩序和管理秩序，从而把企业管理逐步引入正轨。

（6）1982~1985 年。这一阶段主要是为适应我国经济建设的要求，对企业进行了全面的整顿工作，同时，进行了企业管理现代化试点。1982 年开始了有计划有步骤地、点面结合地、分期分批地对所有国营工业企业进行全面的整顿工作。这项工作是在过去恢复性整顿的基础上进行的，是建设性的。整顿的主要内容有五个方面：一是整顿和完善经济责任制，改进企业经营管理，搞好全面计划管理和经济核算工作；二是整顿和加强劳动纪律，严格奖惩制度；三是整顿财经纪律，健全财务管理制度；四是整顿劳动组织，按定员定额组织生产；五是整顿和建设领导班子，加强对职工的思想政治教育。经过整顿，尤其是以权责利相结合为特点的工业经济责任制在全国广泛开展，是企业开始从生产型管理走向生产经营型管理的开端，对全面改善企业管理、提高当时中国的企业管理水平起到了积极的作用，进而也为推进企业管理现代化创造了条件。1984 年年初，全国经济工作会议提出整顿好的企业要把重点转到企业技术进步和管理现代化上来。国家经委紧接着在 1 月份召开了“全国第二次企业管理现代化座谈会”，提出了企业管理现代化的“五化”内容，即管理思想现代化、管理组织现代化、管理方法现代化、管理手段现代化、管理人才现代化，并推荐了 18 种在实践中应用效果较好、具有普遍推广价值的现代化管理方法（又称为现代化管理“十八法”，具体包括经济责任制、含目标管理在内的全面计划管理、全面质量管理、全面经济核算、网络技术或称统筹法、正交实验法或称优选法、系统工程、价值工程、市场预测、滚动计划、决策技术、ABC 管理法、全员设备管理、线性规划、成组技术、看板管理、量本利分析和计算机辅助企业管理），确定了 20 家企业为全国第一批管理现代化试点企业。

（7）1986~1992 年。这一阶段的特点主要是伴随着国有企业改革的深入，企业管理现代化全面推进。1985 年年底，全国范围的企业全面整顿工作圆满结束，企业管理工作的重点开始全面转向企业管理现代化。1986 年，国务院作出了《关于加强工业企业管理若干问题的决定》，国家经委专门制定和颁发了《企业管理现代化纲要》，进一步明确了我国推进企业管理现代化的指导方针、奋斗目标、基本内容、实施途径和政策措施等。企业整顿之后，一个以深化改革为动力，推动企业技术进步与管理现代化，努力赶超国际先进水平的战略行动在我国的企业特别是大中型骨干企业中广泛而深入地展开。到20世纪80年代末、90年代初，我国的企业管理发生了非常深刻的变化，在企业管理现代化各个方面都取得了突出的进展。企业管理现代化试点由20个发展到后来的200多个。企业管理现代化的进程从学习应用单项现代化管理方法手段，逐步发展到整体优化、多项管理方法配套应用；从单纯学习、模仿应用国外现代化管理方法和手段，发展到学创结合、结合企业情况积极进行管理创新。

（8）1993~2000年。中共十四届三中全会对建立社会主义市场经济体制进行了重大战略部署之后，我国的企业管理开始向适应市场经济的方向转化，该阶段的突出特点是现代企业制度创新引领管理实践创新。1993年11月，党的十四届三中全会通过了《中共中央关于建立社会主义市场经济体制若干问题的决定》，对建立社会主义市场经济体制进行了重大战略部署，并明确提出建立“产权清晰、权责明确、政企分开、管理科学”的现代企业制度，是国有企业改革的方向。这是十几年来中国经济体制改革特别是企业改革经验的结晶，为深化国有企业改革指明了方向。以此为标志，国有企业改革由“放权让利”进入了“制度创新”的新阶段。1994年1月1日《中华人民共和国公司法》实施，为建立现代企业制度，规范公司的组织和行为，保护公司及其利益相关者的合法权益，规范政府对公司的管理，提供了法律依据。进入“九五”以来，许多企业面向市场，转变观念，抓企业管理，苦练内功，坚持“三改一加强”,[①] 积极探索适应社会主义市场经济体制的企业管理新模式。尤其是20世纪90年代中、后期，邯郸钢铁公司“模拟市场核算、实行成本否决”的目标成本管理成功经验，由国务院专门发通知在全国推广，产生了强烈反响，对国有企业的改革和发展起到了很大的促进作用。企业抓管理的自觉性和市场意识都有所增强，管理科学化取得了明显的进展。党的“十四大”之后，中央政府选择了100家大型国企进行现代企业制度试点，到1996年年底，5000多家国有工业企业完成公司化改造，少数国有企业发行股票上市交易。1999年9月22日，党的十五届四中全会做出了《关于国有企业改革和发展若干重大问题的决定》，为贯彻落实《决定》的精神，国务院办公厅转发了国家

① 即国有企业围绕提高经济效益这个中心开展的改革、改组、改造和加强管理等四项工作。

经贸委会同有关部门起草的《国有大中型企业建立现代企业制度和加强管理的基本规范（试行)》。

（9）2001年至今。这个阶段的突出特征一方面是企业管理在尝试着与国际接轨，另一方面是管理信息化水平不断提高，十分注重利用信息化提高管理现代化水平。在与国际接轨方面，2001年12月11日，中国正式成为世界贸易组织的一员，标志着中国对外经济发展战略做出了重大调整。加入世界贸易组织后的中国改革开放是全方位的，中国市场已成为国际大市场的一部分，中国企业开始了国际化的历程。中国企业管理的方法与标准开始与国际逐渐接轨，先进的企业管理方法与国际标准在企业中得到普及性应用，并取得初步成效。制造业中有少数领先企业在管理科学化方面已经接近世界先进水平，个别企业已经跻身世界级优秀企业行列，成为中国企业的杰出代表和学习标杆；在管理信息化方面，随着以计算机为核心的信息技术迅猛发展，用信息技术推动企业管理科学化成为必然趋势。在信息化方式上，不少中国企业在信息化中开始采用“IT外包”的方式。现在，计算机辅助设计技术在重点企业中基本普及；计算机监控技术在化工、建材、造纸、冶金等企业中广泛应用；计算机集成制造系统、企业管理信息系统、企业资源计划系统在全国大中型企业中得到不同程度的应用。中国企业管理信息化已经由局部信息化向全局信息化发展，信息化应用正从基础系统应用向综合系统应用过渡。经过几年的发展，企业对管理信息化的理解逐步深入，企业不只关注一些基础系统应用，而且更加注重提高企业的整体信息化水平，在企业研发、生产、管理和物流的各个环节充分运用信息技术，并注意系统的协调反应情况，实现企业管理信息化。

参考文献

1. Hofstede. G. *Culture's Consequences*, Wewbury Park, CA: Sage Publications.

2. 斯图尔特·克雷纳：《管理必读50种》，中译本，海南人民出版社，1999年。

3. 斯图尔特·克雷纳：《管理百年——20世纪管理思想与实践的批判性回顾》，中译本，海南出版社，2004年。

4. 丹尼尔·A. 雷恩：《管理思想的演进》，中国社会科学出版社，2000年。

5. 斯蒂芬·P. 罗宾斯：《管理学》，中国人民大学出版社，1997年。

6. 诺斯：《经济史中的结构与变迁》，上海三联书店，1991年。

7. 徐淑英、刘忠明：《中国企业管理的前沿研究》，北京大学出版社，2004年。

8. 黄群慧：《从战争看管理的发展》，《军事经济研究》，1992年第8期。

9. 黄速建、黄群慧：《管理科学化与管理学方法论》，经济管理出版社，2005 年。

10. 中国社会科学院工业经济研究所：《中国工业发展报告（1999）》，经济管理出版社，1999 年。

第十四章　中国企业管理实践的创新状况

20 世纪 90 年代以后，中国企业为提高企业竞争力，提高企业经济效益，积极开展管理创新活动。企业在管理实践中，既借鉴国外先进的管理理论和经验，也结合中国的国情和企业的实际，积极探索、勇于实践、自主创新，产生了大量的企业管理创新成果，极大地推进了企业管理科学化和管理化水平的提高。从 1990~2006 年，全国企业管理现代化创新成果审定委员会和中国企业联合会管理现代化工作委员会，在国家有关部门的领导下，共进行了 13 届国家级企业管理创新现代化成果的审定工作，被审定为国家级企业管理创新现代化的成果总计 972 项。① 这些企业管理创新成果，基本代表了中国企业管理创新的水平。② 因此，本章拟就这些企业管理创新成果进行一个数量方面的统计分析，通过统计分析来反映中国企业管理实践创新的现状，并由此进一步反映中国企业管理实践的状况及其科学化、现代化的水平。

一、国家级企业管理创新成果的总体情况

全国企业管理现代化创新成果审定工作是 1990 年由原国务院生产委

① 据全国企业管理现代化创新成果审定委员会办公室公布的数字，国家级企业管理创新成果审定工作已举办了 13 届，共审定发布了 972 项成果。但根据我们从 biznovo.org 的网站下载的第一到第十三届成果名单所计算的成果数仅为 970 个，我们后面的分析仅限于 970 项，这不会影响我们分析的结论。

② 全国企业管理现代化创新成果是目前可以反映企业管理实践创新和我国企业管理现代化、科学化水平的唯一的权威性政府资料。

员会、国务院企业管理指导委员会批准开展的，旨在通过总结和推广企业管理创新实践经验，构建一个全国性的官（政府）、产（企业、中介组织）、学（大学、科研机构、专家学者）相互交流的平台，引导企业加强科学管理，全面推动企业提高管理现代化水平，创建中国式企业管理科学体系。为做好这项工作，1992 年，原国务院经济贸易办公室作出批复，确定该项成果奖属国家级。2003 年，国务院国有资产监督管理委员会发出了《关于进一步组织做好全国企业管理现代化创新成果有关工作的通知》，提出可比照国家对科技创新成果的奖励办法，对成果创造单位和个人进行表彰奖励。2006 年，国家发展和改革委员会发出了《关于组织中小企业参加全国企业管理现代化创新成果推荐申报工作的通知》，要求比照《国家科学技术奖励条例》及其实施细则，对成果创造人给予表彰奖励。现在，在全国已基本形成了多层次（国家级、地区或行业级、企业级）和具有广泛性、权威性的企业管理创新成果申报、推荐、审定和宣传推广体系。目前，这些成果基本上反映了不同时期中国企业管理的先进经验，对于推动中国各类企业深化改革、加强管理起到了示范作用，并丰富了中国企业管理科学理论与实践。[①]

1990~1998 年前五届管理创新成果审定为两年一次，自 1999 年改为每年一次，到 2006 年共评审了十三届。表 14-1 为历届全国审定的企业管理创新成果的数量分布。从各届成果的数量可以看出，管理的创新数量是逐年递增的。一方面，每届的成果数量的增长性非常明显，从第一届的 28 项到第十三届的 159 项，增长了 5 倍多；另一方面，被评审为一等成果的数量的增长性也极为明显，从第一届的 4 项到第十三届的 34 项，增长了约 8 倍。这不仅说明我国企业对于管理创新的重要性日益重视，同时也说明中国企业管理创新的水平也日益提高。

① 参阅：《关于组织审定第十四届全国企业管理现代化创新成果的通知》，国管审［2007］1 号 http：//biz.cec-ceda.org.cn/activites-browse.asp？id=89，2007-5-15。

表 14-1　国家级管理创新成果的总体情况

届	一	二	三	四	五	六	七	八	九	十	十一	十二	十三	合计
年份	1990	1992	1994	1996	1998	1999	2000	2001	2002	2003	2004	2005	2006	
成果数	30	24	39	43	48	45	61	73	83	117	124	126	159	972
一等数	4	2	6	7	7	9	13+2	19	25	24	32	30	34	214
二等数	26	22	33	36	41	32	36	50	53	82	84	88	120	703
三等数	0	0	0	0	0	4	10	4	5	11	8	8	5	55

注：第七届一等成果的 13+2，是指 13 个一等，2 个特等，其他各届中没有特等成果。

资料来源：根据全国企业管理现代化创新成果审定委员会办公室、中国企业联合会管理现代化工作委员会编写的第一届到第十三届国家级企业管理现代化创新成果汇编进行的归类分析，这十三本书是由企业管理出版社 1992~2007 年出版，具体书名见本章参考文献。本章下面的各个表格的资料来源都来自于这些成果汇编，不再单独注明。

二、企业管理实践创新的行业分析

从国家级管理现代化创新成果的行业分布看，涉及的行业有农林牧渔、采矿业、制造业、电力、交通、建筑、电信、商贸、房地产、卫生等十九大类行业。详细情况参见表 14-2。

表 14-2　国家级企业管理现代化创新成果的大类行业分布

行　业	一等数	创新成果数	所占比例%	备　注
A：农林牧渔	2	12	1.24	
B：采矿业	19	93	9.59	
C：制造业	124	482	49.69	
D：电力、燃气及水的生产和供应业	19	77	7.94	
E：建筑业	4	40	4.12	
F：交通运输、仓储和邮政业	14	104	10.72	
G：信息传输、计算机服务和软件业	11	57	5.88	
H：批发零售业	6	36	3.71	
I：住宿和餐饮业	1	3	0.31	
J：金融业	9	18	1.86	包括企业的财务公司
K：房地产业	1	7	0.72	
L：租赁和商业服务业	1	2	0.21	

续表

行　业	一等数	创新成果数	所占比例%	备　注
M：科学研究、技术服务和地质勘察业	1	27	2.78	
N：公共管理	1	3	0.31	
O：居民服务和其他服务	0	1	0.10	
Q：卫生	0	1	0.10	
R：文化、体育和娱乐业	0	1	0.10	
S：组织机构	1	3	0.31	
其他	1	3	0.31	不能确定行业隶属管理的创新成果
总计	215	970	100.00	

注：这里的行业划分与企业行业归属是以企业主业或企业最初产业为判断依据。由于企业多元化经营等原因，这里的行业归类统计中可能会存在一定误差。

从表 14-2 中可以看出，一方面，管理创新成果的行业范围很广，涉及了 19 个大的行业类。如果按三次产业划分，隶属第一产业的企业管理创新成果有 12 项，隶属第二产业的企业管理创新的成果有 692 项，隶属第三产业的企业管理创新成果共有 263 项，所占大致比例分别约为 1%、71%、28%。另一方面，创新成果在行业分布上也有相当的集中度，其中制造业创新成果的比例最大，创新成果数为 482 项，占创新成果的 50%左右。而制造业、交通业、采矿业、电水气、信息传输业和建筑业这六个行业的创新成果数为 853 项，占到全部创新总数的 87.9%。下表（表 14-3）就这六个行业进行更细致的创新成果行业分布的分析。

表 14-3 国家级企业管理现代化创新成果在采矿业、制造业、电水气、建筑业、交通业和信息传输业六个行业内的行业分布

		一等数	获奖成果数	所占比例%	行业代码
B：采矿业	煤炭开采和洗选业	9	38	3.92	B06
	石油和天然气开采业	10	48	4.95	B07
	有色金属矿采选业	0	7	0.72	B09
C：制造业	食品制造业	0	8	0.81	C14
	饮料制造业	4	19	1.96	C15
	烟草制品业	5	16	1.65	C16
	纺织业	2	5	0.52	C17
	纺织服装、鞋、帽制造业	1	4	0.41	C18

续表

		一等数	获奖成果数	所占比例%	行业代码
C：制造业	皮革、毛皮、羽毛（绒）及其制品业	0	1	0.10	C19
	木材加工及木、竹、藤、棕、草制品业	0	1	0.10	C20
	家具制造业	1	1	0.10	C21
	造纸及纸制品业	2	3	0.31	C22
	印刷业和记录媒介的复制	0	2	0.21	C23
	文教体育用品制造业	0	4	0.41	C24
	石油加工、炼焦及核燃料加工业	4	28	2.89	C25
	化学原料及化学制品制造业	12	44	4.54	C26
	医药制造业	7	16	1.65	C27
	化学纤维制造业	0	3	0.31	C28
	橡胶制品业	1	4	0.41	C29
	塑料制品业	1	6	0.62	C30
	非金属矿物制品业	3	15	1.55	C31
	黑色金属冶炼及压延加工业	27	87	8.97	C32
	有色金属冶炼及压延加工业	9	31	3.20	C33
	金属制品业	0	1	0.10	C34
	通用设备制造业	8	35	3.61	C35
	专用设备制造业	1	11	1.13	C36
	交通运输设备制造业	17	74	7.63	C37
	电气机械及器材制造业	11	25	2.58	C39
	通信设备、计算机及其他电子设备制造业	6	28	2.89	C40
	仪器仪表及文化、办公用机械制造业	1	7	0.72	C41
D:电力、燃气及水的生产和供应业	电力、热力的生产和供应业	18	72	7.42	D44
	燃气的生产与供应业	0	2	0.21	D45
	水的生产与供应	1	3	0.31	D46
E：建筑业	房屋和土木工程建筑业	4	40	4.12	E47
F：交通业	铁路运输业	6	53	5.46	F51
	道路运输业	1	13	1.34	F52
	城市公共交通业	0	3	0.31	F53
	水上运输业	0	2	0.21	F54
	航空运输业	2	12	1.24	F55
	管道运输	0	1	0.10	F56
	装卸搬运和其他运输服务业	4	9	0.93	F57
	邮政业	1	11	1.13	F59

续表

		一等数	获奖成果数	所占比例%	行业代码
G:信息传输、计算机服务和软件业	电信和其他信息传输服务业	10	55	5.67	G60
	软件服务	1	2	0.21	G62

注：无创新成果的行业在表中没有列出，如工艺品制造业（行业代码 C42）等。所占比例指该行业创新成果在全部 970 项创新成果中所占的比例。

从表 14-3 中可以看出，如果按传统行业类看，创新成果比重最大的行业有三类，分别是机械类行业、冶金行业和交通行业。其中机械 149 项（包括金属制品业 1 项：通用设备制造业 35 项、专用设备制造业 11 项、交通运输设备制造业 74 项、电气机械制造业 25 项）；冶金 118 项（包括黑色冶金 87 项和有色冶金 31 项）；交通 104 项（包括铁路、公路、城市公交、航空、装卸搬运、邮政等）。共计 371 项，占总数 970 项的 37.9%，具有较大的集中度。

从表 14-3 中还可以看出，如果直接按行业看，创新成果最多的行业有 10 个行业，分别是：黑色冶金（87 项）、交通运输设备制造（74 项）、电力热力（72 项）、铁路运输（53 项）、电信和信息传输（55 项）、石油开采（48 项）、化工（44 项）、通用设备制造（35 项）、煤炭开采（38 项）、石油加工业（28 项）。这 10 个行业所创新的管理成果数量达 534 项，占总数 970 项的 55%，而表 14-3 中共有 44 个行业，所以也能够说明管理创新成果具有较大的行业集中度。

在这创新成果最多的 10 个行业中，具有显著垄断性的行业有铁路运输（53 项）、石油开采（48 项）、石油加工（28 项）、电信和信息传输（55 项）、电力热力（72 项）。它们的创新成果数量总数达到了 256 项，占到全部创新成果数量的约 26%。在这些垄断行业中，国有企业居多，这说明国有垄断型企业创新管理成果在全部 970 项成果中占有相当比重。一方面这反映了随着市场经济的建立，国有垄断型企业的服务观念、市场观念也在逐渐加强，对管理创新日益重视；但另一方面也可能说明国家级企业管理创新成果评定中存在的某些问题：评定管理创新成果的主要标准之一是企业的效益状况。而处于垄断行业的国有企业一般有较大的规模和较好的企业效益，所以这些企业申报国家级企业管理现代化成果创新往往就更容易成功。尽管从理论上说有效的管理创新必然产生良好的企业效益，但垄断型企业的效益也许来自于垄断。另外，在这创新成果最多的 10 个行业中，有一部分行业属于竞争程度比较高的行业，如机械制造、化工等。对于这些行业可以认为，越是竞争激烈，行业中企业的生存和发展的压力越大，于是就越具有管理创新的动力，从而以创新求生存、以创新求发展。这在一定程度上表明了行业竞争状况与企业管理创新的相关性。

表 14-3 还能够说明企业管理创新的另一方面现状，那就是企业管理创新需要一定的企业规模支撑。国家级管理创新成果较多地集中产生于石油、电力、冶金、交通制造、化工等国家战略性产业中，而在这些产业中，国有企业的规模都相当大。中国石化、北京燕山石化、上海宝钢、首都钢铁、武汉钢铁、唐山钢铁、重庆钢铁等大公司都列在国家级管理创新成果的企业名单中，而且其中有些企业多次“榜上有名”。

三、企业管理实践创新的职能属性分析

这里所谓企业管理实践创新的职能属性，是指按照企业活动或企业的专业职能对各企业的管理创新进行归类，一般常用的分类方式包括战略管理、组织体制、人力资源、市场营销管理、生产管理、财务管理、信息化管理等，这种分类也涵盖了所谓按照管理要素人、财、物、信息的分类。这里在对管理创新成果的专业职能划分时，主要是按这一原则对企业管理创新成果进行管理职能分类，但也参照了成果汇编中的创新成果的分类。这里管理职能分类是：战略管理、组织体制、人力资源、基础管理、财务管理、信息化管理、营销管理、生产管理、整体管理、其他管理，共十个大类。其中财务管理是大财务概念，资本运营、成本管理等也包含在里面；而生产管理包括技术管理、现场管理、安全管理等；整体管理是指非专项的管理创新，如“世界级大港核心能力的打造与发展”（青岛港有限公司，第十一届），其中既包含有战略创新，也有科技创新和分配创新。国家级管理创新从 1990 年开始，到 2006 年共有 13 届国家级管理创新成果，这些创新成果不仅反映了管理创新的方向，也反映了不同时期的创新重点。

1. 战略管理

这里根据战略管理方面创新成果的涉及内容，把战略分为以下十种，

包括人才战略、品牌战略、市场开拓与定位、产品战略、核心能力战略、技术战略、国际化战略、组织与流程战略、资本运营战略、生态环保和可持续发展战略。

从表 14-4 的最右一竖栏中可以看出，战略管理创新在近几届更多一些，呈逐年增加的态势，说明企业越来越重视战略问题。另外从战略管理创新的内容看，战略创新成果中大部分更为集中在关注市场，多数是品牌建设、市场开拓、产品结构的战略。而从第五、第六届开始（1998 年以后），企业战略管理创新成果在关注市场的同时开始关注核心能力（包括竞争力战略）、国际化经营等问题。特别值得注意的是在第十一届管理创新成果也出现了人才战略，企业开始关注“人才强企”战略，第十二届、第十三届管理创新成果的战略管理中，有较多的生态建设与可持续发展方面的成果，说明企业开始关注可持续发展战略问题，我国企业不仅关注如何做大、做强企业，还开始关注如何做久企业。

表 14-4　国家级创新成果中战略管理创新成果分类情况

	人才战略	品牌战略	市场开拓与定位	产品战略	核心能力战略	国际化战略	技术开发战略	组织与流程战略	资本运营战略	可持续发展战略	共计
第一届											0
第二届			1								1
第三届		1		1				2			4
第四届		1	2								3
第五届		3	2				1		1		7(1)
第六届		1	1		2	1			1		5
第七届		1	1	1	1						4
第八届		1	2	3	1		3				8
第九届			1		1		1			1	4(1)
第十届			2	3	1	2	3	1			14(4)
第十一届	2	1	2	1	1	2	1		1		13
第十二届			3		2	1	1			3	11
第十三届			5	1	1	3		5		2	18
合计	2	9	20(2)	9(1)	10	9	10	8	3	6	86

注：其中有成果重复计算的情况，例如“技术领先的市场战略”（第五届），就既是市场定位战略又是技术战略，重复项用括号中数字表示。

2. 组织体制管理

表 14–5 中共有 69 项企业组织体制方面的管理创新成果。如按专业职能细化，产权制度方面的管理创新成果有 13 项，包括有治理结构、公司化、合作制、员工持股；企业内部组织制度方面的管理创新成果有 26 项，包括有母子公司体制、矩阵式组织结构、虚拟股份制等；集团管理制度方面的管理创新成果有 10 项，其中有 2 项是关于兼并管理的；管理体制方面的管理创新成果有 20 项，如“地市国有资产运营平台的构建与实施”（十三届）、“铁路客运体制改革与管理”（八届）、“以水电为主的流域综合开发体制与管理”（七届）等成果。

表 14–5　国家级创新成果中组织体制管理成果情况

届数	一	二	三	四	五	六	七	八	九	十	十一	十二	十三	合计
产权制度			2				1		2	3	1	4		13
内部组织		2	2	1			1		2	5	1	2	10	26
集团管理	1		1				1		2	1		3	1	10
管理体制				1		1	2	2	2	1	2	1	8	20
合计	1	2	5	2	0	1	5	2	8	10	4	9	19	69

如果说企业在组织和体制方面的管理创新大体上可以分为改革和管理两个方面，前者包括产权和体制，后者包括内部组织和集团管理。那么从表 14–5 的合计栏中可以看出，两个方面的管理创新约各占一半。这表明改革和管理是我国企业一直关注的两大主题。

3. 人力资源管理

如表 14–6 所示，在总计 90 项的人力资源管理的创新成果中，可以再分为对员工的管理、绩效与分配、以人为本、组织变革、对员工的培训开发、对企业领导的管理六个方面。员工管理是指直接针对企业员工（包括技术人才）的控制、考评、激励的管理创新。在人力资源管理中，员工管理创新成果最多，为 31 项；其次是绩效考核与分配制度方面的管理创新

（包括职工持股），分配制度方面创新为 26 项（其中员工持股 4 项）；以人为本管理方面创新为 12 项，包括第十二届中“煤炭企业以构建和谐企业为目标的压力管理”，是关于如何实现以人为本和适度压力的管理创新；培训方面创新成果为 11 项；组织变革方面创新成果为 10 项，其中包括人员分流重组和人力资源管理体制建设；对领导责任方面的管理创新成果最少，为 4 项。总体上就人力资源方面的管理创新成果来看，以人为本的管理理念在我国企业中已经开始得到重视。

表 14–6 国家级创新成果中人力资源管理成果情况

	员工管理	考核与分配	以人为本	组织变革	培训开发	领导责任	共计
第一届	1	1	2				4
第二届	1						1
第三届	4	2			1		7
第四届	1	1			1	1	4
第五届	4	2	1	1		1	9
第六届	1	2	1	1	2	1	8
第七届	5	1	2	1			9
第八届	2						2
第九届	2		3	1	1		7
第十届	1	6	1		3		11
第十一届	3	4		1	1		9
第十二届	3	3	2	1	1	1	11
第十三届	3	4		4	1		12
合计	31	26	12	10	11	4	90(4)

4. 基础管理

表 14–7 是基础管理成果的情况。基础管理是指工时、定额、计量、测评、安全、基本的规范和制度等方面的管理。基础管理也可以视为生产管理的一部分。但基础管理作为企业管理的重要内容，往往没有得到应有的重视，所以这里单独列出。基础管理的创新成果与生产管理中的现场管理创新成果，有部分在统计分析中有重合计算。尽管如此，基础管理的创新成果的总体数量也显得较少（38 项）。这一方面反映企业对基础管理的重视度不够，另一方面也是由于基础管理方面的创新比较困难。

表 14-7　国家级创新成果中基础管理成果情况

届数	一	二	三	四	五	六	七	八	九	十	十一	十二	十三	合计
数量	2	3	1	0	3	5	7	1	2	1	0	6	7	38

5. 财务管理

这里的财务管理是大的财务概念，其中包括了资本运营和成本管理。表 14-8 是财务管理创新成果的数量统计。表中的财务综合就是一般意义上的财务管理，而其他几项则是专项的财务管理。尽管资本运营和成本管理不是严格意义上的财务管理，但为了不至于分类过细，就并入了财务管理的职能范围。

表 14-8　国家级创新成果中财务管理成果情况

	财务综合	电算化	预算核算	资本运营	资金管理	成本管理	共计
第一届						3	3
第二届		1				1	2
第三届						1	1
第四届				2		5	7
第五届	1	1		2	2	1	7
第六届			1		1	4	6
第七届	1				1	4	6
第八届	5		1	1	1	3	11
第九届			2		1		3
第十届	1		3	2	4	5	15
第十一届	2			3	2		7
第十二届	2		2		2	3	9
第十三届	3		1	1	5	4	14
合计	15	2	10	11	19	34	91

从表 14-8 中可以看出，在财务管理创新成果中，成本管理的创新成果最多，为 34 项。说明成本管理一直为企业所关注。电算化方面的管理创新较少，但这并不能表明企业不关注财务电算化。实际上财务电算化已经十分普遍。财务电算化创新成果少，表明了财务电算化更多是属于财务管理技术手段方面的创新，很难成为国家级管理创新成果。

6. 信息化管理

在表 14–9 中，把信息化管理分为两大类，一类是全面的或综合的企业管理信息化，如 CIMS、MRP、ERP，以及其他比较全面的信息化管理；另一类是专项或单项的信息化管理，如办公自动化、计算机生产过程控制、生产调度管理、售票信息系统等。从表中可以看出，信息化创新的大部分是全面的企业管理信息化（58 项），少部分是专项的管理信息化（26 项）。从表 14–9 中可以看出，全面的或综合的企业管理信息化创新成果较多，企业信息化建设的高潮是在 2002 年（第九届）和 2003 年（第十届）。

表 14–9　国家级创新成果中信息化管理成果情况

届数	一	二	三	四	五	六	七	八	九	十	十一	十二	十三	合计
全面信息化	3	3	3	2	4	2	2	5	12	12	3	4	3	58
专项信息化	1	2	1	1				2	4	3	2	5	5	26
合计	4	5	4	3	4	2	2	7	16	15	5	9	8	84

7. 营销管理

这里的营销管理是指那些直接与市场相关联的专项管理创新成果。当然，战略管理与专项管理的划分也不可能非常严格的，例如，“名牌战略及其管理”（第四届）的管理创新划归于战略管理，而“知名品牌开发与管理”（第七届）的管理创新则划归了营销管理中的经营策略。

营销管理具体分为经营策略、销售与采购、客户服务三个方面。经营策略是指与“经营理念”、“诚信”、“品牌”、“抗风险”、“反倾销”、“市场决策”、“市场开拓”等直接与市场相关的经营策略方面的创新成果；销售与采购是指直接与产品销售有关的管理，其中包括物流管理，一般都在成果标题中含有“营销”、“采购”、“合同”等方面内容；客户服务是指那些与“服务”、“顾客”、“用户”、“满意”相关的管理创新成果。

如表 14–10 所示，在第一到第十三届的 970 项管理创新成果中，共计有 135 项创新成果是营销管理方面的成果，所占比例为 14%。经营策略方面的创新成果最多，说明在市场经济中经营策略是营销管理的重要内容之一。客户服务方面的管理创新占所有营销管理方面创新成果的约 1/3，说

表 14–10　国家级创新成果中营销管理成果情况

届数	一	二	三	四	五	六	七	八	九	十	十一	十二	十三	合计
经营策略			1	1		1	4	4	2	7	6	8	16	50（1）
销售与采购			1	3	2	2	7	2	5	6	7	4	6	45（2）
客户服务		2		1	1	1	2	1	4	8	12	5	6	43
合计	0	2	2	5	3	4	13	7	11	21	24	17	28	135

明我国企业的客户服务意识有所增强。

8. 生产管理

如表 14–11 所示，生产管理细分为现场管理（指对生产过程的直接管理，包括计划和调度）、设备管理、安全管理、项目管理、仓储物流管理、技术管理（技术开发、技改项目等）、质量管理八个方面。其中，现场管理的数量最多，为 43 项；质量管理其次，为 30 项；项目管理为 30 项；安全管理为 28 项；技术管理为 26 项；设备管理为 10 项，最后是仓储物流，为 10 项。这种管理创新的数量分布，与这些管理在企业的轻重次序基本一致。生产管理方面的创新成果总计为 177 项，在 970 项创新成果中的比例约为 18%。

表 14–11　国家级创新成果中生产管理成果情况

	现场管理	质量管理	安全管理	项目管理	技术管理	设备管理	仓储物流	共　计
第一届	2	3	2	2		2		11
第二届	2	1			1		1	5
第三届	3	4	2	1	1	1	2	14
第四届	4	4	1	2	3	1		15
第五届	3	2			1	2		8
第六届	1	3	1	1	2			8
第七届	4	2	1	2	1			10
第八届	3	1	1	4	2	1	2	14
第九届	5	2	3	1	2	1		14
第十届	3	4	4	3	1			15
第十一届	2	1	4	2	3		1	13

续表

	现场管理	质量管理	安全管理	项目管理	技术管理	设备管理	仓储物流	共 计
第十二届	7	2	5	8	4	1	1	28
第十三届	4	1	4	4	5	1	3	22
合计	42(1)	30(5)	28	30	26(1)	10	10	170(7)

注：其中有成果重复计算的情况，例如“现场保质降损的综合管理法”（第三届）。既是现场管理，又是质量管理。重复的数量用括号标出。

9. 整体管理

如表 14–12 所示，这里的“整体管理模式创新”主要是指那些对企业管理有整体效应或全面影响的管理创新，如创新管理（指对创新活动的管理）、管理再造、核心能力与竞争力、学习型组织、企业理念企业文化、可持续发展等。但是，这里的整体管理模式创新，又与前面分析的那些与市场相关的整体管理模式创新不同，不仅包括与市场直接相关的整体管理模式创新，也包括不是与市场直接相关的整体管理模式创新。例如，“自我改善的柔性管理”（第二届）、“简约管理”（第十届）、“战略导向的六西格玛管理”（第十二届）。

表 14–12 国家级创新成果中整体管理成果情况

	创新管理	管理再造	竞争力与核心能力	可持续和谐协调	市场开拓、市场应变、市场理念	企业文化	学习型	整体综合	
第一届				2	1			1	4
第二届					1				1
第三届								6	6
第四届					2			2	4
第五届		1		1	3			4	9
第六届	2	2	3	1				4	12
第七届		3	1	1		1		3	9
第八届	2	2	6		2			11	23
第九届		5	3	4		1		7	19
第十届	1	5	5	8	1	1	2		24
第十一届	1	12	10	9	5	4	1		42
第十二届	4	7	9	2	2	1	1	5	31
第十三届	10	7	9	7	3	9		5	52
合计	20(3)	46(3)	46(4)	35(1)	20(1)	17	4	48(3)	225（15）

注：其中有成果重复计算的情况，重复的数量用括号标出。

表 14-12 所示的整体管理成果，共 225 项，在 970 项创新成果中的比例为 24%。其中除市场导向的整体管理创新外，还包括研发创新型管理模式和可持续发展型管理模式的创新。例如华能南京电厂的“以创新为导向的管理模式”，可以归类为研发创新型管理模式创新，而河南天冠企业集团的“以清洁生产为主线的绿色管理”可以认为是可持续发展型管理模式的创新。

10. 其他管理

这里其他管理是指一些难以明确归类的管理创新项目，如表 14-13 所示，如“超前型决策管理”（第二届）、“住房置换管理”（第七届）、“区域性劣势国有企业集中托管与市场化退出”（第十二届）等。

表 14-13 国家级创新成果中其他管理成果情况

届 数	一	二	三	四	五	六	七	八	九	十	十一	十二	十三	合计
数 量	2	3	1	2	2		1		2	3	5	2		23

11.总体分析

把从表 14-4 到表 14-13 的对国家级管理创新的归类分析结果合并在一起，可以得到表 14-14。

表 14-14 国家级企业管理现代化创新成果类型的总体分析

管理类型	整体管理	生产管理	营销管理	财务管理	人力资源管理	战略管理	管理信息化	组织体制	基础管理
合 计	225(6)	170	135	91(2)	90	86	84(2)	69(5)	38
位 次	1	2	3	4	5	6	7	8	9

注：因为前述各表间也有部分成果重复计算的情况，例如“设计研究院员工持股的决策与实施”（第十届）既是人力资源方面的管理创新，也是组织体制方面的管理创新。又如“以信息化为支持的企业流程再造”（第九届），既是管理信息化方面的成果，也是组织体制方面的成果。所以此表成果总数与 970 项成果总数只是大体对应。

根据表 14-14，从管理实践创新的职能领域看，近年来我国企业管理创新呈现以下五个特点：

第一，我国企业正积极探索适合我国国情的企业管理模式，追求企业系统的整体优化管理。从表 14-14 中可以看出，企业整体管理模式创新成果共 225 项，排在各类管理创新第一位，占管理创新总数的五分之一多。

第二，生产管理方面的管理创新数量排在第二位，数量为 170 项，仅次于位居第一的整体管理模式创新。而营销管理方面的管理创新数量也相当多，数量为 135 项。创新数量为第三位。这反映了企业对生产和市场这两个企业管理的主要业务相当重视。

第三，财务管理、人力资源管理、管理信息化问题也在企业管理中得到重视。有关这三方面的国家级企业管理创新数量分别排在第四位、第五位和第七位。财务管理与人力资源管理两个方面的创新数量上几乎没有差别。这反映了企业对现代企业的信息化管理、财务管理观念，以及人力资源管理观念的现代管理理念正在逐渐建立，进而也说明中国企业现代管理意识正在逐渐形成。

第四，战略管理和组织体制方面的创新成果相对较少，有关这两方面的国家级企业管理创新数量分别排在第六位和第八位。这与我们前面在文献篇中有关理论研究论文数量中有关战略管理和组织管理的论文数量很多、战略管理排在第一位的情况有很大的反差。

第五，基础管理排在最后。一方面基础管理在企业管理中的地位确实不太突出，没有得到应有的重视；另一方面也说明企业基础管理创新难度比较大。

四、企业管理实践创新的总体评价

与中国经济体制由计划体制向市场体制转变相适应，企业管理创新呈现出市场化导向趋势，如何适应市场成为企业管理创新的核心内容，这具体表现在树立市场开拓的经营理念、制订市场导向的战略管理、建立有效的营销体系、以市场为中心转换经营机制和调整组织结构、以质量效益为中心的专业管理等全方位的管理创新和变革上。例如，“以市场创新和客户需求为核心的差异化战略管理”（第十二届）、“名牌创新战略”（第七届）、“用户满意战略”（第五届）、“以品种、质量为主线的市场导向管理”（第五届）、“提高国企竞争力的市场化管理”（第六届）、“以‘市场链’为纽带的业务流程再造”（第七届）”，等等。如果基于有些学者将企业管理的基本模式划分为生产经营型管理模式、市场导向型管理模式、研发创新型管理模式和可持续发展型管理模式，[①] 那么，中国企业整体管理模式创新中的相当大一部分，属于市场导向型整体管理模式创新。市场化导向趋势成为中国企业管理创新的最突出的特征。

从总体上评价中国企业管理创新的现代化水平，实际上是判断中国企业管理创新是否符合现代管理的发展趋势。进入 20 世纪 90 年代以后，由于世界经济环境的发展变化，科学技术尤其是信息技术的突破性进展和广范围的应用，市场竞争的日趋激烈和国际化，这使得管理学在管理思想、方法、手段和组织等诸多方面都有重大发展。我们可以将这些发展和创新概括为以下五个方面：一是核心能力理论的提出标志着战略管理步入了新的发展阶段；二是“人本管理”的思想极大地丰富了人力资源管理理论和实践；三是建立学习型组织和企业再造业务流程重组代表着组织管理的两大创新方向；四是管理信息化成为现代生产管理变革的主线；五是信息技术支撑的现代营销管理方法创新。[②] 也就是说，核心能力、人本管理、学习型组织、业务流程重组（或企业再造）和管理信息化代表着现代管理的创新方向和发展趋势。

将现代管理的创新方向和发展趋势与“整体上代表当前中国企业管理的先进水平”的国家级企业管理现代化创新成果进行对比，我们可以对中国企业管理创新的现代化水平给出一个基本的评价。

第一，在核心能力方面，如表 14-15 所示，在第一到第十三届 970 项国家级管理现代化创新成果中，涉及核心能力与竞争力的管理创新成果共有 46 项，在 970 项成果中所占比例为 4.7%。而在这 46 项中，又有 10 项是核心能力战略管理领域的创新成果。如安徽丰原集团的“开发核心技术的竞争战略”（第六届）、上海广电集团公司的“提高集团核心竞争能力的战略资产重组”（第六届）、天津药业集团有限公司的“以培育核心能力为基础的竞争战略”（第七届）、青岛港集团有限公司“世界级大港核心能力的打造与发展”（第十一届），等等。从表 14-15 中可以明显看出，2000 年以后企业越来越关注核心能力的建设。

① 徐庆瑞等：《企业经营管理基本规律与模式》，浙江大学出版社，2001 年，第 202~206 页。

② 有关这五方面的详细分析可参阅黄群慧：《面向未来的管理学变革——20 世纪 90 年代以来管理学的新进展》，《上海行政学院学报》，2001 年第 2 期。

表 14-15 关于核心能力、竞争能力的创新成果的时间分布

届数	一	二	三	四	五	六	七	八	九	十	十一	十二	十三	合计
竞争力、核心能力						3	1	6	3	5	10	9	9	46
其中：核心能力战略						2	1	1	1	1	1	2	1	10

第二，人力资源管理方面，在第一到第十三届970项国家级管理现代化创新成果中有90项人力资源管理创新成果，其中有12项成果明确提出以人为本，包括以人为中心、员工满意、自主管理等，如“人本特色的成本管理”（第五届）、“以人为本的动态管理”（第六届）、“员工满意工程”（第七届）、“化工企业以人为本的管理变革”（第十一届）、“保持员工身心健康的人本管理”（第十二届）。从中也可以看出企业越来越重视发挥人在企业中的作用。但只有2项创新成果是把人力资源作为企业的发展战略（见表7），说明企业管理创新中，真正把开发人力资源作为企业战略创新的还很少。

第三，关于学习型组织，在第一到第十三届共970项国家级管理现代化创新成果中，只有4项是关于建立学习型组织的创新成果，如“以学习型组织建设为核心的组织能力优化管理”（第十届）、“以提高创造力为核心的学习型企业创建”（第十届）、“物流企业学习型组织的创建与管理变革”（第十一届）、“基于学习型组织理论的创新导向管理”（第十二届）。

第四，关于业务流程重组或再造（管理再造），比较有代表的创新成果包括 “以‘市场链’为纽带的业务流程再造”（第七届）、“企业管理再造工程”（第六届）、“主要管理业务流程的重组”（第七届）、“‘市场拉动式’的管理重组”（第五届）等。

第五，在第一到第十三届国家级管理现代化创新成果中，有84项管理信息化方面成果，在970项管理创新成果中所占比例为9.4%多一点。其中多数是管理信息系统、计算机集成制造和MRPⅡ等方面的创新成果，说明我国企业的管理信息化问题得到了重视。

因此，我们可以得到一个基本的判断是，尽管我国国家级企业管理实践创新的总体水平还没有达到国外企业管理的先进水平，但企业管理创新趋势与现代管理的发展步伐开始相协调；尽管我国企业的管理还处于认识市场和适应市场的阶段，但现代化管理水平得到了逐步提高。

参考文献

1. 全国企业管理现代化创新成果审定委员会办公室、中国企业联合会管理现代化工作委员会编:《管理创新——第一届国家级企业管理现代化创新成果汇编》，企业管理出版社，1992 年。

2. 全国企业管理现代化创新成果审定委员会办公室、中国企业联合会管理现代化工作委员会编:《走向市场的机制与管理——第二届国家级企业管理现代化创新成果汇编》，企业管理出版社，1994 年。

3. 全国企业管理现代化创新成果审定委员会办公室、中国企业联合会管理现代化工作委员会编:《市场·机制·管理——第三届国家级企业管理现代化创新成果汇编》，企业管理出版社，1996 年。

4. 全国企业管理现代化创新成果审定委员会办公室、中国企业联合会管理现代化工作委员会编:《管理创新之路——第四届国家级企业管理现代化创新成果汇编》，企业管理出版社，1998 年。

5. 全国企业管理现代化创新成果审定委员会办公室、中国企业联合会管理现代化工作委员会编:《企业集约经营——第五届国家级企业管理现代化创新成果汇编》，企业管理出版社，1999 年。

6. 全国企业管理现代化创新成果审定委员会办公室、中国企业联合会管理现代化工作委员会编:《创造管理优势——第六届国家级企业管理现代化创新成果汇编》，企业管理出版社，2000 年。

7. 全国企业管理现代化创新成果审定委员会办公室、中国企业联合会管理现代化工作委员会编:《国家级企业管理创新成果集（第七届)》，企业管理出版社，2001 年。

8. 全国企业管理现代化创新成果审定委员会办公室、中国企业联合会管理现代化工作委员会编:《国家级企业管理创新成果集（第八届)》，企业管理出版社，2002 年。

9. 全国企业管理现代化创新成果审定委员会办公室、中国企业联合会管理现代化工作委员会编:《国家级企业管理创新成果集（第九届)》，企业管理出版社，2003 年。

10. 全国企业管理现代化创新成果审定委员会办公室、中国企业联合会管理现代化工作委员会编:《国家级企业管理创新成果集（第十届)》，企业管理出版社，2004 年。

11. 全国企业管理现代化创新成果审定委员会办公室、中国企业联合会管理现代化工作委员会编:《国家级企业管理创新成果集（第十一届)》，企业管理出版社，2005年。

12. 全国企业管理现代化创新成果审定委员会办公室、中国企业联合会管理现代化工作委员会编:《国家级企业管理创新成果集（第十二届)》，企业管理出版社，2006 年。

13. 全国企业管理现代化创新成果审定委员会办公室、中国企业联合会管理现代化工作委员会编:《国家级企业管理创新成果集（第十三届)》，企业管理出版社，2007 年。

14. 徐庆瑞等:《企业经营管理基本规律与模式》，浙江大学出版社，2001 年。

15. 黄群慧:《面向未来的管理学变革——20 世纪 90 年代以来管理学的新进展》，《上海行政学院学报》，2001 年第 2 期。

16. 黄群慧等:《国有企业管理创新的现状研究》，《经济管理》，2001 年第 22 期。

后 记

《中国管理学发展研究报告》是国内第一本试图全面分析和反映我国管理学发展现状的研究报告，本书的研究得到了中国社会科学院企业管理重点学科（2003~2007 年度）研究经费的资助，该重点学科的负责人是黄速建研究员、黄群慧研究员。“全面跟踪学科前沿问题，重点突破若干研究领域，密切结合我国管理实践”是该学科建设的基本宗旨。作为重点学科建设的一项内容，我们一直试图全面分析、评价中国管理学的总体现状和基本进展。应该说，改革开放以来，中国管理学取得了巨大的发展，但迄今为止总体上仍处于引进、消化、吸收阶段，如何结合中国的国情和管理实践推进中国管理学创新和发展，成为中国管理学界的重大任务。但推进中国管理学创新与发展的前提是要对中国管理发展的现状进行科学的分析，了解现状、找出差距、明确方向，进而才能促进中国管理学的更大发展。本书出版的重要意义也就在于此。

本书初稿的作者大多是中国社会科学院工业经济研究所企业管理研究室的研究人员、博士后、博士研究生和硕士研究生，包括黄速建研究员、黄群慧研究员、王钦副研究员、张小宁副研究员、葛健博士后、钟宏武博士、徐全军博士、焦淑艳硕士、朱昊炜硕士、张蒽硕士，另外还有中国人民大学商学院 MBA 中心主任刘刚副教授、河北理工学院管理学院院长刘家顺教授、河北工业大学管理学院陈敬武副教授。各章具体的分工是：引言由黄群慧执笔，第一章由黄速建、黄群慧共同执笔，第二章由黄群慧、王钦执笔，第三章由徐全军、钟宏武执笔，第四章由焦淑艳执笔，第五章由张蒽执笔，第六章由朱昊炜执笔，第七章由钟宏武、徐全军执笔，第八章由葛健执笔，第九章由钟宏武、焦淑艳、朱昊炜、张蒽执笔，第十章由陈敬武、刘家顺、葛健执笔，第十一章由刘刚执笔，第十二章由朱昊炜执笔，第十三章黄群慧执笔，第十四章由张小宁执笔。全书提纲由黄速建、黄群慧提出，并由黄速建、黄群慧统纂、修改、定稿。

本书的内容从着手研究到最后成书，历时两年多，书中部分文献计量分析的内容，以中国社会科学院“21世纪中国管理学发展研究”课题组（课题组成员黄群慧、钟宏武、焦淑艳、朱昊炜、张蒽）的名义已在《经济管理》、《学习与探索》等刊物上发表。书中有关中国高校管理学研究力排名分析的内容也已经在《光明日报》上公布，并在中国企业管理研究会2005年无锡年会上进行了大会交流。本书的这些研究在社会上产生了相当大的影响。虽然由于种种原因，本书出版周期较长，这在一定程度上影响了本书的时效性，如本书的文献计量只到2004年的文献，但这对本书的研究目标没有构成影响，本书的研究方法、内容和结论对中国管理学发展有着重要的意义。

本书在写作过程中参考了大量的研究文献，这里对这些文献的作者表示衷心感谢，本书的出版得到了中国社会科学院重点文库经费的资助，这里一并表示感谢。本书研究的很多创造性的想法来自于“21世纪中国管理学发展研究”课题组五位成员黄群慧、钟宏武、焦淑艳、朱昊炜、张蒽的多次讨论，其中钟宏武博士提出了很多有价值的建议，这里深表谢意。

由于中国管理学发展迅速，内容十分庞杂，想在一本书中全面、客观地反映中国管理学发展的状况是十分困难的，而且限于作者的能力、时间，本书必然存在这样那样的问题，如各章风格还不十分统一，有些章节内容还欠丰富，有些研究结论还未必准确，甚至还可能存在错误。好在《中国管理学发展研究报告》以后我们还要定期出版，这里十分欢迎读者给予批评指正，使我们以后出版的《中国管理学发展研究报告》能够不断完善。

我们诚恳期望本书能够起到抛砖引玉的作用，引起更多的人关注中国管理学的发展，为中国管理学的发展贡献自己的力量。

黄速建　黄群慧

2007年8月